新知青鸟

NATIONAL GEOGRAPHIC

透视世界

[英] 贝齐·梅森（Betsy Mason）
[英] 格雷格·米勒（Greg Miller） 著
王子璇 译

江苏凤凰科学技术出版社
·南 京·

江苏省版权局著作权合同登记 10-2021-10

图书在版编目（CIP）数据

透视世界 /（英）贝齐·梅森，（英）格雷格·米勒著；王子璇译．— 南京：江苏凤凰科学技术出版社，2021.11（2022.3 重印）
ISBN 978-7-5713-2358-5

Ⅰ．①透… Ⅱ．①贝… ②格… ③王… Ⅲ．①科学知识—普及读物 Ⅳ．① Z228

中国版本图书馆 CIP 数据核字 (2021) 第 176140 号

透视世界

著　　者	[英] 贝齐·梅森（Betsy Mason） [英] 格雷格·米勒（Greg Miller）
译　　者	王子璇
责任编辑	沙玲玲
特约编辑	刘仁军
助理编辑	张　程
责任校对	仲　敏
责任监制	刘文洋
出版发行	江苏凤凰科学技术出版社
出版社地址	南京市湖南路 1 号 A 楼，邮编：210009
出版社网址	http://www.pspress.cn
印　　刷	上海当纳利印刷有限公司
开　　本	1 000 mm × 1 230 mm　1/16
印　　张	19
字　　数	235 000
插　　页	4
版　　次	2021 年 11 月第 1 版
印　　次	2022 年 3 月第 2 次印刷
标准书号	ISBN 978-7-5713-2358-5
定　　价	198.00 元（精）

图书如有印装质量问题，可随时向我社印务部调换。

NATIONAL GEOGRAPHIC

All Over the Map

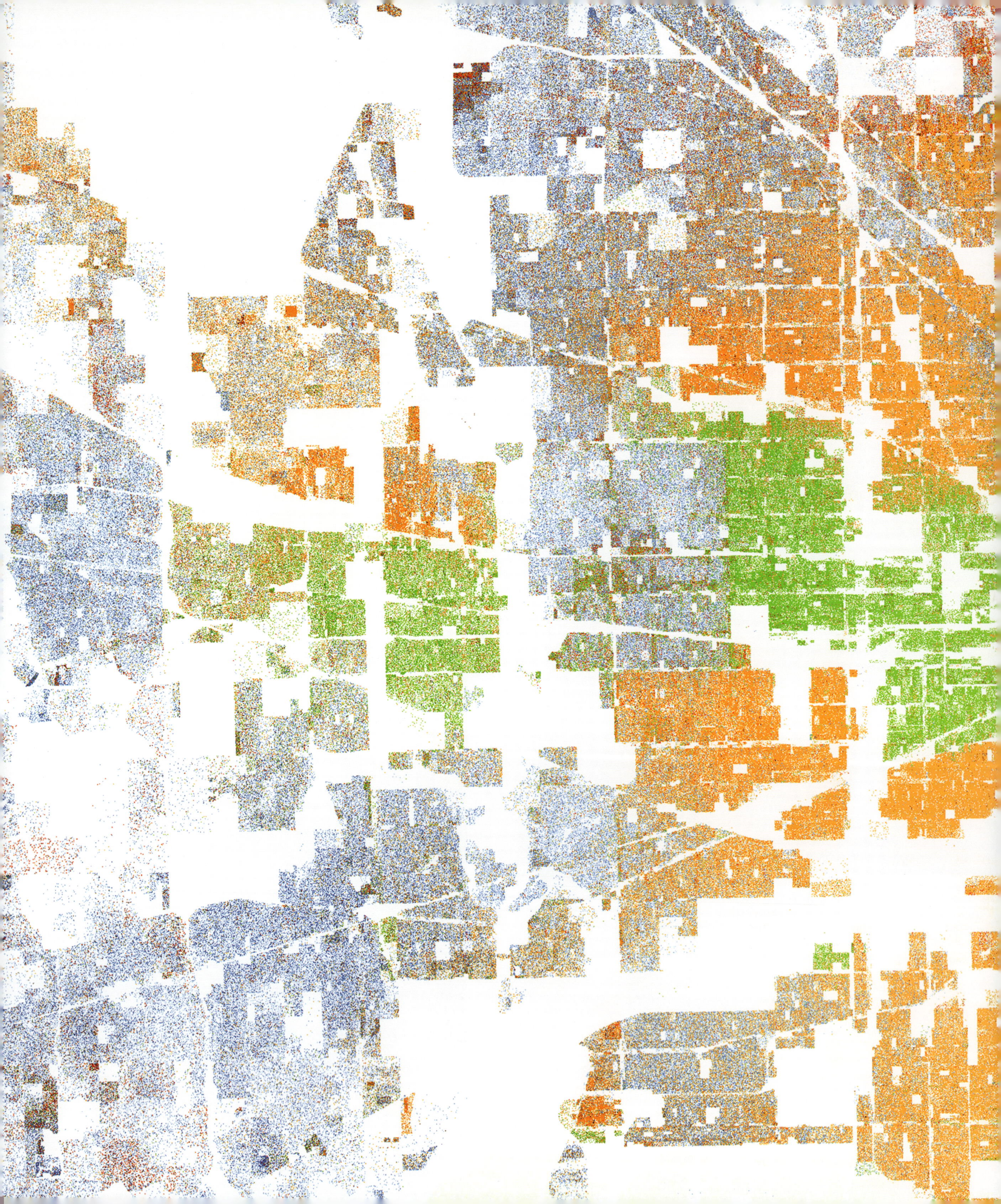

目录

以点对人

（2013 年，韦尔登·库珀[①]公共服务研究中心）

美国弗吉尼亚大学前人口统计学研究员达斯廷·凯布尔根据 2010 年美国人口普查统计数据，用彩色编码圆点代表不同种族，3.08 亿个圆点代表相应人数，这幅图具体反映了白人（蓝色）、黑人（绿色）、亚裔（红色）和西班牙裔（橙色）在芝加哥的聚集分布情况。

① 韦尔登·库珀，曾任美国弗吉尼亚大学的政府研究所副主任、监事会秘书、校长顾问等职。1994 年，为表彰他在公共事务领域的杰出贡献，弗吉尼亚大学政府研究所被命名为韦尔登·库珀公共服务研究中心。

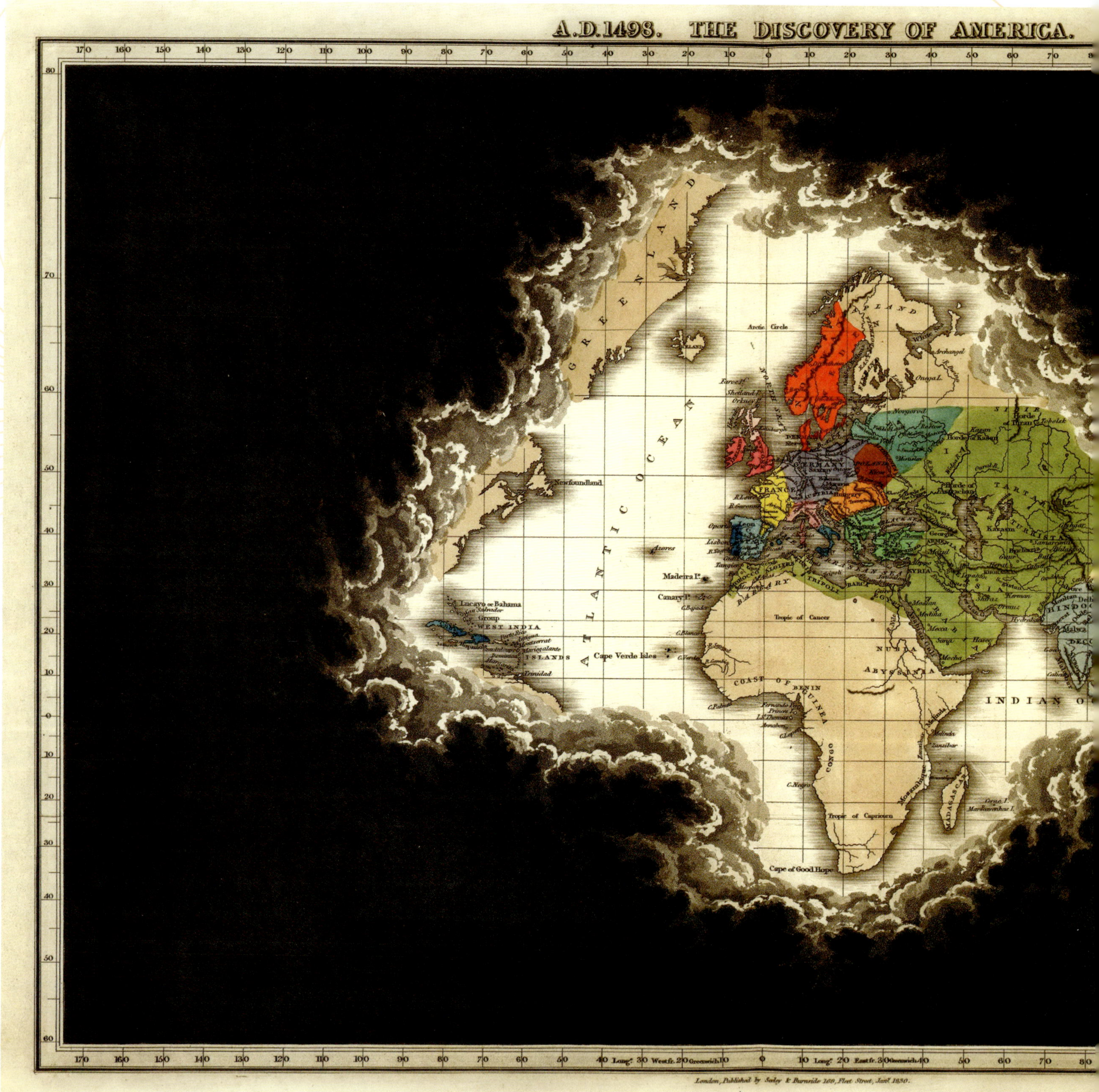
A.D.1498. THE DISCOVERY OF AMERICA.
GREENLAND
ATLANTIC OCEAN
Arctic Circle
Newfoundland
Azores
Madeira I.s
Canary I.s
Cape Verde Isles
Lucayo or Bahama Group
WEST INDIA ISLANDS
Trinidad
FRANCE
GERMANY
TRIPOLI
BARBARY
Tropic of Cancer
NUBIA
ABYSSINIA
COAST OF BENIN
GUINEA
CONGO
Tropic of Capricorn
Cape of Good Hope
MADAGASCAR
Melinda
Zanzibar
Mecca
Medina
Archangel
Novgorod
INDIAN O
Long.e 30 West fr. 20 Greenwich 10
10 Long.e 20 East fr. 30 Greenwich 40
London, Published by Seeley & Burnside 169, Fleet Street, Jan.y 1830.

简 介

人类大脑更容易接收地图信息。作为视觉生物，我们需要用图像来加深理解，这也是几百年前人们就开始绘制地图的原因。把眼中的世界呈现在纸（或羊皮纸、照片）上，或者讲述只有用地图才能完整呈现的故事，地图是有史以来阐明信息、交流思想的最佳工具之一。

这就是地图的魅力。好的地图看上去就吸引眼球，接着引人入胜，展现它更深层的趣味：关于世界的启示，另一个时间或遥远空间的画面，或者一个有趣的故事。在本书中，我们主要尝试重点刻画地图背后的精彩故事。

知识驱散云霾

（1830 年，斯坦福大学图书馆大卫・拉姆齐[①]地图收藏中心）

爱德华・奎因在编著《历史地图集》中用逐渐消散的云层形象地展示了人们对地理知识的认知逐渐扩展的过程，他用一系列地图展示了人们在不同历史时期对世界各地的认知。同时有一章内容具体描绘了 1294—1498 年发生的重大历史事件的细节。

①大卫・拉姆齐，美国地图收藏家，20 世纪 80 年代起专注于收藏古地图。2016 年 4 月 17 日，大卫・拉姆齐先生将他收藏的纸质和电子历史地图全部捐赠给斯坦福大学，并在斯坦福大学图书馆正式成立大卫・拉姆齐地图收藏中心。

地图的一个神奇之处在于能将不同的时空画面带到读者面前。无论是某个熟悉城市的原貌或虚拟地图，还是完全陌生的景象，比如 17 世纪日本幕府将军和武士走过的街道，或者 18 世纪早期工人在匈牙利银矿地下通道里的油灯下挥舞着镐头。

地图总会透露出源于制图师的某种偏见和企图。看一张地图就是通过别人的眼睛来看世界——看到 17 世纪的海盗眼中的南美洲海岸线，或者看到苏联军队在冷战期间详细绘制的美国城市。

地图是探索、发现世界上一些不易察觉的真相的利器。1906 年旧金山地震发生后，地质学家们在绘制地图的过程中有了重大发现，颠覆了地图学。还有一些地图反映了人类在求索真理的过程中陷入的误区，比如认为火星表面的可见线条是火星人建造的运河，或者认为霍乱是由恶臭空气导致的。

地图也可以是放飞想象的跳板，让人们借此去创造幻想中的世界或探索不存在的地方。这时的地图中蕴含了我们最大的希望和最深的恐惧。比如，本书中有一位生活在 20 世纪初的伦敦速记员，描绘了一个具有前瞻性的乌托邦社会，完美结合了城市和乡村生活的优点；还有一位生活在 15 世纪的医生描绘了世界毁灭的景象。

人类探索、发现和创造美的本能欲望贯穿了整个制图史。本书中有几个故事表现了制图师为记录地理景观所付出的巨大努力，以及他们为了使图像栩栩如生而研发的创新技术。

本书和你书架上的地图都不一样。我们并不是制图或历史方面的专家——只是两个一生热爱研究各种地图并且孜孜不倦的记者。我们在过去的五年里出于好奇，参观了各地的地图收藏馆；梳理了各类地图档案；采访了几十位学者、馆长、收藏家和制图师，他们慷慨分享了自己在这方面的专业知识。

这一路上，我们遇到了一些十分有趣但罕有记录的历史地图，挖出了一些地图背后不为人知的故事，还发现了一些令人惊叹的制图工作。本书里的绝大多数故事都是第一次发表。一部分地图源自博物馆、知名大学和著名收藏中心。我们还从一些名不见经传的地方收集到了宝藏。它们被湮没在晦涩的政府报告中、早已被遗忘的科学论文中、私人收藏或落满灰尘的图书馆角落里。有的和流行文化有关，比如热门电视剧《权力的游戏》的地图。有的则与日常生活相关——你可能在飞机座椅靠背口袋里看到的地图，或者去滑雪时带在身上的地图。

本书的一些地图还突破了广义上地图的概念。你将看到精美绝伦的虚拟剖面图，例如电影《星球大战》中臭名昭著的超级武器“死星”的详细示意图。

本书章节按主题进行分类，但并不是对地图领域的概述。相反，我们试图把握制图学的多样性，从其深厚的历史积淀到繁荣的现代发展，从实用领域到幻想世界。这是一本由地图爱好者为同样身为地图爱好者的人（包括即将感兴趣的人）编写的书。本书围绕丰富的插图，讲述了这些精妙地图和其制图师的真实故事。希望你会喜欢。

制图学的高峰

（1988 年，美国国家地理学会）

1988 年《国家地理》杂志 11 月增刊上发表的这幅珠穆朗玛峰手绘浮雕地图，是至今都没有被超越的经典之作。这一测绘项目由著名探险家和制图师布兰德福特・沃斯本（也是本书第 119 页大峡谷地图的作者）带队。其浮雕地图由瑞士联邦地形测量局绘制完成。

C H I N A
N E P A L
MOUNT EVEREST
Pumori
Lingtren
Khumbutse
Bei Peak
Changzheng Peak
Nuptse
Lhotse
Lhotse Shar
Imjatse
Island Peak
Cho Polu
Baruntse
Dingboche
Amphu Gyabjen
Ama Dablam
Xi Lingchain

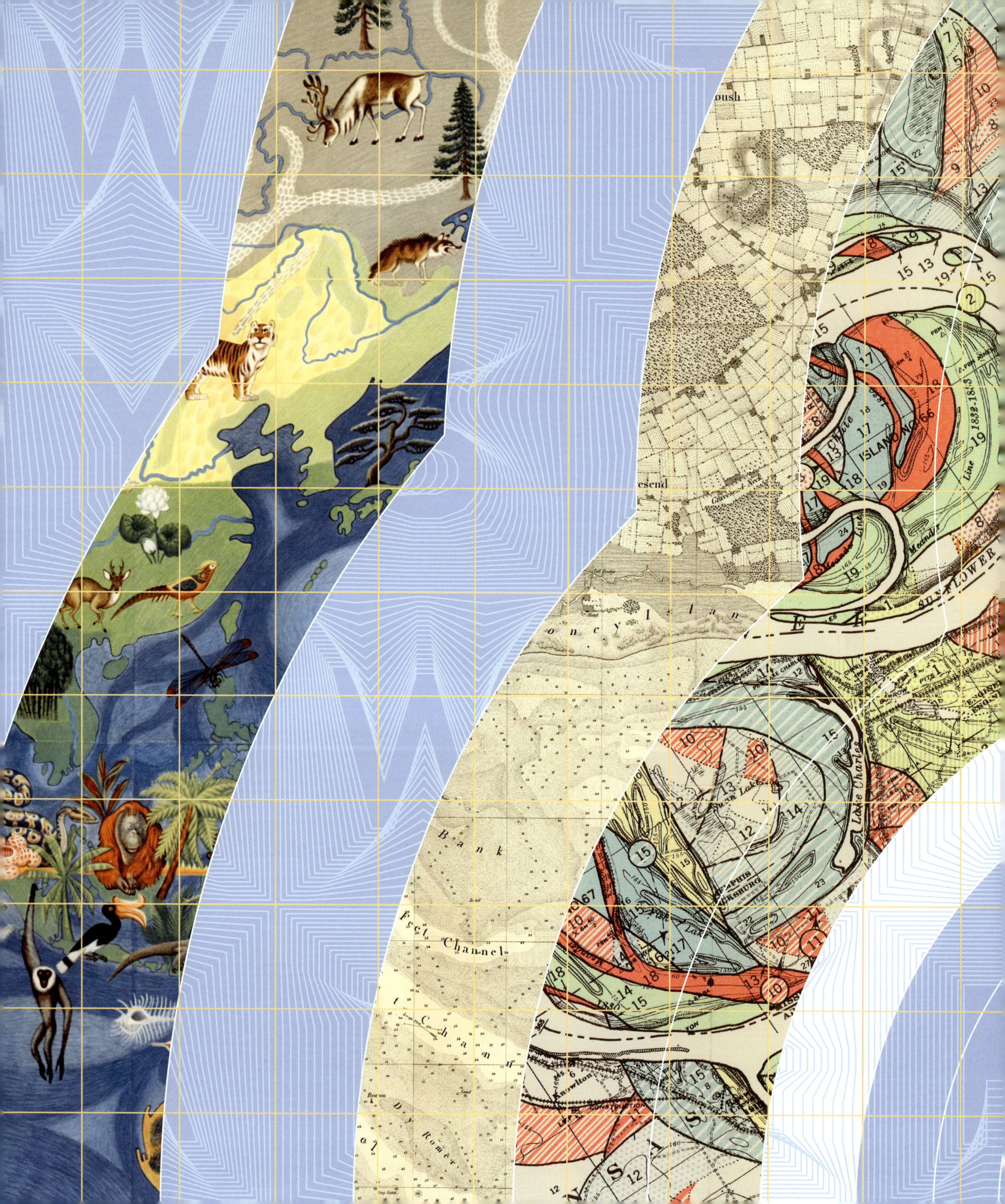

河流与海洋

1. 河流与海洋

河流和海洋航行图

纵观人类历史，航道一直是创造机遇和奇迹的源泉。河流上下游的居民借由航道赚得盆满钵满（人们知之甚少的航道可能除外）。一些关于航道的地图也十分耐人寻味。

17 世纪，荷兰航海制图业正值鼎盛时期。当时阿姆斯特丹与海外的香料贸易兴盛，海员们迫切需要制图师绘制的航海图和地图，航海图和地图贸易业也水涨船高，竞争激烈（第 32 页）。在那个各国掠夺殖民土地，不断开拓贸易路线的时代，航海图和地图供不应求。英国海盗甚至在远隔半个地球的美洲太平洋沿岸，像哄抢黄金一样，抢掠西班牙航船上的航海图和地图（第 18 页）。

随着时代的进步，制图越来越科学化，但并没有削弱其美观性。1807 年，经美国国会批准，美国的第一次海岸勘测项目启动；经过几十年的艰苦努力，制图师们绘制出了美观而精确的美国海岸线和港口地图（第 42 页）。各水系也成为勘测对象，其中地质学家哈罗德·菲斯克绘制的密西西比河多色地图，展现了河流的变化过程，令人拍案叫绝（第 14 页）。

本章中的地图背后有形形色色的故事，但是都反映出航道在人类历史上和想象中的重要作用。

水手之镜

（1584 年，巴里·劳伦斯·鲁德尔曼、斯坦福大学图书馆大卫·拉姆齐地图收藏中心）

16 世纪出版的《水手之镜》是世界上第一本航海图印刷图集。由荷兰的一名船长兼制图师卢卡斯·詹森·瓦格纳绘制。瓦格纳不仅用传统俯瞰视角描绘出崎岖的地形特点，还提供了从海洋上看的侧面视角。这张地图覆盖了西班牙北部约 80 千米的海岸线。

Ioannes à Doetecum, Fecit.
...n Biscaien tußchen Rio de Sella en Auiles. alsmen daer beneffens zeijlt
Sellam et Auilam dum præternauigatur.
...CAIÆ PARS.
Villa Viciosa.
Sanson
Gijon
Tores
C. de Pennas.
Auiles.
OCEANI
ZEE
OCEANVS
PARS.
Die Caerte vande Zeekusten van biscaien, Zeer quade hauens voer groote schepen tußchē Rio de Sella ē Auiles.
Biscaiæ descriptio littoralis: portus magnis incommodißimos nauibus, inter fluuium Sellam et Auilam continens.
Lucas Iōes aurigarius Inuēt.
Cum Priuilegio ad decenniū.

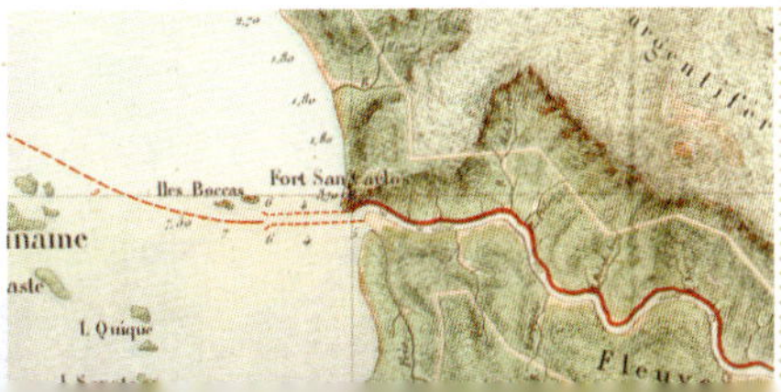

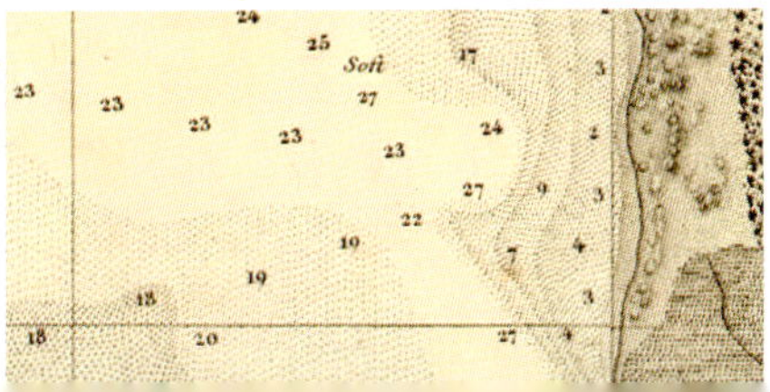

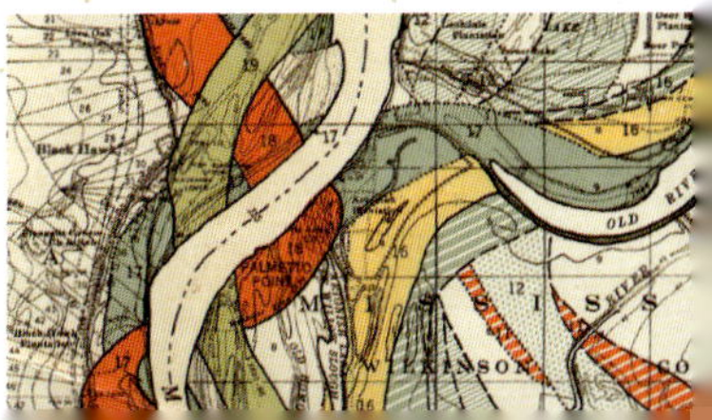

常年泛滥的“老人河”①

绘制密西西比河的河道

绘制于 1944 年
来源于 美国陆军工程兵部队

1927 年，密西西比河发生了特大洪灾，高达 9 米的洪流淹没了超过 67 000 平方千米的土地。这场洪水导致 100 多万人流离失所，造成数百人丧生，至今仍算得上是美国历史上最为严重的自然灾害之一。

然而，有人认为这场灾难并不完全是自然原因引起的。两百年来，为了保护城镇和农田免遭洪水的再次侵袭，人们逐渐在各处筑堤。在此之前的数千年中，密西西比河一直随意变换路线，它蜿蜒地穿过山谷，不断抛弃旧河道，开拓新河道。正如一位美国陆军工程师于 1932 年所说：“它像一条被困住的蛇一样来回扭动。”1927 年，这条“蛇”在几个地方冲破了堤坝。

1944 年，地质学家哈罗德 · 菲斯克绘制了一组地图，清晰明了地展示了密西西比河的河道变迁史。他曾绘制过路易斯安那州的地质情况，其中有一幅地图包含了密西西比河的旧河道。这些河道引起了美国陆军工程兵部队的注意，并在 1928 年经授权开始整治常年泛滥的密西西比河。1941 年，美国陆军工程兵部队为了驯服这条泥沙泛滥的河流，与路易斯安那州立大学的年轻教授菲斯克签约，一同研究绰号为“大泥河”的密西西比河的河道情况。

菲斯克带领了一个由四名地质学家组成的团队，任务是研究整个密西西比河下游的地质发展史，从伊利诺伊州的开罗到墨西哥湾地区，他们花了两年多的时间翻山越岭，研究地质情况，仔细比对航拍照片和旧地形图，寻找废弃河道的痕迹。他们还在古河道沉积物中钻孔 300 余个，并从现有的河道和油井中收集资料，共积累了约 16 000 个地面孔洞的资料。

团队中的地质学家们仔细地把这些数据拼凑在一起，以追溯密西西比河在过去 6 000 年里流经的 27 条河道路线。团队中的一名优秀制图师比利 · 德门特按 1 : 60 000 的比例将各条河道绘制在地图上，每一条以不同颜色标记区分。这组高科技地图看上去美轮美奂，这一成果包含在菲斯克 1944 年发表的完整报告中，并命名为“版图 22”。

这些地图成果显著，它们揭示了密西西比河的最大活动范围横跨 80 千米，并揭示了这种现象的原因。当水流流经河流弯道时，外侧的水流速度加快，逐渐侵蚀河岸，并加大弯道曲线。随着曲线距离变长，有时河流会开辟一条新河道来跨过弯道，正如右图靠近中心的两

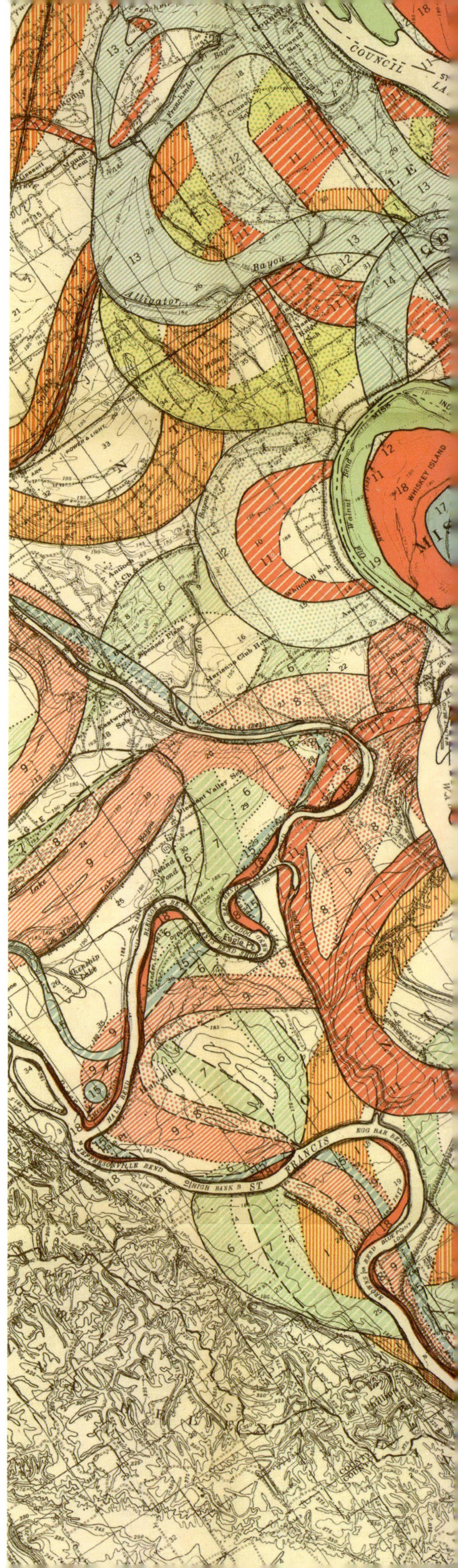

右图　地质学家哈罗德 · 菲斯克于 1944 年绘制的密西西比河旧河道的彩色地图揭示了河流改道的趋势。当代制图师们将这幅图视为彩色制图的典范

①“老人河”：密西西比河的别称。

MISSISSIPPI
ARKANSAS
R-I-V-E-R
ASHLEY POINT
MHOON BEND
STATE LINE INDETERMINATE
FOX ISLAND BEND
HARDIN
SHIP ISLAND
BEAVERDAM LAKE
FLOWER LAKE
ARKANSAS
MISSISSIPPI
ST. FRANCIS
RIVER
BEND
FLOWER LAKE
COLDWATER
Tunica

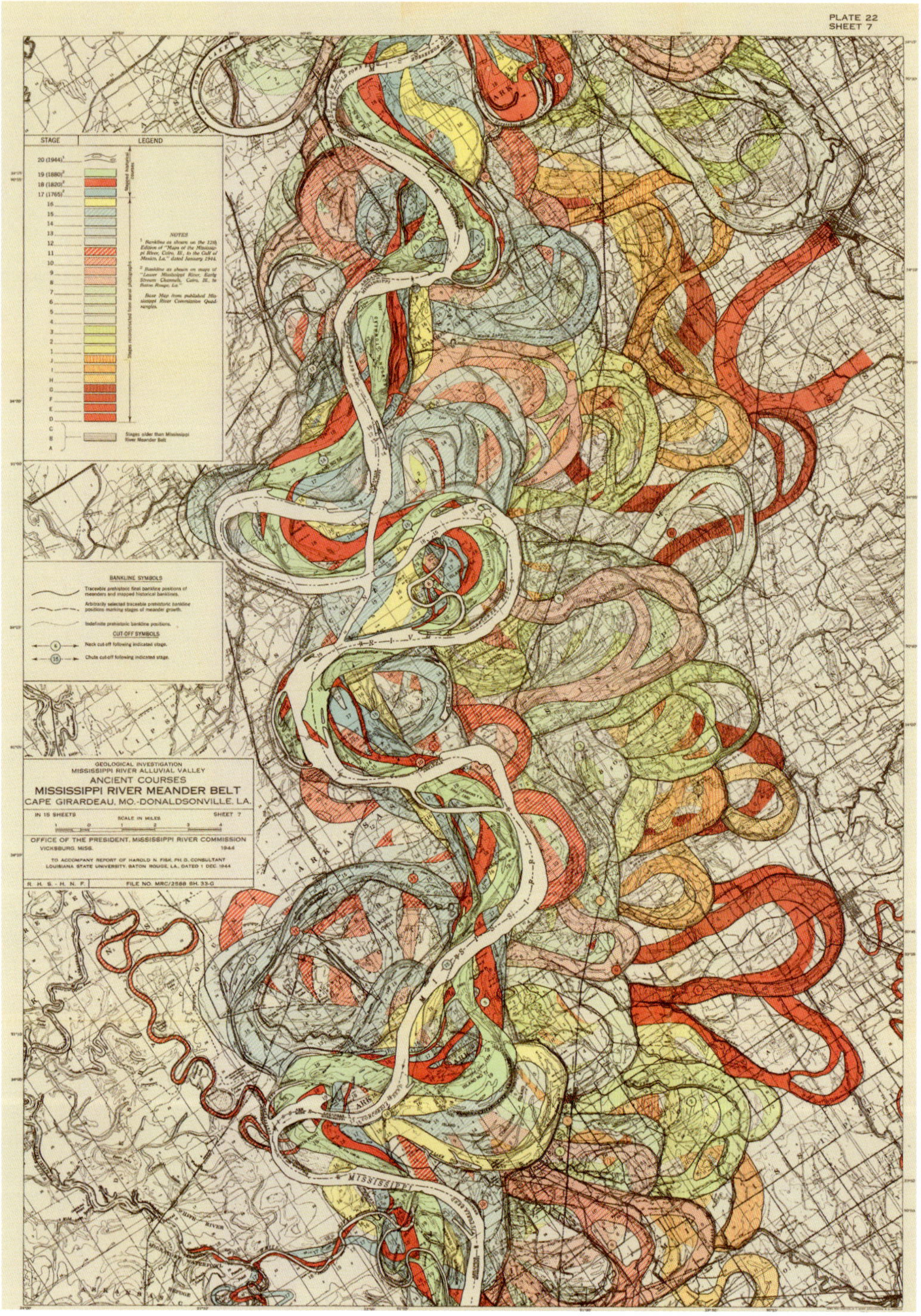

左图 菲斯克1944年的报告中共含15幅地图，这幅描绘了旧密西西比河河道的地图是其中之一，涵盖了密西西比河下游河谷从伊利诺伊州的开罗到墨西哥湾的地质情况。菲斯克研究时将活跃的河道标记为白色

条曲线（白色标记）所示。废弃的弯道形成了新月形的湖泊，称为牛轭湖（如卫星对照影像所示）。随着时间的推移，河水每次在洪水期漫出河岸、淹没周围的平原时，就会形成沉积。同样的过程循环往复，不断调整着河流的蜿蜒长度。

菲斯克的地图还揭示了一个事实，即密西西比河流域有众多城镇坐落在旧河道遗址上。密西西比河两侧的所有平坦地带都是洪泛区。虽然这些地图充分证明了密西西比河不断地变迁，但是菲斯克认为其河道将会最终定型，逐渐成为所谓的“稳定”河流，因为他观察到密西西比河的蜿蜒部分正在逐渐变直。

在这一观点支撑下，美国陆军工程兵部队开挖河道，变弯为直，加固堤坝，试图控制河道走向。正如菲斯克所说，他们只是在加速密西西比河的自然改道过程。这项举措似乎卓有成效，1944年、1945年和1950年水位的高涨都被成功遏制。但随后1973年、1993年和2011年又发生了一系列洪灾，陆军工程兵部队在整治河道时不得不时常重新评估其战略。

虽然菲斯克的想法并非都得到了证实，但他的地图经受住了时间的考验，有些地图甚至在近些年得到二次利用。在1994年，这种尺寸（71厘米×102厘米）的彩色地图的制作费用非常昂贵，所以当时只印刷了1 000份报告正本。科学家和工程师们对这些绝版地图一直需求不断，于是陆军工程兵部队在20世纪90年代将其变为数字地图作为免费网络资源。最终，这些地图引起了制图师和设计师的注意并大受赞誉，被称为彩色制图的典范。这些地图还曾出现在杂志、专辑封面和海报里。

“这项成果是如此宏伟，它们展示了（密西西比河的）整体地质情况，呈现了其数千年来的整体动态过程，同时还描绘出了细节内容。”耶鲁大学的制图师和历史学家比尔·兰金评价道。

“有趣的是，虽然这些地图现在被视为‘彩色制图的典范’，但它们制作完成后，很长时间都无人问津。”兰金说，“可能还有数不清的精妙地图埋没在政府报告中，而我们对此一无所知。”

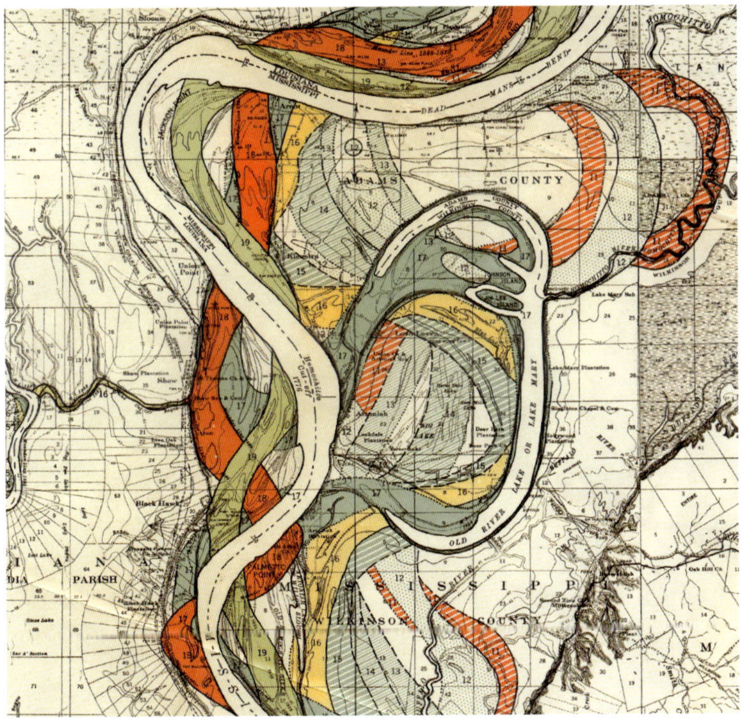

上图　菲斯克 1944 年的地图（下）与 1999 年的卫星图像（上）显示，密西西比河蜿蜒曲折，经一条新河道切断，形成了一个牛轭湖。周围的平原上可以看到更古老的废弃河道的痕迹

右图　这幅地图发布在菲斯克 1944 年的报告中，显示了对密西西比河下游河谷的勘测范围，并将河流的历史变迁简化为几个类别。实心蓝线代表菲斯克团队绘制的最新河道

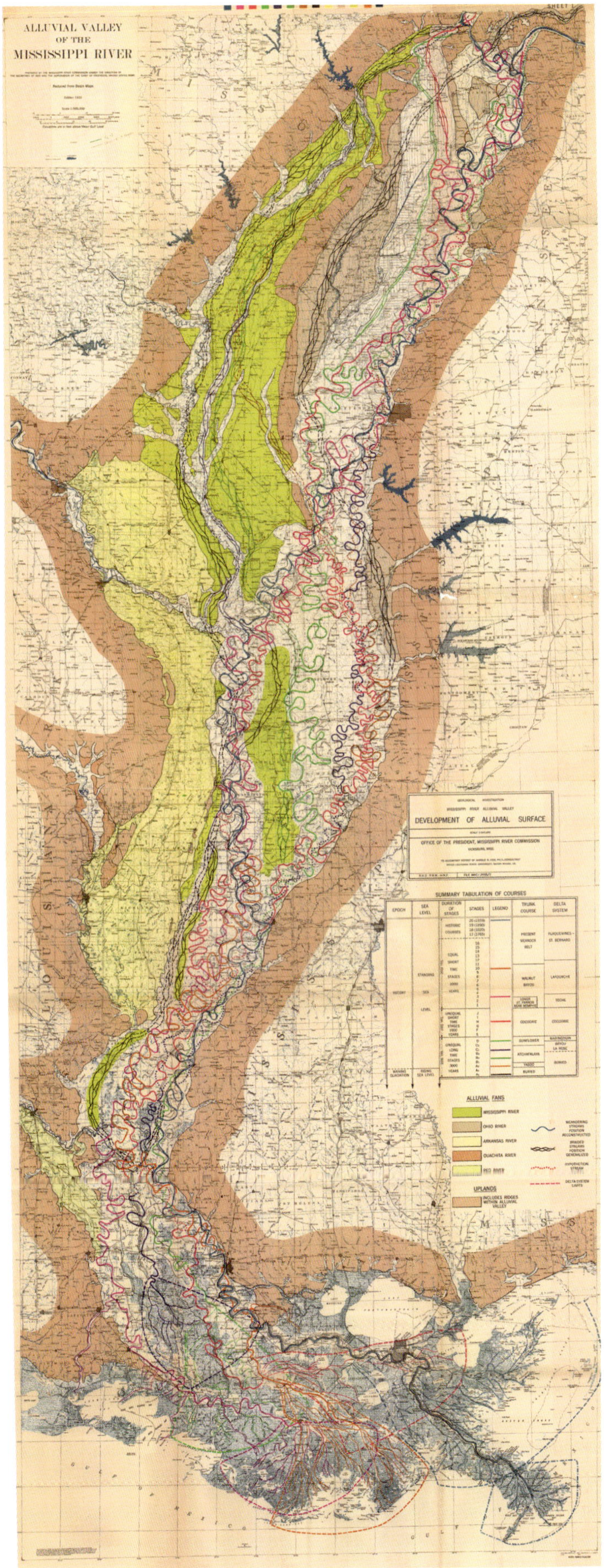

海盗偷来的地图集

17 世纪的一个英国海盗用偷来的地图集换取自由

绘制于 1669—1685 年
来源于 英国国家海事博物馆，大英图书馆，亨廷顿图书馆

1680 年，一个名叫巴索洛缪·夏普的英国海盗带领 300 人穿越中美洲，俘获了一艘西班牙船只——“圣特立尼达号”。海盗们利用这艘船在中美洲和南美洲的太平洋海岸附近突袭其他西班牙船只。这群海盗的事迹之所以尽人皆知，很大程度上是因为这是一群有读写能力的海盗：包括夏普在内一共有五个人记录了详细的日志。

从日志中我们了解到，他们缴获的最有价值的宝藏不是金银，而是西班牙的航海地图集。夏普后来委托他人制作了一份彩色插图的英文抄本，作为礼物送给英国国王——这份礼物很可能让他获得自由，甚至挽救了他的生命。

这次猖獗的强盗行为发生在厄瓜多尔沿岸。1681 年 7 月 29 日清晨，夏普的一个手下发现了一艘西班牙船——“罗萨里奥号”。海盗们在枪战中杀死了船长，并劫持了这艘船。海盗们在船上搜出了数百桶葡萄酒和白兰地，还有一些水果和少量现金。他们把战利品转移到“圣特立尼达号”上，然后砍断了“罗萨里奥号”的桅杆，让 40 名船员随船漂流在海上。海盗们还扔掉了 700 块灰色金属板，当时他们以为是锡，但后来发现那实际上是未加工的银。“这笔财富本来是我们在整个航行中获得的最大的战利品。”一名船员写道。

但是他们还在“罗萨里奥号”上发现了另一件物品，这次他们没有错过。夏普在他的日记中将其描述为“一份价值非凡的西班牙手稿”。他的一个手下写道：“这是一本满满都是海图和地图的宏伟巨作，涵盖了对南海所有港口、水深点、海岸的精确描绘，以及西班牙人在那片海域航行时惯用的所有航道。”

这里的“南海”指太平洋。1513 年，第一个经美洲到达太平洋的欧洲人瓦斯科·努涅斯·德·巴尔博亚，沿着和夏普船队一样的路线，穿越了中美洲。由于陆路上的路线是由北向南，巴尔博亚称之为南海。

一个半世纪后，西班牙人仍然控制着那片海域，而英国人迫切地想要分一杯羹。这就是这本西班牙海洋地图集价值巨大的原因。“罗萨里奥号”的船员们曾试图在混战中把这本图册扔出船外，但夏普设法拿了回来（他的日记中没有提到他是怎么做的，但据他记录，看到他拿到图册时，西班牙人号啕大哭）。

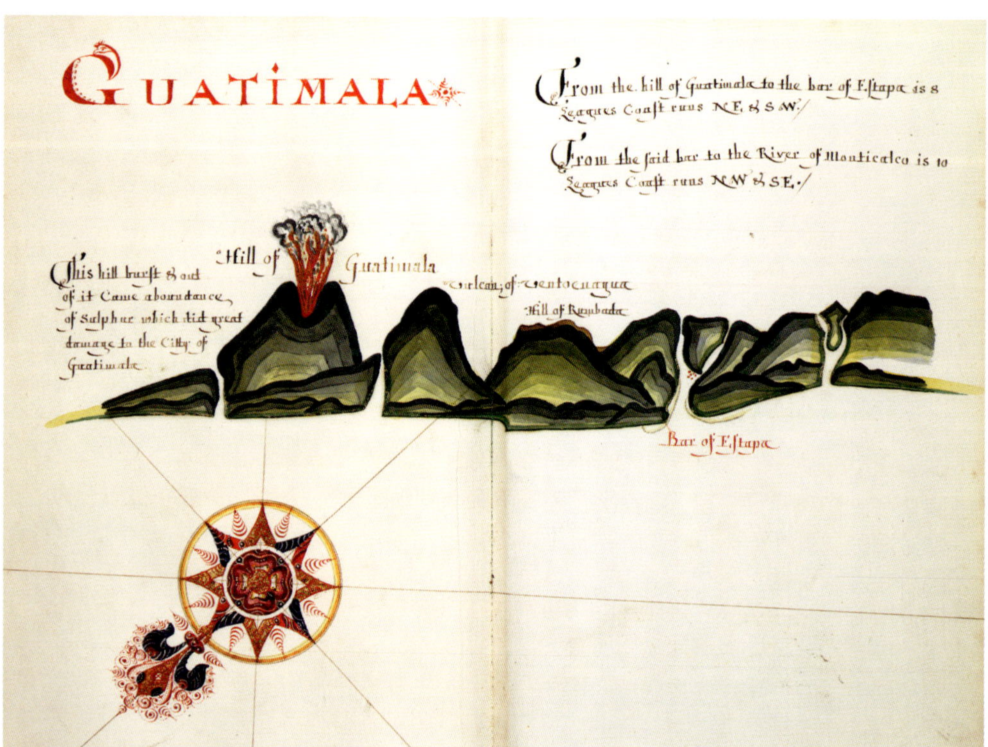

左图　这一页摘自查理二世逝世后呈送给国王詹姆斯二世的 1685 年版地图集，描绘了一座位于危地马拉太平洋海岸的火山。哈克写道：“这座火山突然爆发喷出大量硫黄，导致危地马拉城建筑损毁严重”

右页图　海盗巴索洛缪·夏普雇了一位伦敦地图绘制师威廉·哈克根据抢来的西班牙地图集制作一本地图集。该图摘自呈送给国王查理二世的 1684 年版地图集。该图是哈克自己加上的，内容显示夏普和其手下绕过南美洲航行的路线

FLORIDA
Bay of Mexico
TROPICUS CANCRI
MAR DEL NORT
TERRA FIRMA
POPAYAN
GUIANA
AMERICA
Æquinoctialis
Amazones rio
MERIDIONALIS
PERU
BRAZILIA
Potosy
Rio de la Plata
TROPICUS CAPRICORNI
MAR DEL ZUR
CHILI
PATAGONUM REGIO
Guilielmus Hack Delineavit Anno Dni: 1683

这张地图（第 21 页）摘自一本西班牙地图集，历史学家曾经认为它就是从“罗萨里奥号”上缴获的那本。图中的航行指南和从外海往陆地方向看的港湾视图，对当时的水手来说都是无价之宝。

研究表明，这本西班牙地图集实际上是被著名的海盗亨利·摩根缴获的。这本“罗萨里奥号”的地图集可能仍然存在，但已经下落不明。

劫持“罗萨里奥号”之后，夏普带领手下继续袭击太平洋沿岸的船只，他们破坏了 25 艘船，杀死了 200 多人，给西班牙人造成巨大的经济损失。在最后返程时，他们向南方航行，绕过南美洲南端，成为首批从欧洲大陆经过此地的英国人。

在 1682 年返回伦敦后，夏普遇到了麻烦。西班牙大使当时因为“罗萨里奥号”船长的惨死而愤愤不平，要求英国对夏普的海盗行为进行审判并处以绞刑。两名证人在审判中提供了令人信服

上图　摘自哈克的地图集 1685 年版本中的一页，描绘了南美洲智利康塞普西翁市周围的海岸线。哈克指出，伊塔塔河（地图左侧）“聚集了很多西班牙人和美洲原住民，他们彼此相处和谐”

右页图　这张地图的范围和本页的哈克的地图大致相同，摘自一份 1669 年的西班牙地图集。当时哈克可能已经有了这份地图集(虽然这不是他的主要材料来源)。手写的航海笔记描述了从海上可见的地理景观

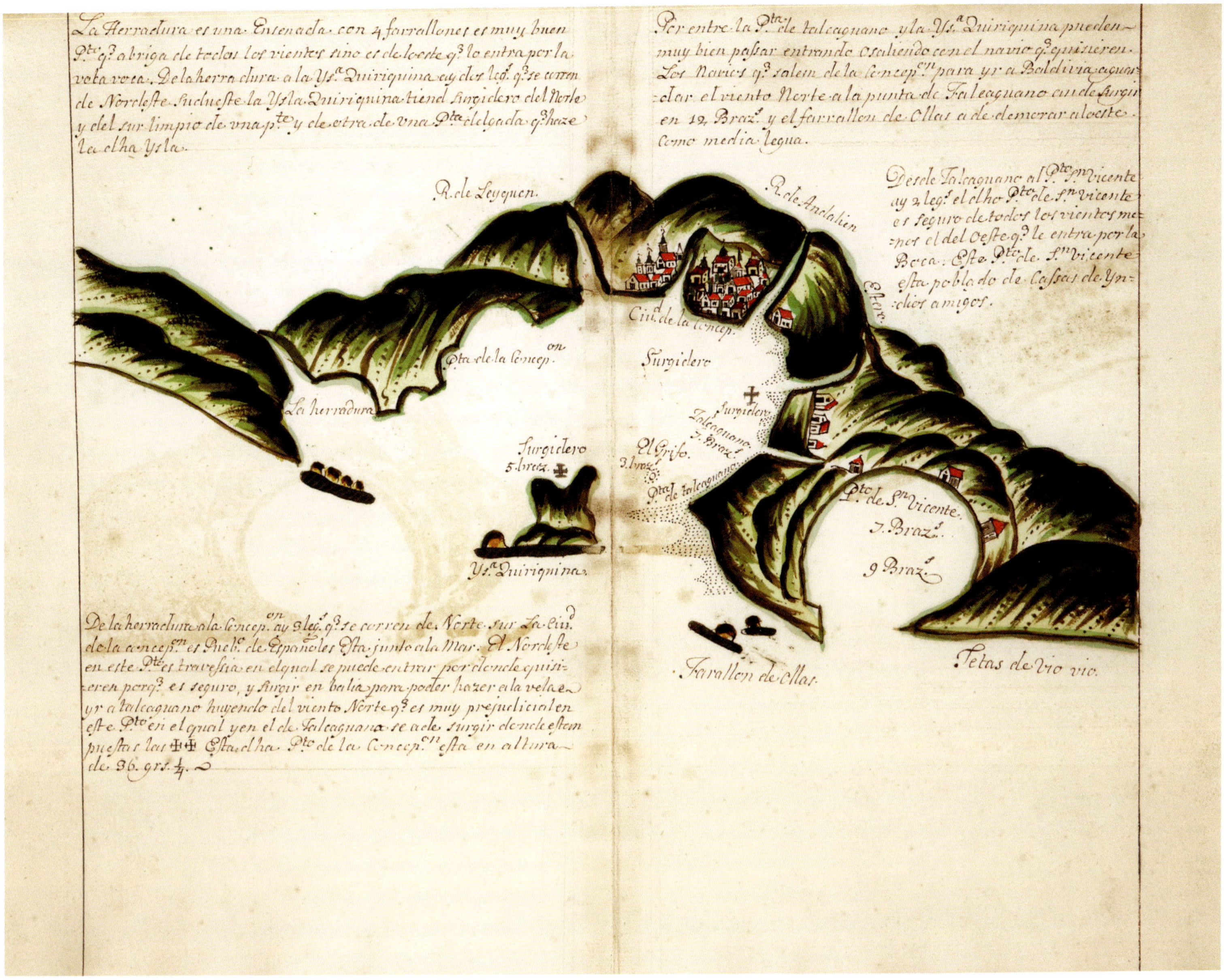

的证词，但出人意料的是，夏普最终被宣告无罪。

原因可能就在于那本地图集。夏普从一开始就知道这本地图集很对国王查理二世的胃口。审判开始前国王已经看到地图了，并安排好了英文版本的制作。

威廉·哈克是受雇于夏普，承担重新绘制地图工作的制图师，他曾是一名水手，也有可能做过海盗。根据大英图书馆地图馆前馆长爱德华·莱纳姆发表过的一篇文章，哈克显然认为要想谋生的话，“在当地酒馆里用一瓶白兰地从曾经的海盗那里套出秘密和有用消息，然后卖给政府和贵族”更为安全。

哈克根据“罗萨里奥号”上的航海图制作了几本地图集（似乎也有小部分采用了摩根抢来的航海图的内容）。哈克的彩色版地图很受儿童欢迎，而且他加入了对盛行风、安全锚地和当地地标海面情景的描述，对航行大有裨益。他描绘了美洲海岸的几十个港口（第 20 页）。地图集中的山冈上通常树木茂密，房屋林立，但偶尔也会发生火山爆发（第 18 页）。

第一本自然是献给国王的，上面写着夏普的献词，这是一个明智之举。免受绞刑后，夏普受任于皇家海军，担任船长并带领船队去搜寻一艘在巴哈马沉没的西班牙宝船。这是一个肥差，但对夏普来说太稀松平常了。他选择驶往西印度群岛，并重操旧业。实际上，直到去世，他都是一个海盗。

COMPARATIVE VIEW of the LENGTHS of the Principal Rivers IN THE WORLD.
DESCRIPTION of the RIVERS EXHIBITED IN THIS VIEW
ATLANTIC OCEAN
GULF OF MEXICO
TUNG-HAI OR EAST-ERN SEA
MEDITER-RANEAN S.
STH ATLANTIC OCEAN
CASPIAN SEA
GULF OF PERSIA
BLACK SEA
ARABIAN SEA
BAY OF BENGAL
AMAZON
MISSISIPI
YANG TSE KEOU
HOANGHO
PARANA
VOLGA
EUPHRATES
DANUBE
INDUS
GANGES
ORINOCO
ST LAWRENCE
DNIEPER
LAKE ONTARIO
LAKE ERIE
London. Published by C. SMITH Mapseller No. 172 Strand Octr. 1st 1817.

世界河流概览

19 世纪比较图表，全球视角下的自然地理

绘制于 1817 年

来源于 斯坦福大学图书馆大卫·拉姆齐地图收藏中心

19 世纪初，地图册中的地理信息表格演变成更为有趣的形式：可视化。一开始这种方法是用图表来比较不同大陆上数座山脉的高度，渐渐发展到同时比较几十甚至数百座世界高峰。这些山峰在图中一般类似柱状，按海拔排列。人们可以从视觉上轻而易举地直观比较，全球各种地理景观的相对大小。

很快，制图师就将这种形式应用于世界河流的绘制，将弯曲的河流形态捋直，从河口开始在图页上排列，展现河流的长度。1817 年，查尔斯·史密斯编撰的《世界主要河流长度比较图》在伦敦出版，是最早的比较图表之一。比较图表在欧洲和北美国家逐渐流行，通常左侧是各大河流，右侧为各大山脉，以斜线形状依次排列。

史密斯绘制的图表中附有详细的“所示河流描述”，反映了当时的地理研究情况。描述中提到：“长江的源头似乎位于西藏”，“部落居民乘着木筏沿着亚马孙河及其支流航行”，“许多地段水流湍急且危险重重”，“圣劳伦斯河水量巨大”，“密西西比河的河道极其曲折”。史密斯还指出“恒河流经喜马拉雅山山底岩洞”，这个认知已经被推翻。

关于世界主要河流长度的讨论至今不休，19 世纪的比较图表中的某些统计数字差异极大。例如，史密斯 1817 年绘制的图表中将尼罗河长度标为 4 184 千米，但在 1852 年的图表中，尼罗河长度记录增加至 5 150 千米，而现在普遍认为尼罗河长度约为 6 671 千米。山峰海拔的记录情况也是如此。短短一个世纪，俄国厄尔布鲁士山的海拔高度的记录在 5 002 ～ 5 647 米浮动。

随着探险家、地理学家和科学家们对世界河流和山脉的进一步了解，以及掌握了更加准确的测量方法，比较图表中的数据越来越精确。但人们对整个自然世界的更多了解导致了他们在 19 世纪末对比较图表的兴趣下降：地图上的未知被填上，地理奥秘逐渐被解开，地图绘制更加精确，比较图表就渐渐失去了吸引力。

“我们可以为比较图表的没落表示哀悼，”美国国会图书馆地理和地图部前部长约翰·沃尔特在 1972 年写道，“比较图表无疑是一种引人入胜的形式，值得细细研读，同时也是一种视觉享受——仅次于观赏山川河流本身。”

左图　这幅 1817 年绘制的图表汇集了各种地理景观，在 19 世纪的欧洲和北美洲广为流行。图表中平直展示并有序比较了世界主要河流的长度

西北航道的艰难探索

制图师们在几百年间绘制出了鲜为人知的北极水域

绘制于 1558—1875 年
来源于 奥舍地图图书馆

“一定错不了：世界的顶端一定有一片海。”它在古希腊时期就已经出现在地图上，几个世纪以来，欧洲其他国家绘制的地图上也一直有它的身影。从 16 世纪开始，无数航海家希望在北冰洋开辟一条通往亚洲进行贸易的捷径，甚至因此在途中丧生。受全球气候变暖的影响，人们一直苦苦求索的西北航道终于实现，起码一年中有部分时间可以航行。

开拓西北航道的想法至少可以追溯到公元 2 世纪。数学家克罗狄斯·托勒密认为，地球上有四个宜居区域和两个不可居住的寒冷地带——分布在地球南北两端。但直到 15 世纪末意大利探险家克里斯托弗·哥伦布发现新大陆之后，欧洲国家开辟西北航道的想法才开始萌生。因为当哥伦布向西航行寻找通往东方的航路时发现了美洲大陆，它正横亘在欧洲和亚洲之间；而西北航道则能避开大陆的阻碍。

“在西班牙和葡萄牙垄断了非洲和南美洲南部沿海的贸易路线之后，开拓西北航道的想法再次开始流行，荷兰、法国和英国坚信这条航道可以通往亚洲大陆，成为贸易路线。”南缅因大学奥舍地图图书馆的前主管伊恩·福勒说。

这一时期的地图充满了制图师的大胆想象。杰拉德·墨卡托于 1569 年绘制的一张地图名闻遐迩，如右图所示，它描绘了传说中的北极：一块被水和四个巨岛包围的巨岩。这类地图上常出现并不存在的海湾和岛屿，甚至海怪（下图）。小伎俩和赤裸裸的欺骗也不少见。第 26 页上方的地图摘自 1558 年出版的一本书，讲述的是 1380 年来自威尼斯的泽诺兄弟的远航。“这个故事基本可以断定是捏造的，只是为了借历史故事声称是威尼斯发现了新世界。尽管如此，这张地图还是广泛流传，还可能导致一些探险队迷路。”福勒说，“这张地图上显示格陵兰岛与欧洲相连，这显然违背了事实。地图中冰岛南部的位置附近虚构了许多岛屿。而在格陵兰岛的西部，有一片美丽开阔的海域，但当时由于冰川阻隔，这片海域是无法航行的。”

有的早期探险者很快就“找到了”航线，但实际上是错误的。英国航海家马丁·弗罗比舍在 16 世纪末进行了三次远航，都没有找到西北航道，但

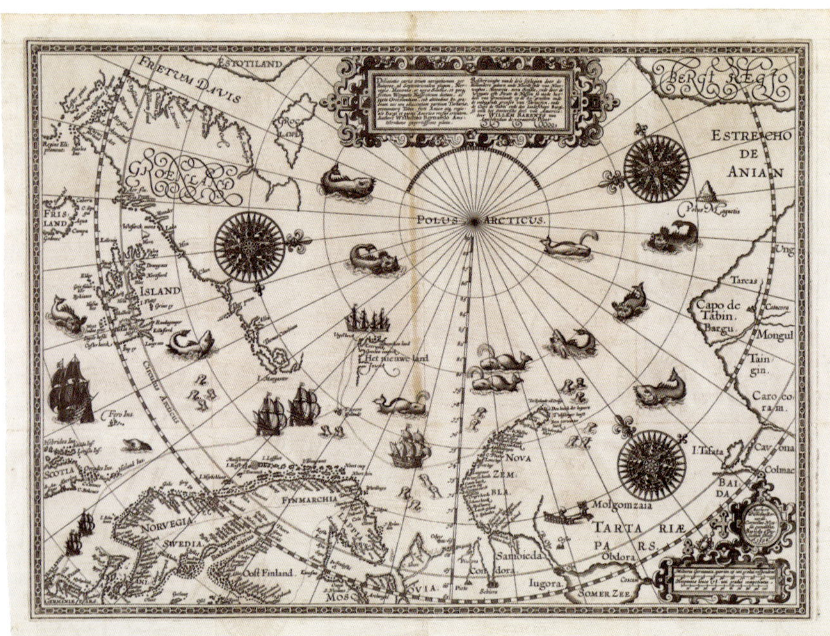

左图　荷兰探险家威廉·巴伦支在 1596 年第三次北极航行时被困在冰原而绘制了这张地图。图中显示了大量海洋生物

右页图　这张由杰拉德·墨卡托于 1569 年绘制的地图将北极描绘成一块四周被水包围的巨岩。地图中冰岛南部的位置附近虚构了许多岛屿

SEPTENTRIONALIUM Terrarum descriptio.
Per Gerardum Mercatorem Cum Privilegio
POLUS ARCTICUS
OCEANUS SCYTHICUS qui et Mare Tabin
OCEANUS SEPTENTRIONALIS
Circulus Arcticus
California regio sola fama Hispanis nota
Anian regnum
Agama
Bergi regio
El Streto de Anian
Desertum de Belgian are nosum
Farre insule
NOVA ZEMBLA
PETZORKE MARE
MYRMANSKOL MARE
GROENLAND
ISLAND
Mare glaciale
Grocland
SCOTIA

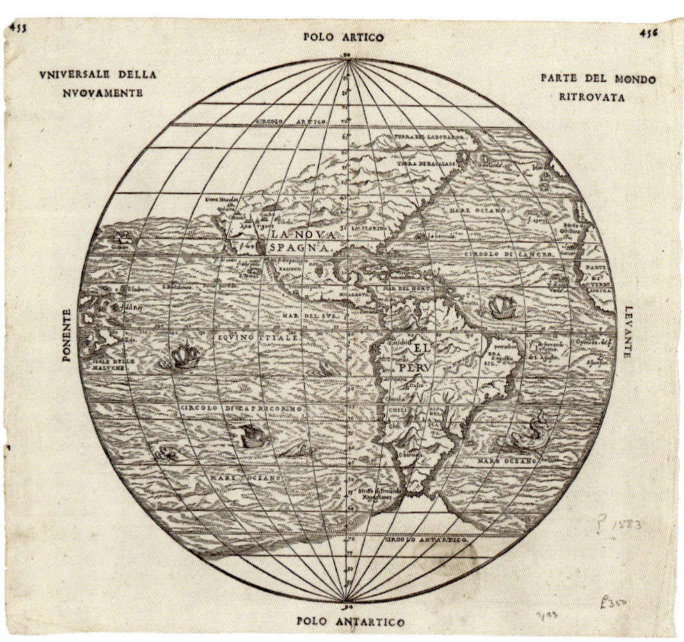

上图　这张 1558 年的北极地图据说是根据泽诺兄弟的航行路线绘制的，但实际上格陵兰岛与欧洲没有连在一起。西边的海域应该是常年被冰川覆盖的

左图　这张由乔瓦尼·赖麦锡和吉亚科莫·加斯塔迪于 1563 年绘制的地图是第一张公开售卖的精确美洲地图，但两极的空白区域反映了当时人们相关地理知识的匮乏

右页图　这幅图是由雅克·彼得斯在 1709 年绘制的，彩色云图代表北极光。彼得斯把地图上的地理特征归功于发现他们的探险家，并用虚线表示格陵兰海岸还未被测绘的地方（正下方）

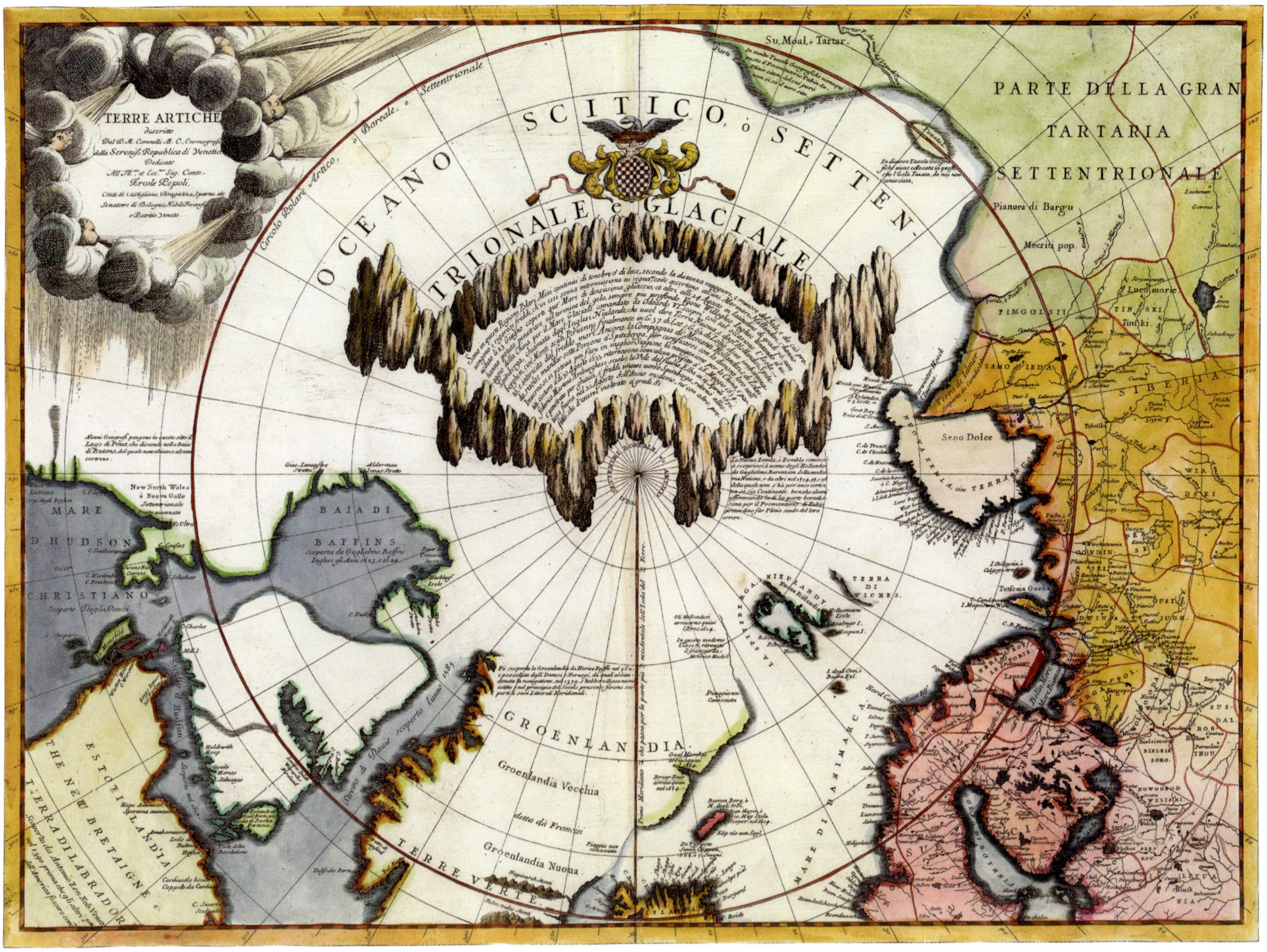

这并不妨碍他夸大其词。“他只是发现了一些海峡，但他宣称发现的比实际上多得多。”福勒说。在一次航行中，弗罗比舍带着大量号称含金的矿石返回英国。这个成果说服了他的支持者资助他的下一次航行，但最终证明他带回来的只是俗称愚人金的黄铁矿。

随着时代的发展和航海家的不懈探索，地图逐渐变得更加精确。第 28 页的地图于 1784 年在俄国出版，首次展示了在西伯利亚北极海岸开展的大规模有组织的勘察中收集到的细节信息。它描绘了一条可行的西北航道，在最右侧连接着哈得孙湾和太平洋，亚洲与北美洲太平洋沿岸的部分尤为详尽。詹姆斯·库克船长曾在阿拉斯加海岸探险，他同年发表的一份地图使得航线更加明朗。

约翰·富兰克林爵士在 1845 年带队远航，这是西北航道探索史上著名的一次探险。富兰克林是英国海军的一名军官，他曾两次带领探险队前往北极，但这一次，探险队没能按时返回。富兰克林的妻子简敦促英国政府派遣搜索队进行搜寻，一支搜索队于 1848 年出发。接下来的几年里，英国政府又接连派遣了几支搜索队，报纸上刊登的关于寻找失踪探险队的报道引起了英国公众的注意。

最终，搜索队只发现了几个早已死在航行途中的人的坟墓、一些散落的笔记和其他遗物。当时他们没有发现富兰克林的两艘船都被困在冰中，包括富兰克林在内的 129 人都不幸遇难。这两艘船直到前几年才被发现。令人惊讶的是，2016 年研究人员在北极湾底部发现其中一艘名为“恐怖号”的船时，它的状况依然良好：近 170 年之后，船尾舱的玻璃窗仍然坚固。

富兰克林和同时代的其他探险家都不知道，他们的探险活动时间与科学家所称的“小冰期”——北极连续几百年的异常寒冷时期——正好吻合。直到19世纪末，气温逐渐攀升，西北航道才终于可以通行。挪威探险家罗尔德·阿蒙森于1906年成为史上全程乘船通过这条航道的第一人。他一共花了三年时间，在那里度过了两个冬天。

近年来，北极航行变得不再那么困难。极地冰川逐渐融化，这条航道的可航期越来越长。2016年9月，一艘载有1700人的游轮成为第一艘走完西北航道的客运游轮。冰川的融化增加了新的贸易路线拓展和能源开发的可能性，但也可能在这片未开发的土地上引发领土冲突，加剧环境破坏。

不管是好是坏，北极史上新的篇章才刚刚开始，制图师对西北航道的梦想可能即将实现。

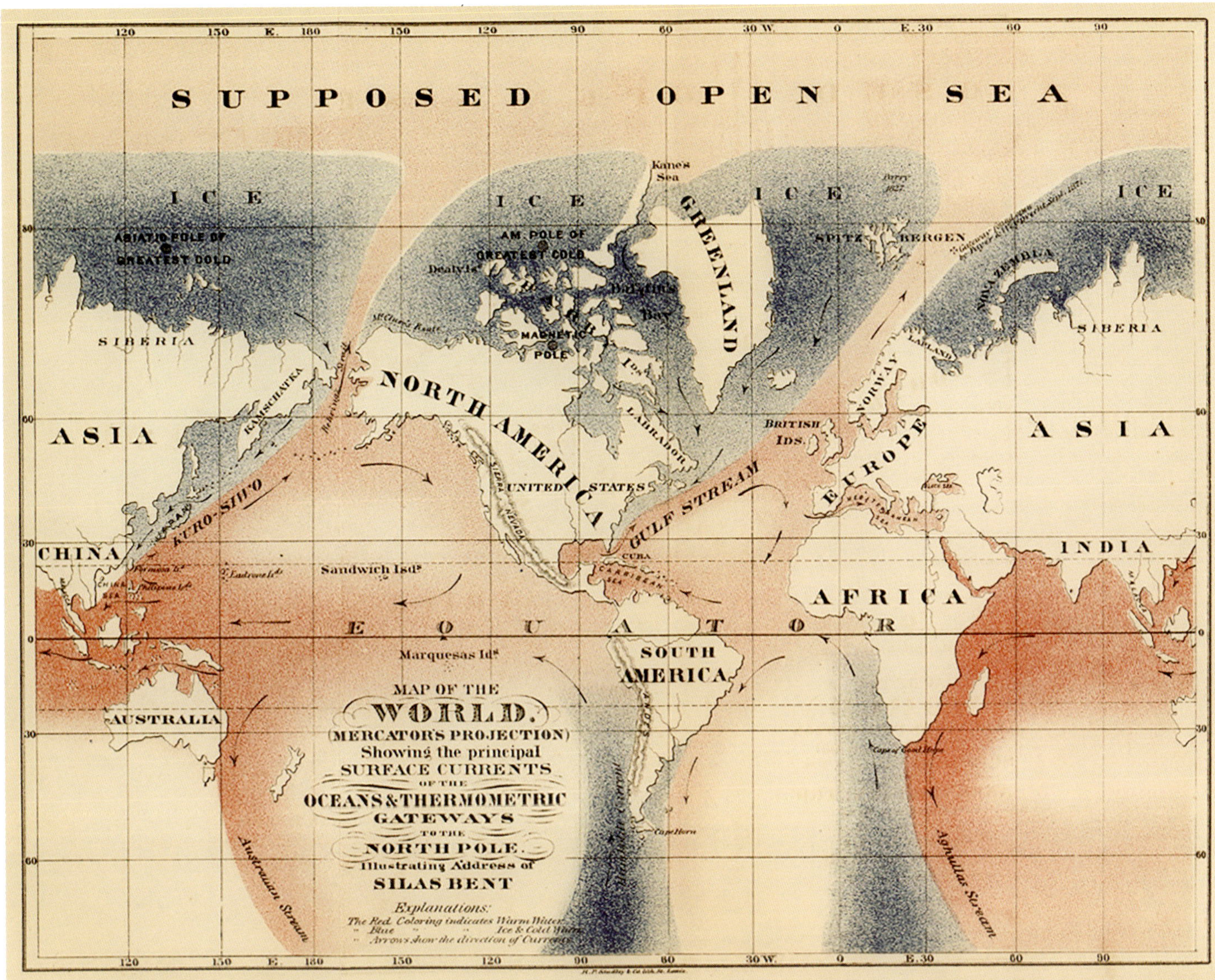

上图　关于西北航道的种种猜测一直持续到 19 世纪。根据这张 1872 年的地图，美国海军军官西拉斯・本特声称，墨西哥湾暖流和其他暖流会灌注到北极周围的一片开阔海域

左图　这张 1784 年的地图其绘制基础是俄国开展的“北方大探险”的成果。它描绘了一条可行的西北航道，亚洲与北美洲太平洋沿岸的部分尤为详尽

右图　英国公众非常关注北极探险的故事。这张 1875 年的图片摘自《伦敦新闻画报》，描绘了英国探险家在北极看到一座巨大冰山的景象

海洋颂歌

以太平洋生物为主题的手绘地图壁画

绘制于 1940 年
来源于 斯坦福大学图书馆大卫・拉姆齐地图收藏中心

1936—1937 年，美国陆军工程兵部队在旧金山湾造了一个人工岛，面积 1.6 平方千米，名为金银岛。1939 年，以太平洋为主题的金门世界博览会于此举办，可谓是一场建筑、艺术和娱乐的盛宴，展出中有一尊高 24 米的太平洋女神雕像，以及萨莉·兰德的“裸体牧场”节目（节目展示了衣着暴露的“牧场工人”形象）。

“太平洋之家”展厅里摆着一套定制艺术品，大部分是主题地图，墨西哥知名艺术家米格尔·科瓦鲁维亚斯被邀请绘制了一系列巨幅壁画。他因在《纽约客》《名利场》上发表的著名人物的讽刺漫画作品，以及他的名流交际圈（比如与尤金·奥尼尔、佐拉·尼尔·赫斯顿、兰斯顿·休斯和迭戈·里维拉来往）而知名。科瓦鲁维亚斯绘制了六幅太平洋地图，与他之前绘制的其他地图完全不同；其中最引人注目的是一幅宽 7.3 米的《太平洋动植物像》，他用不同颜色区分气候和植被区，内容详尽，从树懒到柏树应有尽有。在这批作品印成的地图集中描述到：“绿色区域的热带动物鼎鼎有名，让人闻风丧胆”“白色区域是西伯利亚的马可波罗山羊”“浅橄榄绿区域是新西兰的鹬鸵，这是一种奇怪的鸟类，像是美国漫画艺术家设计的形象”。

博览会结束后，这些壁画在纽约市的美国自然历史博物馆展出，接着在旧金山的渡轮大厦展出 40 多年。2001 年，渡轮大厦因翻修撤下了它们并存入仓库，后来被清理和修复后又送至墨西哥参加短期展览。2008 年，这些壁画再次被送回到金银岛的仓库中，目前仍在那里的四幅壁画基本上被人遗忘了，但剩下的两幅的命运截然不同。20 世纪 50 年代，《太平洋区的艺术形态》在纽约至旧金山的运输中途不幸遗失，再无踪迹。而《太平洋动植物像》已经价值 150 万美元，展览于旧金山著名的德扬博物馆，每年吸引成千上万的游客前来观赏。

右图　米格尔・科瓦鲁维亚斯的巨幅太平洋地图集包含六幅主题地图。他为 1939 年旧金山世界博览会绘制了壁画，其中包括这幅《太平洋动植物像》

PLATE II: PAGEANT OF THE PACIFIC: MIGUEL COVARRUBIAS

Published by Pacific House, San Francisco, California

一波三折的海图集

17 世纪地图绘制业在创新下的残酷竞争

绘制于 1658 年
来源于 奥舍地图图书馆

17 世纪，阿姆斯特丹的制图业竞争激烈。荷兰东印度公司垄断了香料贸易，旗下有数百艘船只前往远东采购黑胡椒、肉桂、肉豆蔻和其他异国食材。这些船只，还有其他附近贸易路线上的航船，都亟须地图来指导航行。于是，几家技术先进的地图出版商铆足全力抢占市场，其中就有一位才华横溢但默默无闻的制图师——阿诺德·科洛姆。

在竞争激烈的制图业里，布劳家族是一大巨头，威廉·布劳和他的儿子琼是荷兰东印度公司的官方绘图师，因此他们可以接触到最新的地理信息和公司内部便捷的业务渠道。父子俩制作出的地图精美上乘，至今仍是荷兰制图黄金时代的代表作。除了他们，还有其他技术精湛的制图师。但关于阿诺德·科洛姆的历史资料很少，他在制图业似乎是个失败者。科洛姆的主要作品只有两幅，但他 1658 年出版的《海洋地图集》(又名《水世界》)，在当时的市场上显得独具一格。

布劳家族制作的《舵手手册》是海员的实用指南，包括多达 200 页的航行和导航详解。这些书中的地图通常让人赏心悦目，不过主要是在北海和地中海的荷兰重要贸易路线上发挥它的实用价值。而科洛姆的地图集有些不同，它的体积巨大，书页高达 0.6 米，差不多是《舵手手册》的四倍宽。研究过科洛姆的地图收藏家和研究员杰森·哈伯德表示："把它称为加大版画册是有点失敬，但这正是当代人们的想法。实际上，在 17 世纪，荷兰的海图集在拍卖会上可以卖到 10 多万美元。在收藏家眼里，它们是艺术品。"

也许是由于布劳家族对地图市场的垄断，科洛姆曾尝试开发新的市场。商人们和其他相对富裕而对海洋贸易感兴趣的人，不太可能去航海。科洛姆的书中没有任何的航行指令，文字介绍控制在两页内。哈伯德说："这步棋走得很对。"科洛姆计划面向的市场受众不需要这样的技术信息，所以去掉它们可以节省一小笔印刷费用；尽管纸张较大，节省下的成本足以使他能够以更低、更实惠的价格出售地图集。

科洛姆还注重对地图本身下功夫，和当时其他地图集不一样的是，他的地图集中除了当地水域之外，还包括了更远的地区。科洛姆的地图集是第一个包含新尼德兰、西印度群岛和马来群岛的地图集（第 34 页）。当时这些地区的地图很难在阿姆斯特丹找到，但是科洛姆把它们变为所有买得起的人都可以拥有的资源。更特别的是，该地图集根据购买者的喜好和预算，分为铜版黑白印刷和手工上色印刷。

科洛姆的地图集似乎不像他所预期的那样大卖。有记录显示，1663 年，他不得已变卖了印刷《海洋地图集》的铜版才结清拖欠的房租。"他已经放弃挣扎。"哈伯德说，"因为

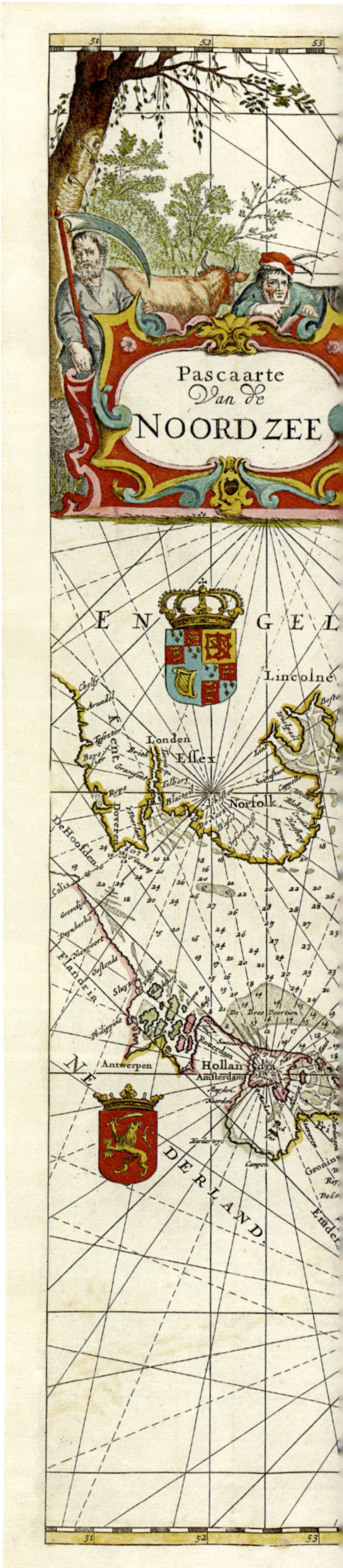

右图　这张地图摘自阿诺德·科洛姆 1658 年出版的《海洋地图集》，显示了英国、荷兰和挪威的北海海岸，并标注了当地深度和浅滩位置，与荷兰人最初探索世界遥远地区时所绘制的地图相比，所包含的信息更为详尽

Door
ARNOLD COLOM
t'Amsterdam op het Water
by de Nieuwe-brugh
inde
Lichtende Colom
Duytsche mylen 15 voor een graadt.
Spaensche mylen 17½ voor een graadt.
Engels en Frans. mylen 20 voor een graadt.
SCHOTLANT
NOORWEGEN
IVTLANT.
Orcades I.
Hitlant
F. Fero
Edenburg
Northumberlant
Halandt.
De Kimmen

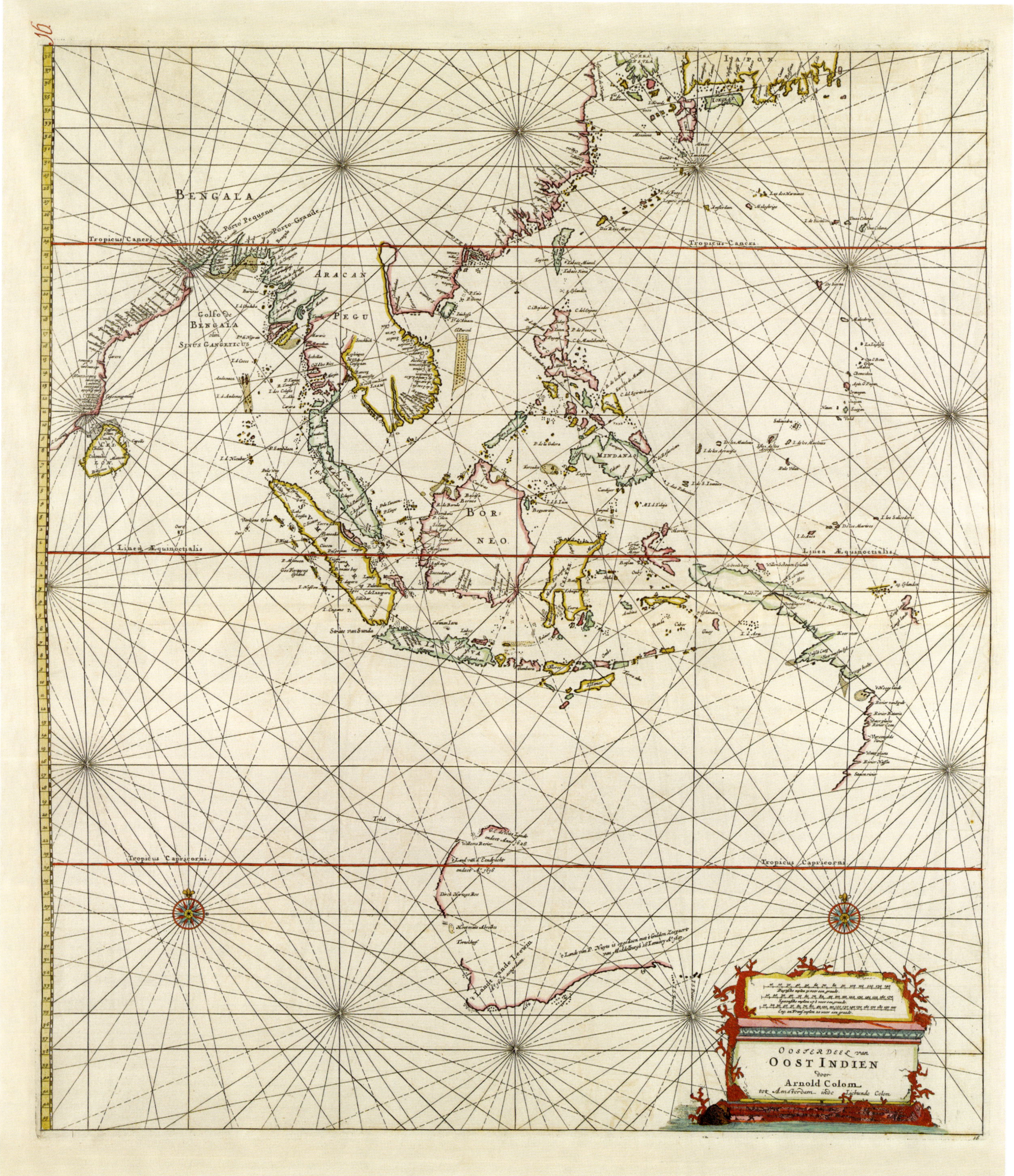

OOSTERDEEL van
OOST INDIEN
door
Arnold Colom
tot Amsterdam inde Lichtende Colom
BENGALA
Porto Pequeno
Porto Grande
Tropicus Cancri
ARACAN
Golfo de
BENGALA
olim
SINUS GANGETICUS
PEGU
CEYLON
MINDANAO
BOR NEO
Linea Æquinoctialis
Straet van Sunda
Tropicus Capricorni
IAPON

上图　科洛姆地图集卷首插画上的雕像形象代表白天和黑夜，以及四种经典元素：火、风、土、水

左页图　科洛姆的地图集不仅尺寸偏大，还包括了马来群岛等偏远地区的地图，这是他和其他竞争对手相比的特别之处

铜版是他身上最值钱的东西。”几年后，科洛姆就去世了，享年四十五岁左右。

尽管科洛姆没有从他的开创性地图集中捞到任何好处，但其他人做到了。另一位制图师亨德里克·堂克尔收购了科洛姆的铜版，用它制作了自己的海洋地图集，添加了异域鸟类和各地的奇花异草，并把科洛姆的名字改成了他的名字。在科洛姆死后的短短几年，堂克尔的地图集一路畅销，其他地图制造商也纷纷效仿。科洛姆开创的大型海洋地图集突然成为热卖书籍。

科洛姆的铜版后来转手于不同的地图制造商，至少流传了一个世纪。科洛姆绘制的海图线条干净利落，卷首插画精美，证明了他作为绘图师和刻版师的高超技能——但他的故事也残酷地告诉后人，技能并不是成功的充分条件。

水的形状

美国全境航道地图

绘制于 2016 年
来源于 缪尔之道地图专卖店

这张地图显示了美国本土 48 个州的所有河流、溪流和湖泊。虽然它看起来很像晕渲图，但它仅利用河流的形状就展现出了山川、河谷等地貌。

该地图是根据航天器在绕地球飞行时收集的雷达数据绘制的。航天器表面的装置发射雷达信号后，记录信号返回航天器所需时间不同。航天器和地球上地点之间的距离越短，信号返回的时间就越少；时间最短表示海拔点最高。美国国家航空航天局（NASA）将反馈的数据编译成分辨率约为 30 米的数字高程模型，该模型能覆盖地球表面 80% 的区域，以及绝大部分大陆块。

在地图上，从季节性的小溪流到密西西比河和大盐湖，一系列算法被用于测量地形数据以识别航道。河流源头的溪流被称为一级河流，用细线绘制；当两个一级河流交汇时，将合并为二级河流，用较粗的线表示；两个二级河流汇集成一个更粗的三级河流，以此类推。“线条不是显示河流的实际大小，而是表示河流的相互交汇和流动方向。”设计师兼缪尔之道地图专卖店创始人贾里德·普林斯说，“这让我想到了人类的血管系统，河流和溪流正是以类似的方式维系美国的生态系统的。”

除了航道之外，地图上没有任何多余信息，着重突出了航道与地形的关系：山区以较短的河流为主，这些河流通常呈大致平行的方向；而较平坦的地区则有较长的河流和更多的蜿蜒河道，河流缓慢侵蚀两岸，将山谷和峡谷变为山脉和丘陵，还创造出平原。

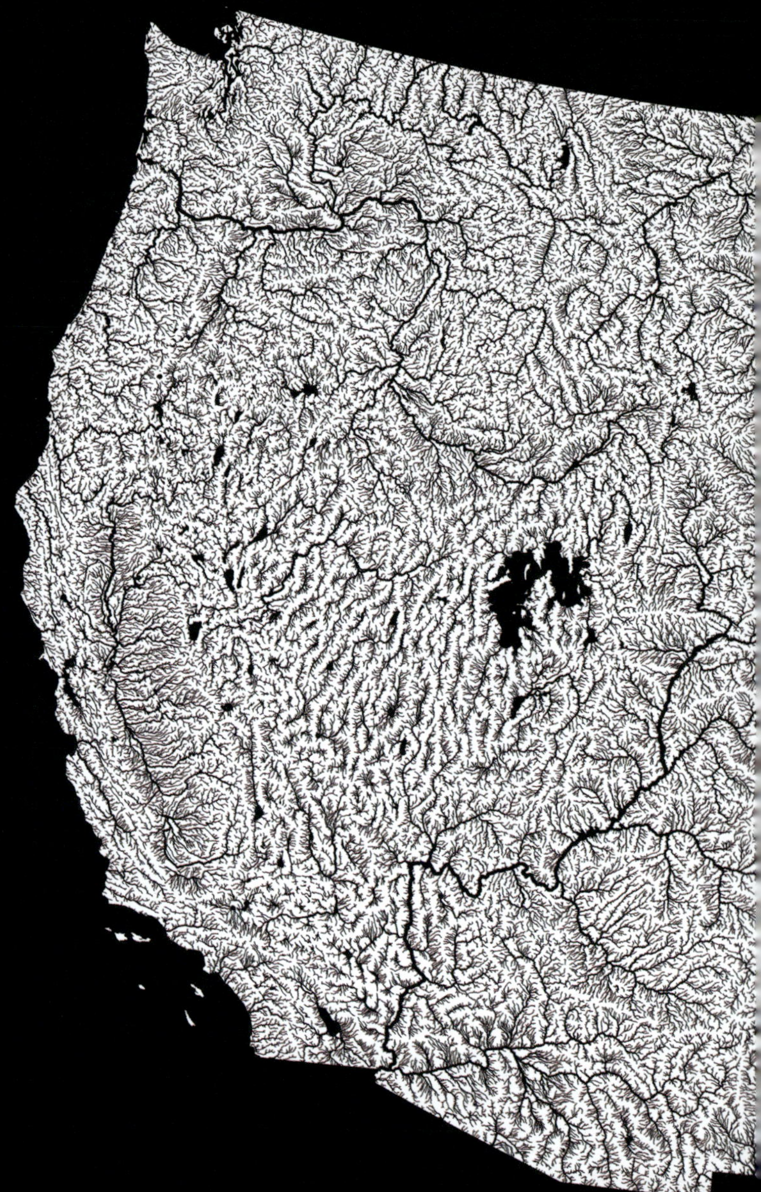

右图　这张美国地图上只显示了河流、溪流和湖泊。该地图是利用各种算法和航天器收集的海拔数据制作的

尼加拉瓜运河的诅咒

一个极具诱惑却无法完成的海上捷径

绘制于 1858—1899 年
来源于 斯坦福大学图书馆大卫·拉姆齐地图收藏中心，康奈尔大学 P. J. 莫德[①]说服性地图[②]收藏

早至 16 世纪的西班牙殖民时期，就出现了修建一个横跨中美洲的运河的设想，但当时的技术还不成熟。300 年后蒸汽铲的发明让这个想法有望实现。

1858 年，一位法国记者菲利克斯·贝利前往中美洲，试图推进联通大西洋和太平洋的运河修建项目。贝利是代表法国政府还是仅代表个人尚不明确。但无论如何，他通过谈判成功签订了一项条约，解决了尼加拉瓜和哥斯达黎加之间的边界争端，并获得修建运河的特许权。

该运河将沿着圣胡安河从大西洋的北圣胡安港向内陆延伸，船只通过七个船闸上升到海拔 30 米的尼加拉瓜湖航行，再通过六个船闸降回至太平洋沿岸的萨利纳斯湾，总航程约 160 千米。贝利是描画宏伟蓝图的一把好手，却不擅长筹集资金，短短几年这个项目就因资金耗尽而无法继续。

贝利不是唯一推进这个设想的人。1848 年加利福尼亚州发现了黄金，修建一条海上捷径将大大促进美国西部的崛起。一条运河可以缩短从东海岸沿着南美洲南端再到太平洋港口，长达 13 000 千米以上的航程。美国政府派遣了测量人员和工程师勘测选址，接着他们一致决定：这条运河不应该建在巴拿马，而应该建在西北方向 650 千米处的尼加拉瓜。

右图　法国人菲利克斯·贝利提出建造尼加拉瓜运河，连接大西洋和太平洋的设想。这张 1858 年的地图由贝利的工程师汤姆·德·加蒙德绘制，显示了建议路线。该地图发表在一本书中，其中还载有尼加拉瓜和哥斯达黎加通过谈判签订的《贝利条约》的副本

① 美国执业律师、收藏家、地图史学家，毕业于康奈尔大学，自 1980 年收藏了 800 余幅说服性地图，并将其收藏捐献给了康奈尔大学。
② 说服性地图，一种经过专门设计，旨在通过某种方式说服人们的地图，这种地图传递的并非客观信息而是经过加工的带有引导性的主观信息。

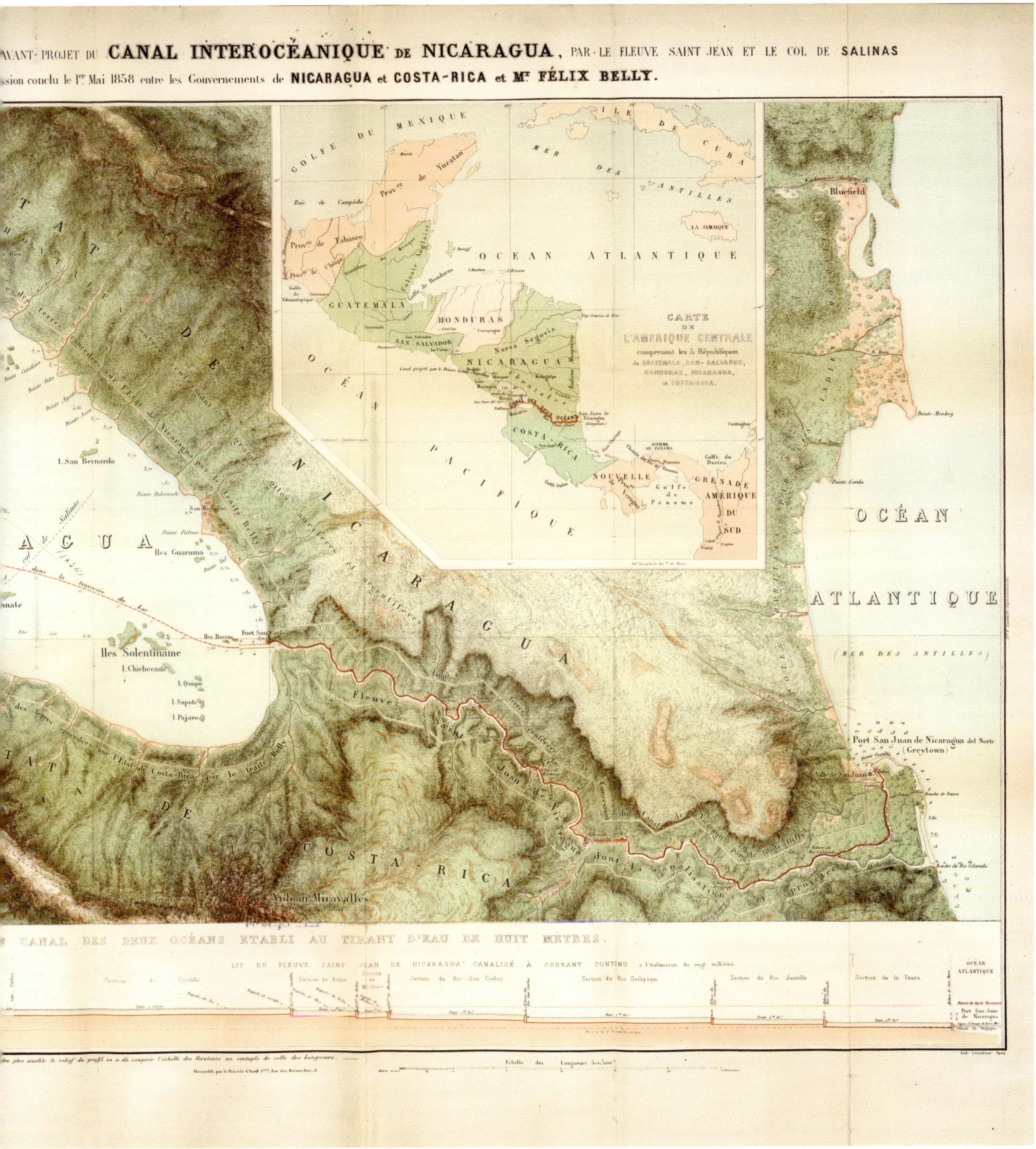
AVANT-PROJET DU CANAL INTEROCÉANIQUE DE NICARAGUA, PAR LE FLEUVE SAINT JEAN ET LE COL DE SALINAS
ssion conclu le 1er Mai 1858 entre les Gouvernements de NICARAGUA et COSTA-RICA et Mr FÉLIX BELLY.
CARTE DE L'AMÉRIQUE CENTRALE comprenant les 5 Républiques de GUATEMALA, SAN-SALVADOR, HONDURAS, NICARAGUA, et COSTA-RICA.
GOLFE DU MEXIQUE
ILE DE CUBA
MER DES ANTILLES
OCEAN ATLANTIQUE
OCÉAN PACIFIQUE
GUATEMALA
HONDURAS
SAN SALVADOR
NICARAGUA
COSTA RICA
NOUVELLE GRENADE
AMÉRIQUE DU SUD
LA JAMAIQUE
OCÉAN ATLANTIQUE
(MER DES ANTILLES)
Bluefield
Pointe Monkey
Pointe Gorda
Port San Juan de Nicaragua del Norte (Greytown)
Ville de San Juan
Bouche du Rio Colorado
Fort San Carlos
Iles Solentiname
I. Chichecaste
I. Quiqui
I. Sapote
I. Pajaro
I. San Bernardo
Iles Guaruma
San Miguelito
Volcan Miravalles
COSTA RICA
NICARAGUA
CANAL DES DEUX OCÉANS ÉTABLI AU TIRANT D'EAU DE HUIT MÈTRES.
LIT DU FLEUVE SAINT JEAN DE NICARAGUA CANALISÉ À COURANT CONTINU

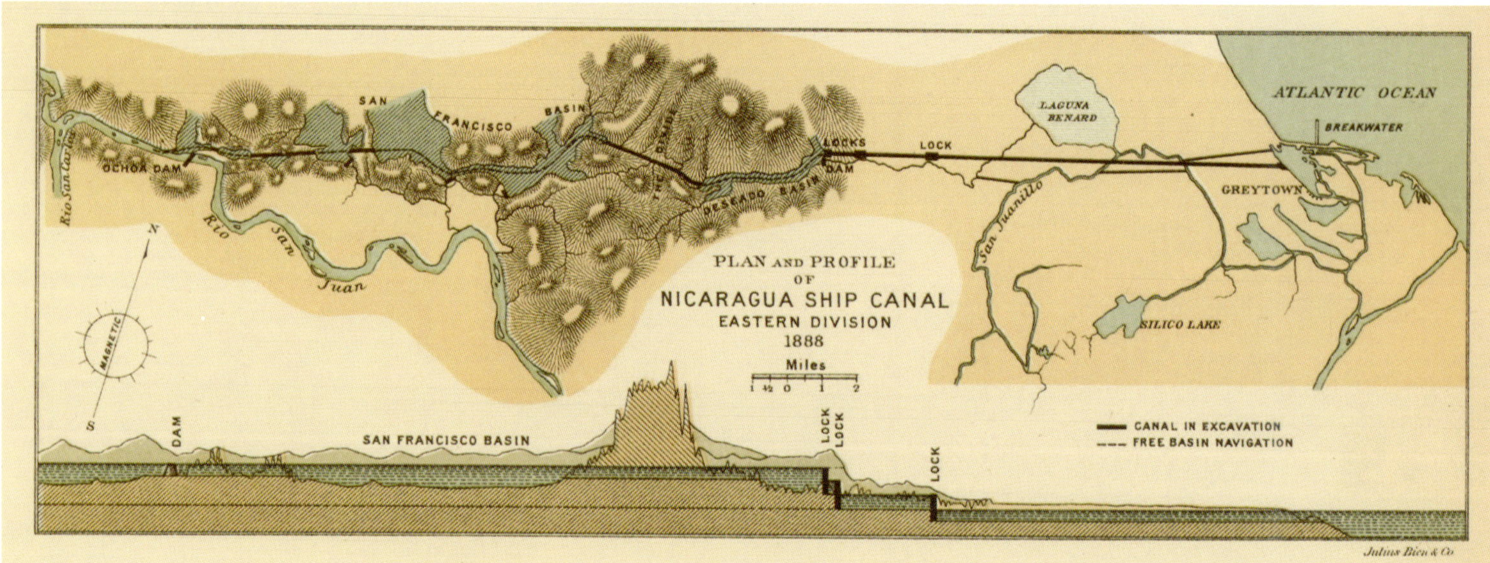

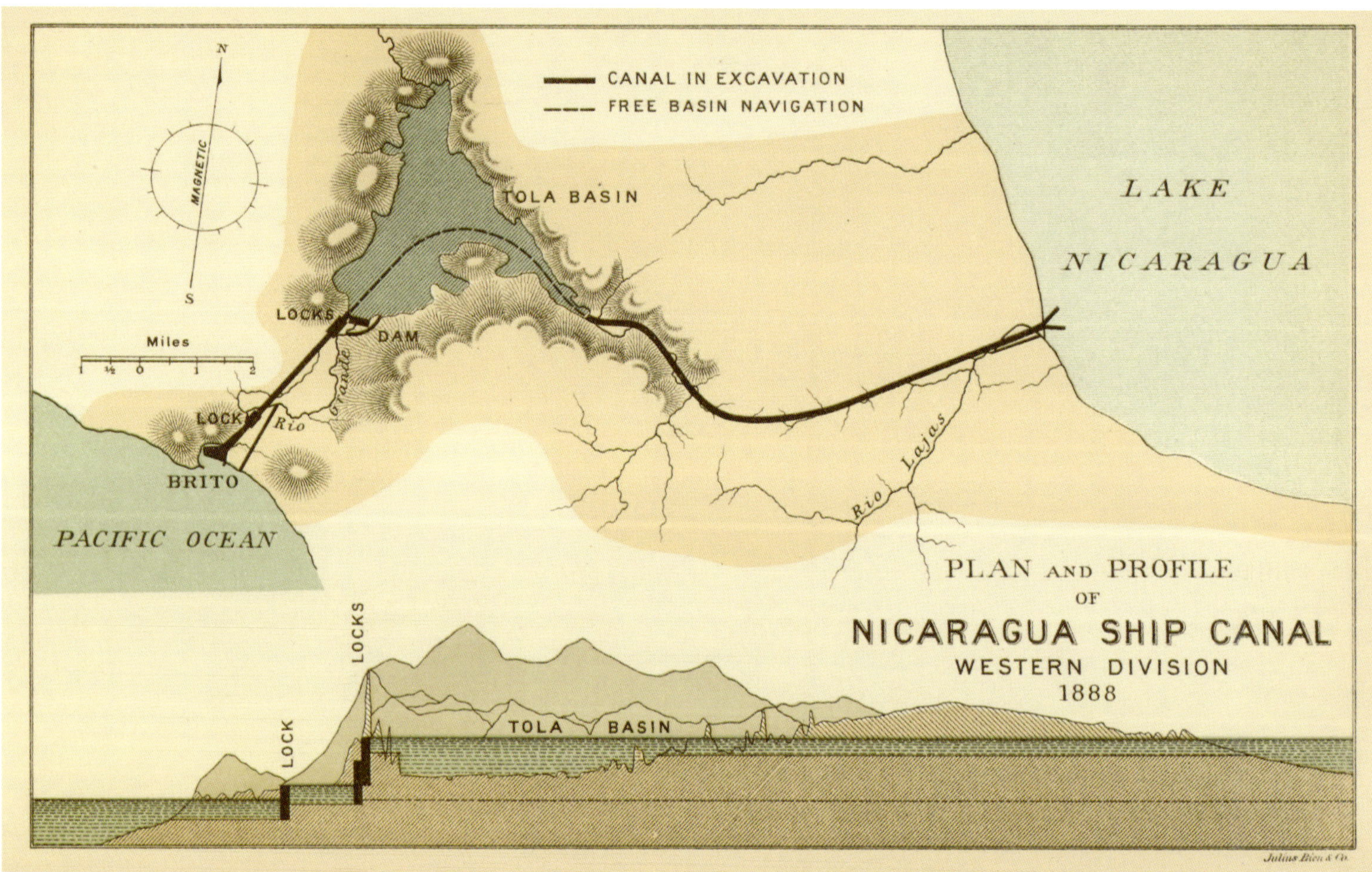

上图　根据尼加拉瓜海运公司的报告，这些地图绘制的路线与贝利建议的路线略有不同，选择了在大西洋的内陆一侧规划一条更直的路线，而不是沿着圣胡安河从大西洋的北圣胡安港向内陆延伸。这条路线弯路更少，需要的船闸也更少

右页图　1899 年《法官》杂志发表了这幅社论漫画。图中威廉・麦金莱总统站在中美洲地图上，拿着一把镐头，袖子卷起，看着一面印着“尼加拉瓜运河提案”的横幅。满载美国货物准备运往国外市场的船只似乎正排着队等待过境，而山姆大叔则从华盛顿运来了镐头和铲子

A THING WELL BEGUN IS HALF DONE.
UNCLE SAM—"Finish the canal, McKinley, and make our national expansion complete in your first administration."

尼加拉瓜离美国港口更近，可以通航的尼加拉瓜湖正位于航线中间，这意味着只需要在两边挖掘两条短运河即可。此外，利用低海拔的湖泊可以减少需要修建的船闸数量。

巴拿马的隘口更高，还疾病肆虐，声名狼藉。19 世纪 50 年代这里修建了一条铁路，作为客运和货运线穿过巴拿马地峡。

在建造过程中，数千人死于霍乱、痢疾和其他热带疾病。“雨季的道路太可怕了，简直一言难尽。”1852 年，还是一名年轻陆军军官的尤利西斯·辛普森·格兰特来到此地后写道。

左页的地图摘自尼加拉瓜海运公司的报告，1889 年，美国政府兼并了这家公司。第二年，公司向国会报告该项目取得的重要进展：已经修建了一道防波堤和一个水渠，可以改善北圣胡安（也称格雷敦）的港口情况；几条小溪中的碎石已清理，并准备进行疏浚；机械工厂、仓库和其他建筑物都已准备就绪，一条从港口到内陆的铁路正在建造中，用来运输工人和机器。然而，项目没有持续多久，这家公司在 1893 年的经济危机中不幸破产。

随后该项目多次反复启动。与此同时，1880 年法国开始在巴拿马修建的运河也进展不顺。大量工人死于疟疾和黄热病，工程师们低估了修建难度，频繁的山体滑坡也破坏了关键路段的工程。到 1900 年左右，第一家进行该项目的法国公司已经破产，后来接手这个项目的公司也难以为继。

一些美国政客认为，低价购买这条修建了一半的巴拿马运河很划算，这对尼加拉瓜运河项目造成了威胁。1902 年在参议院进行关键投票的前几天，巴拿马运河的支持者给每个参议员都送了一份小礼物：一枚尼加拉瓜邮票，上面画着一座喷发的火山——提醒议员们注意该地区的地震威胁。于是在最终投票中，参议院决定从法国人手里购买巴拿马运河。

1904 年，美国以 4 000 万美元的价格收购了巴拿马运河，包括所有的设备和迄今修建的所有部分。十年后，巴拿马运河开通航运，成了一条重要航线。

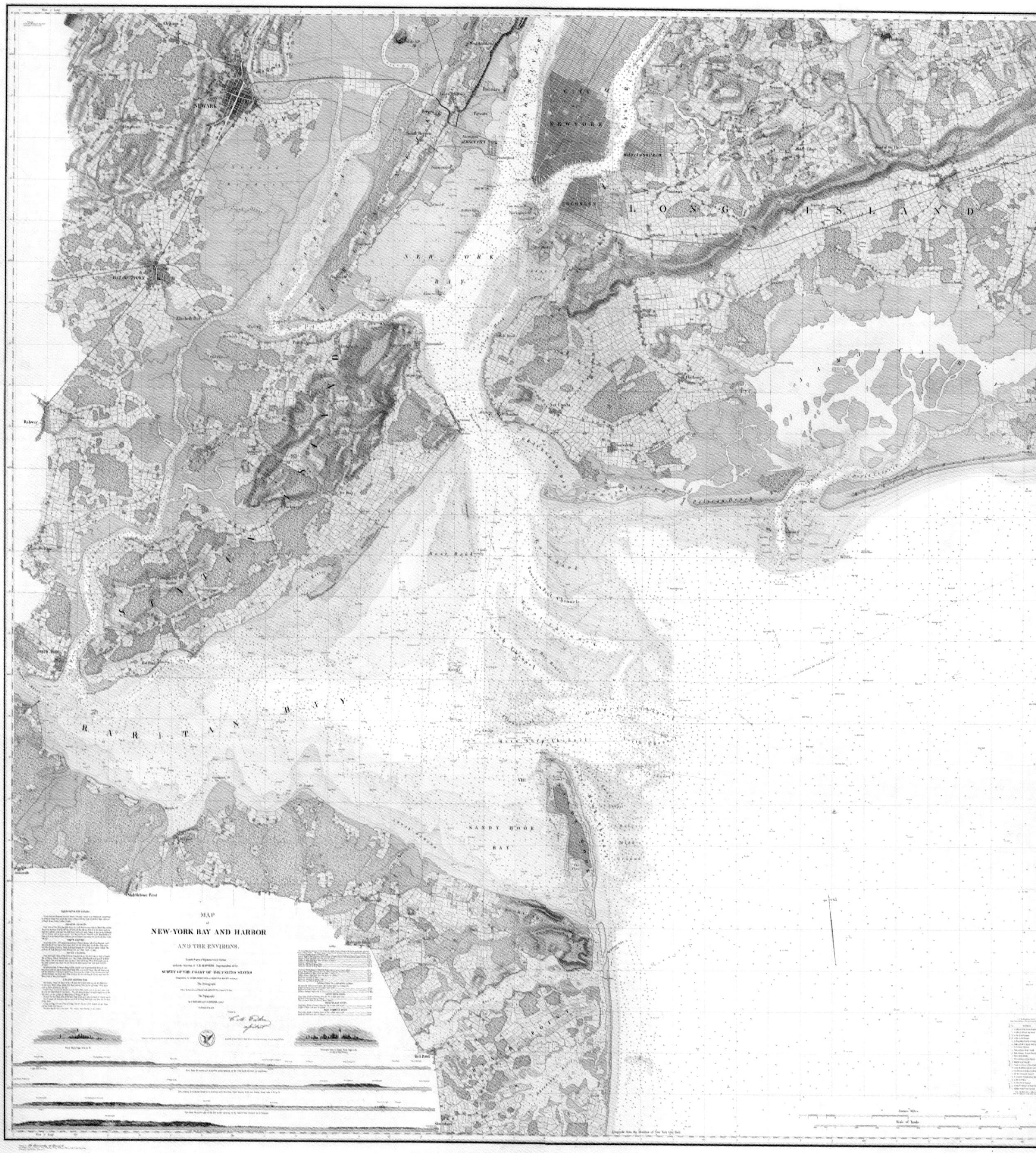
MAP
NEW-YORK BAY AND HARBOR
AND THE ENVIRONS.
RARITAN BAY
NEW YORK BAY
SANDY HOOK BAY
LONG ISLAND
NEWARK
BROOKLYN

纽约港口的勘测

美国海岸勘测局旗开得胜

绘制于 1844 年
来源于 斯坦福大学图书馆大卫·拉姆齐地图收藏中心

美国海岸勘测局绘制第一张地图耗时弥久，但结果证明一切等待都是值得的。1807 年，经国会授权，勘测局开始海岸勘测，37 年后，这张《纽约海湾、港口及周围环境图》印刷完成并最终问世。它刷新了当时的地图精确度，与 100 多年后的地图相比都不逊色。在勘测调查港口入口过程中还发现了一个重要细节，如果早点发现的话可能会改变美国历史。

这张地图耗时弥久的一个原因是第一任负责人费迪南德·哈斯勒一丝不苟的态度。哈斯勒 1805 年从瑞士来到美国，共带来了 3 000 多本科技书籍，以及一些标准度量衡工具。哈斯勒坚持采用有条理的科学勘测方法。他甚至在开始绘制海底地图之前，建立了沿海土地的地理框架，利用天文观测来确定点位并用先进的三角法测量点位距离。这意味着需要时常穿梭在密集的灌木丛中或在陡峭的斜坡上进行仔细测量。

完成对纽约地区的三角测量后，他们开始绘制水下地图。船只行驶在测量地区，每隔一段距离放下吊锤测量水底深度，并在每个停泊处用六分仪和望远镜测量陆地上两个固定站点之间的角度。挨个测量出船只和站点之间的角度，再利用测量出的角度和每个标记点的探测深度得出船舶的位置（下图）。

哈斯勒尤为感兴趣的是寻找另一条航线，使船只不用在浅水区经过长岛和桑迪胡克之间的众多港口入口。当时，船只只能经由桑迪胡克附近海岸的主船航道再进入港口。于是，哈斯勒派托马斯·格德尼到北方寻找一条新的深水航道。

格德尼是一名海军中尉，他在勘测局功绩显著：1835 年，抓住了一名试图暗杀安德鲁·杰克逊总统的持械男子；1839 年，拦截了著名的运奴船“阿姆斯达号”。1835 年，格德尼找到了符合哈斯勒要求的新航道。这条航道比主航道深 0.6 米，可以容纳更大的船只在低潮时进入港口，而且路线更短。如果美国独立战争期间就知道这条航道，英国对纽约港的封锁和对纽约的占领难度将更大。

应国会的要求，勘测局递交了一些重要港口的初步海图，但哈斯勒决定在官方地图完成之后再全部公布。直到 1842 年，格德尼四处奔走了八年后，纽约海图才开始雕刻铜版、准备印刷。不幸的是，1844 年哈斯勒在地图问世之前去世了，但这份细致的地图为勘测局奠定了美国历史上第一个联邦科学机构的地位。

左页图　这张 1844 年的纽约港地图是美国海岸勘测局（1878 年更名为海岸和大地测量局，1970 年并入国家海洋和大气管理局）公布的第一张官方地图。这幅地图包含的数百次水深测量点的测量数据，由绳子吊着铅锤垂到海底所得

下图　进入纽约港的主船航道分布在地图左侧。格德尼正是在绘制这张地图的过程中发现了地图右侧的新航道。图示数字代表测深

The perpendicular height of the Ground where the Congress house stands, is above the tide of Tiber Creek, 78 feet.
Euston Sq.
University College London
UCL
GOWER
A400
GOODGE
Oxford Circus
BOND ST.
CONDUIT
A4
GREEN
Buckingham Palace
Queen's Gallery
The Royal Mews
BEALE
SPEAR
Gallery
CARDINAL PLACE

城市

2. 城市

城市环境的地图绘制

对人们来说，城市地图是最熟悉、最实用、最有趣的地图之一。华盛顿、纽约和伦敦等著名大都市的街道规划一眼就能被辨认出来，唤起人们对各个位置的记忆。而对于家乡的空间格局、童年经常玩耍的地方或第一次到达的地方，人们常常能通过城市地图感觉到与它们的情感联系。

这种与城市图像之间形成的联系也是有效记录过去的方式。就像本章中所呈现的地图，它们捕捉、呈现城市生活的瞬息变化，可以作为城市变迁的证明。奥斯曼帝国在 16 世纪攻城略地，无人可挡，所征服城市的彩色鸟瞰图生动展现了奥斯曼帝国的崛起（第 60 页）。一张淘金热时期旧金山废弃船只遗骸的地图揭示了垃圾填埋场的扩建对城市海岸线的改变（第 56 页）。大量电子资料丰富了制图者的制图方式，比如，比较在纽约市拍摄的照片，可以发现游客在纽约的足迹和生活在纽约的人的足迹（第 65 页）。

熟悉的道路布局让读者可以联想到对城市的无形理解和生活在其中的具体框架。当城市居民和游客都使用数字地图导航时，城市规划几乎成为一种通用的地图语言。

历史中的墨西哥城
（1794 年，美国国会图书馆）

这张墨西哥城的地图已经有两个多世纪的历史了，现在了解墨西哥首都的人对街道分布仍然非常熟悉。这座城市的中心曾位于宪法广场，这是拉丁美洲最大的广场之一，它的两侧就是地图上描绘的建筑物，现在仍然保持原样。这张地图绘制的目的是进行城市清理、遏制脏乱现象。不同颜色的标注表示已改进的部分（红色）和待改进的部分（黄色）。

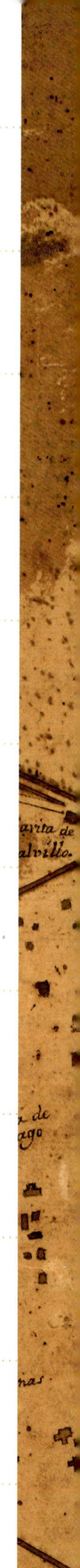

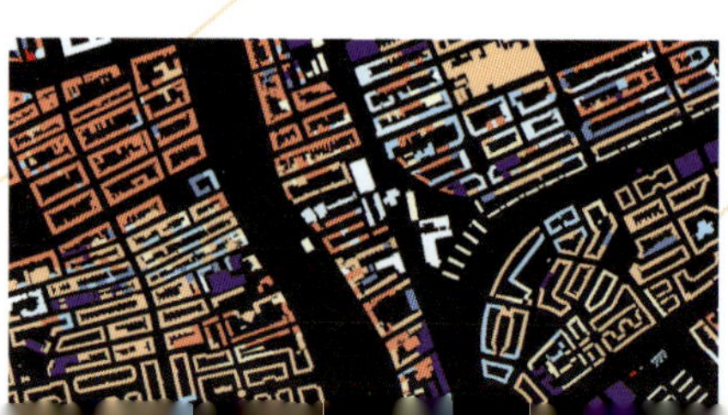

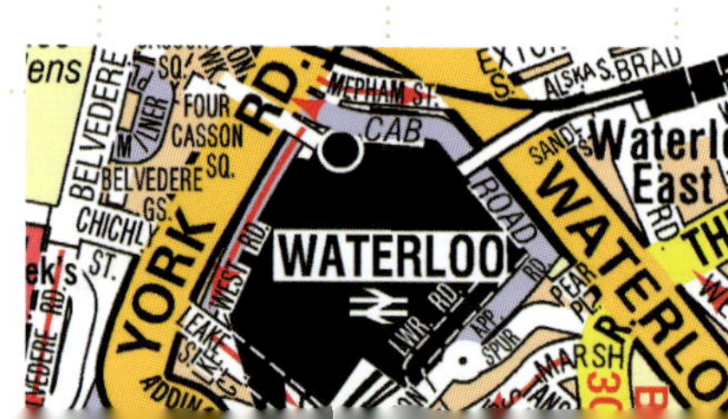

Paseo de Revilla
El Carmen
Barrio de Santiago
Calzada
Corpus
S. Diego
Paseo nuevo
Egido
Nonoalco
Garita del Paseo nuevo

阿姆斯特丹的黄金时代

透过城市建筑见证历史变迁

绘制于 2013 年
来源于 荷兰瓦格协会，伯特・斯帕安

阿姆斯特丹是欧洲最有名的城市之一，它也是欧洲大陆城市演变的典型例子。如图所示，古老的城市中心逐渐被大片新建筑包围，不同建筑的颜色代表不同的修建年份。

17 世纪的城市规划中，阿姆斯特丹中心格局井然有序，围绕同心半圆形运河修建。现在全市有 100 多千米的航道，隔出了约 90 个分区，共修建 1 500 多座桥梁。历史悠久的运河区，也被称为运河带，于 2010 年被列入联合国教科文组织的《世界遗产名录》。

最内圈是辛格运河，代表城市边界，在 15 世纪和 16 世纪末曾是起防御作用的护城河。位于辛格运河和最外圈之间的大多数建筑物都是在 17 世纪的荷兰黄金时代建造的。也有一些 19 世纪前的建筑物，标记为红色，蓝色部分代表 1960 年后的建筑物。

这些新建筑中最壮观的是市政歌剧院，它合并了市政厅和歌剧院，在这片淡蓝色的区域中尤为显眼。其他几栋建筑物都曾被考虑建为市政厅或歌剧院，但 1979 年，该市决定将这些建筑物合并，在 1986 年对外开放。它们建于弗洛伊堡岛上，该岛是 17 世纪初作为工业区建造的人工岛。1882 年，一条相邻的运河被堵上，弗洛伊堡岛成了犹太人聚居区，这里曾是伟大的荷兰画家伦勃朗和荷兰哲学家本尼迪克特·德·斯宾诺莎的家乡。过去运河所在的地方变成了公共市场，现在仍然存在。

市政歌剧院西北面的一片标为红色的建筑，形似数字“8”，分布在广场上，可以算得上是阿姆斯特丹最古老的非宗教建筑，也称为过磅房，15 世纪末刚修建时是城市外围最古老围墙的大门部分。此后过磅房还发挥了其他作用，比如消防站和外科医院。如今它是瓦格协会的大本营，是艺术、技术和社会创新的源泉，关于它的地图也象征了阿姆斯特丹的建筑时代。

该地图以荷兰政府提供的数据为基础，展现了荷兰 2013 年前建筑年代的分布趋势。由于越来越多的城市政府开始以这种数字形式公布数据，催生了这类地图。欧洲城市一直在努力加强地图数据研究，也促进了此类地图的发展。

右图　这张阿姆斯特丹地图于 2013 年绘制，根据建筑日期标注了不同颜色。这种地图形式揭示了这座城市从古老的运河中心不断拓展的趋势，1800 年以前的建筑物占大部分，标为红色；郊区主要是 1960 年后的建筑物，标为蓝色

图例

- <1800
- 1800–1850
- 1850–1900
- 1900–1930
- 1930–1945
- 1945–1960
- 1960–1975
- 1975–1985
- 1985–1995
- 1995–2005
- 2005 >

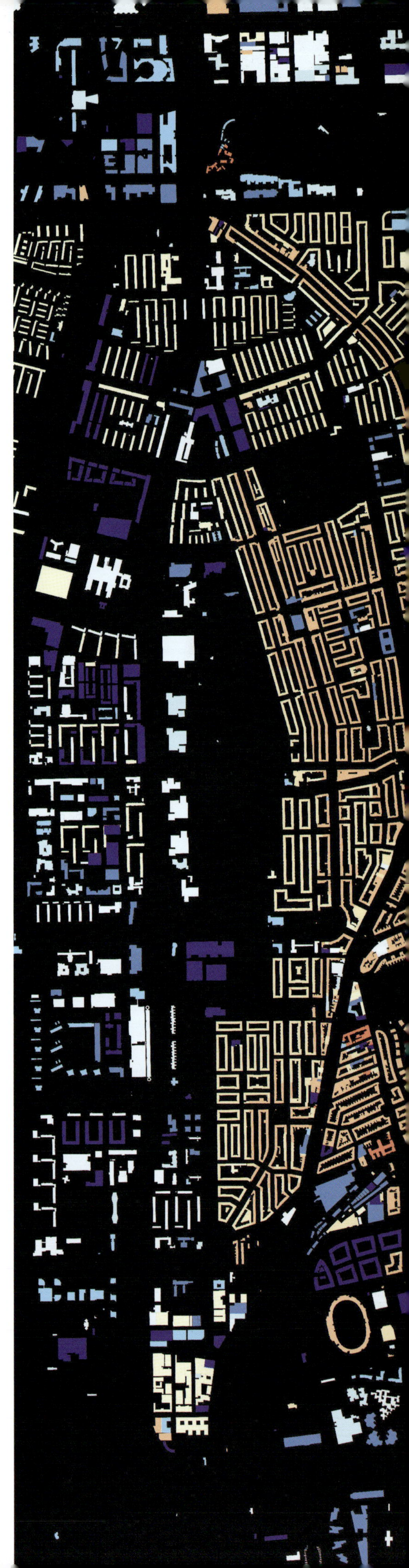

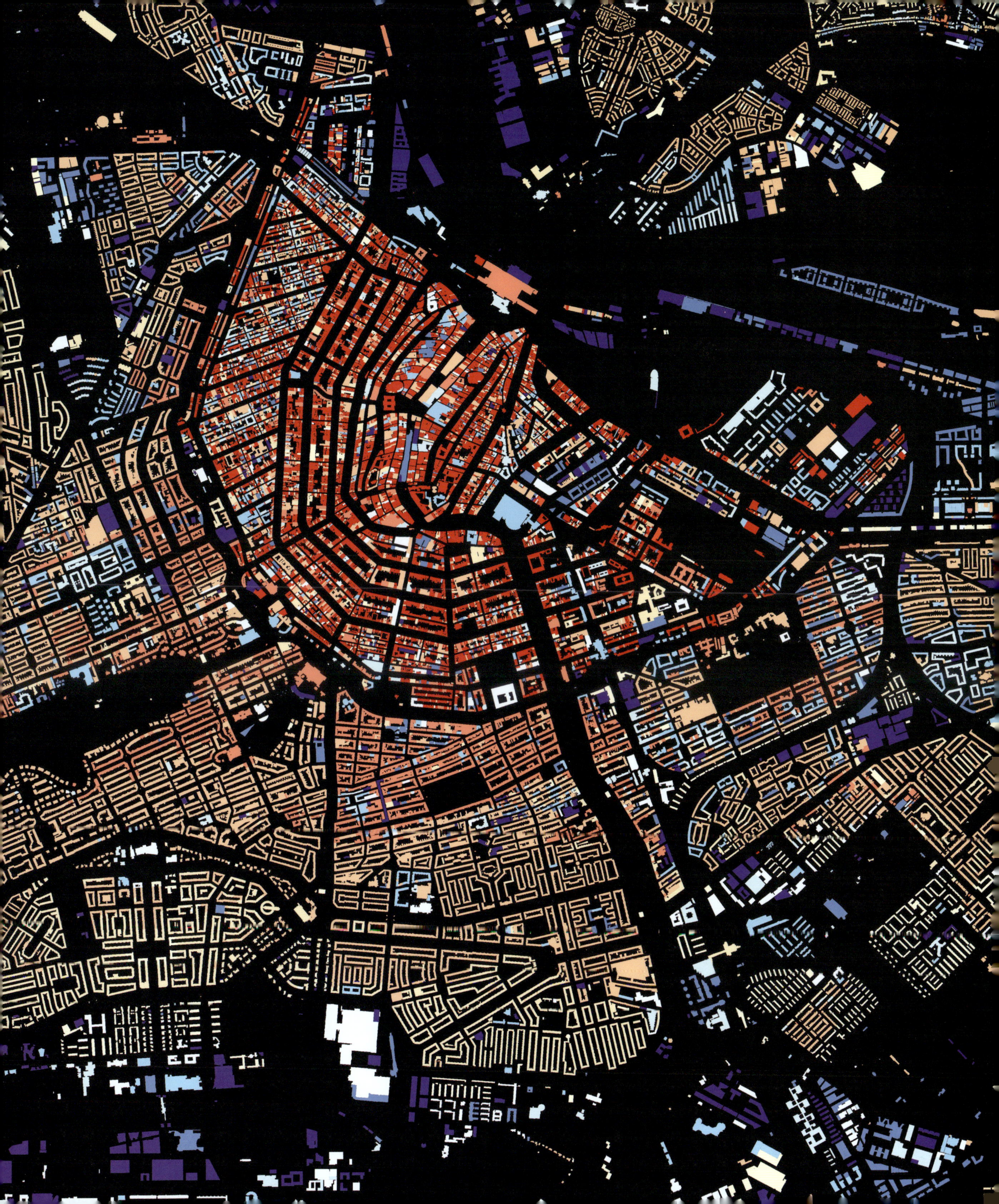

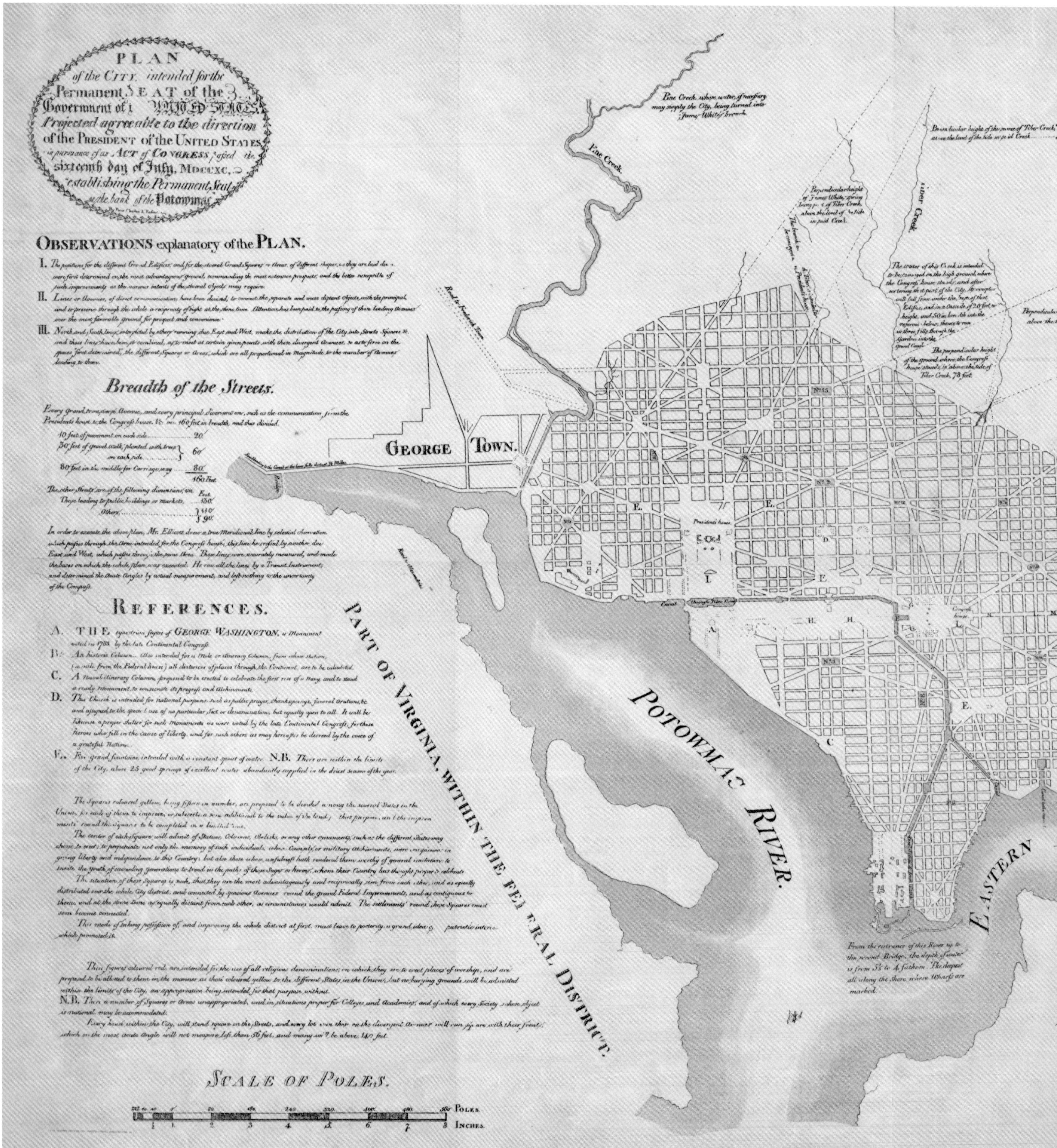
PLAN
of the City, intended for the
Permanent SEAT of the
Government of the UNITED STATES
Projected agreeable to the direction
of the PRESIDENT of the UNITED STATES,
in pursuance of an ACT of CONGRESS, passed the
sixteenth day of July, MDCCXC,
"establishing the Permanent Seat
on the bank of the Potowmac"
OBSERVATIONS explanatory of the PLAN.
Breadth of the Streets.
REFERENCES.
GEORGE TOWN.
PART OF VIRGINIA, WITHIN THE FEDERAL DISTRICT.
POTOWMAC RIVER.
EASTERN
SCALE OF POLES.
POLES.
INCHES.

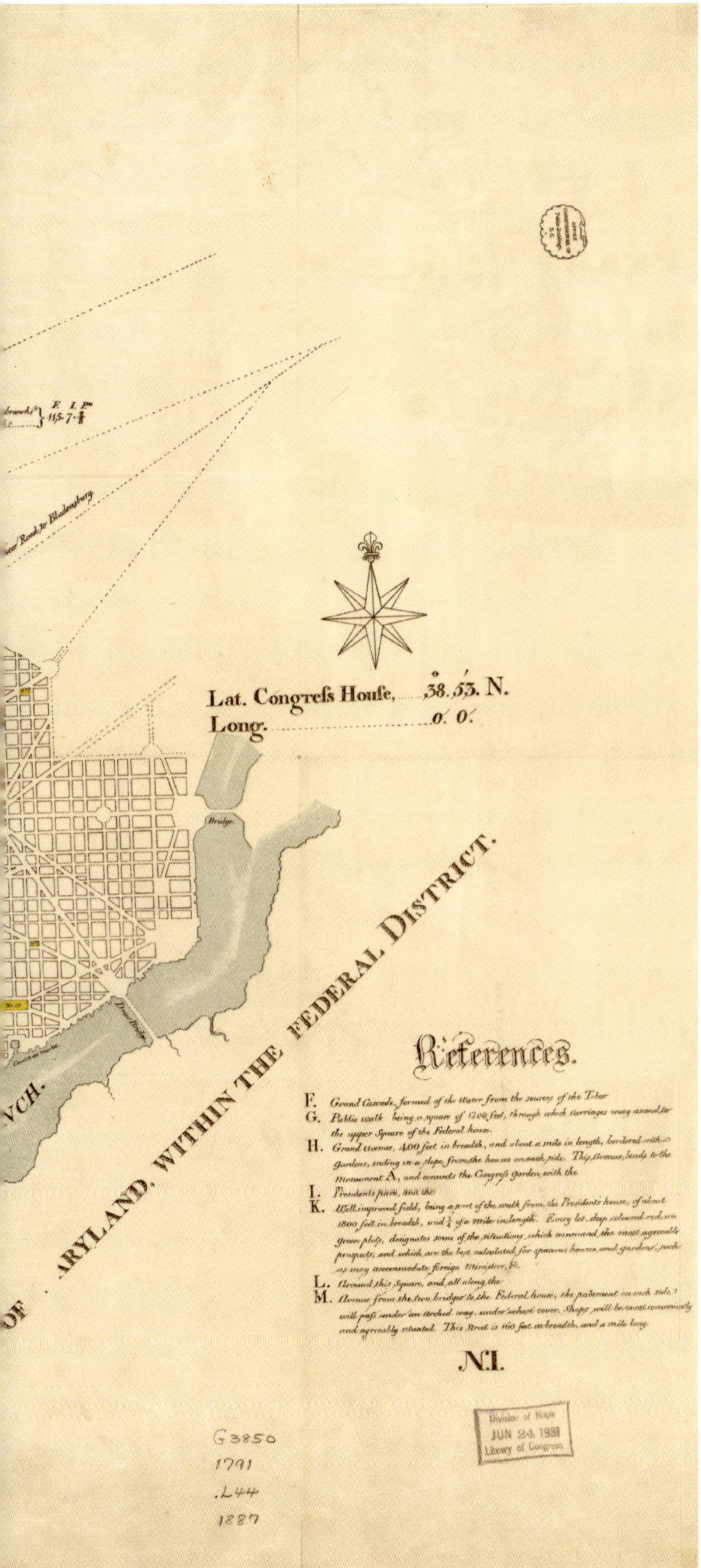

首都的设计规划

野心勃勃的法国设计师打造了华盛顿特区，却默默无闻而终

绘制于 1791 年

来源于 皮埃尔・查尔斯・朗方

一张布满灰尘几乎难以辨认的地图被锁在国会图书馆的深处，装在一个充满了高压氩气的箱子里。它的重要内容，被多年来的忽视和错误的保存方式所掩盖。尽管不受重视，但它的抬头赫然写着：“美国政府永久所在地的城市规划”。一个多世纪以来，美国首都第一张地图背后的人和故事也被掩盖了。

1776 年美国独立战争期间，22 岁的皮埃尔・查尔斯・朗方像很多同胞，如拉斐特伯爵一样，离开巴黎前往美国作战。虽然朗方一直想获得军事勋章，但他最重要的成就是建立了人脉；战争时期，他帮助了很多大人物，包括亚历山大・汉密尔顿、詹姆斯・门罗和乔治・华盛顿。因为曾在法国知名的皇家艺术学院学习艺术，他在战争期间甚至还为华盛顿画过肖像。

朗方还有建筑和工程方面的天赋。战后，汉密尔顿引荐他身居高位，改变了他的职业方向。至 1788 年，朗方已经成为美国联邦政府的官员，并完成了翻修和扩建纽约市政厅大楼的重大任务。朗方在不到六个月的时间里，完成了对这座建筑的改造，一位当地记者称其为“迄今为止美国最宏伟、最优美的建筑”。因此三年后，华盛顿总统同意让当时 36 岁的法国人朗方规划美国的首都。

美国国务卿托马斯・杰斐逊委派朗方在波托马克河沿岸 260 平方千米的土地内，挑选并征用合适的位置，规划并建造政府建筑。当朗方于 1791 年 3 月 9 日到达现场时，他已经对这个不断扩张的城市有了一个宏伟的规划愿景，可以配得上总统和议员对新共和国的设想。

华盛顿要求他在三个星期内提出一个初步计划，于是那几周朗方大部分时间都是在马背上度过的，不管是雨天还是晴天，他都在盘点人口稀少的森林、沼泽和农田。朗方根据地形进行设计，

左图　这份地图是皮埃尔・查尔斯・朗方绘制的华盛顿特区地图副本，1887 年由美国海岸和大地测量局制作。朗方于 1791 年绘制的原版手稿地图已经由于放置过久和保存不当而颜色变暗，以致难以辨认

把“国会大厦”放在城市中心附近最高的山上，周围部分就像辐条一样呈放射状。一条宏伟而宽阔的大道从山上一直延伸到波托马克河，作为人民公园。总统官宅坐落在一座较低的山上，面对着壮丽的河景，与公园大道形成直角。

呈对角线状的大道和从联邦大楼向外延伸的公共广场设计，和美国费城等其他城市的统一网格状街道迥然不同，朗方称其他城市的设计“无聊又乏味”。相反，他计划将首都打造成像罗马这样的，欧洲巴洛克风格的城市。他规划了一个规模更大、能够容纳百万人的城市，相当于可以容纳当时美国所有主要城市的人口。

在3月底华盛顿到达现场时，立即采纳了朗方大胆提出的规划方案。因为总统只给了朗方五个月的修建时间，于是他埋头苦干，希望在这个苛刻期限内完成计划。8月的时候，他圆满完成任务，创造了传记作家斯科特·伯格所称的“美国第一个真正意义上的伟大艺术成就”。但这时，态势急转直下。

朗方和参与该项目的其他人（如托马斯·杰斐逊）产生了分歧，对于城市建设的计划执行和融资意见不合。杰斐逊更倾向于大量拍卖土地，将逐渐产生的收益作为建设费用。而朗方认为，政府应该先允许14个州放开一些公共广场周围的地产，让这些部分先发展起来，最终带动整个城市发展。因为他担心杰斐逊的计划会导致投机和空仓现象，从而阻碍城市发展。

他们之间的分歧慢慢发酵直到最终暴发，朗方被迫完全退出了这个项目。该项目的首席勘测师安德鲁·埃利科特根据杰斐逊的要求绘制了一份有轻微改动的版本。他把几条街道变直，还去掉了一些公共广场区域。尽管地图基本上是朗方完成的，却没有朗方的署名。

时间证明朗方的担忧不无道理。这座城市的发展缓慢而近乎停滞，据此要实现其最初规划时的愿景还需要一个世纪。1900 年，来自全国的 75 位杰出建筑师会集华盛顿并组成团队。他们认为这个城市的发展杂乱无章，没有实现当

左页图　1792 年，勘测师安德鲁·埃利科特按照杰斐逊的要求改变了朗方的规划。几条街道变直，减掉了一些公共广场区域，并去除了朗方作为地图作者的署名。埃利科特还把自己的名字大写加粗，但其实这都是朗方的功劳

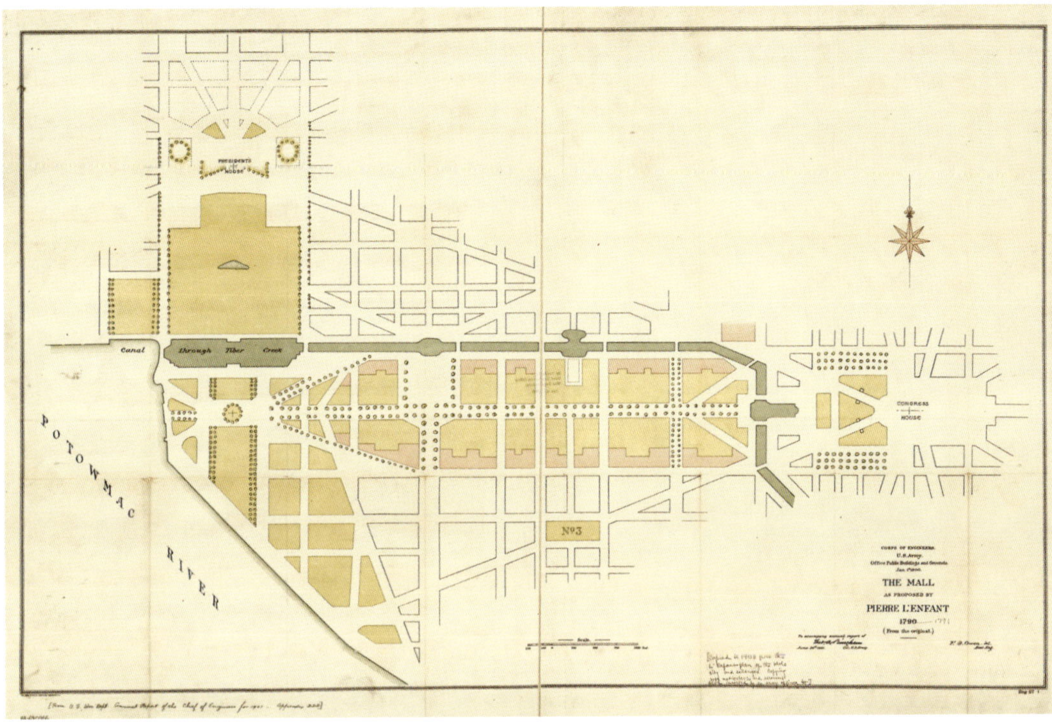

左图　朗方对首都规划的愿景还包括建立连接波托马克河和阿纳科斯蒂亚河的运河（在朗方的地图上称为东部分支）。这条运河于 1815 年建成，但已不再使用，到 19 世纪末基本上被掩埋

下图　麦克米伦规划国家广场的灵感部分来自朗方的原创设计，并有许多相似之处。19 世纪 70 年代，波托马克河疏浚后的沉积物在河岸上形成了一片新的土地，该幅 1902 年的地图中包括了这部分新增的 2.8 平方千米的土地。现在这里是林肯纪念堂和倒影池

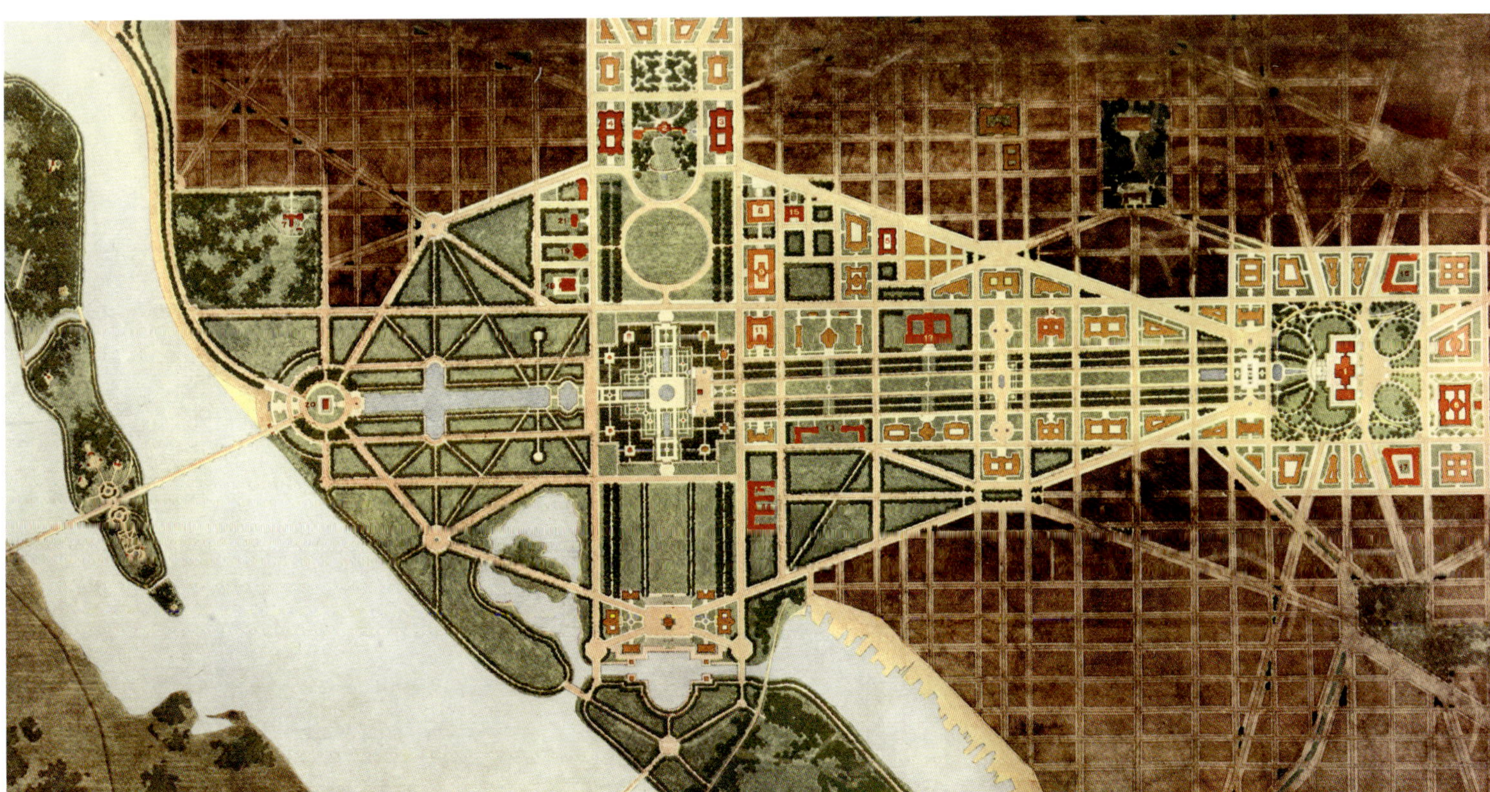

初的愿景，特别是国家广场简直让人不忍直视——不搭调的花园、胡乱拼凑的栅栏和铁路轨道。所以他们希望制订一个城市振兴计划，但是这些专业的建筑师并没有提出任何特别的想法或形成统一的设计。

小欧姆斯特德是著名的风景园林师欧姆斯特德的儿子（第 136 页），他建议建筑师们重新回顾朗方对公共空间的愿景，即朗方原本打算将其打造为城市民主的中心。这一想法赢得了认同，并最终因为密歇根州参议员麦克米伦的鼎力推荐而得到了联邦政府的支持。

小欧姆斯特德与建筑师丹尼尔·伯纳姆、查尔斯·金一起负责项目规划。他们研究了朗方突出国会大厦地位的设计方式，当时城市美化运动的声势逐渐浩大，旨在通过城市美化提升公民的参与感和道德意识，这也对他们的设计有所影响。1902 年 1 月，麦克米伦规划的地图和比例模型在科科伦美术馆展出，数千人排队等候，期望看到首都的未来规划图景。西奥多·罗斯福总统也来此捧场，并认为这是“一个伟大的概念”。朗方设想的宏伟大道重新实现，政府大楼风格得到统一，并且与波托马克河岸的规划景观、纪念碑也巧妙融合在一起。

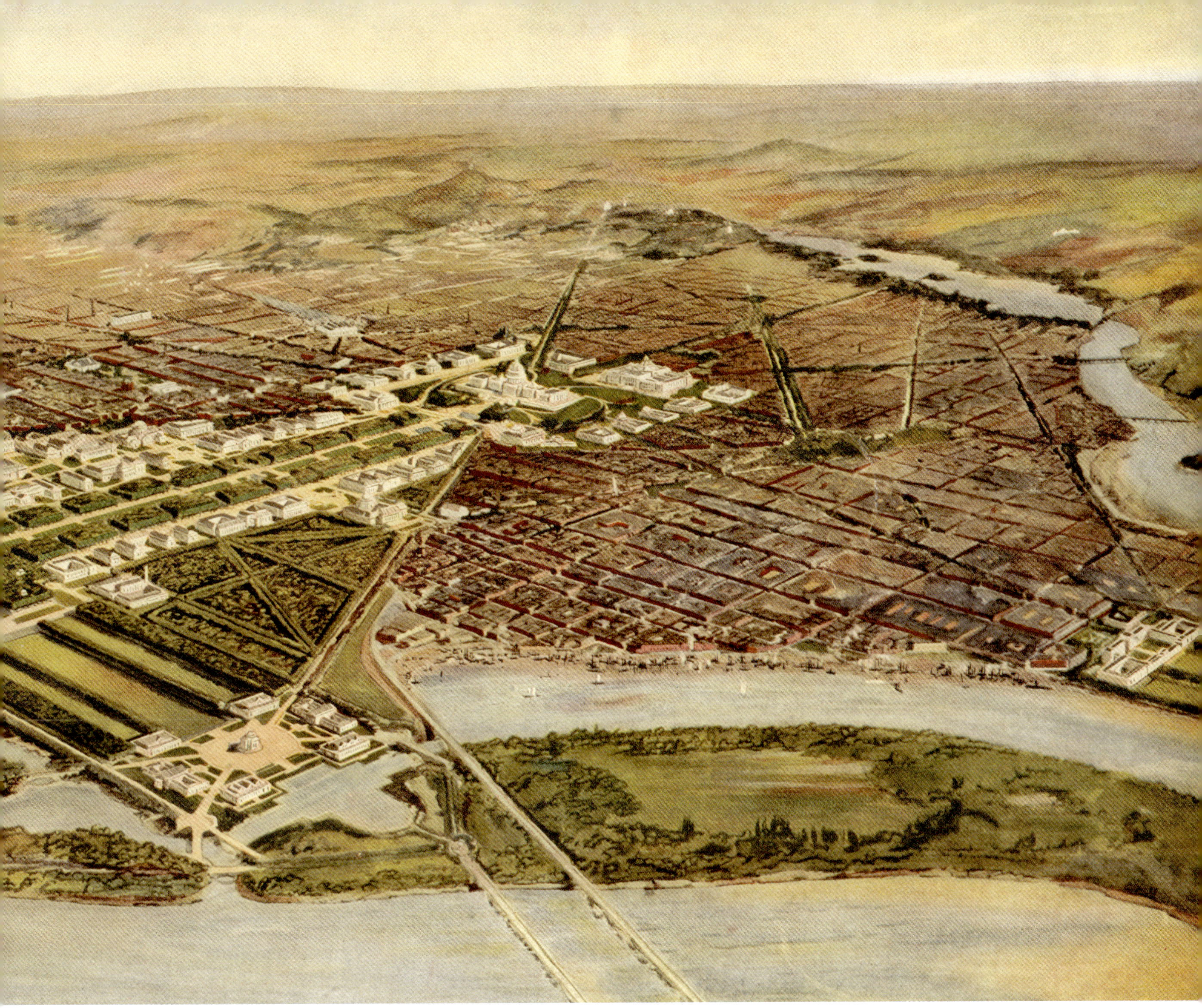

上图　1902 年，麦克米伦重新规划设计的国家广场进行公开展览，设计内容包括一张地图（第 53 页下图），一个三维地图模型和这幅弗朗西斯·霍平以俯视视角绘制的华盛顿鸟瞰图，他曾因为美国女作家伊迪丝·华顿设计房子而著称。他的这幅画将成为华盛顿全新规划的标志性图像

麦克米伦的规划在接下来的几十年里得到了逐步推行，并持续影响着今天的城市规划者。

朗方的愿景并不是重新启动该计划的唯一因素。朗方去世时贫困潦倒，他的一个崇拜者的后代发起慈善活动替他料理了后事，将他埋葬在城区外贫民区的墓地。1909 年，他的遗体被转移了出来，他作为华盛顿市的规划师成了首位躺在国会圆形大厅接受公共瞻仰的移民。

最终他的成就得到了承认，遗体被重新安葬在阿灵顿国家公墓。在他的葬礼上，霍华德·塔夫脱总统致辞："很少有人（像他一样）一百年后才得到应有的承认，这个世界应当（对贡献者）公平地给予奖励。"这一刻对于朗方来说意义非凡。

旧金山的沉船事故

几十艘19世纪的船只仍躺在城市地下

绘制于 1852—2017 年
来源于 旧金山海事国家历史公园等

每天，有成千上万的乘客搭乘旧金山地铁，但他们不知道自己可能经过了19世纪船只的残骸；每天，许多行人路过金融街，却不知道有几十艘船只埋在街道下面。在加利福尼亚州淘金热时期，这些船只载着野心勃勃的探矿者来到旧金山，但随着19世纪后期的城市发展，这些船只大多被遗弃，后来被填埋。

在1848年淘金热兴起时，人们都对加利福尼亚充满向往，于是搭乘各种船只驶向加利福尼亚海岸。船只到达后却没有返回，因为没有可以运输的货物或乘客；而且船员们还想去金矿碰碰运气。这些船只不一定是被遗弃了——因为通常有人负责照看——但它们却布满灰尘，逐渐腐朽。1852年拍摄的银版相片（第58～59页）是一幅著名全景图的一部分，展示了历史学家所描述的耶尔巴布埃纳湾的“桅杆森林”。

有时这些船只被另作他用。最著名的例子就是一艘捕鲸船“奈安蒂克号”，1849年被故意搁浅用作仓库、酒馆和旅馆，直到1851年，这艘船在一场大火中被烧毁。这场大火还烧毁了许多停泊在海湾的其他船只。后来一家旅馆建在“奈安蒂克号”的遗址上，位于克莱街和桑索姆街的拐角处，离现在的海岸线约有六个街区。

一些船只被船主击沉。当时房地产交易盛行，但财产法却漏洞重重。旧金山海事国家历史公园展览馆馆长理查德·埃弗雷特表示：“你可以击沉一艘船，然后霸占船身之上的土地。甚至可以付钱让人把你的船拖到某一位置，然后击沉。填满了海湾之后，你就可以拥有一大块绝佳的土地。”这种对于土地的操控和争夺还导致了几起冲突。

右图　19世纪时，旧金山的海岸线与今天的内陆地区有几个街区的距离。这里至少有50艘船只仍深埋地下，从现在的海湾大桥沿着海滨一直向北延伸

TRANSAMERICA PYRAMID BUILDING
COIT TOWER
Telegraph Hill
Sydney Town
CLARK'S POINT
Niantic
General Harrison
Apollo
Tecumseh
A Brig
Hoff St. Harbormaster
Thomas Bennett
Fort Vigilance
Fame
Francis Ann
Georgian
Louisa
Arkansas
Ricardo
Balance
Almandralina
Salem
Callao
Autumn
Stieglitz
Alida
Brilliant
Magnolia
Cordova
Garnet
Globe
Elmira
Noble
Henry Lee
Hardie
Bethel
Inez
Elizabeth
Othello
Rome
A Brig
Fortuna
Wm.Gray
2 Unknown
Palmyra
LeBarc
Philip Hone
Dalmatia
Dryade
Rhone
Envoy
Japan
FERRY BUILDING
Exploratorium
PIER 1
PIER 3
PIER 5
PIER 7
PIER 9
PIER 15
PIER 17
PIER 19
THE EMBARCADERO
CALIFORNIA STREET WHARF
MARKET STREET WHARF
SACRAMENTO St. WHARF
LONG WHARF or CENTRAL WHARF
CLAY STREET WHARF
WASHINGTON STREET WHARF
JACKSON STREET WHARF
PACIFIC STREET WHARF
BROADWAY WHARF
VALLEJO WHARF
CUNNINGHAM'S WHARF
BUCKELEW'S WHARF
LAW'S WHARF
COWELL'S WHARF
GRIFFING'S WHARF
INDIA DOCK
GREENWICH DOCK
NORTH DOCK
MONTGOMERY
SANSOME
BATTERY
FRONT
DAVIS
DRUMM
CALIFORNIA
SACRAMENTO
COMMERCIAL
CLAY
COLUMBUS
JACKSON
PACIFIC
BROADWAY
VALLEJO
GREEN
UNION
FILBERT
GREENWICH
THE FILBERT STEPS
W
S
N
E

其中，“罗马号”遭到蓄意破坏，它在20世纪90年代被重新发现，当时市场街南边挖了一条隧道以延长地铁N线。如今这条线（和另外两条，T线和K线）从市中心到城市西部街区的路上经过了“罗马”号船体的前部（第59页）。

旧金山海事国家历史公园在研究了历史学家和考古学家的报告后，于1963年首次绘制了沉船地图。2017年的地图上的橙色圆圈代表了最新发现和研究的遗址。其中最有趣的是，在林孔岬角上有一家拆船场，它位于耶尔巴布埃纳湾的南端，靠近旧金山—奥克兰海湾大桥处。一个名叫查尔斯·黑尔的人通过打捞沉船大赚了一笔，他雇了至少100名中国工人专门拆旧船，然后出售可以用于建造新船、建筑物的黄铜和青铜部件，以及一些废木料（当时是很有价值的商品）。

1851年的大火中断了黑尔的生意。后来考古学家在现场发现了六艘船只残骸，据推测，这六艘船在火灾发生时正在被打捞。其中一艘是“坎迪斯号”，之前是一艘捕鲸船，被淘金者搭乘驶往旧

上图　威廉·休1852年拍摄的银版相片显示，耶尔巴布埃纳湾有几十艘破败程度不同的船只

下图　1868年的鸟瞰图显示，这些船只位于旧金山的东部海岸线上

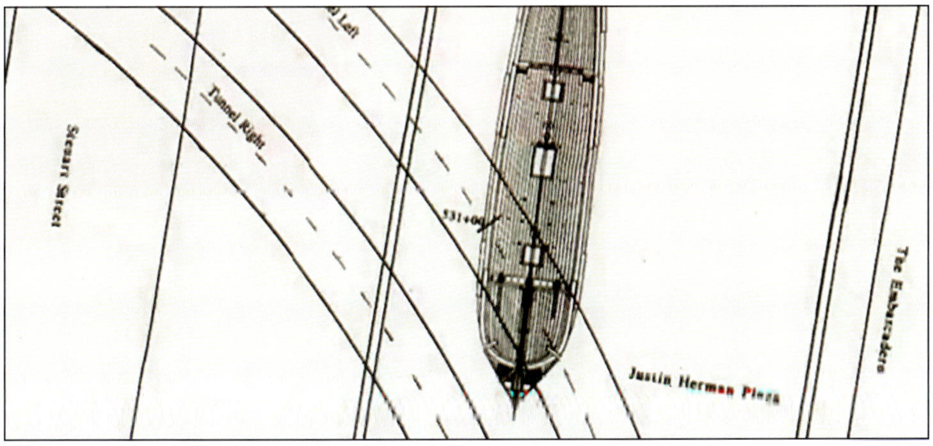

中图　1857 年美国海岸勘测局公布的地图细节显示了沉船有逐渐向耶尔巴布埃纳湾延伸的趋势

上图　海洋考古学家詹姆斯·艾伦的一幅素描展示了地下电车轨道穿过市场街以南的“罗马号”船体的情景

金山。他们还发现了一艘把货物从停泊的船只运到岸上的平底驳船。

2006 年，百老汇街和前街附近的一个开发项目工地发现了一些骸骨，考古学家怀疑是加拉帕戈斯象龟的残骸（位于第 57 页地图上星号标出的位置）。许多船只从东海岸经过南美洲南端的合恩角后，停在加拉帕戈斯群岛，船员抓一些加拉帕戈斯象龟到船上——可以在北上加利福尼亚州的长途航行中有新鲜肉类食用。从当时的菜单来看，龟汤是海湾周围餐馆和居民家中常见的食物。埃弗雷特说：“但是他们到了旧金山后，象龟还没吃完。”

最终，耶尔巴布埃纳湾被填平了。人们在深水中的船只遗骸上建造桥墩。埃弗雷特说：“码头就像从岸边伸出的手指一样不断增加。”然后人们开始向海湾里倒碎石和沙子，许多地方只剩不到一米深。“用运货马车把沙子从码头倾倒下去，”埃弗雷特说，“就能创造出属于你的土地。”1857 年，美国海岸勘测局公布的一张地图反映了海湾正在被填满。

这个土地掠夺政策影响深远。例如，2009 年，一座 58 层的摩天大楼千禧塔建成，这座楼里是价值数百万美元的公寓，但现在人们对它争议不休，因为曾经是耶尔巴布埃纳湾南部边缘的松软土地正在逐渐下沉，这幢楼也正在慢慢倾斜。

奥斯曼帝国的地图绘制

一位16世纪博学家笔下的独特城市景观

绘制于 1537—1564 年
来源于 马特拉齐·拿苏

马特拉齐·拿苏的涉猎范围非常广泛，作为奥斯曼帝国著名的政治家，他精通各种技能，从数学、剑术到书法。拿苏还是一名高级军官和军事战略专家，他发明了一种名为马特拉克的军事演习方法。除了军功累累，拿苏还有另外三个身份——历史学家、地理学家和艺术家。有历史学家曾将他与同时代多才多艺的达·芬奇相提并论。

奥斯曼帝国在16世纪中期达到巅峰，帝国创建者苏莱曼命拿苏编著一本奥斯曼苏丹的征服史。拿苏用了二十多年的时间撰写奥斯曼的辉煌历史，包括其所见的苏莱曼统治时期的事件。他至少写了九卷，其中几卷中附有城市的俯视图景。这些插图展现的是一种全新的地图风格。显然拿苏受到当时欧洲流行的鸟瞰图的影响，又吸取了波斯诗歌和文学书中小巧瑰丽的插画元素。拿苏描绘的城市景观反映了奥斯曼君主想要纪念自己的伟大事迹的倾向，但也有一定的准确性。

其中最著名的地图是伊斯坦布尔的城市景观，这幅图已成为历史学家的重要研究史料。它非常详尽地展示了该市重要的穆斯林建筑。地图的右半边是著名的圣索菲亚大教堂，它是6世纪时修建的东正教大教堂，在地图制作时已改建为清真寺。苏丹居住的托普卡帕宫也出现在图中。有趣的是，地图的左半部分以一个不同的视角展示了金角湾航道和14世纪的加拉达塔，读者需要把图顺时针旋转才能方便欣赏。

右图　拿苏绘制的16世纪的伊斯坦布尔的地图上出现了像圣索菲亚大教堂这样的地标建筑。这幅图是奥斯曼帝国史中一幅两页的插图，展现了不同的鸟瞰方向

上图 与拿苏插图中的大多数城市不同，阿勒颇并不位于奥斯曼帝国版图扩张的边界处，但它仍然成为被攻占的对象，这也许反映了该市当时在区域经济和政治中的重要地位

右图 拿苏书中的关于巴格达的两页插图由底格里斯河从中间隔开，地图的两边是相反的鸟瞰视角，周围地区零星分布着一些沙漠灌木和动物

地图很可能不是拿苏亲自画的，当时统一由几位专家分别绘制每幅地图的某一部分，如建筑物、景观或树叶。但拿苏必然是地图创新的最大功臣，因为这些地图是用现代素描法在当地绘制的，而不是仅仅依赖二手报告的信息和之前的图像。根据这些地图的准确性和细节水平，历史学家认为参与绘制的人——可能是拿苏本人——肯定在每个城市当地绘制了草图。

1534—1535 年，拿苏作为军事战略家跟随苏莱曼征战伊拉克和伊朗，有可能亲自为战役绘制草图。史册上记载的这一时期帝国扩张的版图可能就是他当时雄心勃勃绘制地图的成果。苏莱曼的出征一直到占领巴格达才告终，画在了两页插图上，由底格里斯河从中间隔开。地图显示，城市的东侧筑有壁垒，包括三个大型清真寺。拿苏真实展现了军队路过巴格达以及阿勒颇的每一个停靠点和重要城市。阿勒颇地图的风格与同卷其他地图迥然不同，进一步证明了这些地图可能是由多名艺术家共同绘制的。这幅地图主要是城墙堡垒，它至今仍然存在，但在 2011 年开始的叙利亚内战中遭到了严重破坏。

拿苏的另一卷史书讲述了 1543 年奥斯曼海军远征法国的历史，包括几个法国沿海城市的景色。拿苏采用城市地图的方式来记述奥斯曼帝国的军事战役和边界的想法在当时独树一帜。这个方法显然卓有成效，因为后世许多历史学家沿用了这个方法。

上图　这幅地图展示的是奥斯曼海军 1543 年试图占领地中海沿岸的法国城市尼斯的情景。他们对尼斯的袭击最后失败，但成功占领了法国港口城市土伦

双城记

数码照片揭示了本地人和游客的不同足迹

绘制于 2010 年
来源于 艾瑞克·菲舍尔

城市里人们最感兴趣的地方是哪里？每个人的答案因个人喜好不同而不同。当然，对这个问题，其中差别最大的回答之一来自当地人和游客。

制图师艾瑞克·菲舍尔对这个问题很感兴趣，他绘制了自己在旧金山湾区的足迹地图，然后发现照片共享网站闪烁（Flickr）上有公开数据，可以显示照片拍摄者的地点。菲舍尔意识到，他可以通过闪烁上照片的时间戳看到别人的足迹。他表示："这是一个重大发现，我不仅能够查看我自己的数据，还能了解世界上其他人感兴趣的地方。"

他下载了这些数据，并追踪了不同城市的人们的足迹。根据拍摄间隔的速度，用不同的颜色标注了人们可能使用的交通方式：5 千米 / 时，代表步行；50 千米 / 时，代表乘车；约 16 千米 / 时，代表骑自行车或乘渡船。

他把这些地图发布在网上时，吸引了众多目光。但网友们更想知道地图是否真实反映了这些城市居民的生活轨迹，还是仅仅显示了游客的足迹。为了弄清楚这个问题，菲舍尔根据时间观察了人们的行为。如果某人发布一整年的照片都包含某个城市，那么这个人可能是该城市居民；如果只集中在一周内则可能是游客，尤其是如果某人一般发布的是其他地方的照片。

在他制作的纽约市地图（右页图）上，菲舍尔发现当地人（用蓝色标记）和游客（用红色标记）的活动区域明显不同。黄色标记表示无法界定，通常可能是某人只发布了极少数照片，所以无法判断那个人是在观光游览还是在去上班的路上顺手拍了一张照片。不出所料，时代广场是全市拍照最多的地方，自由女神像等其他知名旅游景点也留下很多足迹。有趣的是，布鲁克林大桥的照片更多的是游客拍摄的，而邻近的曼哈顿大桥更多的是纽约人拍摄的。菲舍尔说："我觉得这取决于哪个大桥知名度更高。"

一些城市，如罗马（左二图）和拉斯维加斯的足迹主要来自大量游客。其他城市，如台北（左一图）和多伦多显示的大多数是当地居民随意拍摄的照片。绝大多数城市的足迹都是混合照片，但是有一些地点的拍摄足迹大部分是居民，而游客甚少涉及。"如果你只在一个地方待一个星期，能去的地方非常有限，"菲舍尔说，"你可能来不及发现其他更隐蔽的宝藏。"

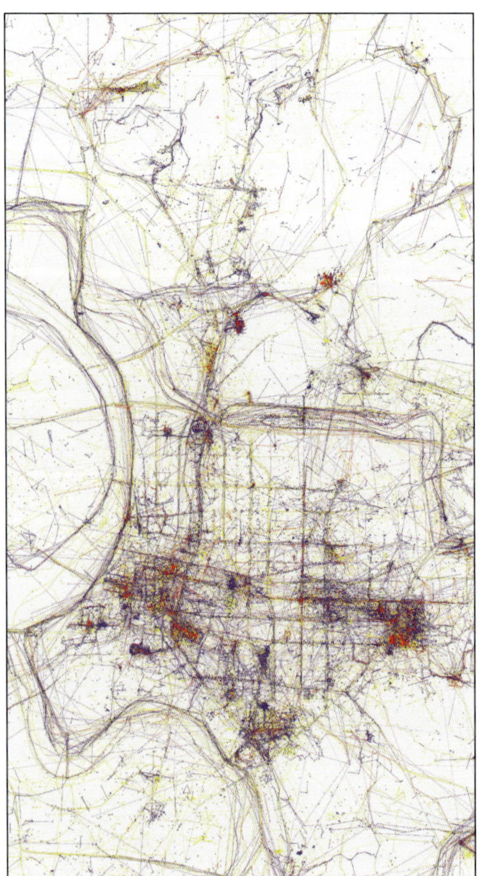

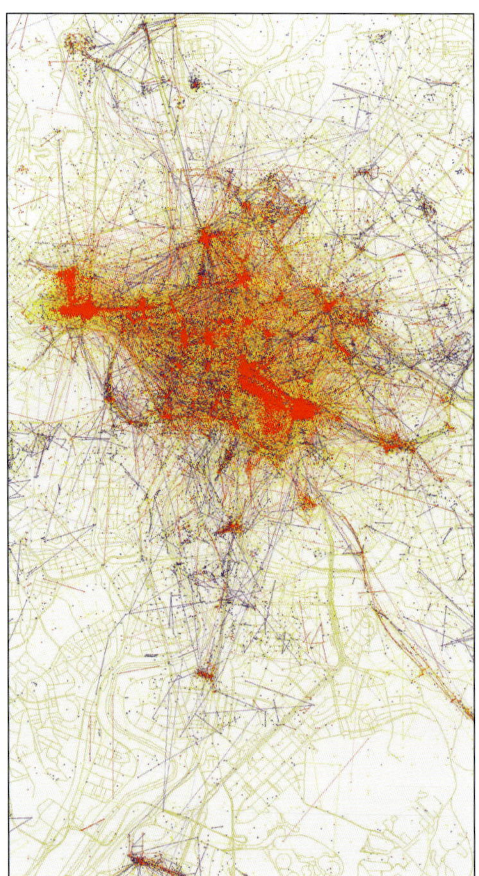

左一图　在中国台湾的台北市，当地居民发布到闪烁的照片足迹（用蓝色标记）呈现较为分散的模式，而游客拍摄的照片足迹只集中在少数几个地点（用红色标记）

左二图　大多数在罗马拍摄并上传到闪烁的照片是由游客拍摄的（用红色标记），集中在圣彼得大教堂周围的城市西侧和靠近竞技场的城市东南部

右页图　这张纽约市地图上，纽约人和游客在 2010—2014 年上传到闪烁的照片揭示了他们的足迹

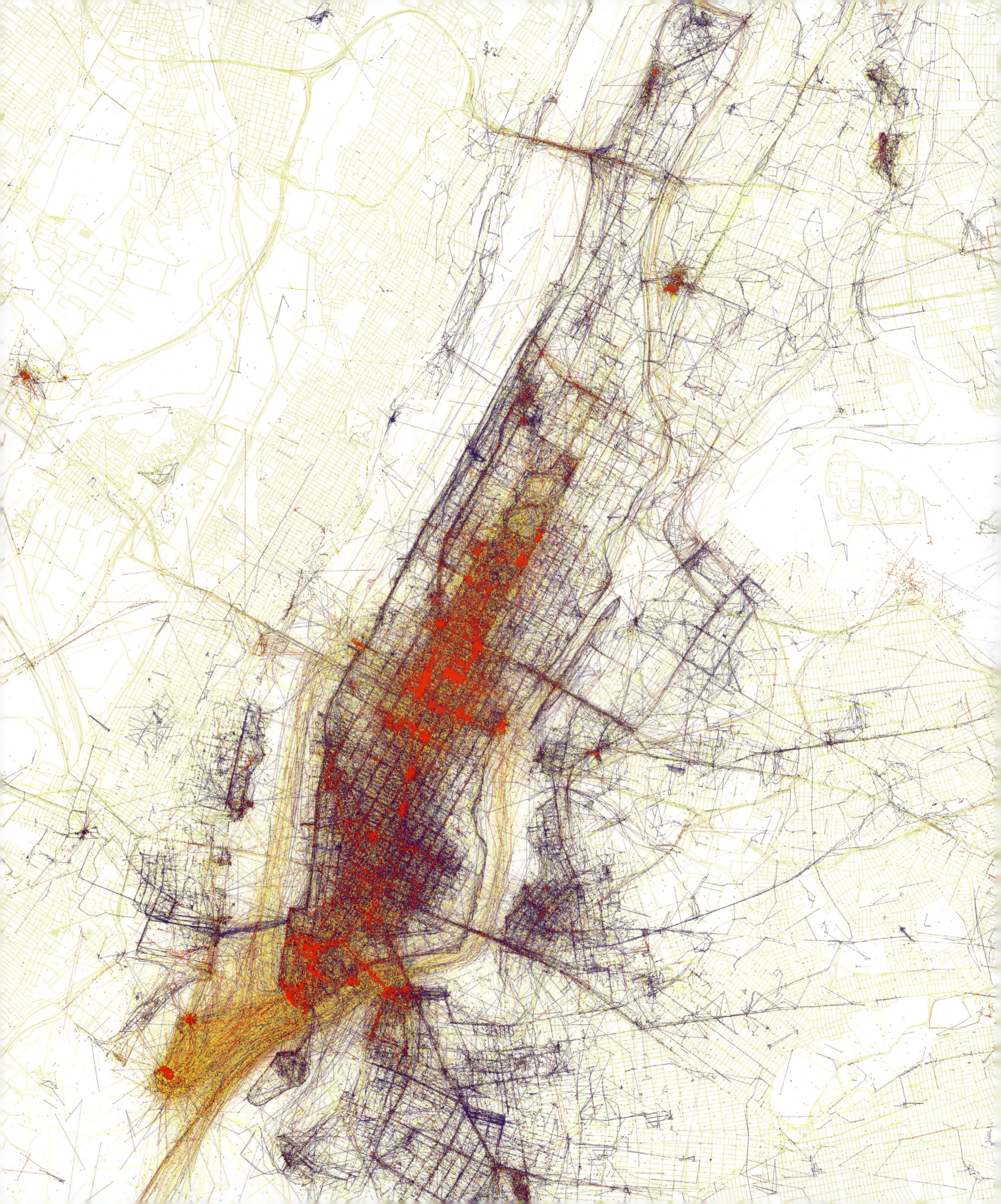

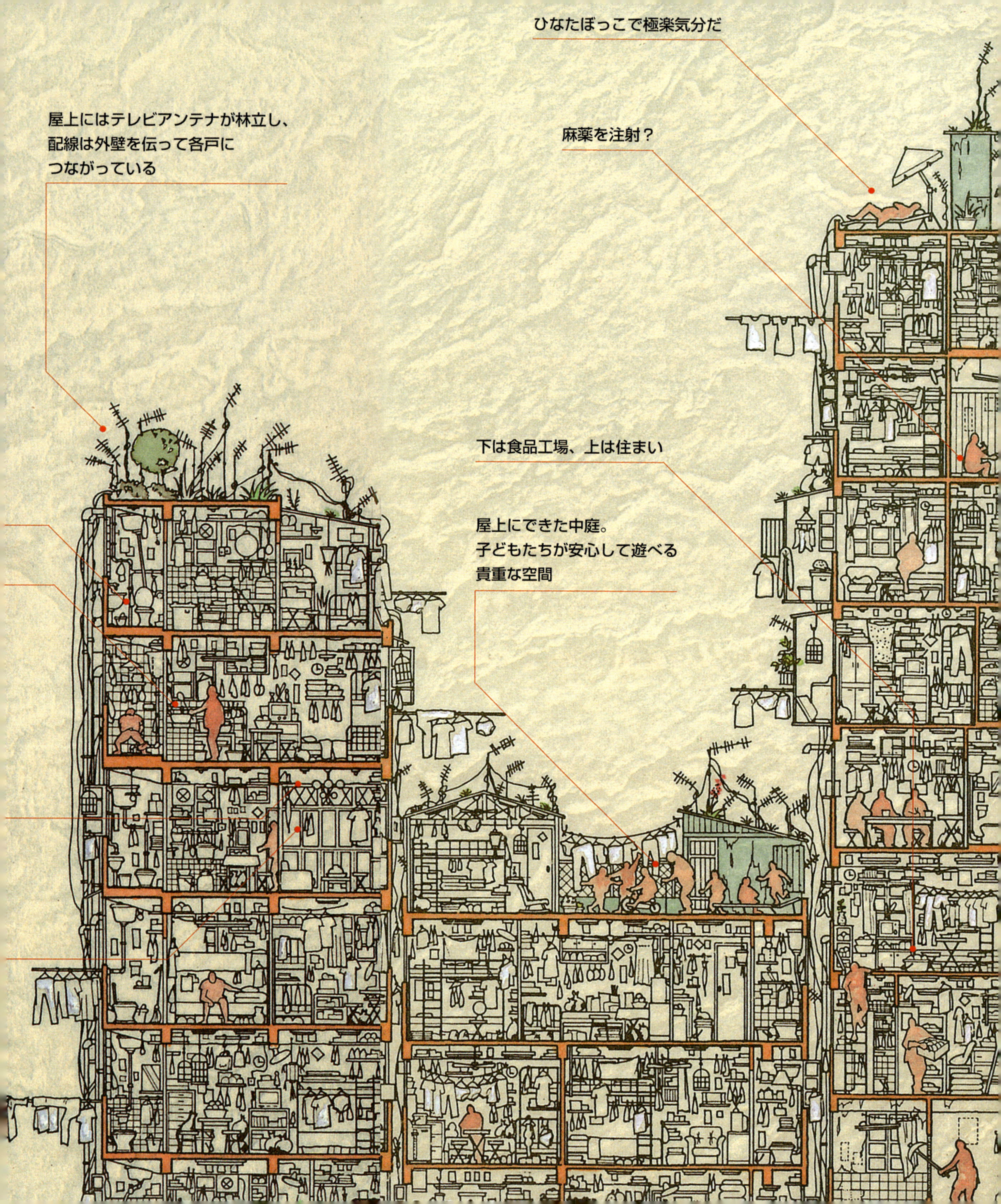

ひなたぼっこで極楽気分だ
屋上にはテレビアンテナが林立し、
配線は外壁を伝って各戸に
つながっている
麻薬を注射？
下は食品工場、上は住まい
屋上にできた中庭。
子どもたちが安心して遊べる
貴重な空間

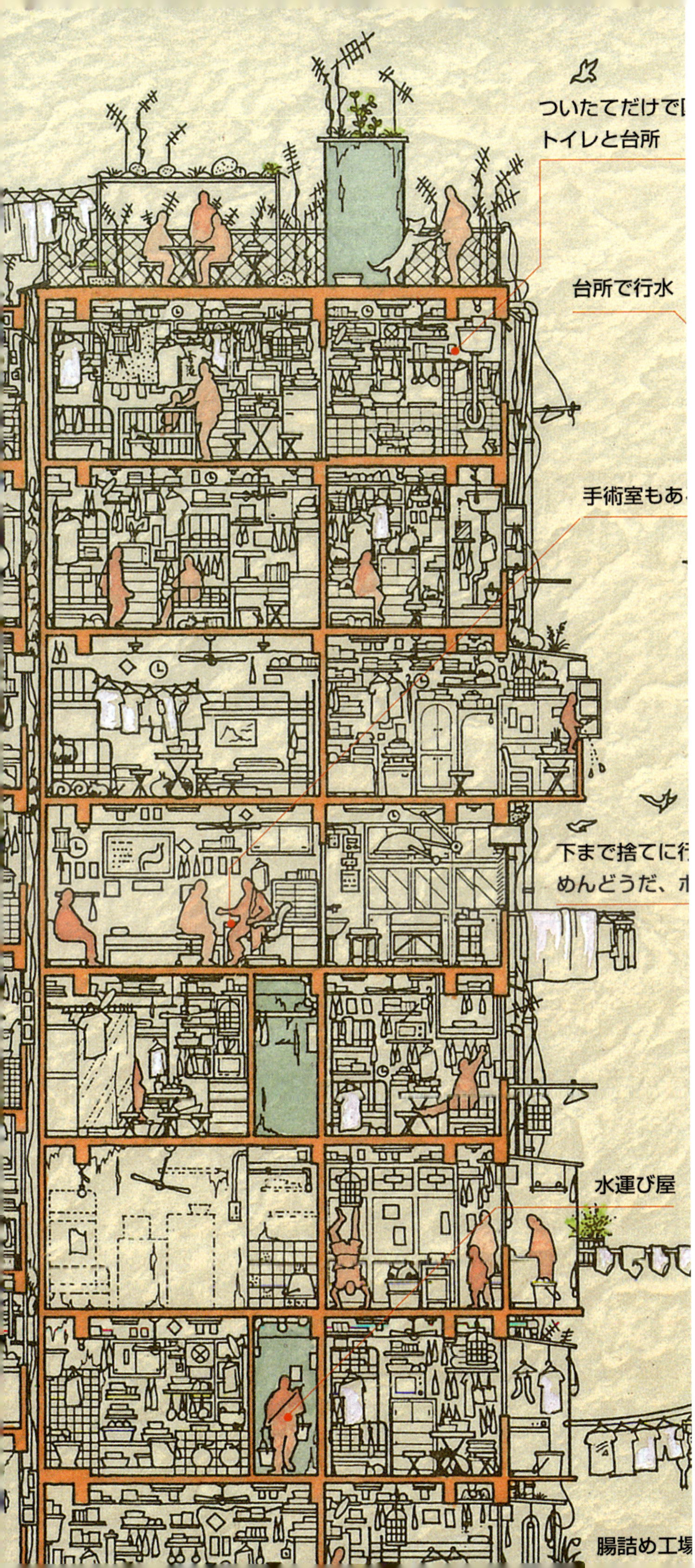

香港的城中城

九龙城寨的详细手绘地图

绘制于 1997 年
来源于 寺泽一美

中国香港的九龙城寨最初是一座旧要塞，有许多人擅自进入，从此定居。在二战后的几年里，这里的人口激增，大量躲避战争的人来到这里。他们一点点占用土地，修建设施，城市规划和建筑监管机关也视而不见。

到了 20 世纪 90 年代初，成千上万的人在一个占地 28 000 平方米的中层建筑群中生活、工作和娱乐。它有多密集？想象一下美国人口密度最大的纽约市曼哈顿区，这里的人口密度约是曼哈顿区的 70 倍。建筑群内污秽不堪，违法犯罪事件频发。

最终香港官员决心整治这里，1993 年着手拆除九龙城寨。在这之前一个日本建筑师团队勘测了拥挤的房间和走廊，并为后代留下了这里的地图，他们自称是九龙城寨考察队。

这个团队进行勘察的几个月后，拆迁计划就开始了。拆迁负责人同意让他们勘测废弃院落，但条件是：时间只有八天，不能打扰任何建筑工人，一次只能进入六个人，香港不对任何意外事故或伤害负责。

考察队立即分成两组：一组绘制平面图；另一组则负责测量和拍照，以重构建筑群的横截面图像。晚上回到酒店后，他们就根据笔记和照片寻找家具、垃圾和其他留下的线索，试图分辨每个房间的用途。

几年后插画家寺泽一美绘制了这些地图，她根据勘察队收集的资料，重新构建了一个城寨的横截面视图，看起来栩栩如生。寺泽一美找到了一些确切的违法交易的证据，但她也记录了九龙城寨常见的生活

左图　寺泽一美绘制的九龙城寨插图的截面细节显示，孩子们在一个装有电视天线的屋顶上玩耍

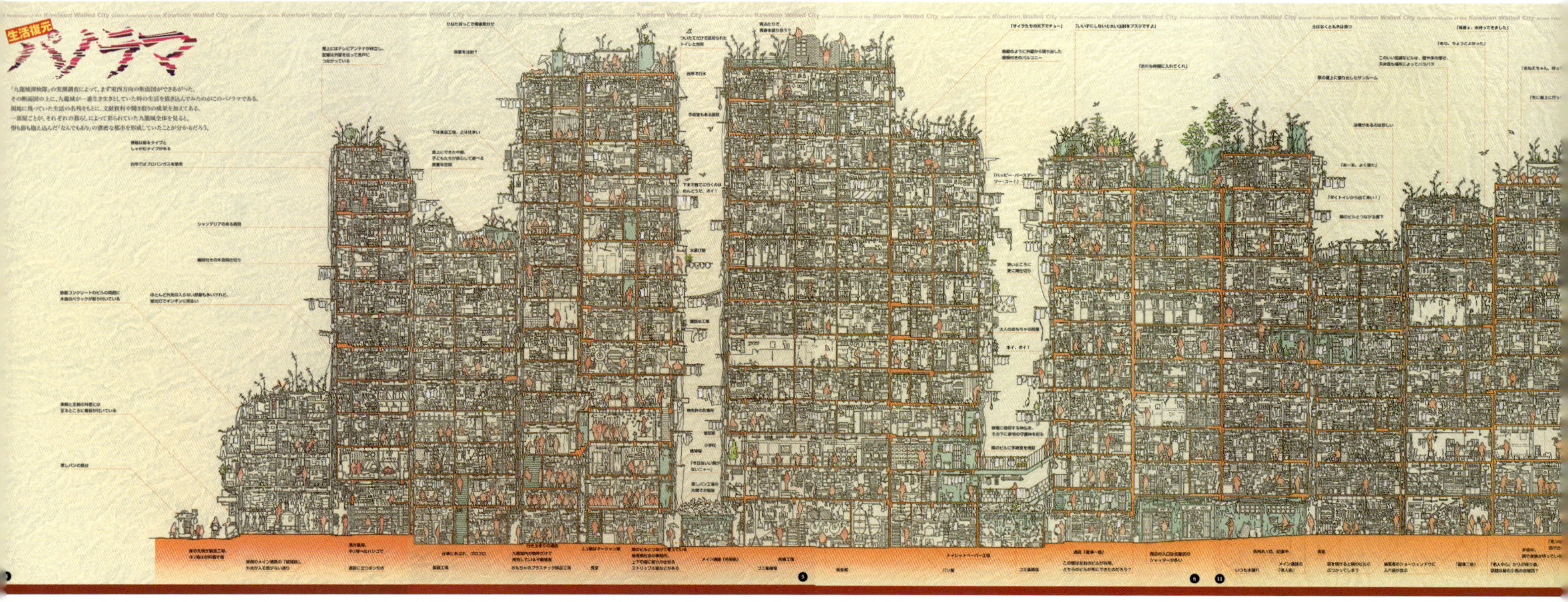

上图　1997 年出版的一本日本书籍中，寺泽一美绘制的九龙城寨地图横跨八页，其中描绘了数以百计的房间、隐秘的通道和居民日常生活的小片段

下图　建筑群内的房间有许多合法店铺或其他场所。从左上角按顺时针依次为香肠厂、诊所、理发店以及 KTV

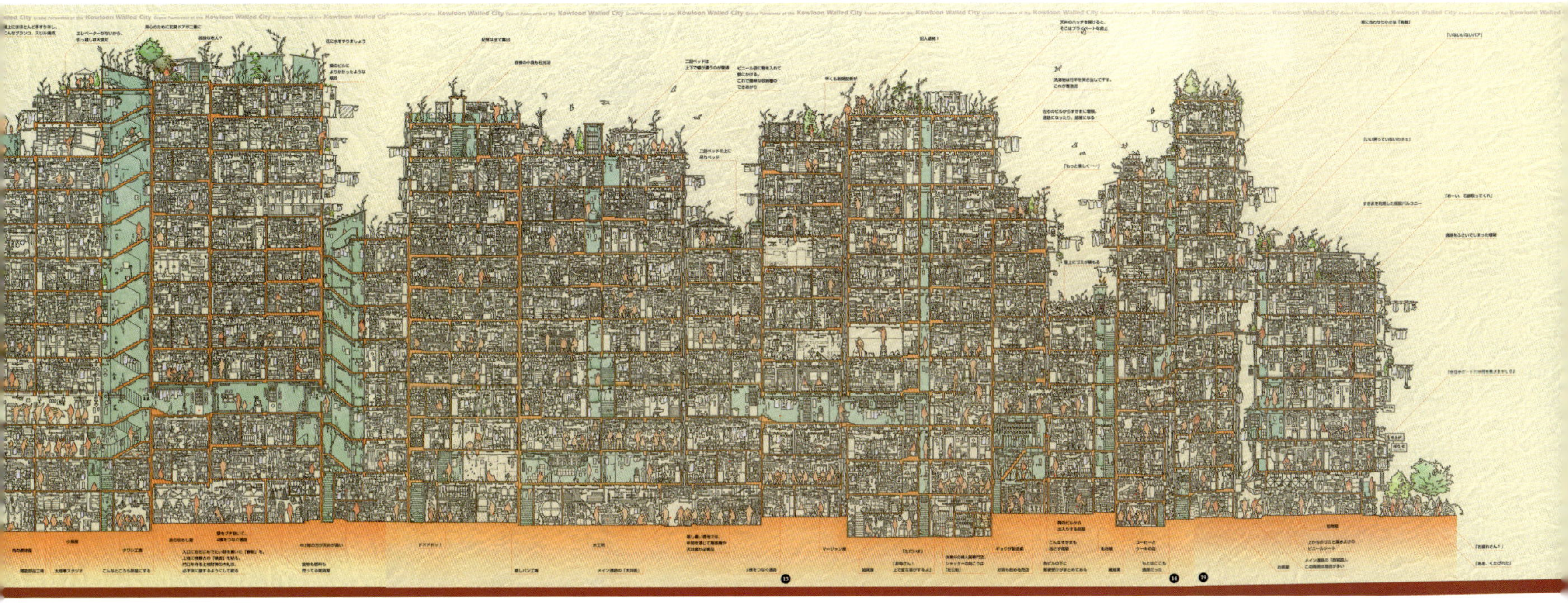

痕迹：挂在阳台上晾晒的衣服，炉子上烧开的锅，以及孩子们的跳绳。

这是一个城中城，有自己的学校、寺庙和经济体系。这里的牙医因为没有营业执照而费用低廉，但也闻名全港；小商店们用金属和塑料编制东西；小型家庭工厂生产各种东西，从糖果到面条。有传言称，香港 80% 的鱼丸都是在这里生产的。

这里的基础设施堪忧：居民挖的约 70 口井中的饮用水质量堪忧，电力设施常被违规搭建。2014 年《华尔街日报》制作的纪录片中，一位前邮递员回忆说，他看到一根裸线连着一个金属邮箱，感到非常震惊。他还记得那里的老鼠："我从来没有见过这么肥硕的老鼠，肚子都拖在了地上。"

长期以来这座城中城一直是作家、电子游戏设计师和其他创意工作者的灵感源泉：2005 年的电影《蝙蝠侠：侠影之谜》中哥谭市破旧的奈何岛就是以它为原型设计的；日本东京郊外的一个大型电子游戏厅的设计也是采用了这里的风格，甚至忠实地复制了垃圾和涂鸦。

这个城中城的遗址上现在是一座公园，但这个地方的真正遗产是人们对它源源不断的想象。

上图　1989 年的一张航拍照片显示，九龙城寨由密集的建筑组成。由于附近启德机场的飞机起降要求，这里的楼层不能超过 14 层

MISTICK RIVER
White Island
BREEDS HILL
BUNKERS HILL
CHARLES TOWN
Mill
Charles Town Battery
Winisimit
NODDLES ISLAND
Shoal
Dry
CAMP ISLAND
Battery
Hancock's Warf
Long Warf
Rows Warf
Low
Channel
BAY
Bird Island
Wind Mill
GALLOWS BAY
DORCHESTER NECK
Ferry to Castle William

波士顿的软肋

垃圾填埋场如何塑造城市

绘制于 1630—2018 年
来源于 波士顿公共图书馆等

腐烂的垃圾和污水的臭味迫使波士顿市开始修建大型垃圾填埋场。1800 年，沼气致病理论——认为恶臭是疾病暴发的源头——开始流行。波士顿人对城市北部的一个浅湾里的垃圾填埋场散发出的恶臭感到忧心忡忡，所以他们决定封住这个填埋场。

这个问题早在 150 多年前就出现了，当时海湾上修建了水闸，利用潮汐能为一些磨坊供电。除此之外，新建的磨坊池成了家庭垃圾和动物尸体的垃圾场。当地居民也直接将排泄物排入池里。起初，潮水把大部分垃圾从池塘里冲走了。但在 1800 年，一些磨坊主关了厂房，还关闭了一半的水闸，于是池塘里水流停滞，污秽开始堆积，变得臭气熏天。

目前尚不清楚这一结果是否是磨坊主蓄意为之，但他们很快向政府请求填埋磨坊池并出售填埋后的土地——多一块可征税的土地对政府来说有利无弊。居民也担心这种有害气味会成为疾病来源；1807 年，对磨坊池的填埋启动了。

用于各种填埋项目的填土来自附近的比肯山，几年间它的海拔已降低了大约 18 米。现在，填埋了 0.2 平方千米磨坊池产生的新土地称为布尔芬奇三角，因为是建筑师查尔斯 · 布尔芬奇为新的街道设计了三角形规划（第 72 页）。后来，三角形区域向外延伸扩大，用于建设铁路库房。

1630 年，清教徒建立这座城市时，如今波士顿市中心的大部分土地还都不存在。波士顿半岛被当地美洲原住民称为肖马特半岛，占地不到 2 平方千米；多为丘陵地带，只有一条狭窄通道连接大陆，涨潮时就会被淹没。但在接下来的 300 多年里，波士顿市增加了 20 平方千米的人造土地。

波士顿最大的垃圾填埋区之一在后湾。后湾之前是通道北侧的一大片沼泽区。和磨坊池类似，1821 年，后湾因磨坊电力需求修建大坝。一旦大坝建成，后湾被填埋就不可避免。

土地逐渐增加，包括波士顿公园以西新建的波

左图　这张波士顿市地图于 1775 年左右发布，显示了波士顿市建立 150 年后，肖马特半岛经过大量填地已初具规模。包围磨坊池的大坝靠近半岛最北端。波士顿长码头建在东边的海湾上，狭窄的波上顿通道连接着半岛和大陆

右图　1630 年波士顿市建立时，这座城市只有几条马路，荒凉的山丘，一座大坝，还有环绕着肖马特半岛北端附近的磨坊池。这张地图朝西为正

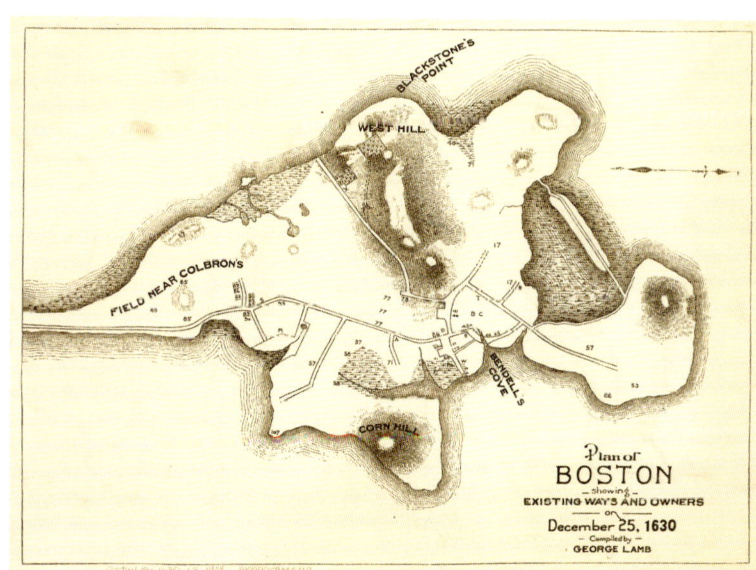

士顿公共花园。19 世纪 30 年代，后湾又新修了铁路线，阻碍了原本已经不太起眼的潮汐发电，避免了被填埋的命运。

之后，后湾很快又因污水产生了恶臭，沼气飘进城市里，惹得市民们抱怨纷纷。

历史学家南希·西肖尔斯 1849 年发表了一份城市报告，生动地描述了这一情景：此时的后湾只是一个巨大的污水池，城市人口数量庞大并不断增加，所有的垃圾都聚集到了这里；绿色浮沫足有几米宽，沿着西大街（磨坊大坝）的海岸延伸；水面就像一个冒着气泡的大锅，各种腐烂物产生的有毒气体似乎马上就要爆炸。

到 1850 年，这个“冒泡的大锅”实在装不下了。1878 年的地图显示（右页左上图），部分海湾已经被填满，包括联邦大道的起点。这条街曾被设想为一条宏伟大道，中心是一条环境优美的公共人行道，绿地环绕，来增加这片土地的价值。还有一个隐含目的可能是吸引新英格兰人来这里置业定居，并且阻止爱尔兰移民的大量涌入。到 19 世纪末，海湾已经被填成了陆地。

如今，后湾是波士顿市最受欢迎的地区之一，但它也是最脆弱的地区之一，因为人造土地有一个重大遗留问题：地基腐烂。这里的建筑是修建在几十个 9 ~ 12 米长的木桩上，类似电线杆，通过填土向下延伸到坚硬的黏土层。这些桩子完全位于地下水位之下，以保护它们免受空气中的微生物的腐蚀。

但水从填土层中漏入下水道或隧道后会导致水位下降到木桩以下。1929 年，当时后湾中心地区的下水道管道漏水，导致一些支撑波士顿公共图书馆的木桩暴露出水面，大楼的入口处形成了裂缝，修理花费了 20 万美元。从那以后，大概有 200 座建筑物被重新加固了木桩。现在，在腐烂木桩上修建一座房屋的费用大概需要 40 万美元以上。

1986 年，该市设立了波士顿地下水系信托基金，利用公共建筑的监测网络监测城市水位。但是由于这里有美国仅次于旧金山市的人造土地面积，可以预见波士顿市将会频频遇到类这问题。

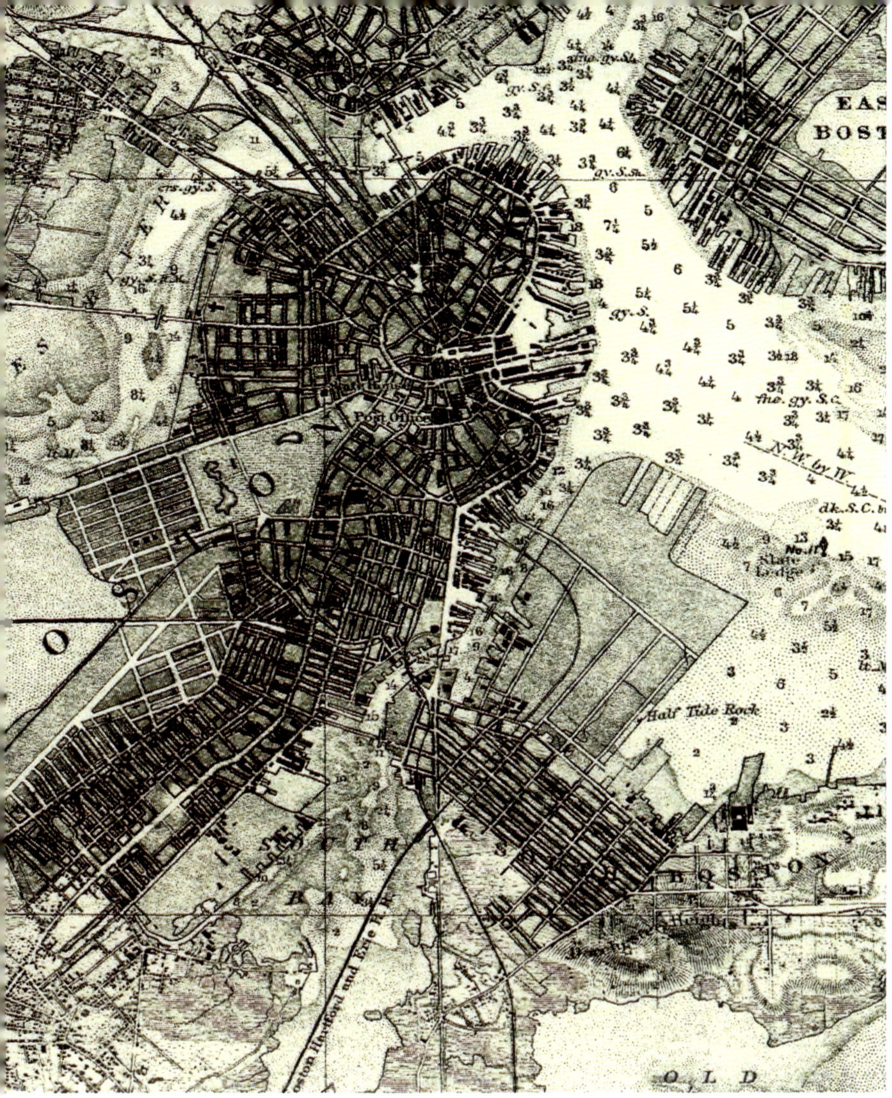

左页及本页图　这些地图（从左到右：1806 年、1841 年、1878 年和 2018 年），显示了波士顿市随着土地面积逐渐增加而逐渐扩张。1806 年，城市北端的磨坊池被弃用，但它还没有消失。到了 1841 年，这片土地已经被完全填埋。1878 年，城市西南部的后湾部分被填为土地。2018 年，后湾和南湾已经完全被填为土地

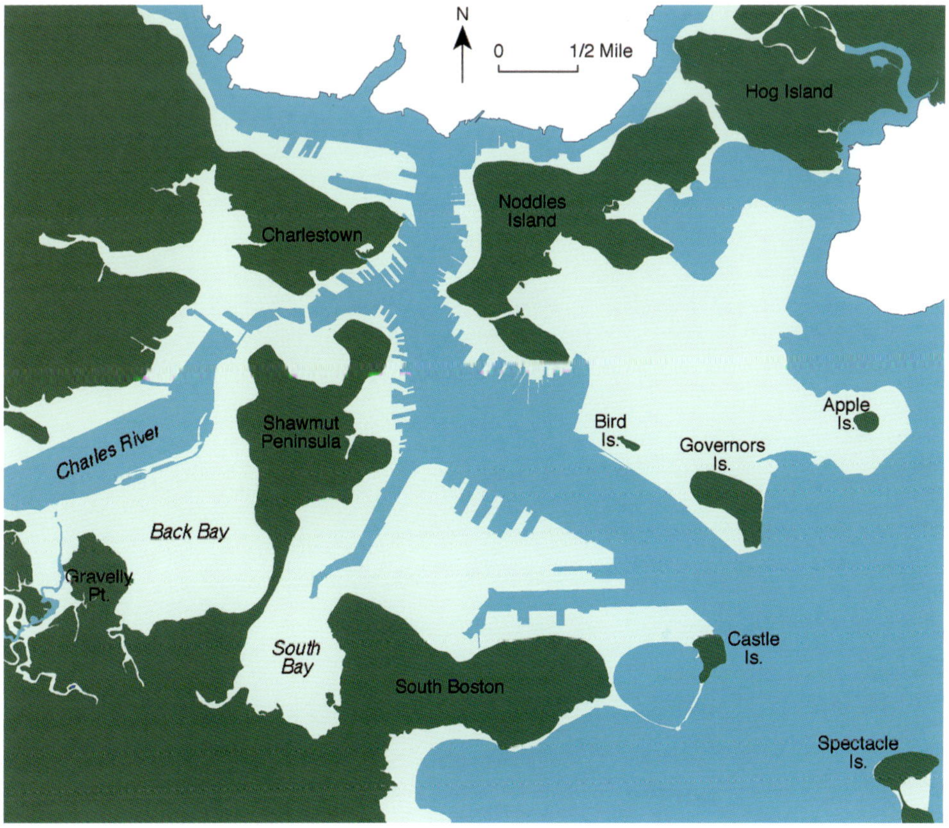

右图　对比波士顿的现代海岸线（浅绿色）与 1630 年的海岸线（深绿色），可以看出波士顿市和周围地区增长的面积。两条海岸线之间的所有浅绿色部分都是填充港口浅湾形成的土地

BLOOMSBURY
Russell Sq.
GUILFORD
British Museum
Univ. of London
Goodge St.
MORTIMER
REGENT ST.
Oxford Circus
Tottenham Ct. R.
NEW OXFORD
HIGH HOLBORN
SOHO
Covent Gdn.
Leicester Sq.
SHAFTESBURY
CHARING CROSS RD
Piccadilly Circus
HAYMARKET
National Gallery
Nelson's Col.
Charing Cross
NORTHUMBERLAND AV.
WHITEHALL
Admiralty Arch
PALL MALL
ST. JAMES'S ST.
PICCADILLY
Green Park
GREEN PARK
MAYFAIR
Bond St.
OXFORD ST.
WIGMORE ST.
MARYLEBONE HIGH ST.
GT. PORTLAND ST.
PORTLAND PL.
NEW BOND ST.
CONDUIT ST.
Roosevelt Mem.
PARK LANE
Hyde Park Corner
HYDE PARK CORNER
CONSTITUTION HILL
Queen Victoria Memorial
Buckingham Palace
BUCKINGHAM PALACE GARDENS
The Royal Mews
Queen's Gallery
ST. JAMES'S PARK
St. James's Palace
Marlborough Ho.
Horse Guards Parade
Banqueting Ho.
Cenotaph
Churchill War Rooms
St. James's Park
Westminster Abbey
Big Ben
Houses of Parliament
VICTORIA
GROSVENOR PL.
BELGRAVE
BUCKINGHAM GATE
Wallace Collection

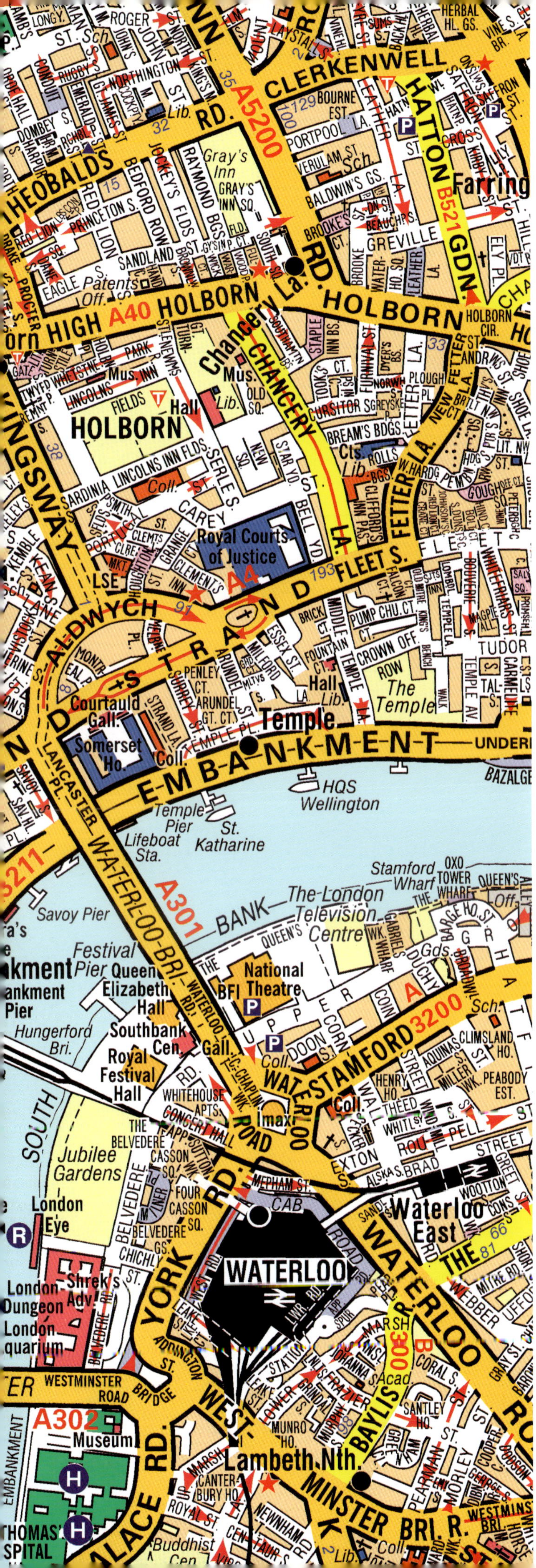

揭开伦敦的神秘面纱

出租车司机的地图揭开了伦敦的真实面貌

绘制于 2018 年
来源于 A–Z 地图公司

查令十字是位于伦敦市中心的一个十字路口，辐射了半径 9.7 千米的范围。这里的道路和车道网络十分复杂，街区之间不同的名称或方向令人抓狂。出租车司机需要对他们了如指掌。要想成为伦敦经典黑色出租车的持牌司机，需要参加“伦敦知识”系列考试。这是世界上最艰难的考验之一，考试内容是申请人必须背诵出考官选择的任何两点间的一条可行路线。

大多数出租车司机在学习阶段使用的是由 A–Z 地图公司制作的伦敦地图，英国人称之为“A–Z 地图”。这家地图出版公司已经有 80 多年的历史了，它的历史就像其制作的地图一样丰富多彩。这家公司是由一位匈牙利制图师的女儿菲莉丝 · 皮尔萨尔于 1936 年创立的。根据皮尔萨尔自己的说法，她在一个雨夜去参加聚会时迷了路，于是决心制作一张更好的伦敦地图。她声称自己一年里每天一大早就穿梭在伦敦的大街小巷之中，走过了 4 800 千米的路程，才最终完成了她的第一本地图集。

尽管这个故事很有趣，但有人持怀疑态度，比如大英图书馆地图主管彼得 · 巴伯认为，皮尔萨尔更有可能只是在当时市面众多的地图集中，选择了一本进行了更新和改进，比如她父亲制作的类似的地图集。

不管皮尔萨尔的故事是真实的还是一个聪明的营销点，A–Z 地图都广受赞誉，地图小小的纸张上清晰明了地涵盖了丰富信息。“它们简直是艺术品，真的。”伦敦知识学校的出租车司机兼教师彼得 · 艾伦说，“学习伦敦知识的司机学员把主要和次要的道路称为‘橘子’和‘柠檬’，因为 A–Z 地图使用独特的橙色和黄色来展现道路的层次结构，这也反映了人们对 A–Z 地图的认可。”

在伦敦的街道上，经常能看到出租车司机学员骑着小型摩托车按照车把上放置的 A–Z 地图行驶。通过“伦敦知识”系列考试的司机人均学习时间为四年，学成以后人们在睡梦中都能看到橘子和柠檬的颜色。

左图　伦敦 A–Z 地图上的街道名称最初是手写标注的，这样它们就可以反映出伦敦街道的曲折，并且至今仍然清晰可见。这幅图显示了伦敦市中心的一个地区，附近即为查令十字

2130
2116
2277
2269
2270
2278
2280
2330
2360
2340
2670
2668
2660
1900
1893
район кабеля
и трубопровода

冲突与危机

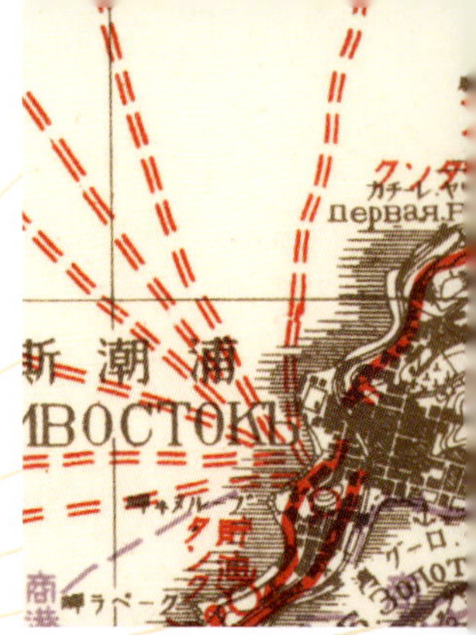

3. 冲突与危机

枪林弹雨中的制图学

战时制作的地图背后有丰富的故事。它们证明了地理信息是军事战略的根本：因为不仅需要知道敌人的位置，还需要了解敌人的资源和补给情况。

巴切尔德绘制的葛底斯堡战役的精美全景图（第 80 页）就是一个例子。根据巴切尔德的草图和军队采访信息，可以推断出这张地图记录了美国内战中一场富有转折意义的战役的历史情况。德国地图也是一个经典例子，它描绘了第一次世界大战中 U 型潜艇造成的破坏（第 98 页）。不列颠群岛周围的海洋被一团红点覆盖，每个红点代表一艘沉船，其中许多是民用货船或客船——这些新型战争武器造成人规模伤害的景象，令人不寒而栗。

本章中还有一些地图讲述了战争时候的故事，各国一直想结束战争却又身不由己。各国互相窃取对方的地图，派遣秘密勘察队来绘制潜在对手的地图，这种地图制造者和间谍的阴谋由来已久，彼此心照不宣。

这些地图揭示了战争和冲突的惨烈状况，但它们并不仅仅是关于军事战略和地缘政治阴谋的故事，还告诉了我们这些冲突造成的惨痛的生命代价。

罗伯特 · 爱德华 · 李的葛底斯堡战役地图

（1863 年，美国国家档案与文件署）

图中显示了部队在 7 月 2 日所处的位置。罗伯特 · 爱德华 · 李将军率领南方同盟军向北方联邦军进攻，却在此次战役中遭遇重大失败，美国内战的战局也由此发生转变。最终，罗伯特 · 爱德华 · 李将军于 1865 年 4 月代表南方向北方联邦投降。

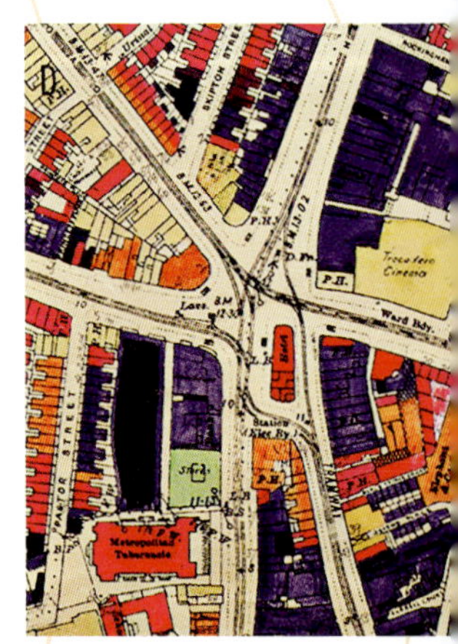

MAP
OF THE
Battlefield of Gettysburg
WITH
Position of Troops
July 2nd 1863.
MUMMASBURG
HUNTERSTOWN
GETTYSBURG
BONAUGTOWN
TWO TAVERNS
Ewell's Corps
Gettysburg & Hanover Rail Road
Confederate Infantry
Do Artillery
Do Cavalry
Federal Infantry
Do Artillery
Do Cavalry
Scale of Miles

巴切尔德笔下的葛底斯堡

一幅展现转折性战役的地图塑造了美国史书

绘制于 1864 年
来源于 美国国会图书馆地理和地图部

1863 年 7 月，巴切尔德到达了葛底斯堡战场，当时还有一些尸体在陆续被清理。他的任务是用文字和图画记录这三天的战役。

第二年，巴切尔德发表了一幅引起轰动的战场全景图，详细描述了北方联邦军和南方同盟军每天在战斗中的位置。凭借这幅图，巴切尔德从一个没有军事背景，也没有接受过正式的制图或历史教育的风景画家，一跃成为著名的葛底斯堡历史学家。巴切尔德的地图佐证了葛底斯堡战役是美国内战的转折点，对这个地方和这场战役来说，都意义重大。

“是这幅地图告诉了我们这场战役的具体情况，巴切尔德的影响无人能及。”葛底斯堡历史学家汤姆·德斯贾丁表示。后来所有的历史学家，每一个参加战斗的人，甚至两支军队的指挥官都不能提供如此详尽的信息。巴切尔德等待了很长时间才等到葛底斯堡战役。他花了几年时间试图为美国历史上的另一场重要战役——1775 年的邦克山战役，画一幅宏伟的油画，但他无从得知所需的具体细节，以至于无法准确描绘这场近百年前的战役。于是内战爆发时，他把目光投向了新的战役。

1862 年，他加入了北方联邦军，计划“等待一场伟大的战斗，一场决定性的战役；研究它的地形，亲自在现场了解战斗细节，并最终用文字和插图来记录下这段历史”。但是巴切尔德一直都没有遇到任何值得描绘的战斗，直到中途生病不得不回家休养。在离开战场之前，他拜托长官一旦即将打响关键性的战斗，就给他来信。1863 年，葛底斯堡的消息传到了他手中，巴切尔德赶到了现场，立即投入到了工作当中。

首先，他通过骑马和步行的方式描绘出了地形图。接着他

右图　巴切尔德在战斗结束后不久到达葛底斯堡，在此之前他既不是历史学家也不是制图师。但是，他绘制的葛底斯堡战场地图奠定了他的地位，使他成了这一事件著名的权威人物，也深刻影响了美国人民对这场战役的认知

URG
BATTLE-FIELD.
EMMITSBURG ROAD
with the accuracy with which the topography is delineated and the position of the troops laid down
Geo. G. Meade

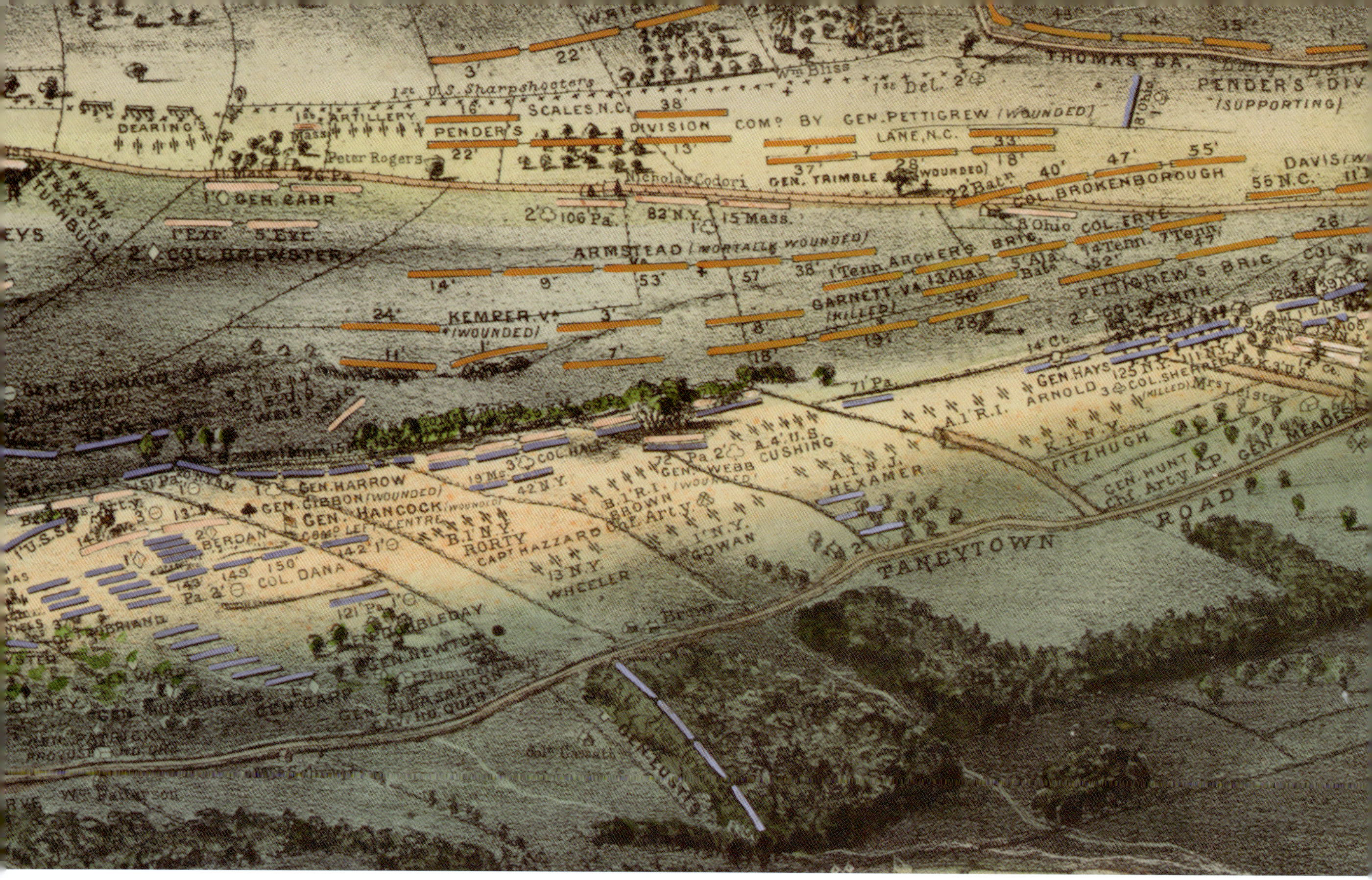

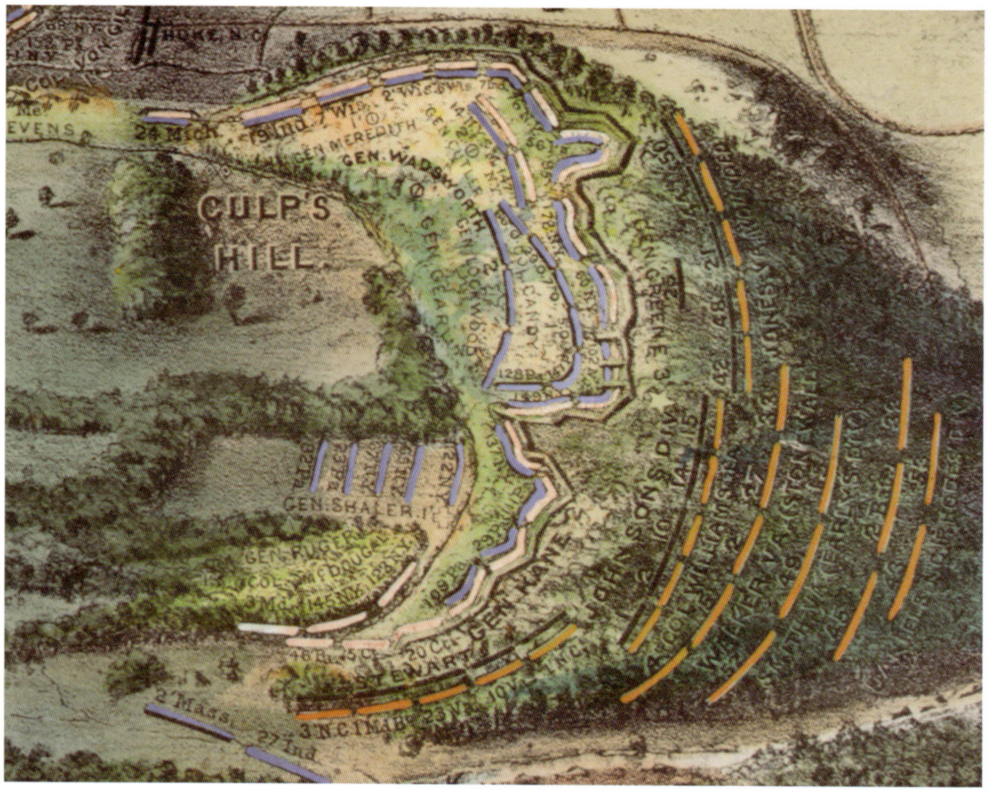

上图　巴切尔德说，这片著名的“小灌木林”是南方同盟军最终作战指挥的标志点，位于地图上这次战斗行动的中心。战役结束的几年后，这里的农场主想要砍伐掉这片树林，被巴切尔德救了下来

右图　白色（战役第二天）和蓝色（战役第三天）部分代表北方联邦军在寇普岭的部分防御战线，黑色（战役第二天）和橘色（战役第三天）代表南方同盟军

右页图·左　1888 年，巴切尔德和妻子伊丽莎白到达了葛底斯堡战场。他书写的战斗史没有发表，但他收集的许多第一手资料已经成为历史学家的宝贵资源

右页图·右　北方联邦军指挥官在巴切尔德的地图上签了名：“这幅图上所代表的各指挥阵地由指挥官安排，信息基本属实”

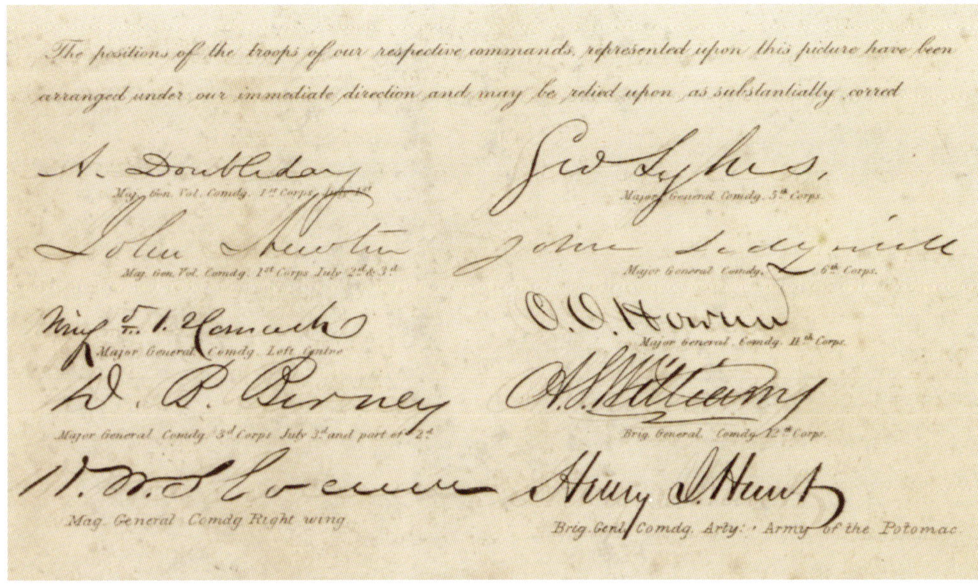

找到一些目击者了解战役的具体情况。他带着地图在医院采访了那些受伤的士兵，甚至把一些伤员带回了战场指认当时的位置，并讲述战斗经过。在葛底斯堡地区待了 84 天后，巴切尔德把他了解到的一切都绘制在了地图上，并追上北方联邦军继续了解情况。

他后来回忆道："1863—1864 年的整个冬天，我挨个探访了每支北方联邦军队伍，找各位军官了解情况，也经常和士兵聊天，让他们确认并补充我绘制的战场图上的部队位置。"但他仍然不满意，又将地图副本邮寄给所有相关的军队指挥官，请求他们标明其部队的地点和行动轨迹。

这份地图终于在 1864 年的春天完成并出版，上面附有大多数北方联邦军指挥官（右上图）的签名。乔治·米德少将在葛底斯堡领导军队取得胜利，他在地图的下方豪迈地写道："我对地图上准确的地形描绘和部队位置非常满意。"

由此，巴切尔德成为葛底斯堡战役权威的纪实文献编纂者，并巩固了葛底斯堡战役作为美国南北战争中决定性战役的地位。这张地图本身似乎为这位缺乏背景的作者增加了其历史学家身份的可信度。一位北方联邦军将军贾丁斯在战争结束前看到这张地图评论道："你的地图，除了对于现在正在参加战斗的人有实用价值，将来还会有更大的历史价值。"

1880 年，巴切尔德凭借他的作品和声誉，获得了国会授予的一笔价值 5 万美元的巨额奖金，以奖励他记录下葛底斯堡战役具体情况的历史功绩。

虽然巴切尔德为此辛劳多年，收集了数百甚至数千个双方官兵的口述资料，但他没有汇编成历史书籍出版。巴切尔德对葛底斯堡战役的记录也成为人们了解这场战役的资料。他随后负责修建标志着南方同盟军最终败北的著名纪念碑。他也把这个影响巨大的地点称为南方同盟军的"高水位线"。他的采访和笔记是美国最翔实的历史史料之一，也是历史学家的宝贵财富。

巴切尔德为葛底斯堡的战役遗产奉献了一生。作为 1883—1887 年葛底斯堡战场纪念协会的碑文和传记负责人，他弥留之际仍然心系那 1 300 多块石碑、标识、纪念碑的位置和篆刻工作，现在那里被称为葛底斯堡国家军事公园。

然而，他的影响力也存在争议。一些士兵对于他的纪念碑安排提出了质疑，这些纪念碑是为了标明战斗中军队的位置。一个军团甚至上诉至宾夕法尼亚州最高法院（获得了胜诉）。当今历史学家推断，巴切尔德倾向的战斗叙事方式可能扭曲了受访士兵的叙述，这些士兵的记忆往往不太牢靠。

即使如此，巴切尔德及时抵达葛底斯堡战场，又坚持研究数十年，他可能比任何人都要了解事实真相。

苏联的绘图事业

冷战时期苏联军队秘密绘制全球地图

绘制于 20 世纪 40 年代至 80 年代
来源于 东方视野地理空间公司，约翰·戴维斯

2001 年 9—10 月，美国准备入侵阿富汗时，军事规划者意识到他们缺少一些关键的东西：攻击对象的详细现代地图。

最初，他们手上最好的地图是根据 20 世纪 50 年代末的空中勘测数据绘制的。当然，他们也有卫星图像，但缺乏基本细节。制图师托姆·凯伊当时是国家情报测绘局的承包商，虽然听起来匪夷所思，但很快，凯伊和同事们开始利用苏联在 20 世纪 80 年代占领阿富汗期间绘制的军事地图。

凯伊说："我们之所以依赖苏联的地图，是因为它非常详细，和当地人知道的情况完全一致。苏联的地图明确标出了学校、医院、清真寺和其他地标的位置，所有信息对于在陌生土地上寻找方位的部队来说无比珍贵。"

苏联对地图进行了详细的注释。凯伊热衷于在山口寻找标记，上面注明了冰融期和可航行期。水井是干旱地区的一个重要标记，在卫星图像上几乎看不到，但苏联的地图上标明了水井的位置、水的咸度以及是否可以安全饮用。

当然，苏联也绘制了冷战时期对手的地图。其中美国城市的地图尤为详尽，甚至包括一些美国自己的地图上都没有的军事设施的位置。欧洲地图也是一样。事实上，这是世界上最庞大的测绘项目之一。

从 20 世纪 40 年代开始，苏联以七个不同比例绘制了世界地图，这个系列的世界地图，包括 1 100 个区块（每一块的面积和美国面积较小的州差不多大），以及细节详尽的城市地图（甚至可以看到交通站点和各个建筑物的轮廓）。参加制图的工作人员不计其数，包括测量师、制图师，可能还有间谍。最终，他们完成了几十万张地图。

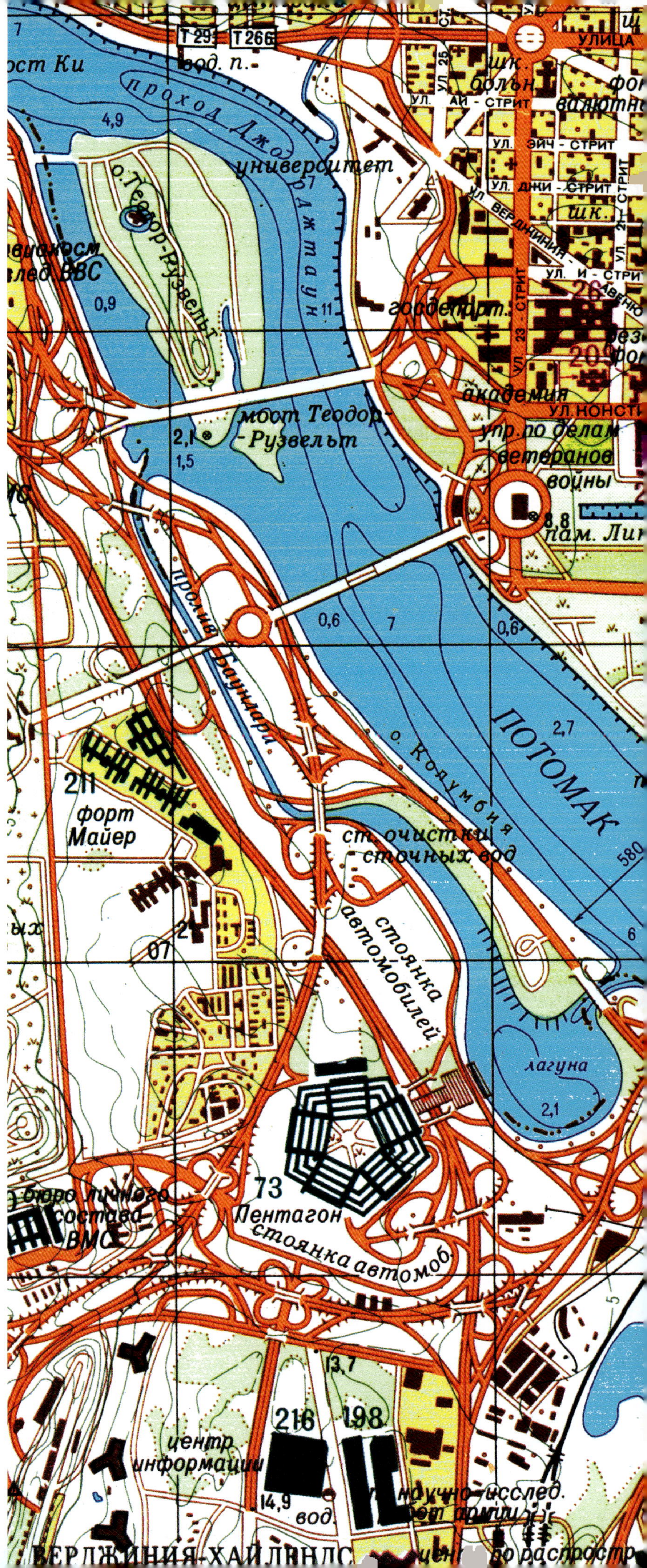

右图　五角大楼、美国国会大厦、白宫，以及华盛顿特区的其他地标，都可以在 1975 年的苏联军事地图上看到，这是有史以来最大规模的秘密绘制地图项目之一

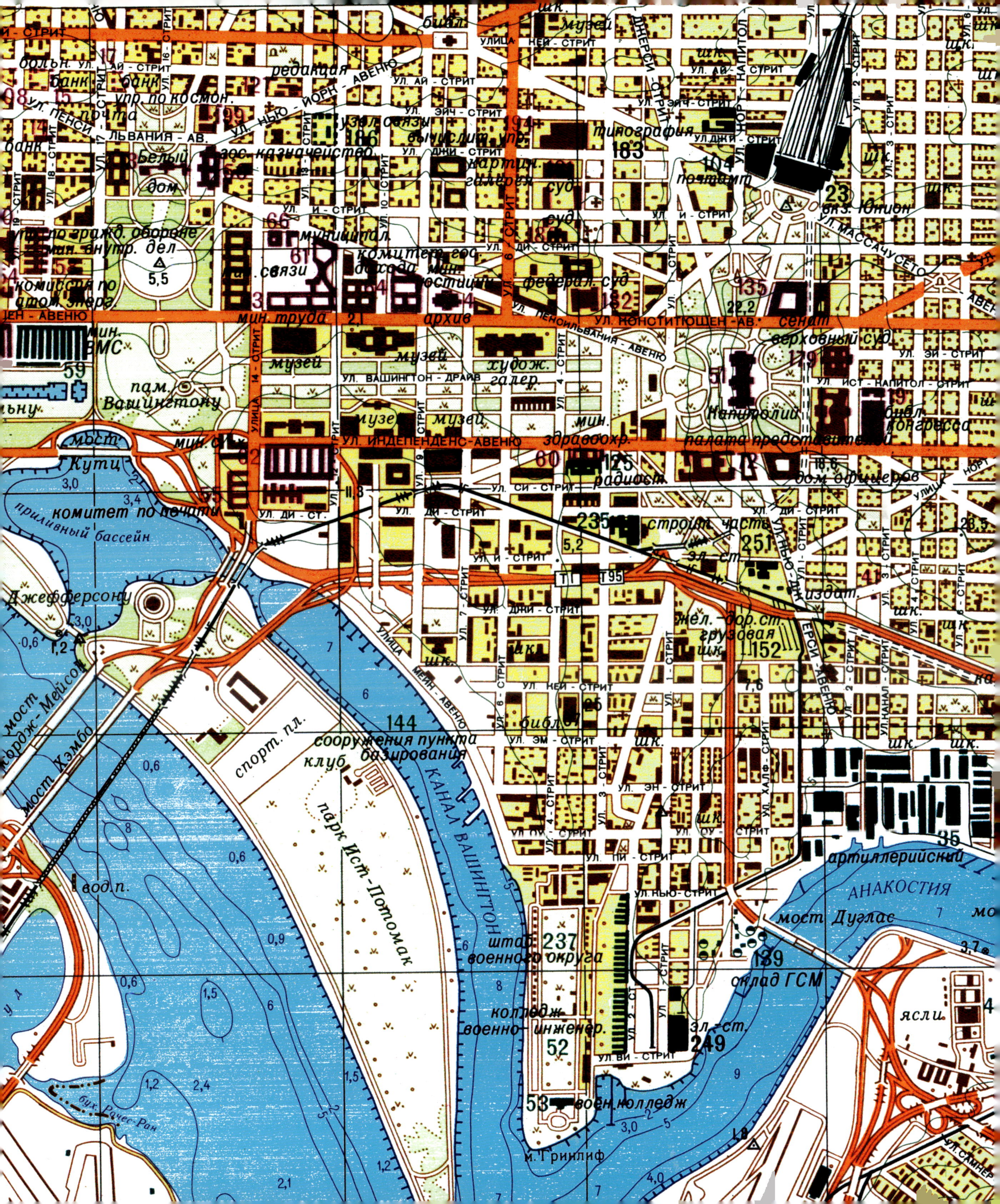

редакция
упр. по космон.
почта
гос. казначейство
белый дом
узел связи
вычислит. упр.
картин. галерея
суд
типография
почтамт
вкз. Юнион
муниципал.
комитет гос. дохода
мин. юстиции
федерал. суд
мин. связи
мин. труда
архив
сенат
верховный суд
музей
худож. галер.
мин. ВМС
пам. Вашингтону
Капитолий
библ. конгресса
мин. здравоохр.
палата представителей
радиост.
дом офицеров
мост Кутиц
комитет по почтам
приливный бассейн
Джефферсону
строит. часть
эл.-ст.
издат.
жел.-дор. ст. грузовая
спорт. пл.
сооружения пункта базирования
клуб
парк Ист-Потомак
КАНАЛ ВАШИНГТОН
библ.
мост Кэмбл
вод.п.
артиллерийский
АНАКОСТИЯ
мост Дуглас
склад ГСМ
штаб военного округа
колледж военно-инженер.
воен. колледж
м. Гринлиф
ясли
УЛ. ИНДЕПЕНДЕНС-АВЕНЮ
УЛ. КОНСТИТЮШЕН-АВ.
УЛ. ПЕНСИЛЬВАНИЯ-АВЕНЮ
УЛ. МАССАЧУСЕТС
УЛИЦА МЕЙН-АВЕНЮ
УЛ. ВАШИНГТОН-ДРАЙВ

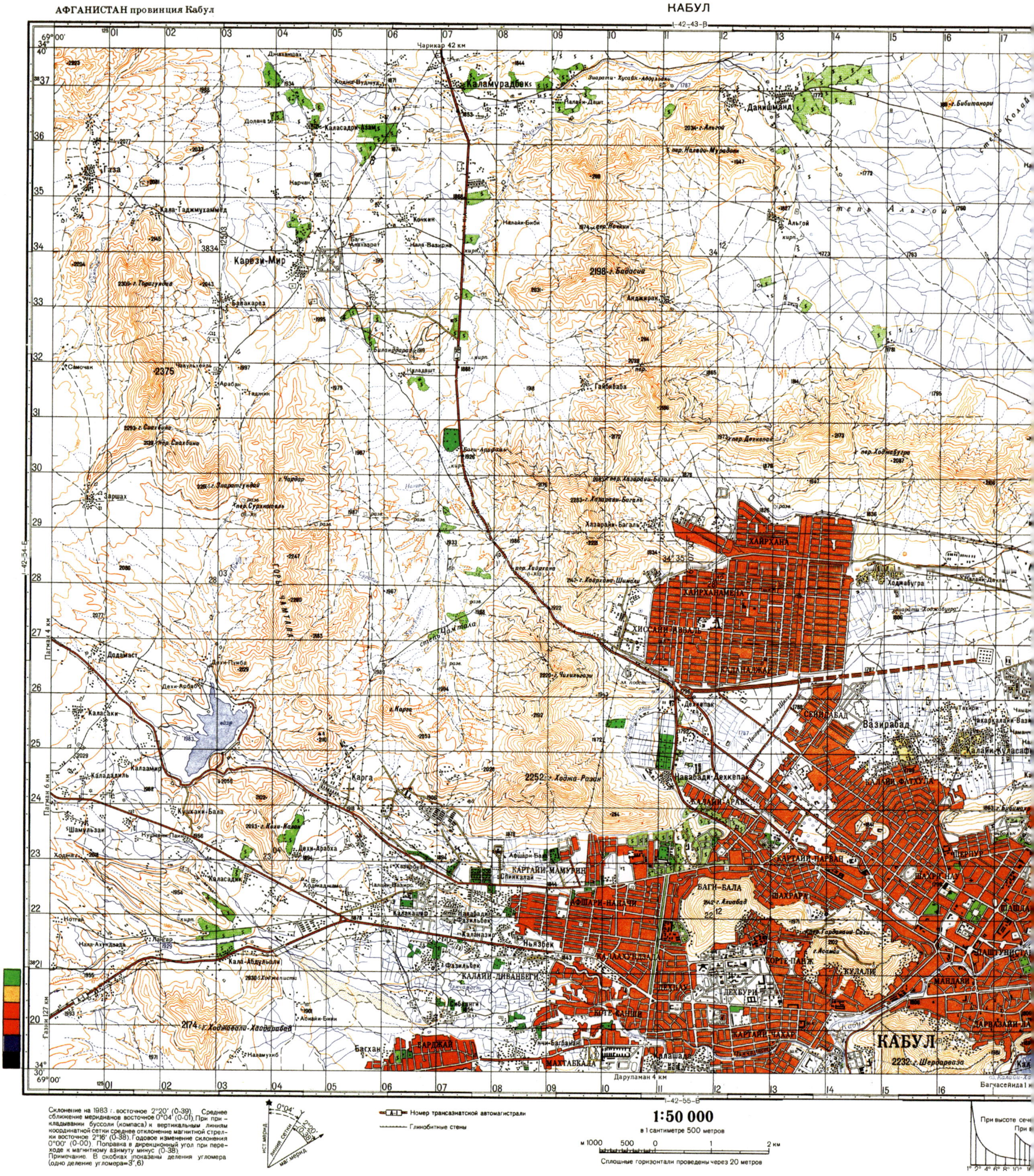
АФГАНИСТАН провинция Кабул
КАБУЛ
I-42-43-В
Чарикар 42 км
Каламурадбек
Данишманд
Газа
Карези-Мир
Бабакарез
Кала-Таджмухаммед
степь Альгой
Альгой
2198 г. Бабасин
Анджиран
Гайбабаба
Хайрхана
Хайрханамена
Хиссайи-Аввал
Куланаджар
Сайидабад
Вазирабад
Нававаби-Дехкепак
Калайи-Араб
Калайи-Фатхулла
Карга
2252 г. Ходжа-Рахан
Картайи-Мамурин
Афшари-Начайи
Картайи-Парван
Баги-Бала
Шахрара
Корте-Панж
Дехбури
Картайи-Чахар
Калайи-Диванбеги
Барджай
Махтабкала
Калашада
КАБУЛ
2232 г. Шердарваза
2174 г. Ходжавали-Хайдарабад
Пагман 4 км
Пагман 6 км
Газни 127 км
Даруламан 4 км
I-42-55-В
I-42-54-Б
Склонение на 1983 г. восточное 2°20′ (0-39). Среднее сближение меридианов восточное 0°04′ (0-01). При прикладывании буссоли (компаса) к вертикальным линиям координатной сетки среднее отклонение магнитной стрелки восточное 2°16′ (0-38). Годовое изменение склонения 0°00′ (0-00). Поправка в дирекционный угол при переходе к магнитному азимуту минус (0-38).
Примечание. В скобках показаны деления угломера (одно деление угломера=3′,6)
ист. мерид.
линия сетки
маг. мерид.
0°04′
2°20′
(0-38)
А-1 Номер трансазиатской автомагистрали
Глинобитные стены
1:50 000
в 1 сантиметре 500 метров
м 1000 500 0 1 2 км
Сплошные горизонтали проведены через 20 метров

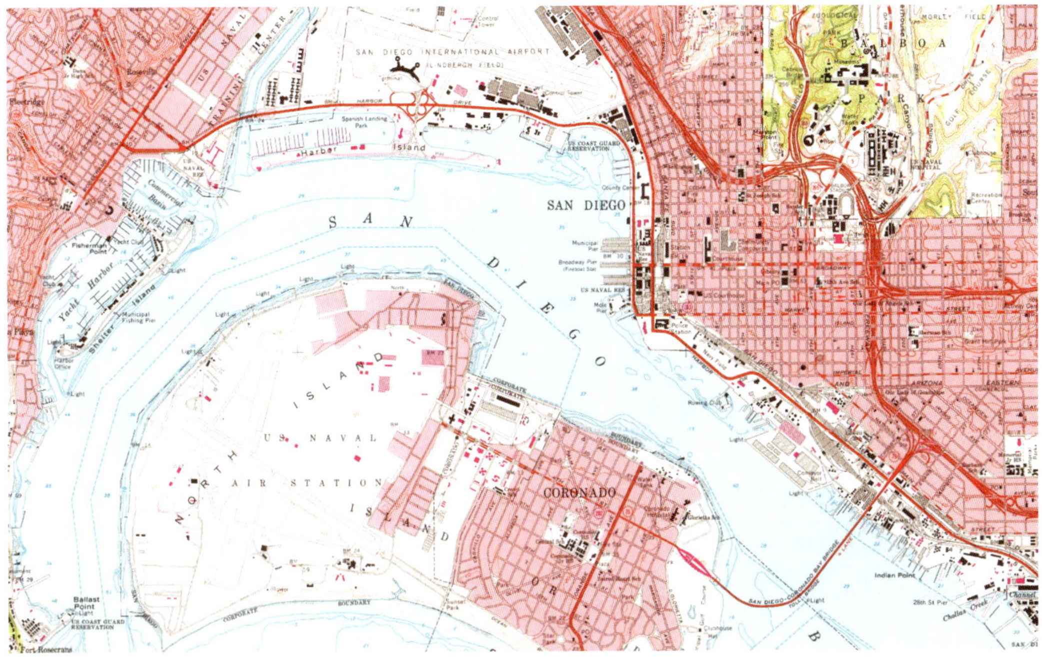

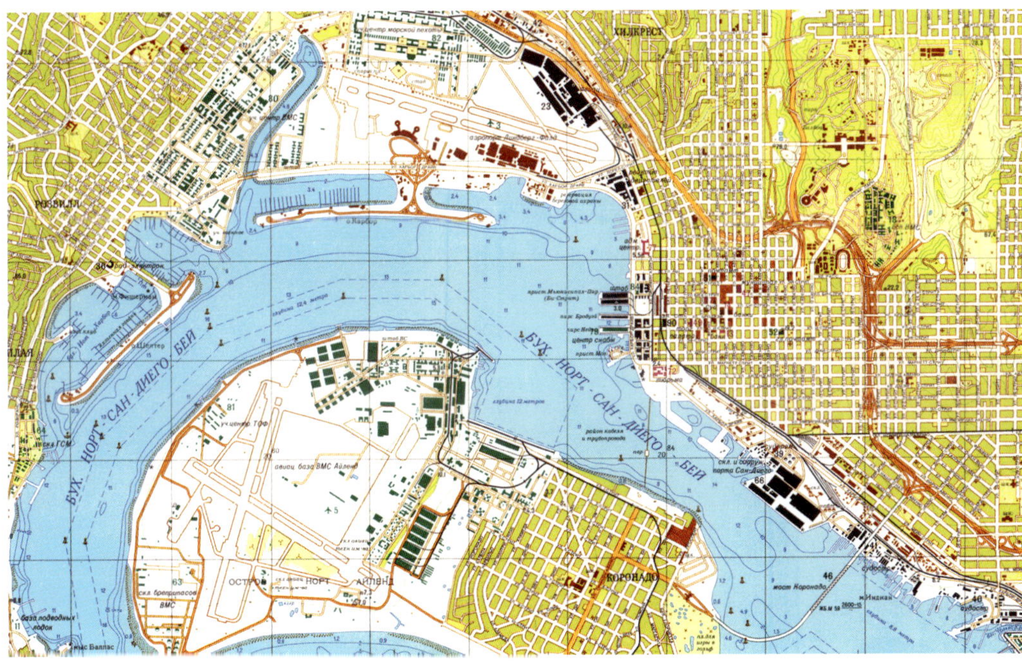

左图　这张 1982 年的苏联地图显示了阿富汗喀布尔周围的地区。美国遭受“9·11 恐怖袭击事件”后，军方使用这类地图策划了入侵阿富汗的行动

上图及顶部图　1980 年苏联绘制的圣地亚哥地图（上图）中海军训练中心和海军陆战队新兵训练营的建筑物（深绿色）比 1978 年美国地质勘探局绘制的同一区域地图（顶部图）要详尽

这些地图大多是保密资料，仅限军方使用。在铁幕之下，大多数人都无法获得精确的地图——相反可能获得错误的地图。政府甚至故意歪曲面向公众出版的地图，随机变换地标使导航失效，并隐匿任何可能有利于敌人的细节信息，以防地图落入敌手。

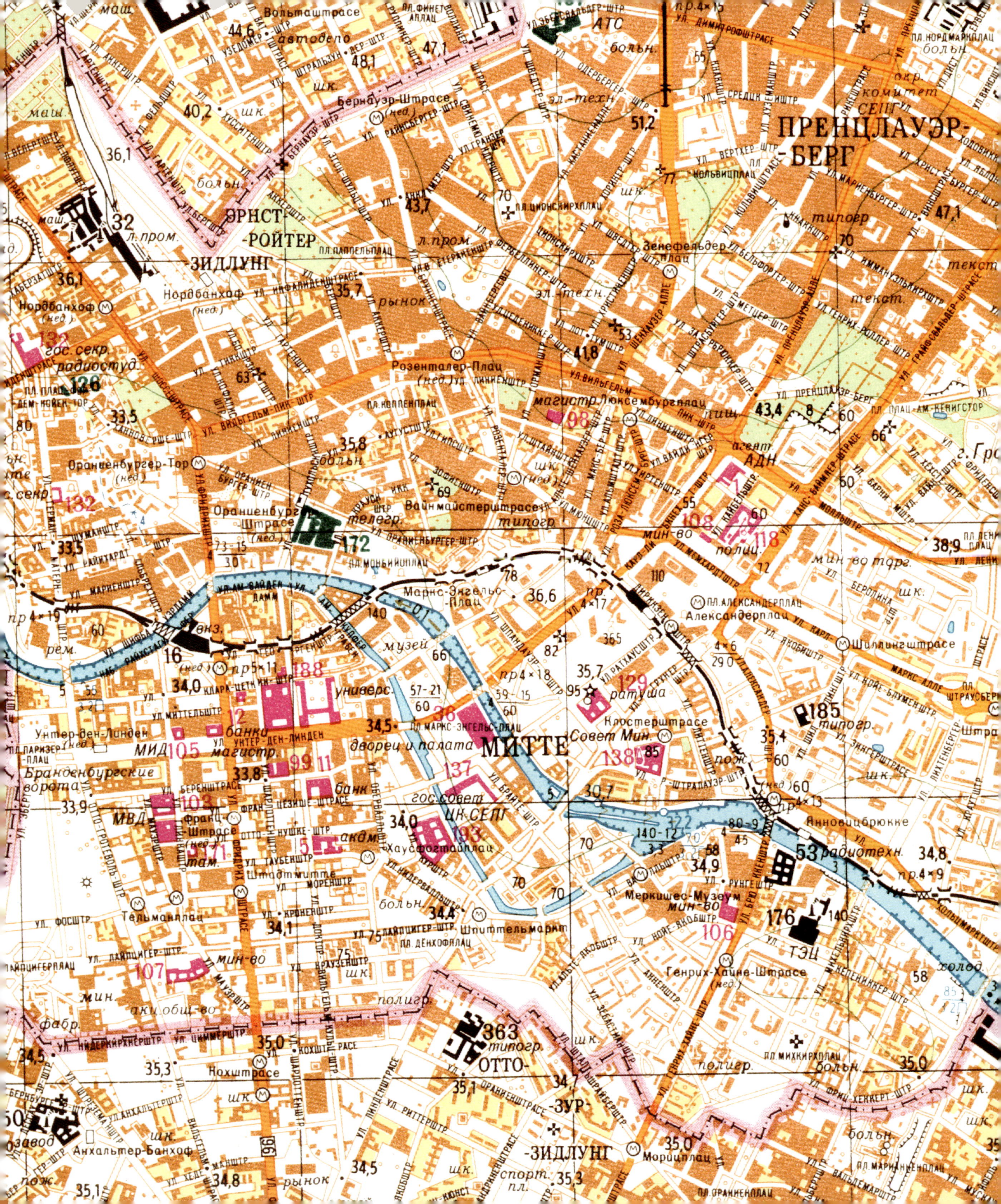

ПРЕНЦЛАУЭР-
-БЕРГ
ЭРНСТ-
-РОЙТЕР
-ЗИДЛУНГ
МИТТЕ
ОТТО-
-ЗУР-
-ЗИДЛУНГ
Вольташтрасе
автодепо
Бернауэр-Штрасе
(нед.)
АТС
больн.
эл.-техн.
Нордбанхоф
Нордбанхоф
(нед.)
рынок
Розенталер-Плац
(нед.)
Зенефельдер-
Плац
Люксембургплац
магистр.
гос. секр.
радиостуд.
Ораниенбургер-Тор
(нед.)
Ораниенбургер-
Штрасе
(нед.)
телегр.
Вайнмайстерштрасе
типогр.
мин-во
полиц.
АДН
агент
Маркс-Энгельс-
-Плац
Александерплац
Шиллингштрасе
музей
универс.
ратуша
Клостерштрасе
Совет Мин.
дворец и палата
банк
Унтер-ден-Линден
(нед.)
МИД
магистр.
Бранденбургские
ворота
МВД
Франц.-
Штрасе
(нед.)
там.
банк
гос.совет
ЦК СЕПГ
акдм.
Хаусфогтайплац
Тельманплац
больн.
Шпиттельмаркт
Меркишес-Музеум
мин-во
Янновицбрюкке
радиотехн.
ТЭЦ
Генрих-Хайне-Штрасе
(нед.)
мин-во
полигр.
типогр.
Кохштрасе
Анхальтер-Банхоф
завод
Морицплац
рынок
спорт.
пл.
больн.
полигр.
текст.
типогр.
мин-во торг.

左页图 紫红色线条表示1983年苏联地图中显示的德国的柏林墙

右图 苏联训练海报利用军事地图上专用超清符号描绘了所代表的物体

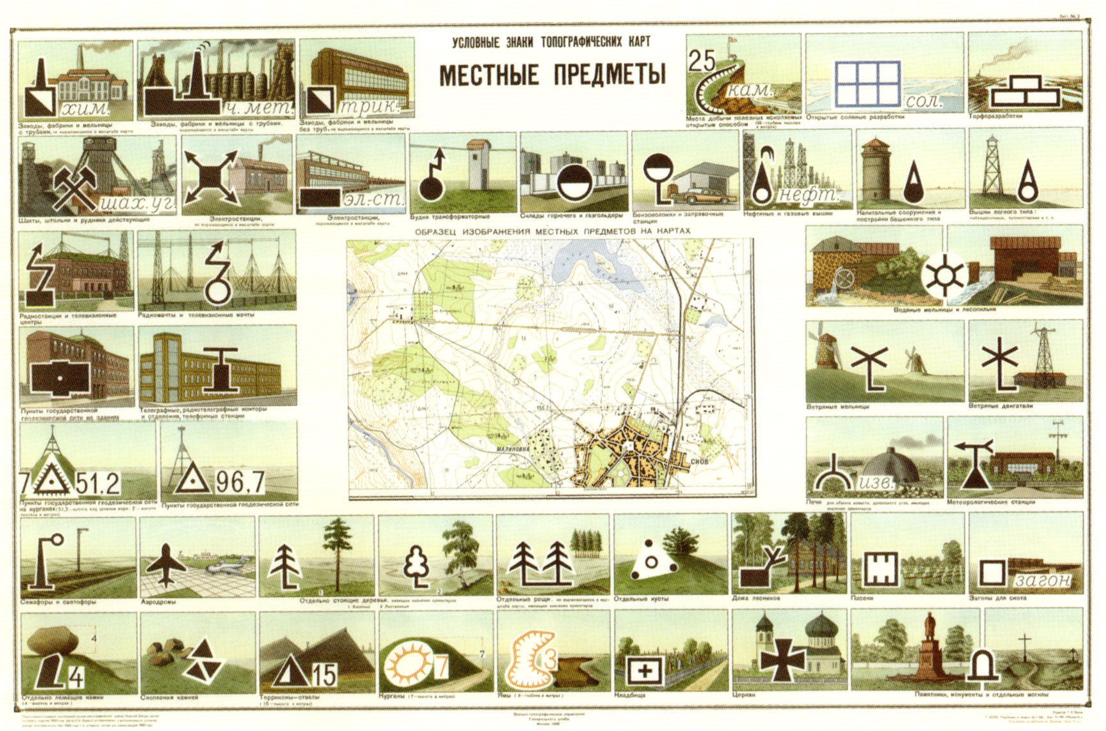

目前，关于这一苏联秘密军事项目的已知信息都出自2017年出版的《红色地图集》，其作者是来自英国的地图爱好者约翰·戴维斯和来自新西兰坎特伯雷大学的地理学家亚历山大·肯特。

戴维斯和肯特认为，苏联的地图相当于最初的维基百科，记录了所有苏联知道的地方。不同于美英两国军事和情报机构在冷战期间绘制的地图，苏联不侧重于战略利益的部分。苏联地图确实包含了大量战略信息，包括公路状况和桥梁承载能力，但也记录了一些看似无关的信息：某个区域房屋的建造材料，周围森林中的树木种类等。

苏联人尤其注重基础设施，如交通运输网、电网和工厂——所有这些都在地图上一一注明，并附有极其详细的描述。

关于苏联军方是如何制作这些地图的，人们知之甚少，苏联似乎利用了所有能获得的资料。例如，他们可以获得美国地质勘探局绘制的地形图。但戴维斯表示，苏联并不仅仅是复制这些地图。他花了十年的时间把同时期的苏联地图和公开出版的地图之间的细微差别做了记录。苏联地图通常包含一些美国或英国绘制的当代地图上没有的细节。苏联1980年绘制的圣地亚哥地图（第87页）比美国地质勘探局1979年出版的圣地亚哥地图更详细地显示了科罗纳多岛海军航空站和其他军事设施。

苏联于1962年发射了第一颗侦察卫星，地图增加的细节可能就来自卫星拍摄的图像。但很难想象他们如何能在不被人发觉的情况下获得其他细节信息。某份报告显示，苏联利用驻瑞典的苏联大使馆的外交官搜集详细信息，以此来完善瑞典地图，他们喜欢在具有战略意义的地点附近野餐，与当地建筑工人攀谈。1982年，苏联人曾在斯德哥尔摩附近的海滩上与当地人聊天，据说套出了瑞典防御雷区的有关信息——谈话被潜伏在附近的瑞典反情报特工无意中听到，然后这名苏联间谍被驱逐出境。

对经历过冷战的人来说，看到自己周围的景色出现在潜在敌人的地图上，或熟悉的地标以陌生的西里尔字母形式显示，都令人不寒而栗。然而，苏联地图有种莫名的吸引力。即使按现代标准来看，这些地图的制作也相当精良。戴维斯说："我对地图制作人员的敬畏仍是油然而生的。"

20世纪90年代，在苏联解体后，这些地图开始在市场上被公开售卖。各电信和石油公司是忠实客户，它们购买了苏联绘制的中亚、非洲和其他发展中地区的地图，因为这是当时最详尽的版本。一些在偏远地区工作的援助组织和科学家也用上了这些地图。

至于西方国家是如何获得这些地图的，这是一个敏感话题，从未被正式解密。

18 世纪的欧洲战争

安娜·比克的可爱地图掩盖了西班牙王位继承战争的血腥

绘制于 1684—1709 年
来源于 美国国会图书馆地理和地图部

18 世纪早期，欧洲正值动荡时期，西班牙国王刚刚去世，他指定的继任者是法国国王路易十四的孙子，当时只有 17 岁。法国波旁王朝与奥地利哈布斯堡王朝为争夺西班牙王位，而引发的一场欧洲大部分国家参与的大战，持续了十多年。

这些地图出自荷兰绘图师安娜·比克之手，描绘了一些战争关键地点和关键战役，她当时在荷兰共和国的首都海牙经营一家出版社。

“当时低地国家[1]在地图出版业工作的女性并不少见。”国会图书馆地图专家卡琳·奥斯本说。她还指出，出版社往往是家族经营，妻子和女儿参与地图制作和印刷的全过程，有时候丈夫去世后会由妻子接管生意。

比克的丈夫没有去世：但是他失踪了，留下了她和七个孩子——多亏当地法院同意她离婚，并接管她丈夫留下的生意。根据奥斯本的研究，比克从容冷静地经营着这家出版社，申请了几项专利，并起诉了一家剽窃她作品的竞争对手。

三百年后，我们只能猜测谁会购买比克出版社的地图，以及他们如何使用这些地图。奥斯本说：“其中一些似乎是公开售卖的新闻地图，人们可以看到最新的战役情况。”当时低地国家的文化水平很高，大多数人都识字。有些地图上还附有法语和荷兰语的战斗描述。

海牙是欧洲著名贸易中心之一，比克的工作室可以从路过的商人和其他水手那里获得战争的消息，以此来制作地图，这些地图按时间来看都是最新消息，一般在战争发生几个月内出版。

比克出版社的一些地图装饰华丽，表明它们曾作为纪念物悬挂在公共场合或者收藏于某些人家中。例如，其中一张地图（第 93 页）绘画风格华丽，描绘了西班牙王位继承战争中，一场于 1709 年在法国北部打响的重要战役——马尔普拉凯战役。那一年残酷的冬天耗尽了法国军队的兵力，由英国伟大指挥官马尔伯勒公爵领导的联盟军不断进攻。马尔伯勒率领的 10 万军队在马尔普拉凯村庄附近遇到了规模缩减的法国部队。当时法国军队占据了树林中一个绝佳的防御阵地，但经过树林间的步枪战斗、骑兵对战、炮火攻击，双方都伤亡惨重。仅一天的战斗里，联盟军伤亡约 22 000 人，法国军队伤亡约 12 000 人。这是 18 世纪最为惨烈的战役之一。比克出版的地图上，红色和绿色线条描绘了战场上各部队的排兵布阵，右下角图示中的堆积尸体则暗示了战斗的惨烈。

右图　这张地图出版于 1708 年，显示了莱茵河畔斯特拉斯堡市及其周围的防御工事，现在成了法国和德国之间的边境线。图上包含了在战斗中被毁掉的几座较小的堡垒

① 欧洲西北沿海地区的荷兰、比利时、卢森堡三国的统称。

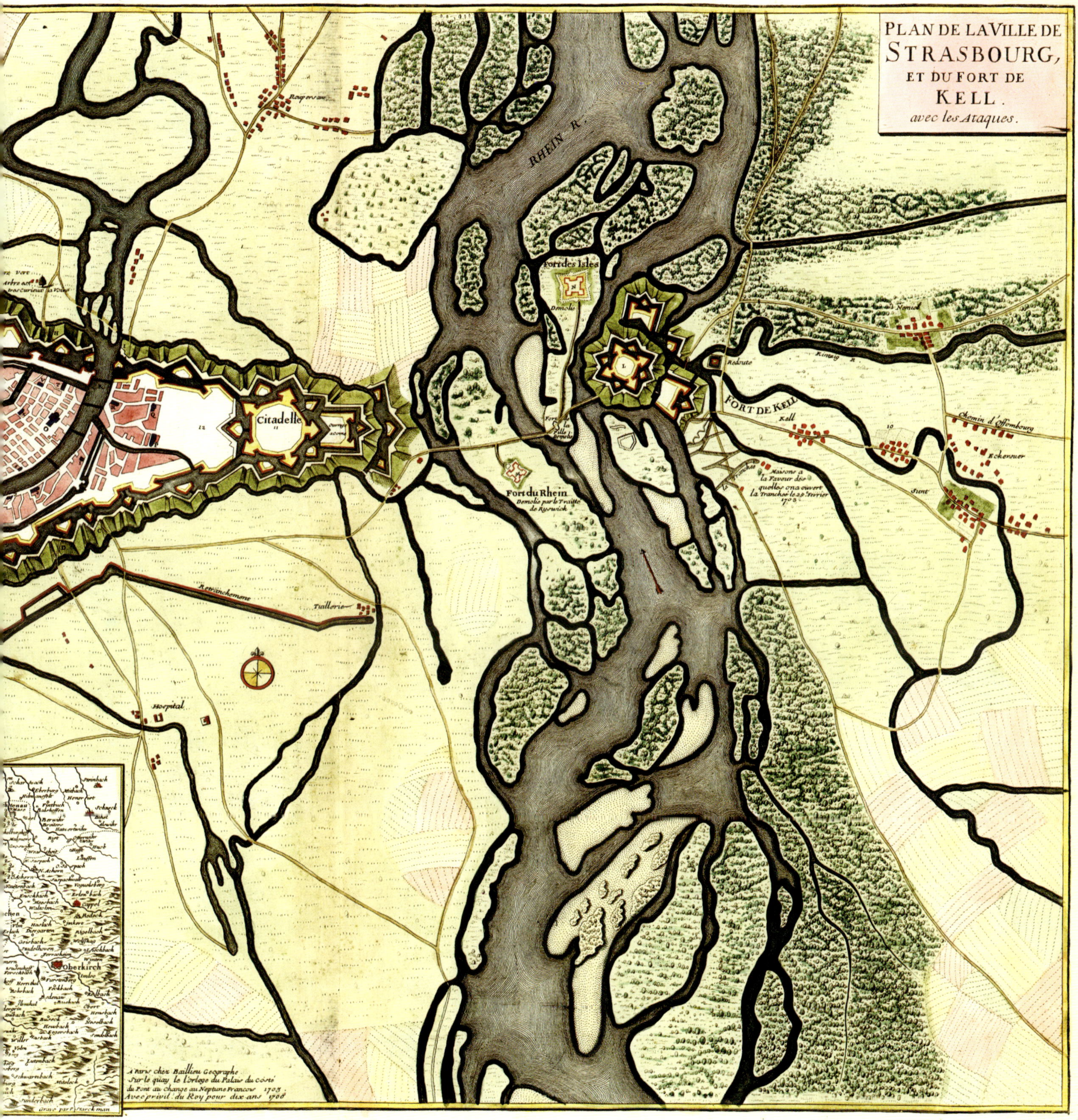
PLAN DE LA VILLE DE
STRASBOURG,
ET DU FORT DE
KELL.
avec les Ataques.
RHEIN R.
Fort des Isles
Citadelle
Fort du Rhein
Demolie par le Traitté de Ryswick
FORT DE KELL
Kell
Redoute
Kintzig R.
Chemin d'Offembourg
Maisons a la Faveur des quelles on a ouvert la Tranchée le 23 Fevrier 1703
Retranchement
Tuillerie
Hospital
Oberkirch
A Paris chez Baillieu Geographe
Sur le quay le l'orloge du Palais du costé
du Pont au change au Neptune Francois 1703.
Avec privil. du Roy pour dix ans 1700

上图　在1707年的土伦战役中，英国及其盟军企图攻占一个位于地中海海岸的城市——一个法国海军重要基地的所在地，但是法国和西班牙军队联手击退了英军

左图　星状防御工事是安娜·比克出版社制作地图时的一个共同特征。尖角和斜墙防御了大炮的攻击，同时这些堡垒为防御方提供了一个清晰的视野以便精准射击

右页图　这幅地图描绘了惨烈的马尔普拉凯战役，比克在底部标出了每个军团的指挥官。彩色线条表示各部队在战场上的排兵布阵

当时谣传称马尔伯勒公爵在战争中阵亡，于是有了一首纪念他的歌，曲调就是我们今天常听到的那句“他真是个好人”。其实，马尔伯勒幸存了下来。同时，马尔普拉凯战役的胜利牵制了法国势力。战争结束时，和约各项条款都更有利于联盟，英国崛起为欧洲强国，法国和西班牙则付出了惨痛代价。比克的地图用精美的笔触记录下了导致这场欧洲剧变的战役。

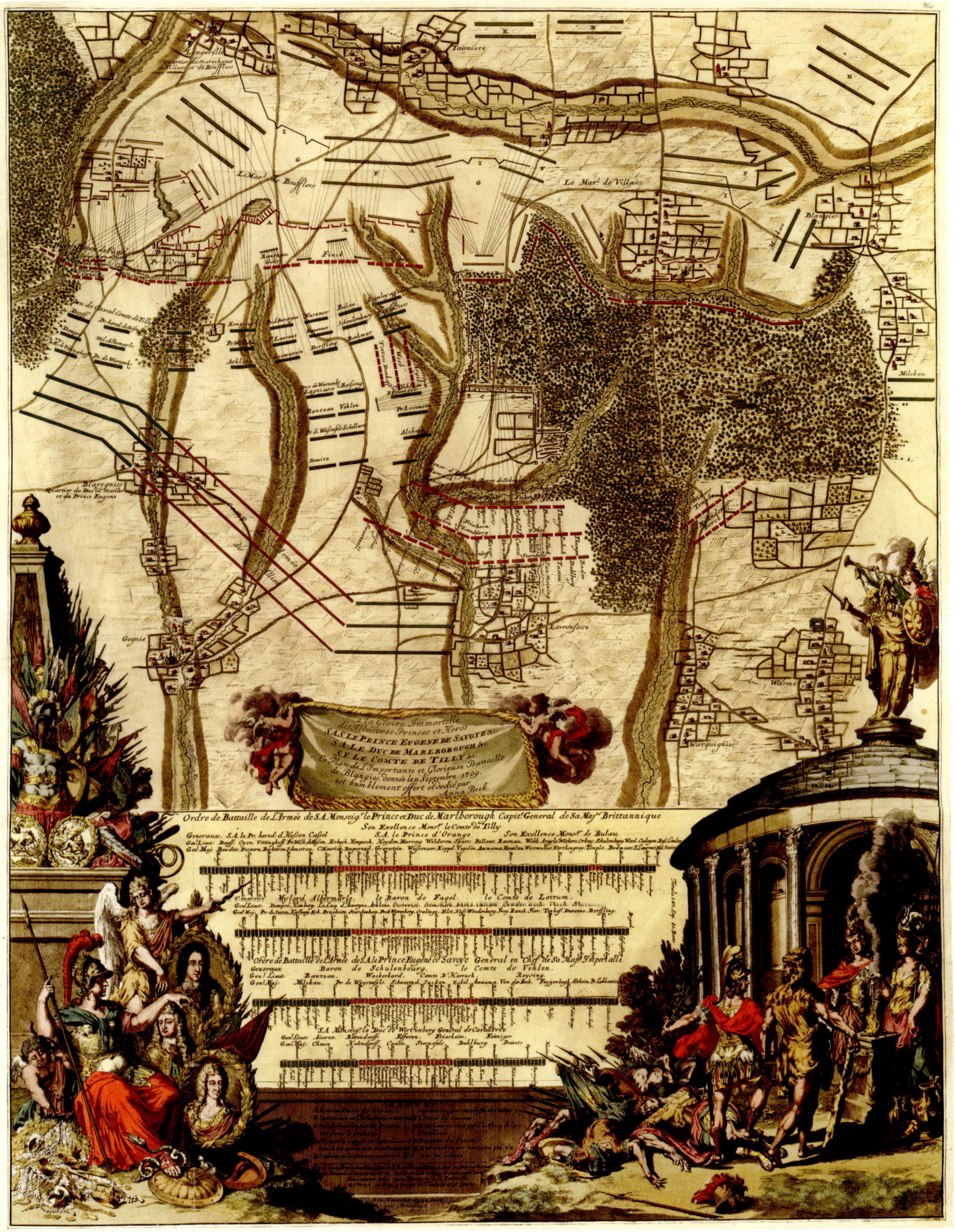
a la Gloire Immortelle
des Illustres Princes et Heros
S.A.S. LE PRINCE EUGENE DE SAVOYE &c.
S.A. LE DUC DE MARLBOROUGH &c.
S.E. LE COMTE DE TILLY &c.
Ce Plan de l'Importante et Glorieuse Bataille
de Blangies, donnée le 11 Septembre 1709.
est humblement offert et dedié par
Anna Beek.
Ordre de Battaille de L'Armée de S.A. Monseig.r le Prince et Duc de Marlborough Capit.l General de Sa Maj.té Brittannique
Son Excellence Mons.r le Comte de Tilly
S.A. le Prince d'Orange
Le Mar.l de Boufflers
Le Mar.l de Villars
Blaregnies

EDITION OF 1916
Hungerford Bridge
Westminster Bridge
RIVER THAMES
HOUSES OF PARLIAMENT
ST THOMAS'S HOSPITAL
BISHOPS WARD
Water Tower
Lambeth Palace
Lambeth Bridge
ST JUDE'S
CHRISTCHURCH
KENNINGTON
LAMBETH PARLY. BOROUGH
LAMBETH MET. BOROUGH
LAMBETH PH.
CHARACTERISTICS AND SYMBOLS FOR BOUNDARIES, &c.

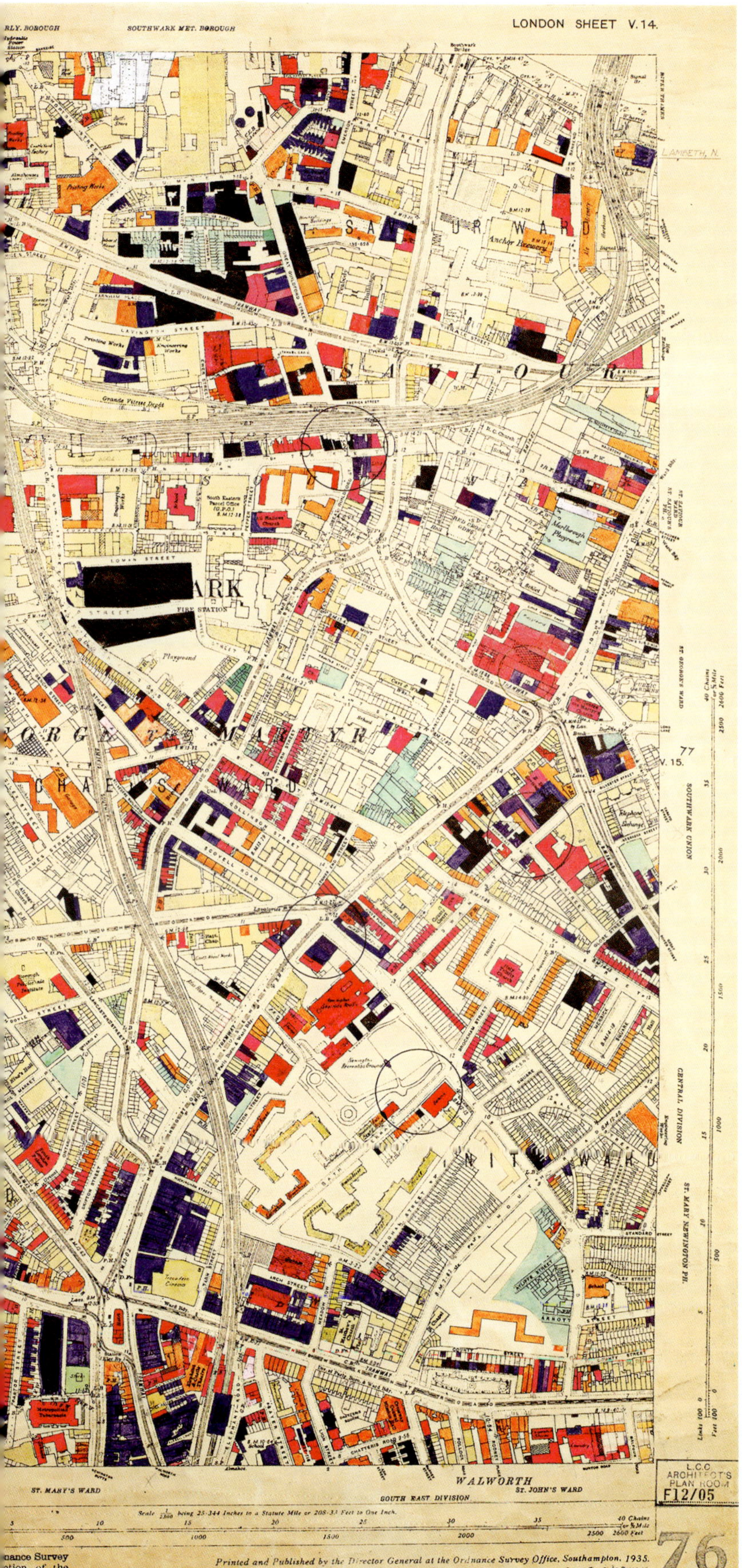

大规模毁坏的色彩

二战中炮弹轰炸下的伦敦

绘制于 1940—1945 年
来源于 伦敦城市档案馆

1940—1945 年，德国空军在伦敦投下了数万枚炸弹，造成死亡人数约 3 万人。超过 7 万栋建筑被彻底摧毁，另有 170 万栋建筑遭到破坏。测量人员、建筑师、工程师和建筑工人对每一座建筑物的损坏程度进行了记录和测绘。最后，他们一共绘制了 110 张地图，手工进行上色并编码，用精确的细节充分展示了大轰炸的破坏性。如今，这些地图成了一种独特的展现伦敦这段灾难历史的窗口。

炸弹一旦落下，就会纳入地图数据收集中。伦敦郡议会，相当于今天内伦敦地区的中央行政当局，勒令其建筑部门及时记录炮弹损害情况。战前测量人员负责监督建筑法规执行情况，确保各建筑符合要求，战时还临时兼具救援责任。他们与当地的救援机构合作，这些救援机构由工程师和砌砖工等建筑领域的人组成。

“他们的主要任务是把人从废墟和被摧毁的建筑物中拉出来，尽可能挽救生命。”伦敦城市档案馆的档案管理主任劳伦斯·沃德表示，“因为他们了解建筑物结构，所以同时兼顾救援工作。”

这些人在受损建筑物倒塌之前争取了救援时间。救援部门共出动 16 396 次，救出了 22 238 人。在救援行动中，有 54 名救援人员不幸丧生。

图例

- 彻底毁坏
- 无法修复
- 损坏可修
- 严重损坏
- 一般损坏
- 轻微损坏
- 清理区

救援行动刚刚结束，地图绘制工作就启动了。测量人员和救援人员共同努力，将建筑损害程度分为六类，从“轻微损坏”到“彻底毁坏”。他们的报告记录在 1916 年英国陆地测量部绘制的城市地图上，并且持续更新至 1940 年。损坏程度由不同颜色代表，所有受损建筑物都由手工逐个上色。

左图　第二次世界大战期间，伦敦的滑铁卢区和象堡区因德国轰炸而遭到了巨大破坏。如图所示，这张地图根据受损情况报告由手工上色，以详细展现破坏的严重程度

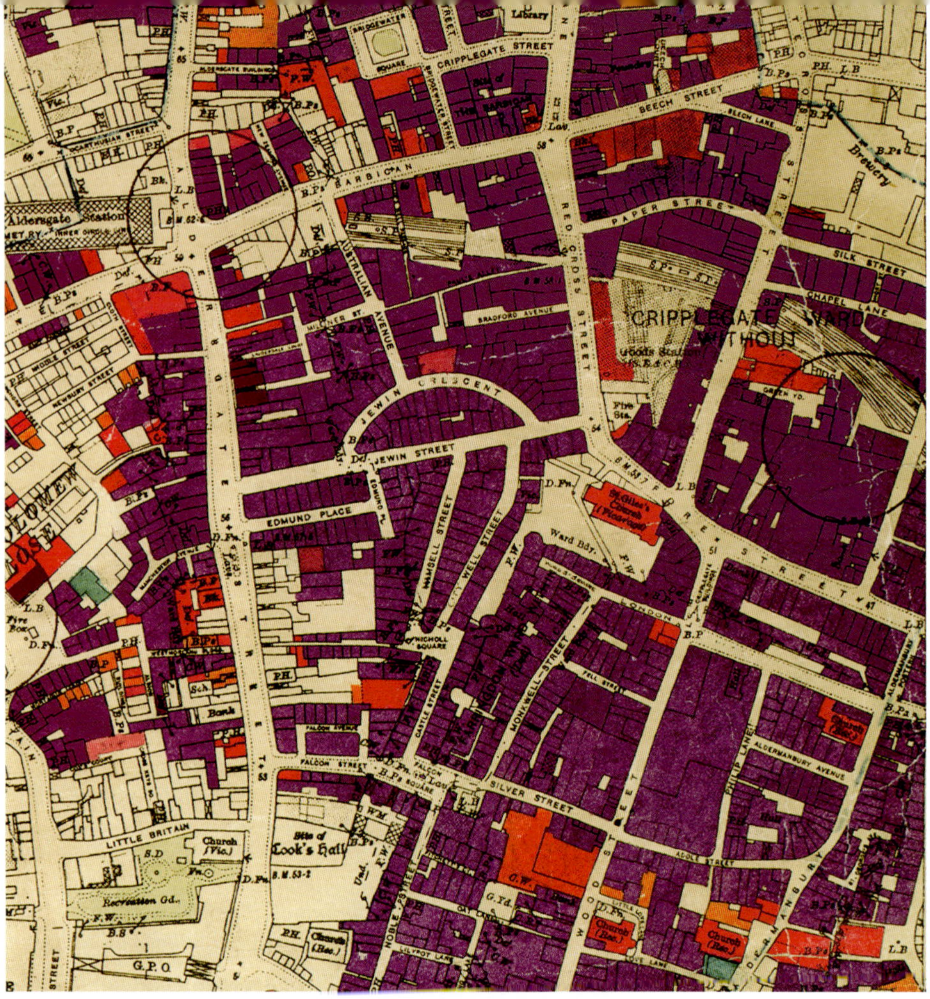

左图　没了跛子门的圣吉尔斯教堂标记为粉色，表明了它严重损坏。它的周围环绕着一片标为紫色的建筑物，受损严重而无法修复，即将拆除

中图　在这张 1953 年的航拍照片中，没了跛子门的圣吉尔斯教堂形单影只。教堂周围的大多数建筑物都被炸弹摧毁，不得不进行拆除

下图　战争爆发后的几年里，现代建筑鳞次栉比，新建的各个金融机构和巴比肯建筑群围绕着圣吉尔斯教堂，这栋住宅楼是英国粗野主义建筑的典例

右页图　伦敦的莱姆豪斯区和斯特普尼区的炸毁程度严重，但各地情况不一。有些街区的建筑物已完全被摧毁，但周围建筑可能还能修复。重建后的建筑融合了现代各种城市建筑风格

1941 年 4 月 20 日，一位建筑师在救援服务中记录了每日报告，其中一篇报告生动地描述道："我从一栋大楼开始救援——八层楼高，每层两户——整栋楼都面目全非。地上有部分是塌下的屋顶。我攀着一个破碎的烟囱，勘测了那里的毁坏情况。我的笔记本变得污秽，沾满了灰土和烟尘；潮湿的淤泥和手上的汗水让字迹也模糊不清。但是我把字迹弄干，誊写到报告中，所以这些笔记还是发挥了作用。"

这些地图看起来非常醒目，颜色变化的随机性，与井然有序的街道和建筑物形成了反差。某些地方的几个街区和几十座建筑物都被标为了黑色（彻底毁坏）和紫色（无法修复）。其他地方的损坏程度差别很大，一片黄色区域中（轻微损坏）还夹杂着黑色、紫色和红色（损坏可修）。

圆圈显示了 V-1 和 V-2 火箭的攻击范围，它们能造成巨大的伤害。自 1944 年 6 月开始，德国的 V-1 加入袭击，而此前攻击多以飞机投放燃烧弹为主。V-1 是一种无人驾驶飞机，携带 850 千克的弹头，可利用自动驾驶仪导航撞向目标。截至 1945 年 3 月 27 日，德国共向英国发射了 6 725 枚 V-1，其中 2 340 枚击中伦敦，造成 5 475 人死亡、

16 000 人受伤。1944 年 9 月，一枚 V-2 火箭击中伦敦，这是世界上第一枚弹道导弹。到战争结束时，近 1 400 枚 V-2 火箭击中伦敦。①

“他们居然能坚持下来，令人惊叹，伦敦人民仍然在顽强坚持。”沃德说，“这段时期一定是艰苦卓绝的。”

战后不久被轰炸地的重建工作启动后，这些地图被用于保险索赔和城市规划。这次重建使伦敦的建筑风格更加多样。这些地图也反映出了，20 世纪 60 年代典型的现代功能性低层住宅，在一排排宏伟的维多利亚时代老建筑之间出现的历程。

圣吉尔斯大教堂是一个鲜明的例子，这是一座建于 14 世纪的哥特式教堂。跛子门那里遭到猛烈轰炸，两枚 V-1 型火箭击中了教堂的几幢建筑。在左页的损坏情况地图上，圣吉尔斯教堂显示为粉色（严重损坏），周围的一片建筑为紫色。教堂周围几乎所有的建筑都需要拆除（左页中图），但圣吉尔斯大教堂已经得到修缮，屹立至今，成为一片现代建筑中唯一幸存的老建筑（左页下图）。

“这些地图蕴含着许许多多的故事，”沃德说，“也激发了人们探寻更多地图故事的兴趣。”

① 数据源自英国国家档案馆。

U 型潜艇的海上袭击

一战期间德国潜艇的致命攻击

绘制于 1918 年
来源于 美国国会图书馆地理和地图部

这是世界战争中前所未有的战斗形式。1915 年 2 月，德国宣布在大西洋进行大规模潜艇作战，誓要攻下严密封锁德国港口的英国军舰，还要攻击商船——包括来自中立国家的船只。德国粗鲁地破坏了海上作战规则——在夺取货物或击沉船舰时，要确保对方船员的安全。船只不再进行礼貌性地鸣枪示警，战争彻底打响了。

右边的地图描绘了仅仅一年中战争造成的毁灭性伤害。一个红点即代表一艘于 1917 年 2 月 1 日至 1918 年 2 月 1 日沉没的船只。地图也体现了战争的进程：浅蓝色区域对应限制区域，德国 U 型潜艇拦截其他船只过境；北海和波罗的海沿岸的棕色地区显示了英国控制封锁的海域；交叉的红剑代表海军冲突地点。

“潜艇是首个用于在第三个维度发动战争的人造武器。”海军历史学家扬·布雷默写道。只要 U 型潜艇在水下，就可以隐藏潜伏。即使战舰监测到一艘潜艇，击中一个上下随意移动的目标也是非常难的。没有武器装备的商船，只能寄希望于不会被 U 型潜艇的鱼雷击中。

这种武器杀伤力巨大：在第一次世界大战期间，德国 U 型潜艇击沉了 5 000 多艘商船和 100 艘军舰；导致数万人丧生，以及数百万吨货物沉没。潜艇袭击主要集中在不列颠群岛海岸和地中海海域，因为德国试图切断英国进口食物和其他必需品的贸易路线，虽然贸易路线包含从黑海到非洲外海的佛得角群岛。

最臭名昭著的 U 型潜艇袭击事件可能没有记录在地图上：1915 年，客轮卢西塔尼亚号在爱尔兰海岸附近沉没，将近 1 200 人死亡，其中 128 名为美国人。该事件随后引发舆论抗议，美国一直采取绥靖政策，但迫于压力于 1917 年卷入了战争。

右图　1918 年，这幅地图由一家德国出版社绘制，对外公开。该图细节显示了 1917 年 2 月 1 日至 1918 年 2 月 1 日 U 型潜艇击沉的船只

下图　这幅战后几年出版的地图绘制了杀伤力巨大的德国 U 型潜艇的横截面图

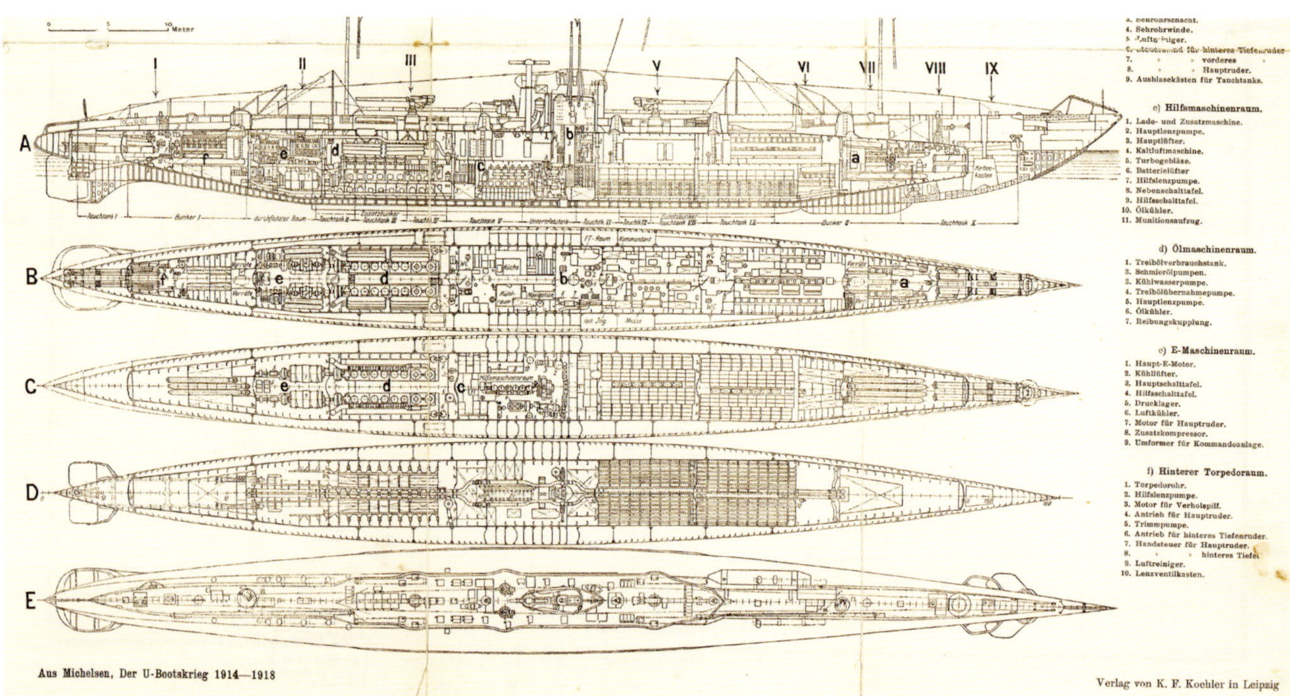

Färöer (Dänisch)
Shetland I.
Orkney I.
NORD SEE
Engl. Seesperre
Irische See
KANAL
Skagerrak
Kattegat
Gotland
Öland
OSTSEE
Bottnischer Busen
Finnischer Busen
LIVLAND
KURLAND
HAMBURG
BERLIN
Warschau
POLEN
PARIS
FRANKREICH
Meerb. v. Viscaya
WIEN
ÖSTERREICHISCH UNGARISCHE MONARCHIE
RUMÄNIEN
BULGARIEN
MONTENEGRO
GRIECHENLAND
Kykladen
KRETA
CORSICA
SARDINIEN
SIZILIEN
TYRRHENISCHES MEER
ADRIATISCHES MEER
IONISCHES MEER
Balearen
Menorca
Mallorca
MITTELLÄNDISCHES MEER
ALGERIEN
MAROKKO

二战中的三维地图模型

精细制作的地形模型成为同盟军的一大助力

绘制于 1944 年
来源于 美国国会图书馆地理和地图部

第二次世界大战期间，同盟军的许多重要行动都是秘密策划的。英美两国秘密组建了一个团队，建立了数百个潜在目标的比例模型，并对战争产生了巨大影响。

这些模型，比如法国诺曼底的犹他海滩，以不同的比例制作，用于战略规划。这些模型以现有地图为基础，并结合最新的航拍照片。飞行员在拍摄中冒着巨大风险，多名飞行员在拍摄过程中丧生。模型的制作非常精细，甚至精确到建筑物的颜色和树篱的高度。对于那些看不懂地图或航空照片的部队士兵来说，三维地图模型更便于理解，这些地图模型也因此拯救了无数的生命。

英国皇家空军在 1940 年创建了被称为 V 部门的模型制作单位，美国在 1942 年也参与了这项作业。两国都在寻找建筑、工业设计、地图制作、雕塑和绘画等方面的男性技术人员。他们还面向部队外招人，甚至聘请了几名好莱坞的工作人员和一位纽约市无线电城音乐厅的布景设计师。由于男性工作人员已经不能满足不断增加的模型需求，他们开始雇佣英国艺术学校的女学生。这些四处搜罗来的工作人员驻扎在伦敦以东麦德曼罕村的皇家空军基地。

制作模型时，首先需要按照放大地图上的轮廓线裁剪硬纸板（类似于刨花板）；然后，堆叠并钉起裁剪出的地形图样；再利用熟石膏填充和雕刻其中的地形。模型师会时刻对照立体航拍照片，确保准确体现出所有地形。

接下来，将精确缩放的照片覆盖在模型上，用水沾湿，并在必要的地方拉伸。再用颜料涂上真实的颜色，颜料薄涂以透出照片的纹理。每条道路都手绘出精确的宽度，用漆布切割成各个建筑物的大小，建筑物的高度通常参照航拍照片。树篱是用一种自制装置（类似用来装饰蛋糕的挤花器）完成的，每一个细节都

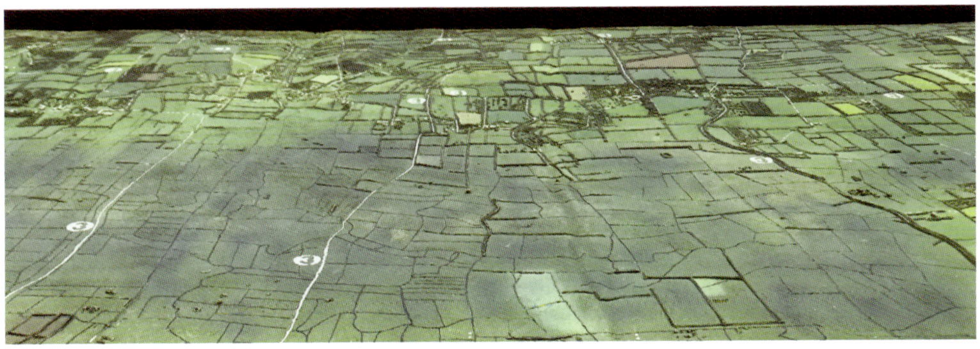

上图及右图　这个法国诺曼底犹他海滩的三维地形模型，曾经用来辅助同盟军规划 1944 年 6 月的诺曼底登陆。模型由两个 1.2 米大小的方块组成，制作极其精良，如实体现了每一个地形细节，使指挥官和部队士兵可以准确判断实地情况。在特写照片（右）中，可以看到法国农村常见的建筑和树篱。这种模型都是由一个专门单位秘密制作的，据说拯救了许多生命

左图 一位模型师使用一种类似于烘焙师用来装饰蛋糕的自制工具，把树篱应用于同盟军使用的地形模型中。这些模型受机密保护，以防万一，有时模型制作单位会被指派制作一些不是实际目标的地形模型，以混淆视听

下图 1944年6月5日，也是诺曼底登陆的前一天，一位美国海军中尉使用地形模型向参与登陆行动的军官和士兵作了简报

不容忽视；模型中甚至包含了一些停泊在港口的小船，有些船上的桅杆是一段剪下的髯毛。

为空军轰炸行动而制作的模型经常被拍照，有时还会被录像。通过模拟与计划行动时间一致的灯光设置，让飞行员可以看到与战场类似的情景。

制图师们竭尽全力确保模型的准确性，因为错误的模型可能造成无谓的牺牲。美军下士伦纳德·艾布兰在一本回

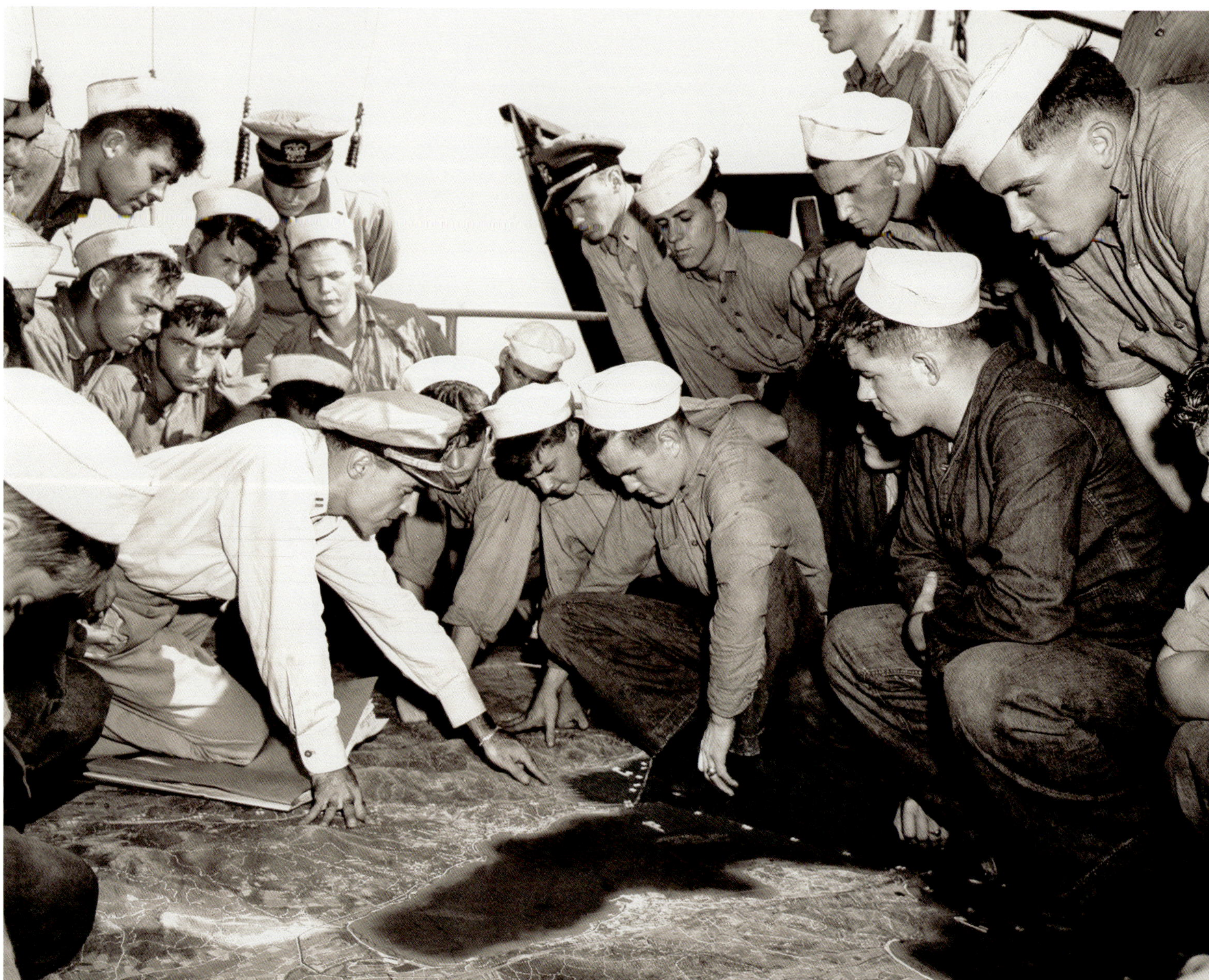

上图　一名皇家空军中尉描述了基尔的模型细节，基尔是德国重要的海军基地和造船中心。在二战期间，这里遭到同盟军的猛烈轰炸，城市多数地方受损严重

忆录中讲述了他在V部门做模型的经历，其中举了一个特别的例子，在德国占领的法国迪耶普港的模型中，由于一座海堤做得太高，让盟军坦克以为在战斗中会有掩护，结果却恰恰相反。这个模型本来至关重要，可能将挽救数百条生命，但它出现的这一处错误使模型变得不准确，军队因此面临着巨大风险。

针对诺曼底登陆的模型是规模最大，最为机密的制作项目之一。模型涵盖整个诺曼底海岸，比例为 1∶5 000，即 1 米相当于 5 000 米。德军在犹他海滩的缓坡上设置了各种障碍，以摧毁靠近的船只；这些障碍物在涨潮时不易被发现。因此，诺曼底登陆需要在低潮时趁着黎明前的月光发动进攻。这次袭击原计划定于 1944 年 6 月 5 日进行，但预测当天天气恶劣。当时一位 27 岁的海军情报官名叫查尔斯·李·伯威尔，他擅长利用潮汐和海滩设置障碍，他用犹他海滩模型解释了行动推迟一两天或几天的假设情况。据伯威尔说，艾森豪威尔将军也出席了这场简报，并最终决定将行动时间改为 6 月 6 日。伯威尔战后仍然保管着这个模型，直至 2003 年将其交给了国会图书馆。

事实证明，这些模型是同盟军取得胜利的关键。马克·克拉克将军在 1964 年写给艾布兰的信中写道："它们广泛应用于各种大型两栖或空袭行动。当然，其中最突出、也最重大的成功行动要数法国诺曼底登陆战。许多人都可以证实，这些模型对于行动的成败在很大程度上起着决定性作用。"

甑山	平壤西部	平壤東部
江西		中和
鎮南浦	兼二浦	黑橋

隣接圖名

岐陽

大正六年測圖昭和七年第一回修正測圖

著作權所有者 朝鮮總督府

印刷兼發行者 陸地測量部

縮尺五萬分一

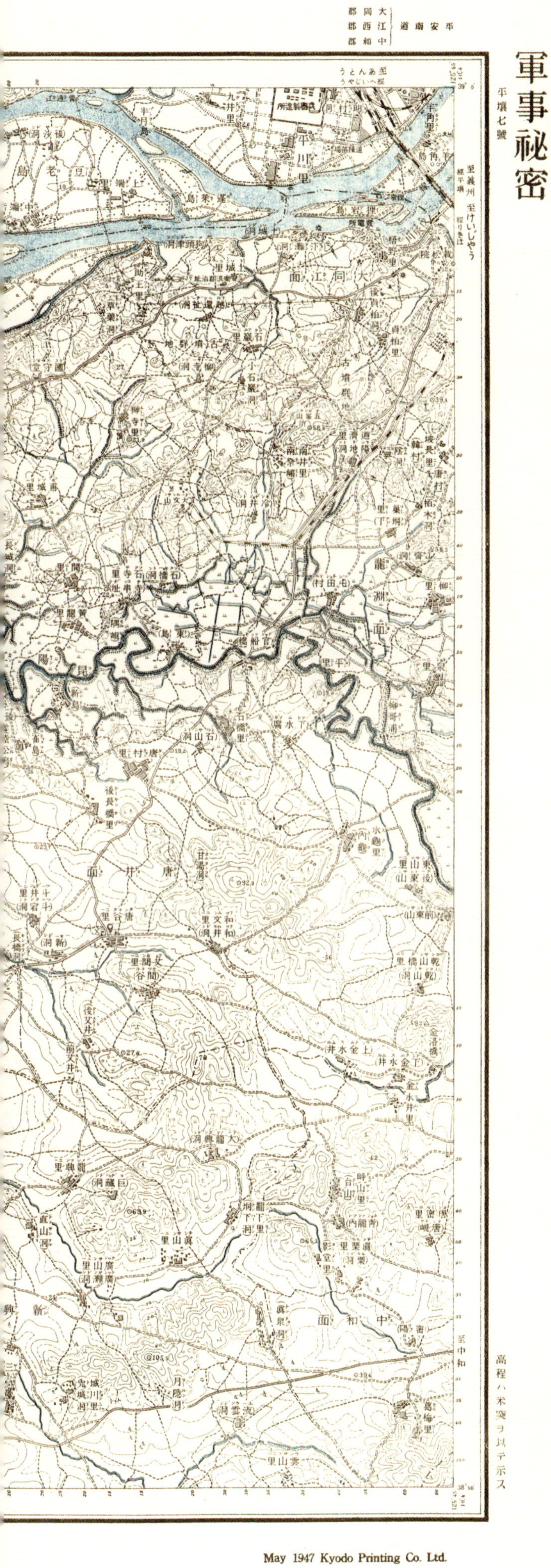

日本的秘密外邦地图

美军在世界大战尾声缴获的亚洲地貌详图

绘制于 19 世纪 70 年代至 20 世纪 40 年代
来源于 斯坦福大学图书馆

第二次世界大战即将结束时，美国士兵缴获了数千张日本绘制的秘密军事地图以及用来印刷的图版，并送回美国保管。这些地图涵盖了亚洲大部分地区，除了当地地形之外，有些地图专门描绘了交通系统，还有些着重记录了当地种族和流行病情况。日军称这些地图为外邦图。对美国人来说，这是一个宝贵的情报来源，不仅能掌握战败的日本的情况，也能了解苏联。

美国陆军地图局认为不能将如此宝贵的战略资源全部放在一个地方，这个地方有可能被核武器摧毁，因此，地图被全国各地的几十个图书馆和机构分别保管。但这些图纸在那里放了几十年，几乎被人遗忘。

2008 年左右，一位名叫谢美裕的斯坦福大学毕业生听到一些传闻：在学校智库机构胡佛研究所里藏有一批神秘的亚洲旧地图，于是她开始打探这件事。谢美裕的论文研究主题是汉朝缘何能在两千多年前的中国建立起一个绵延持久的庞大帝国。但在现代地图和卫星图像上，许多相关的考古遗迹并无显示，它们要么随着时间推移而消殒，要么掩埋在工业化进程之中。谢美裕推想，那些旧地图上可能会留有一些重要线索。

最后经过一番调查，她来到斯坦福地球科学图书馆一间阴暗的地下室，里面有许多抽屉。谢美裕花了整整一个下午的时间，想要一探究竟。她成功找到了斯坦福大学馆藏的日本军事地图，这些地图早在几年前就从胡佛研究所灰尘遍布的阁楼搬到了这间地下室。经查证，斯坦福大学共存有 8 000 张亚洲旧地图。

大阪的一位退休教授小林茂是研究外邦地图绘制的

左图　这张 1947 年的日本军事地图显示了朝鲜首都平壤的周边城市岐阳

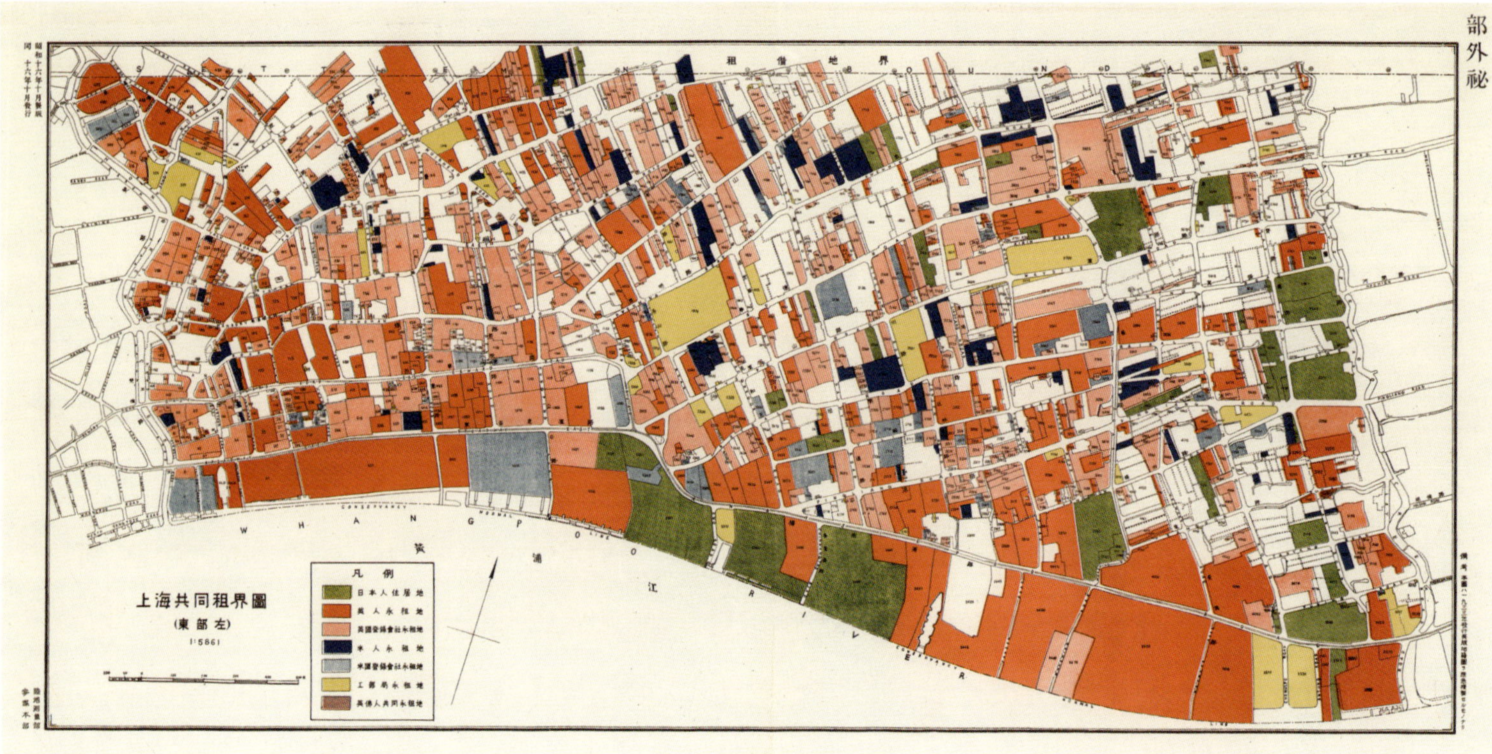

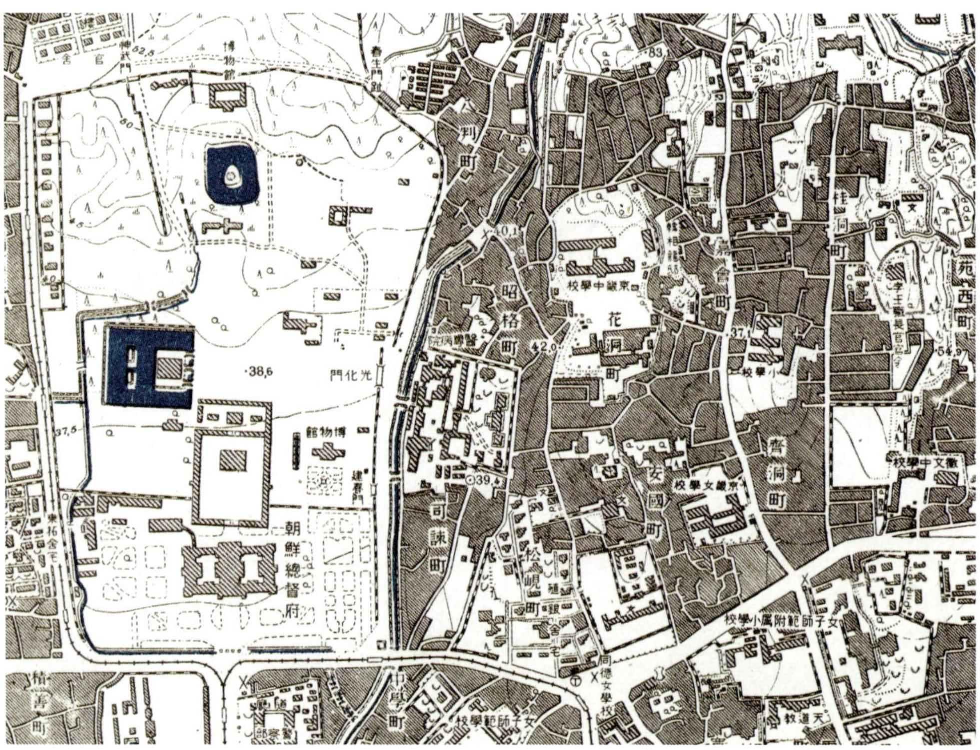

上图　这是一张日方绘制的上海地图，不同的颜色用来区分当地的居住和工作区。例如，绿色代表日本人居住地，浅蓝色代表美国公司注册地

下图　这张图取自京城地图上的一个局部细节，京城是 1926—1945 年日本人侵占朝鲜半岛期间对现今首尔的称呼。左边的白色部分是一大片公共区域，原本是一座 14 世纪的宫殿

权威专家，他称日军早在第二次世界大战之前的 1870 年左右就开始绘制这些地图。当时日本国内正处于动荡时期。在世界其他地方，欧洲各国正忙于瓜分非洲。日本领导人认为他们只有两个选择：要么成为殖民国家，要么成为被殖民国家。而他们不愿沦为别国的殖民地，于是帝国主义在日本萌生了。

起初，日本军方复制了从邻国搜集到的所有地图。但官员们很快意识到地图需要更加详细，于是他们开始派出队伍去勘测中国和朝鲜半岛的海岸线，后来还扩展到内陆地区。

意料之中，日方测量人员在其他国家并不受欢迎。据小林说，1895 年，愤

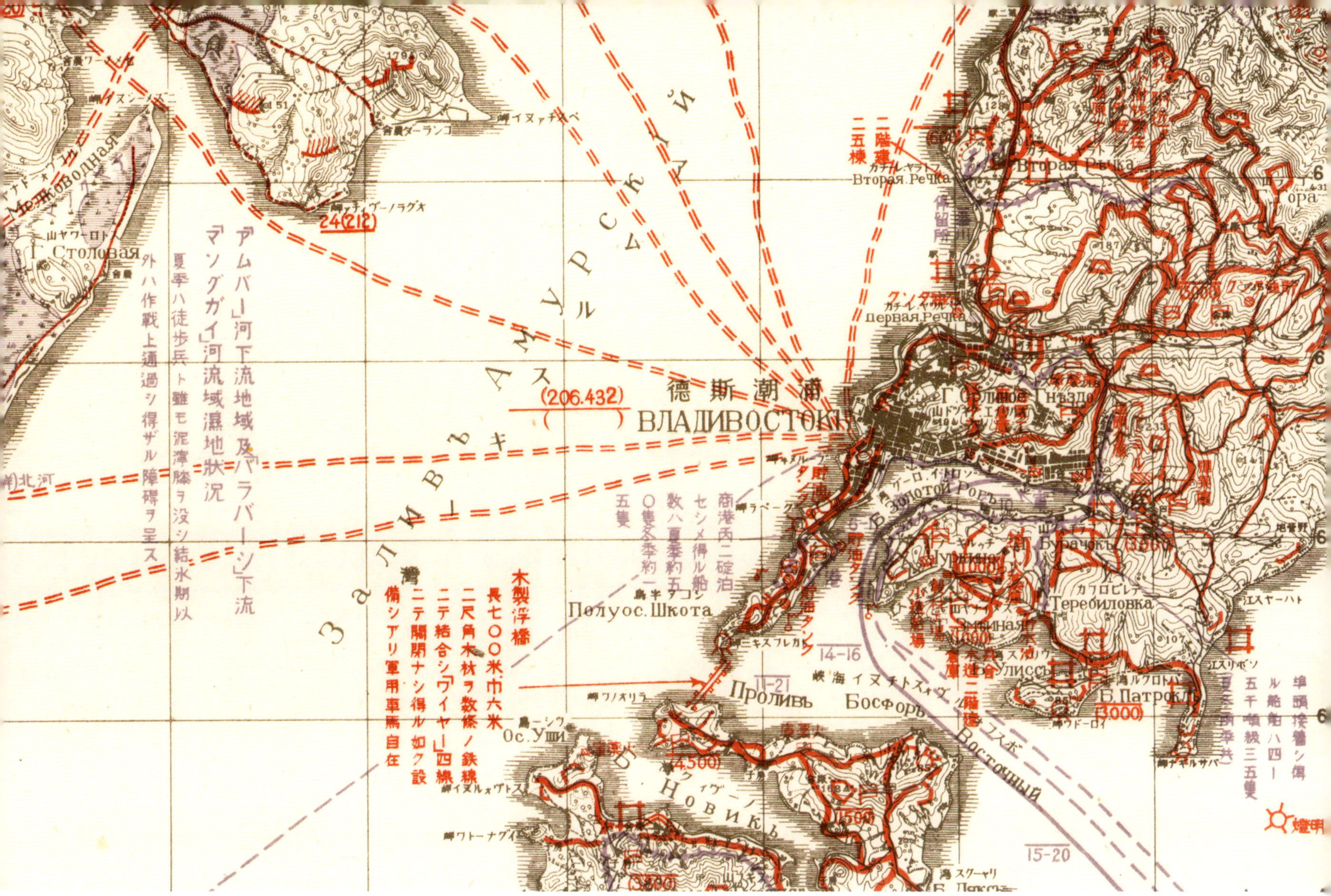

怒的朝鲜人杀害了日本勘测队的多名助手（日本在 1910 年侵占了朝鲜半岛，一直统治到二战结束）。自 1913 年起，日本开始派遣秘密勘测小组潜入中国。这些人假扮成行商，暗中绘制地图，随身只携带一个指南针，依靠步数来推算距离。

日本的制图复制传统由来已久，他们常常从敌人手中搜罗来地图，并添加上自己的注释，比如在这张日本的苏联符拉迪沃斯托克（海参崴）地图上还可以看到西里尔文字。当然，其他国家也一样，美军也会使用在冲绳等战役中缴获的日本地图。

除了其他国家的地形图外，日军还制作了详细的航空图、城市地图等，显示了在不同社区生活和工作的人群（左页上图）。这些地图中包含了对许多特征的详细描述，可能具有重要战略价值，例如适合船只登陆的海岸线或武器制造工厂的位置。

外邦图所覆盖的地区北至美国阿拉斯加和俄国西伯利亚，西至印度和马达加斯加，南达澳大利亚。没有人清楚具体的地图数量，因为日本军方对制图步骤严格保密，并下令在二战美军逼近之时销毁这些地图。许多幸存下来的地图显然是日本制图师的功劳，他们为了制图鞠躬尽瘁，宁愿看到它们被敌人收走，也不愿服从命令摧毁自己的作品。

外邦图已经失去了战略价值，但小林茂和谢美裕等研究人员仍然认为这些地图是亚洲历史的一个独特记录。谢美裕现在是俄亥俄州立大学的历史学家，正在寻找地图中古代文明的线索；小林茂试图利用这些地图研究东南亚地区的森林砍伐和其他环境退化现象。这两人都希望：这些为了军事目的而制作的地图能在和平年代用于知识研究，重获新生。

上图　这张 1938 年的苏联符拉迪沃斯托克（海参崴）地图直接取自苏联地图。日方添加注释描述了航线和其他交通信息，包括桥梁类型的标注

TONTO TRAIL
3699
+3426
Indian
Garden
Spring
Grandeur
Point
CANYON RIM
NATURE
Grand Canyon
School
Athletic
Field

地理景观

4. 地理景观

地形测绘的巨大挑战

有些地图精美非凡，试图准确传达出土地的质感。这是一项巨大的挑战——在二维平面上描绘立体景观一直是地图绘制史上的一大难题。这促使绘图师的技艺不断精进。

本章中的地图展示了各种在纸面上描绘景观的方法。瑞士制图师爱德华 · 英霍夫是一位伟大的创新者，他开创了地貌晕渲技术，模拟山川投下的阴影（第 130 页）。英霍夫的创举使瑞士在 20 世纪走在地形绘制的前列。美国探险家和地图师布兰德福特 · 沃斯本雇用了瑞士顶级制图师，协助他绘制大峡谷地图的崖面，这张 1978 年的地图是他的代表作（第 116 页）。沃斯本耗费多年进行峡谷勘测，崖面是地图的点睛之笔。

奥地利艺术家海因里希 · 贝伦开创了绘制山脉的另一种方法，他在 1991 年的黄石国家公园全景图中（第 112 页）运用了创造性的变形手法，营造出甚至比实景更加美轮美奂的地图效果。他的作品激发了其他人的灵感，比如吉姆 · 尼修斯，他巧妙地将斜坡绘制在同一视图中，制作出精美逼真的滑雪场地图（第 137 页）。

时至今日，制图师们仍然在模仿、调整并利用这些方法，越来越精确的数字工具也被应用于周围景观绘制工作之中。

高山地形

（1857 年，波士顿珍稀地图专卖店）

这张精美的印度鸟瞰图由玛丽 · 里德在伦敦出版，玛丽 · 里德是 19 世纪罕见的女性独立出版商之一。1857 年 5 月，印度爆发了反抗英国统治的起义，里德很可能希望利用人们对印度的高度关注，于是四个月后这份地图就出版了。这份地图包括了印度数百个城市的剪影，其中最引人注目的是世界海拔最高的喜马拉雅山脉，它高高耸立在地平线上，俯瞰着这块次大陆。

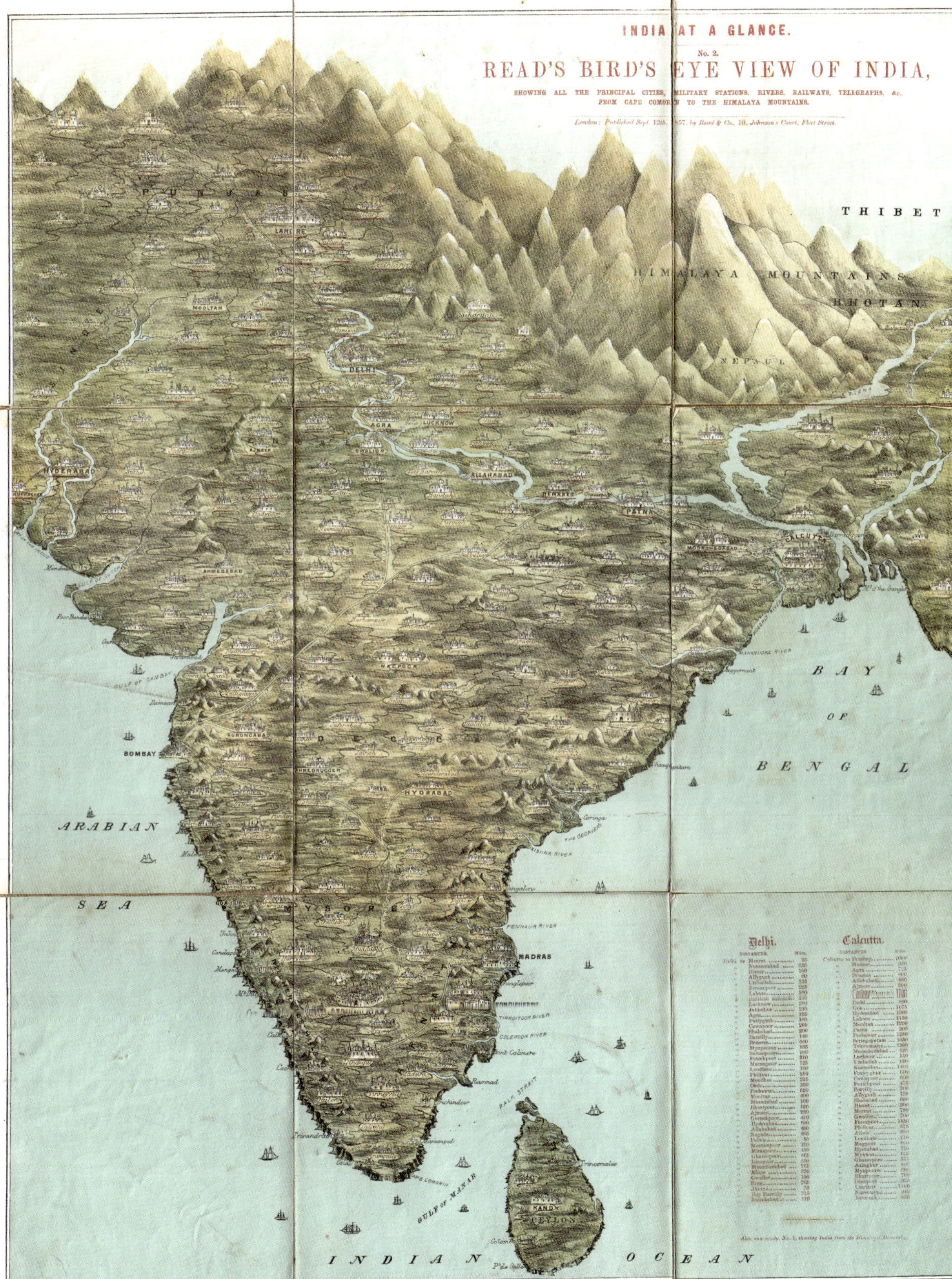
INDIA AT A GLANCE.
No. 2.
READ'S BIRD'S EYE VIEW OF INDIA,
SHOWING ALL THE PRINCIPAL CITIES, MILITARY STATIONS, RIVERS, RAILWAYS, TELEGRAPHS, &c.
FROM CAPE COMORIN TO THE HIMALAYA MOUNTAINS.
THIBET
HIMALAYA MOUNTAINS
BHOTAN
PUNJAB
LAHORE
MOOLTAN
DELHI
AGRA
LUCKNOW
ALLAHABAD
PATNA
CALCUTTA
AHMEDABAD
BOMBAY
HYDRABAD
MYSORE
MADRAS
BAY OF BENGAL
ARABIAN SEA
GULF OF MANAAR
PALK STRAIT
KANDY
CEYLON
INDIAN OCEAN
Delhi.
Calcutta.

全景图的绘制

贝伦开创新技法描绘宏伟视野下的大型景观

绘制于 1991 年
来源于 美国国家公园管理局

海因里希·贝伦绘制的黄石国家公园图在许多地方比实景还要美。这是全景制图的一个典型范例：贝伦首次将地图和艺术融为一体。

凭着精湛的技艺，贝伦为美国国家公园管理局画了四幅全景图海报。他的作品经受住了时间的考验，2018 年，公园管理局还发布了基于贝伦原始地图的新版数字影像，包括这幅 1991 年的黄石公园地图。

1915 年，贝伦出生于奥地利的一个艺术世家，接受过设计、雕塑和解剖方面的教育。他的许多绘画技巧是自学的，他也从未学过制图，但他在这两个领域极具天赋。1934 年，贝伦为奥地利阿尔卑斯山的一条新山口公路绘制了一幅全景图，并首次在一次艺术竞赛中获得了一等奖，从此贝伦开始在这个领域大放异彩。

1963 年，贝伦的作品引起了《国家地理》杂志的注意，贝伦被委托绘制两幅珠穆朗玛峰的全景图。贝伦还与玛丽·萨普、布鲁斯·希森合作，为该杂志首次绘制了一系列逼真的海底景观配图。1977 年，这个三人小组再次合作制作了他们的代表作《世界海底地图》，以前所未有的方式描绘了海底的秘密（第 186 页）。

在 60 年的职业生涯中，贝伦绘制了数百幅全景图，大多是关于阿尔卑斯山的，并逐渐发展完善了自己的风格。他的作品主要基于地形图和航拍照片绘制，但他的全景图中存在选择性变形，以突出景观中的重要部分。例如，在黄石国家公园全景图中，贝伦将顶部南北向的特顿山脉向东旋转约 55 度，以展示出其典型的东面轮廓，而非采用地理上更正确、但无法辨认的端点视图。他还放大了一些地标，比如图像右侧的老忠实小屋，位居中心附近的黄石大峡谷，以及公园的几个大型间歇喷泉等。

现在制作三维数字地图的制图师试图重现贝伦的某些技巧，例如渐变视角：土地在全景图的下半部分向读者倾

上图　海因里希·贝伦能够在全景图中绘制出与实际山峰相同的数量细节，与飞机上看到的视角有所不同。他还会放大一些重要的景观特征，比如 1991 年黄石国家公园图中右上角的老忠实小屋。若按照图中比例，小屋在现实中将有 1.2 千米长

斜，在顶部变回视角使全景图看起来较为平展，就像从飞机上看到的景象。

虽然这些地图对现实情况有所调整，但这些选择都有助于绘制出更美观也更易理解的地图。“这正是他作品的魔力所在。”美国国家公园管理局高级制图师汤姆·帕特森表示。“所有想法都是为了让公众领略到无法在公园里看到的美妙景色，”他说，“即使在飞机上看到的景色也不及贝伦的全景图那样引人入胜，因为图中融合了各种艺术技巧。”

燃烧的火山

维苏威火山两百年来的熔岩喷发形成的凄美图景

绘制于 1832 年
来源于 哈佛大学霍顿图书馆

这张地图显示了 19 世纪意大利维苏威火山 28 次喷发的熔岩流径，每一条的颜色都不同，生动地体现了这座火山的危险。

这张地图是由一位住在那波利的英国业余地质学家约翰·奥乔绘制的，他是 1827 年第一位登上勃朗峰的英国人。他发表了一篇描述攀登经历的文章，还附有素描图，流行一时。为了探险，1831 年，奥乔在喷发期去了维苏威火山。

奥乔的目的是绘制一幅维苏威火山的素描图，结合旅行者徒步指南、火山喷发的历史和地图。内文开头写道：“那不勒斯湾美景声名远扬，备受诗人青睐，而其中维苏威火山最引人注目。这座‘燃烧的火山’，吸引了各国各个年龄层人们的关注和学习。”

维苏威火山最知名的就是公元 79 年的大喷发，这次喷发将庞贝城的大部分地区掩埋在了 6 米厚的火山灰之下。小普林尼的目击记录详细而精确，以至于他描述的这场喷发现在被称为普林尼式喷发。

之后维苏威火山再也没有发生过那么严重的喷发，但在 1631 年，火山喷出的大量熔岩沿着山侧流下，造成数千人死亡。维苏威火山自此进入了新阶段，开始发生类似但较小的喷发，对附近的城镇产生威胁。

1831 年奥乔来到这里时，这座火山正逐渐成为旅游目的地。他于 1832 年出版了《维苏威火山素描》，首先通过详细的描述向游客介绍了风景绝佳的小径、不同寻常的岩层、最和缓的地带。他的绘画中鲜红色的熔岩形成了一个戏剧化场景：图中许多人穿着白色裤子，戴着礼帽，拿着手杖，悠然自得地旁观火山喷发（下图）。

奥乔接着讲述了维苏威火山从公元 79 年庞贝大灾难开始的 43 次喷发历史。“维苏威火山周围的土地都遭遇过地震破坏、熔岩摧毁、灰烬掩埋，平静的时间不会超过一百年。”他写道。

之前的喷发痕迹大多被后来的喷发所掩盖，所以奥乔的地图从 1631 年的大型熔岩喷发开始绘制，并将此次流径涂成了粉红色。“熔岩主要分为七条流径，”他写道，“吞没花园、葡萄园、城镇，摧毁一切阻碍它前进的东西。”后来直到 1831 年发生的火山喷发规模都较小，但仍造成了损失，熔岩曾两次流到了海湾边的托雷 - 德尔格雷科。图上共有 28 次熔岩流沿着维苏威火山蜿蜒而下，在一个平面内展示了这座火山的喷发历史，以警示后人。自奥乔的地图出版以来，

The small cone, from the S.E. summit of the great cone.

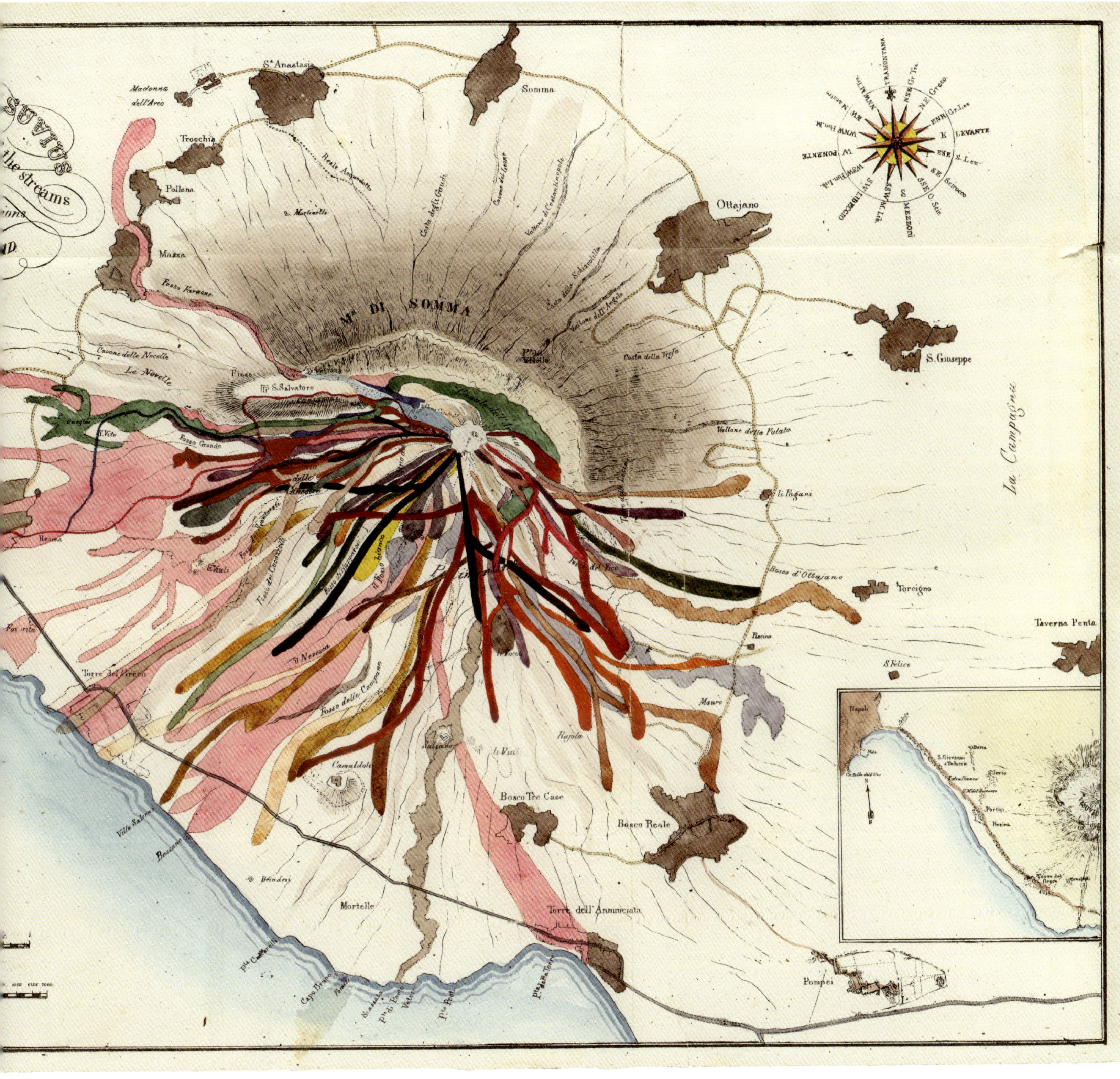

维苏威火山又发生了十几次喷发，最近的一次是在1944年。如今约有60万人居住在火山熔岩蔓延的范围内。

左页图　1831年，约翰·奥乔来到维苏威火山时，这里已经成为一个旅游景点。奥乔当时绘制的火山喷发的场景中，有人穿着考究，头戴礼帽，悠然自得

上图　这张地图描绘了从1631年至1831年维苏威火山发生的28次熔岩喷发，每次喷发的熔岩以不同的颜色标记。地图上的最早记录（标为粉红色）也是规模最大的一次喷发

大峡谷之心

八年探索绘制自然奇景

绘制于 1978 年
来源于 美国国家地理学会

1970 年，布兰德福特 · 沃斯本接了一个制图项目，在当今的数字世界，他的制图方法可能听上去让人感到不可思议。他花了八年时间对大峡谷地图项目规划、实地考察、分析、起草、绘制并进行商讨。最终美国国家地理学会于 1978 年出版了这幅《大峡谷之心》，许多人称赞其是空前绝后之作。

“这样的绘制方法绝无仅有，”制图师肯·菲尔德写道，“因为这是绘图师奉献和执着精神的浓缩。”

这一切始于沃斯本和妻子芭芭拉 1969 年游览大峡谷的经历。他们想要在峡谷底部找到一块巨石，放到沃斯本主管的波士顿科学博物馆前展览。“我们发现居然到处都找不到准确的大型地图。”他回忆道，于是决定亲自绘制一幅。

时年 60 岁的沃斯本是一位世界知名的探险家、登山家和摄影师，经历丰富，非同寻常。他是首个登上阿拉斯加十几座山峰的人；阿梅莉亚 · 埃尔哈特如果肯听他的建议，当年可能就不会迷路；安塞尔 · 亚当斯曾为沃斯本的一本地形摄影图册作序。沃斯本曾率队带领了几十次山地探险行动，都平安无事——有一次他甚至冒着生命危险从裂缝中救出三只雪橇狗。芭芭拉陪同他进行了多次探险，并成为第一位登上北美最高峰——迪纳利山的女性。

沃斯本的几次探险由美国国家地理学会资助，其中一次绘制了阿拉斯加—加拿大边境圣埃利亚斯山脉部分地区的精美浮雕地图。1939 年，沃斯本担任科学博物馆馆长，每年有一笔 1 万美元的研究经费。1970 年，沃斯本用这笔钱启动了一个重要项目，想要绘制这个宏伟的自然奇观。

首要任务是获得峡谷的航空俯拍照片。他要求从大约 8 000 米的高空拍摄，然后在 5 000 米再拍摄一次。他和芭芭拉带着照片前往峡谷，准备进行下一步工作：在峡谷内部和边缘建立一个勘测网，从亚基观景点开始，美国地质勘探局在这里的岩石标记上已知的海拔、纬度和经度。

调查路线中的许多地点很难走，甚至不可能徒步抵达，于是沃斯本雇乘直升机直接降落。沃斯本夫妇和助手可能是第一批踏足那里的人。

沃斯本常常直接降落在一座尖峰或孤丘上（第 119 页），随身携带仍在开发阶段的最先进的激光测距仪。沃斯本利用内置望远镜将氦氖激光器对准数千米外测点的反射棱镜，激光束将反射回测距仪，该测距仪通过测量光束往返的时间，并将其转换为精确到每千米 1 厘米的误差。沃斯本用一台 18 千克重的经纬测量仪器，测量每个控点之间的角度，以得出每组控点的相对位置和高度。

在峡谷里勘测了几个星期后，沃斯本相信这可能是

左图　布兰德福特 · 沃斯本和妻子芭芭拉在一张航拍照片上标注了他们的位置，当时是 1973 年，他们正在测量大峡谷中北凯巴布步道的长度。沃斯本夫妇用测距轮几乎测量了峡谷中的所有步道

右页图　《大峡谷之心》历经八年的实地勘测、草稿和绘制才最终完成。1978 年由美国国家地理学会单独出版，作为 7 月杂志的增刊

THE HEART OF THE
GRAND CANYON
Grand Canyon National Park, Arizona
Produced by the Cartographic Division
National Geographic Society
GILBERT M. GROSVENOR, PRESIDENT AND CHAIRMAN
NATIONAL GEOGRAPHIC MAGAZINE
JOHN B. GARVER, JR., CHIEF CARTOGRAPHER
in collaboration with the
Museum of Science, Boston, Massachusetts
BRADFORD WASHBURN, HONORARY DIRECTOR
KAIBAB PLATEAU
TONTO
COCONINO PLATEAU
Grand Canyon

Cheops Pyramid
Sturdevant Mile Creek
TONTO TRAIL
TONTO PLATFORM
Horn Creek Rapids
Horn Creek
Pipe Creek Rapids
Phantom Ranch
Corral
Pueblo Ruins
KAIBAB BRIDGE
U.S.G.S. Gaging Stations
Bright Angel Campground
River Ranger Station
Tunnel
SILVER BRIDGE
River Resthouse
Pipe Creek
Plateau Point
Panorama Point
The Tipoff
Emergency Telephone
Dana Butte
Devil's Corkscrew
Garden Creek
Window
Skeleton Point
KAIBAB TRAIL
Indian Garden
Spring
The Battleship
Burro Spring
Powell Point
Powell Memorial
Fire Tower
Maricopa Point
BRIGHT ANGEL TRAIL
Pipe Spring
O'Neill Butte
Cedar Ridge
Jacobs Ladder
Three Mile Resthouse
Grandeur Point
Yavapai Point
Yavapai Museum
SOUTH ENTRANCE ROAD
Mather Point
Trail View Overlook
One and One Half Mile Resthouse
Tunnel
Bright Angel Lodge
El Tovar Hotel
Garage
CANYON RIM NATURE TRAIL
Amphitheater
Park Headquarters
Visitors Center & Museum
Shrine of the Ages
Water Tank
Water Tanks
Trailer Village
Yaki Point
KAIBAB TRAIL HEAD
Amphitheater
Motor Lodge
Grand Canyon School
Athletic
Picnic Area

一张“精美无比、数据精确的地图”。他清楚完成绘制需要专业知识和资金支持，于是请求美国国家地理学会也加入这个项目。

学会的档案中记录了数百页关于该项目的信件往来，沃斯本热情洋溢的文字体现了他对工作的热忱，以及对尽可能提高地图精度的执着追求。“如果最终绘制完成的地图质量上乘，这可能将是世界制图领域的一项振奋人心的成就。”他在一份拨款提案中写道，“也将描绘出世界上最难勘测的地区之一。”

1971 年，沃斯本得到了他申请的 3 万美元经费，作为回报，他承诺道：“我保证将不遗余力圆满完成这个项目。”

他不是说说而已。在接下来的 7 年里，沃斯本严格把控每一个项目细节，从指导团队、说服直升机飞行员清晨工作，到利用技术将峡谷悬崖在地图上绘制得参差不齐。在此过程中，项目勘测范围扩大了一倍，从游客最多的南缘地区，扩展到南北边缘约 90% 的常用步道，总面积达 427 平方千米。

每次地面勘测数据都经过再三确认，尤其是各个步道。每条步道沃斯本夫妇都至少测量过一次，有的是两次，使用的测距轮周长为 160 厘米。他们沿着地面推动测距轮，并在一组 3 700 米高空拍摄的特殊照片上标记进度，以求出步道的精确长度。沃斯本对自己的测量结果不放心，又派了助手和志愿者进入峡谷，重新沿着他走过的路线执行具体指示。“如果出了错误，千万不要后退，因为测距轮不能倒转，”他在给一位志愿测量员的信中写道，“停下来就行，可以适当抱怨几句。然后返回到距离最近的正确测量地点。”

截至 1974 年，沃斯本夫妇已经在峡谷里进行了十几次实地勘测，总计 147 天，约有 700 次直升机着陆，数千次距离和角度测量，以及大约 160 千米的再三勘测确认。由国家地理和科学博物馆承担的费用超过 10 万美元。但最艰难的部分还在后面。

上图 布兰德福特·沃斯本站在达纳峰的顶端，用一种经纬仪测量大峡谷中两点之间的水平和垂直角度。他的妻子芭芭拉坐在旁边记录数据。地图上的一些测量点只能乘直升机降落

左页图 沃斯本绘制的大峡谷地图上部分显示了达纳峰（上图也另有显示）通往左下角公园总部的中央左区和光明天使步道。科罗拉多河激流的位置在图上用 V 形标记

把所有实地测量结果绘制成地图也历经了千辛万苦，工作量是数据收集的两倍。沃斯本想要绘制一幅经典之作，这意味着制作团队需要集结最杰出的人才。“从来没有过这种先例。”他在给美国国家地理学会主席的信中写道。

为了将所有航空勘测和实地测量数据转换成底图上的等高线，沃斯本聘请了一家纽约测绘公司，他认为这家公司是“处理这种复杂工作的行家”。为了实现“最复杂和最具挑战性的晕渲地图项目”，他坚持邀请口碑很好的瑞士联邦地形局加入项目。其余部分将由美国国家地理学会旗下世界一流的制图工作室负责。

沃斯本对地图创作的各个方面进行全面指导，并指正了每个细节。他修正了等高线，使步道的尖角与溪流处精确对齐，指明用哪种线条来代表季节性河流，并针对阴影中的蓝色色调进行讨论。他尤其在意将峡谷的独特色彩忠实反映出来，所以吩咐再次进行航空勘测，拍摄彩色照片，“使制图师更好地了解岩石颜色，以及树木和其他植被的确切范围。”

但沃斯本仍然不满意。他安排了一位瑞士制图师和一位美国国家地理学会的制图师前往峡谷亲自观察各种色彩。学会内部关于这一项目的备忘录显示出他们对沃斯本的执着又敬又恼，并评论道：“布兰德福特·沃斯本不允许别人拒绝！”“布兰德福特·沃斯本决不轻言放弃！”

瑞士的制图师不管是过去还是现在都技艺精湛，无与伦比，他们掌握了一种地貌晕渲法可以将山峰悬崖绘制出三维效果，这需要沿着斜坡方向绘制精确的短线条。据沃斯本说，有时“几平方厘米的悬崖要耗费一天多的时间”。直到今天，仍然没有制图师能够超越瑞士人的技艺。

“我想所有人都会承认，沃斯本绘制的地图和瑞士联邦地形局制作的其他地图上的手绘岩石晕渲效果精彩绝伦，”美国国家公园管理局的制图师汤姆·帕特森说，他在峡谷地图绘制工作中受到沃

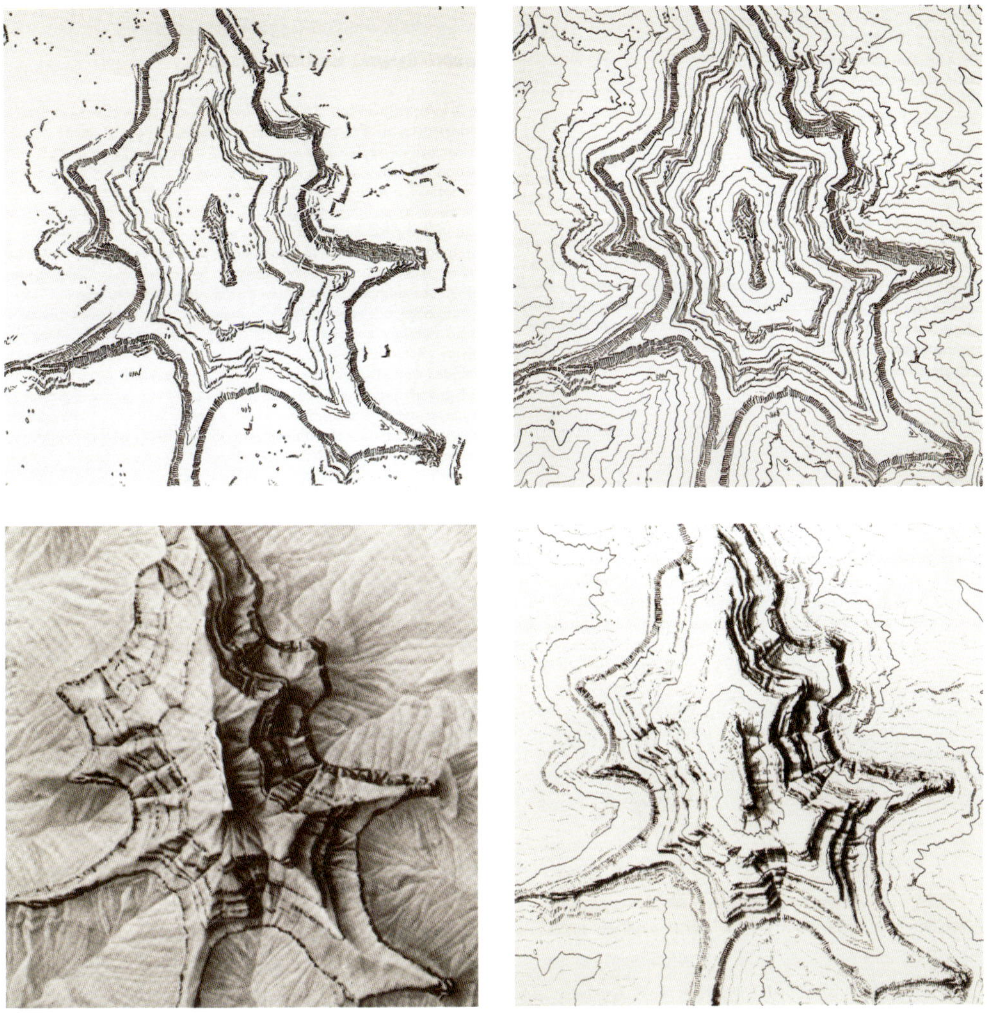

左页图　沃斯本（右），正与美国国家地理学会负责大峡谷地图项目的制图师蒂伯·托斯讨论地形晕渲。他原本请了瑞士联邦地形局绘制晕渲部分，但后来认为托斯是更加合适的人选

左图　这几张图显示了大峡谷中伊西斯神庙地形的阴影绘制过程。左上：垂直短线称为晕滃线，用于绘制无法以等高线表示的陡崖面。右上：悬崖坡度稍为平缓的部分增加了等高线。左下：用地貌晕渲显示出地质结构。右下：所有元素的组合

下图　根据托斯所述，在大峡谷地图上绘制地貌晕渲，正如他在图中拿着气笔那样，共需一千多个小时的工作时长，比他 22 年来在美国国家地理学会担任制图师绘制的所有晕渲地图的时长总和都多

斯本地图的启发。“它几乎采用了最尖端的技术，还未被数字工具复制过。”

受雇于美国国家地理学会的瑞士制图师蒂伯·托斯在地图上绘制了晕渲部分。大峡谷地图是托斯在美国国家地理学会工作的 22 年中负责的最庞大、最耗时的地形图。据他估计，这张地图绘制时长总计 1 074.5 个小时。

最终，所有的努力成果完全达到了沃斯本的预期：这幅地图在技术水平和美学效果上都无出其右。美国国家地理学会制作了《大峡谷之心》的两个不同版本，一个是 84 厘米 ×86 厘米大小；另一版本尺寸较小，作为 1978 年 7 月《国家地理》杂志的增刊，附送给全球各地的 1 000 多万名读者。

如今，这种耗时耗力的数据收集工作基本上被全球定位系统技术取代了，但地图的艺术水准并没有得到突破。帕特森说：“沃斯本的《大峡谷之心》时至今日仍是大峡谷地图绘制的典范。”

手绘地图的美妙

欧文·赖斯手下超乎想象的地表细节

绘制于 1967 年

来源于 斯坦福大学图书馆大卫·拉姆齐地图收藏中心

欧文·赖斯是一位对美国制图学产生了巨大影响的匈牙利移民。他身材矮小，说话温暾，却是 20 世纪最出色的手绘地图绘制师之一，即使制图行业开始大规模应用数字技术，他仍在坚持精进手工绘图技艺。

赖斯辅助开发并推广了一种自然地貌绘制技术，称为地文线图或地形图，可以在二维地图的基础上绘制出三维地形。这种方法能够直观反映出地貌的真实外观，令人仿佛身临其境。赖斯绘制的落基山脉地形图看起来山脉连绵，撒哈拉沙漠地形图沙丘遍布，大沼泽地的地形图上沼泽形象逼真。这些地图不能像等高线那样精确描绘相对高度，但赖斯更注重的是准确反映地表形态。

“一般人可以马上读懂这种地图。”他于 1931 年写道，“它描绘出了实际的地貌，可以直接看到地表形态，而不用阅读抽象的位置图示。它让读者可以发挥想象力。”

赖斯绘制的一些地貌图，包括 1952 年绘制的北非地图，约 1 米宽，上面有无以数计的手绘细节和手写字样。这些地图基于当时最好的地图和航拍照片进行绘制，对于北非等地图资料不足的地区，无疑是其地形信息的绝佳来源。事实上，直到 2005 年，地理学家们根据卫星图像绘制该地区新的数字地图时，仍以赖斯的地图作为参考，他们表示“这幅手绘地图仍然是现存最为详尽的撒哈拉地形图”。

赖斯随时随地都在画景观素描，以提高绘画水平。他的妻子玛丽开了一家古董店，在陪妻子前往世界各地购买异国货物时，他也有很多机会练习。哈佛地图收藏馆的退休研究馆员约瑟夫·加弗说：“赖斯甚至发明了一种‘地理速记’法，用来记录乘坐汽车、火车、公共汽车或飞机时经过的景观。”

赖斯将他的制图方法编纂成一个图形符号系统，制图师可以根据实际地形的斜视图来表示 40 种不同的地貌（第 125 页）——从冻土带到珊瑚礁到峡谷，

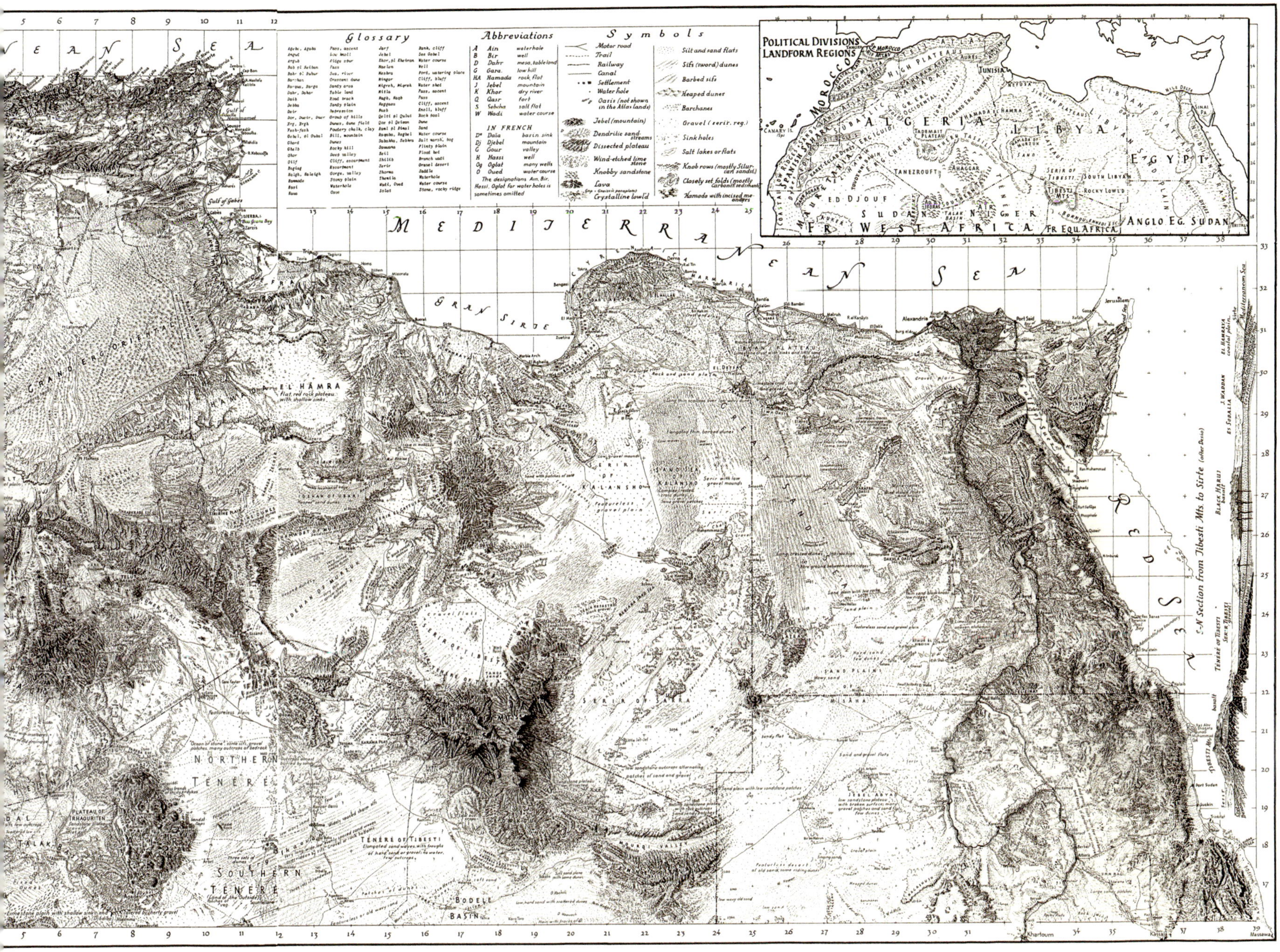

无所不包。他划分了三种沙丘类型、八种山地形态、十几种类型的平地和平原，还创造了不同的符号来表示地质、水域和植被类型，以及不同的距离、海拔和颜色。

赖斯因其绘制的精美地图而声名远扬，也影响了一个时代的美国制图师。1923 年赖斯来到美国时，制图学甚至还不是一门独立学科，但在他的影响下得到了改变。当时他是哥伦比亚大学地质学的研究生，1927 年，他在哥伦比亚大学地质研究所就读时，就在校内开了第一门地图学。1931 年他受雇于哈佛地理研究所教授制图学。

赖斯在 1938 年首次用英语编写了一本制图学教科书。这本《普通制图学》

上图　欧文·赖斯在 1952 年绘制的北非地图上描绘了 18 种地貌类型（本图是 1967 年版），包括了四种沙丘。40 多年后，科学家们基于赖斯的地图，根据卫星图像绘制了一幅新的地形图，但他们仍称这幅 119 厘米 × 34 厘米地形图是当时最精确的版本

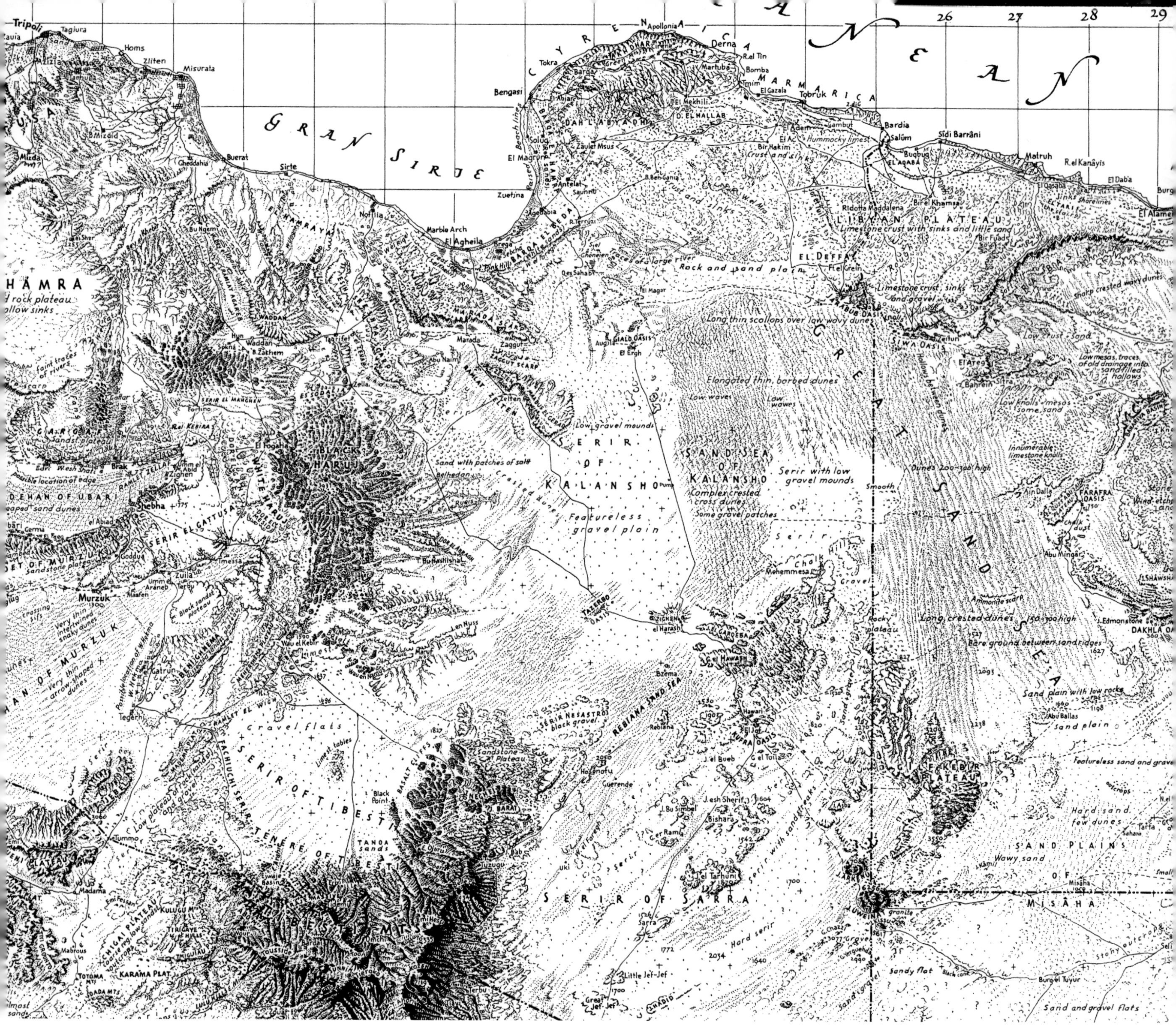

是在接下来的 15 年里唯一的制图学英语教科书，成为美国学生和制图师重要的参考书目。在这本书中，赖斯不仅介绍了地图的制作技巧，还阐述了制图学的科学基础和发展历史，试图建立一门学科。他的主要贡献是将制图学纳入地理研究的一个部分。1943 年，为了促进地图投影实验的发展，他发明了一种新的投影法，此方法绘成的地图形状类似于犰狳的鳞甲（第 261 页）。

赖斯取得地质学博士之后对地壳结构有了更深入的了解，他坚信“制图师必须以大地为师”。赖斯正是凭借过硬的技艺将这种理解在地图中生动地表达出来，他相信他的地貌符号系统能够帮助地图绘制初学者。

“他总是告诉他的学生，制图学既是科学也是艺术。”加弗说。

加弗采访了赖斯的一些学生，他们说赖斯说话的声音很轻，口音又重，有时很难听懂，但他的热忱和高超的绘画

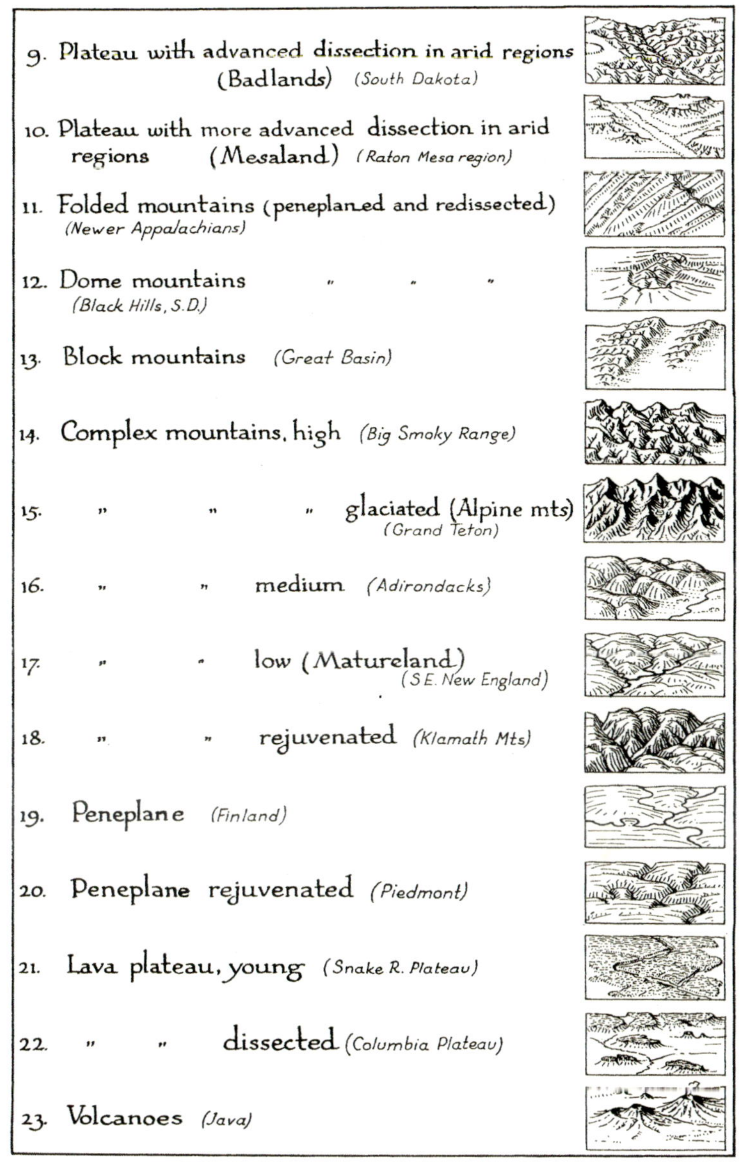

技巧仍鼓舞着他们。他经常凭记忆在黑板上勾勒出各大洲的全景截面图，学生们课后总是不愿擦掉。加弗认为，他的学生可能是想说服他用彩色粉笔把这些草图画在棕色包装纸卷上。其中有几幅令人印象深刻，现在被收藏在哈佛地图藏馆中。

1950 年，哈佛地理研究所取消后，赖斯辗转在其他几所学校任教，并继续绘制手绘地貌图，直到 1968 年去世，享年 75 岁。尽管制图业已经开始采用自动化技术，赖斯仍然徒手用笔墨仔细地描绘每一条山脉、海岸线和峡湾。

左图　这张赖斯绘制的北非地图东北角的局部特写描绘了令人难以置信的细节。所有字样都是手绘

上图　赖斯开发了一个图形符号系统，可以在地图上表示 40 种地貌类型，包括 5 种高原和 8 种山脉类型。这幅图显示了其中的 15 个地貌符号

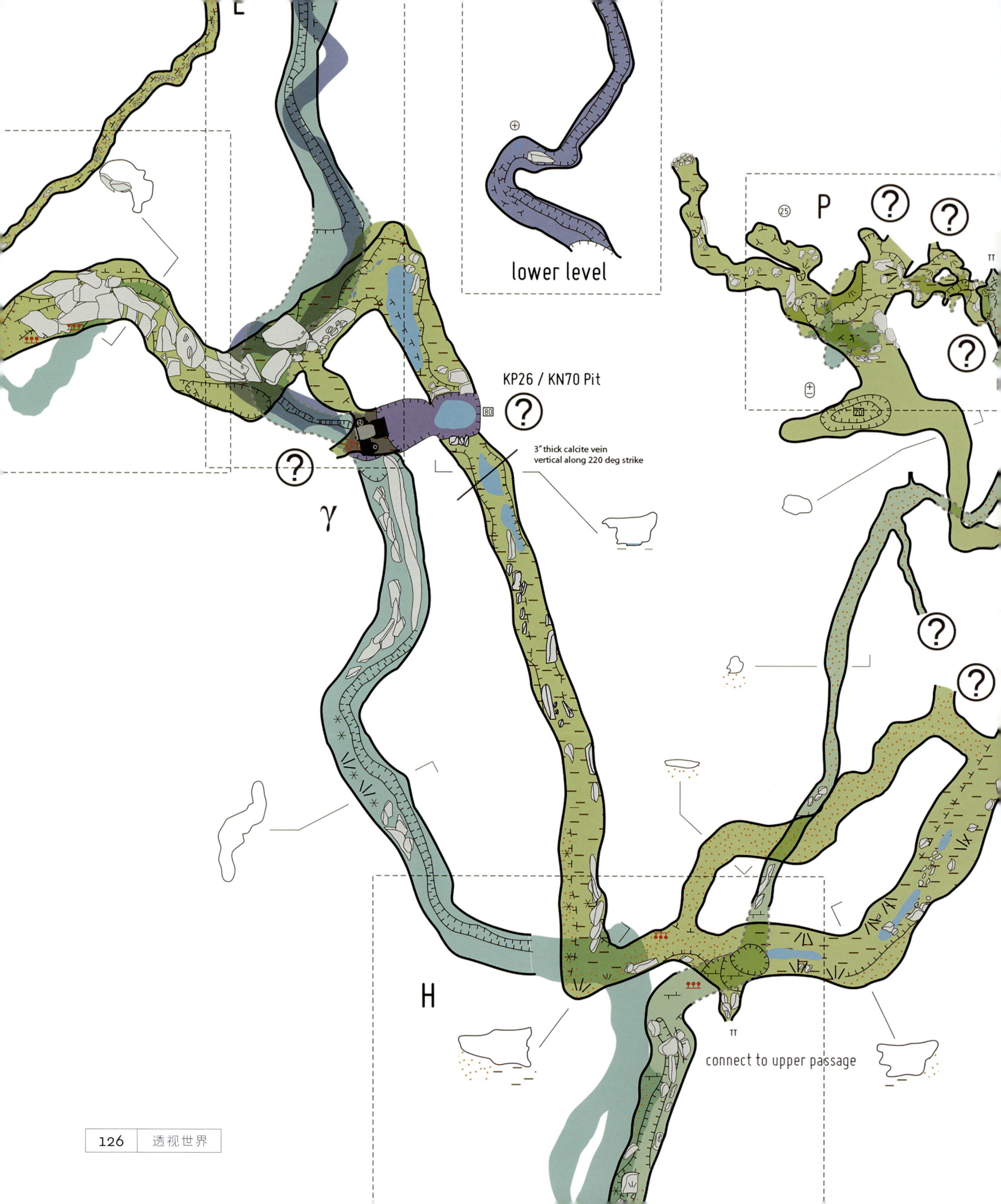
lower level
P
KP26 / KN70 Pit
3" thick calcite vein
vertical along 220 deg strike
γ
H
connect to upper passage

地下迷宫图的测绘

探洞者数十年对洞穴的勘探

绘制于 2014 年
来源于 斯蒂芬·格拉迪厄

穿过肯塔基州的一个奶牛牧场，走过一片没腰的草地，就来到了一片森林的边缘。再走几分钟的路程——如果你知道具体位置——就能看见一个落水洞，它的最底部有一个金属舱口，通往渔人岭洞穴系统。

附近的猛犸洞国家公园拥有世界上最长的洞穴系统，地下通道总长超过 650 千米。自 19 世纪末起，猛犸洞成了一个旅游胜地。相比之下，渔人岭在 1981 年才被一队洞穴探险者发现，他们自称为“底特律都市石窟”。之后他们一直在进行探索和勘测，目前已经绘制了超过 206 千米的地下通道地图。

据“底特律都市石窟”主席斯蒂芬·格拉迪厄说，洞穴中有大量闪闪发光的白色石膏晶体，因此负有盛名，这些晶体有时会形成精巧的白色“晶花”。格拉迪厄是一位冶金工程师，他已经探索这个洞穴十多年了，绘制了这些地下地图。洞穴里还有另一些奇妙的岩层，比如钟乳石和石笋，但大多数探洞者并不是因此而来，而是为了有机会探索一个从未有人踏足的地方。格拉迪厄说：“这是世界上少数几个每个周末过来都能探索到没有人去过的地方之一，你头盔上的灯也是第一束打到那些岩壁或岩石的光——有史以来第一束！”

洞穴勘测是探索行动的一个关键部分。如果没有地图，洞穴探险者就会在已经探索过的地方浪费时间，这还可能会破坏洞穴中脆弱的生态系统。

洞穴勘测工作通常是四人一组。一个侦察人员在前，第二和第三个人员固定在两个勘测点，可以是任何两个能够看清彼此的地点，然后使用卷尺、测角器和指南针来测量两点之间的距离、角度和方向。有时获得清晰的数据可能有一定

左图 这张局部图显示了渔人岭洞穴里 KN 峡谷段的一小部分，不同的颜色表示不同深度的通道。问号表示尚未探索的可能通道。形状奇怪的轮廓表示这一点的横截面

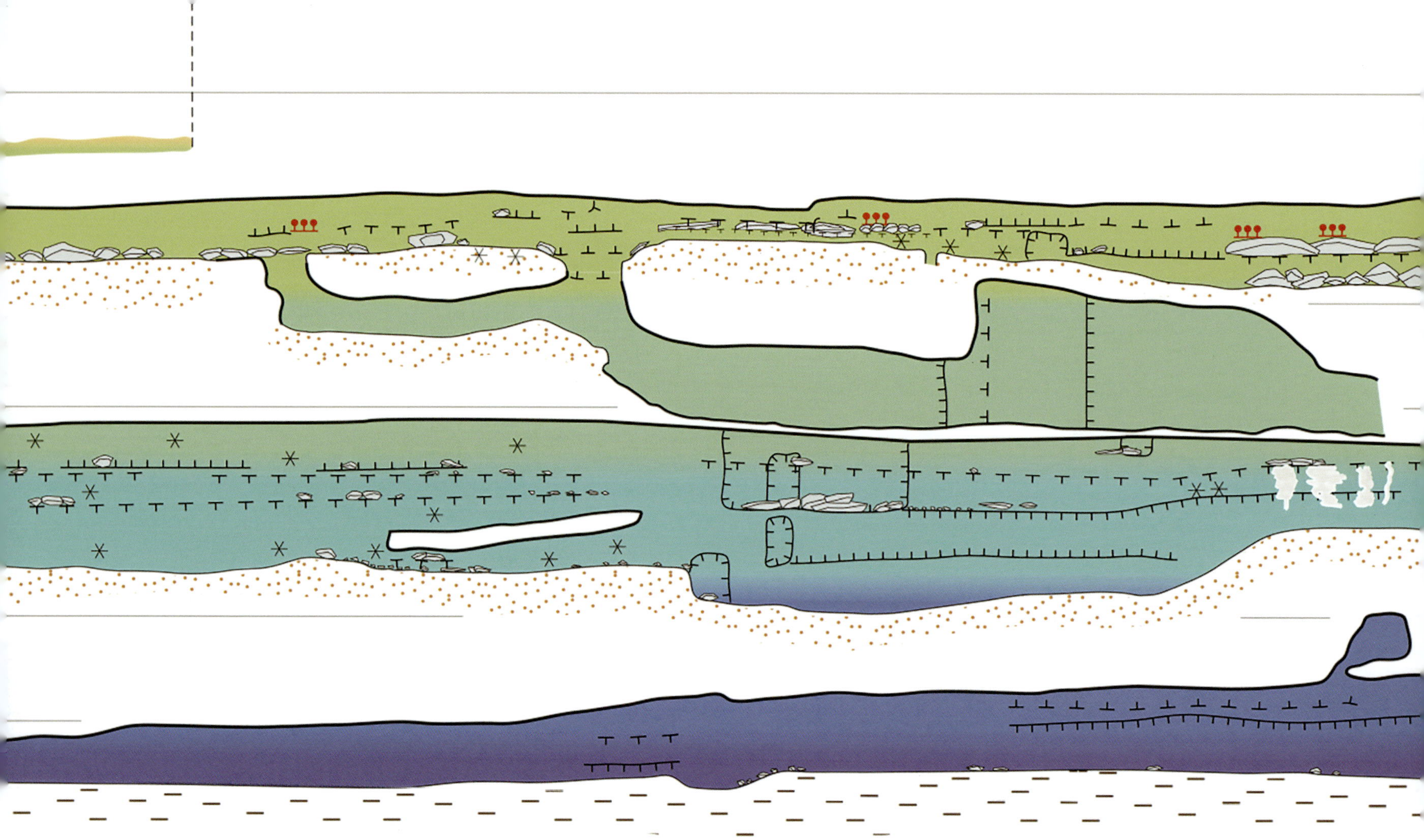

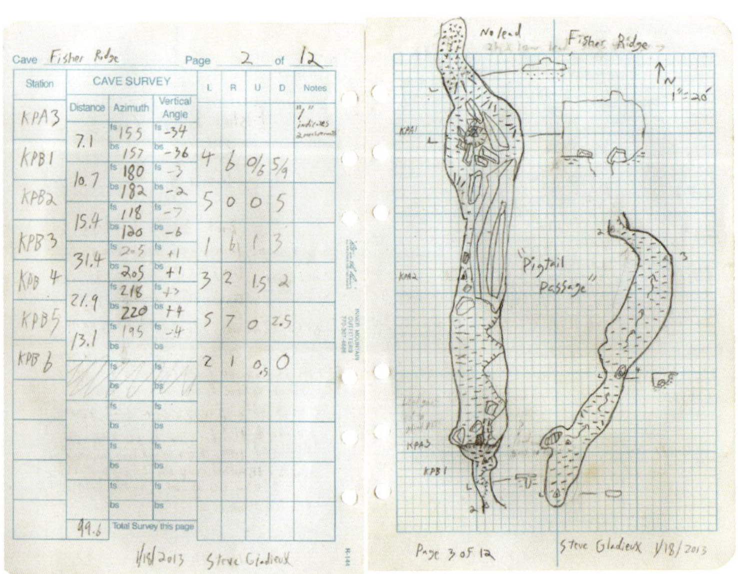
Cave Fisher Ridge Page 2 of 12
Station
CAVE SURVEY
Distance
Azimuth
Vertical Angle
L
R
U
D
Notes
KPA3
7.1 fs 155 fs -34 bs 157 bs -36
KPB1 4 6 0/6 5/9
10.7 fs 180 fs -3 bs 182 bs -2
KPB2 5 0 0 5
15.4 fs 118 fs -7 bs 120 bs -6
KPB3 1 6 1 3
31.4 fs 205 fs +1 bs 205 bs +1
KPB4 3 2 1.5 2
21.9 fs 218 fs +3 bs 220 bs +4
KPB5 5 7 0 2.5
13.1 fs 195 fs -4
KPB6 2 1 0.5 0
99.6 Total Survey this page
1/18/2013 Steve Gladieux
Fisher Ridge
Pigtail Passage
Page 3 of 12
Steve Gladieux 1/18/2013

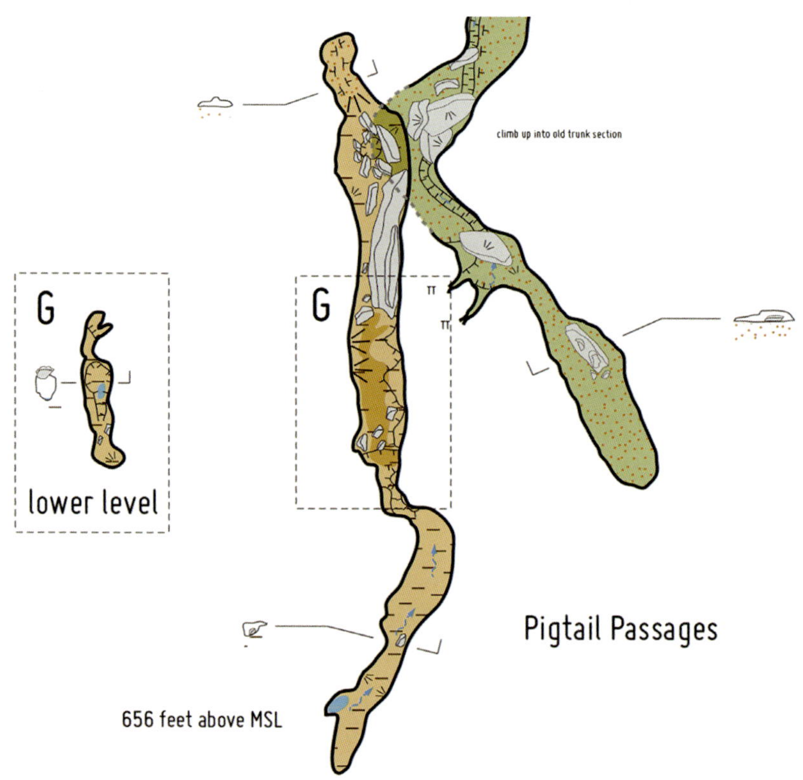
climb up into old trunk section
G
lower level
G
Pigtail Passages
656 feet above MSL

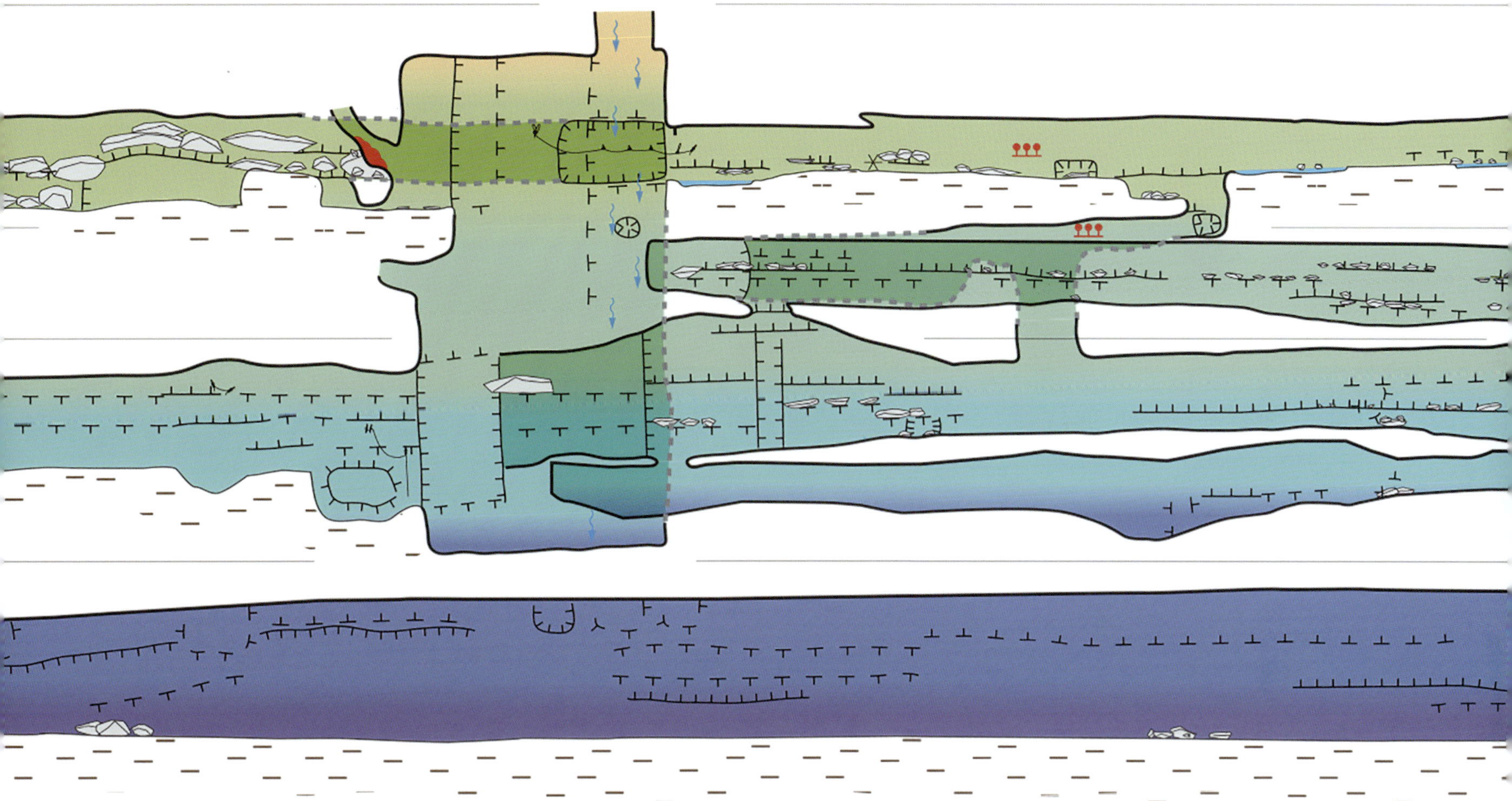

难度。格拉迪厄说：“你可能在 10 厘米深的冰水中勘测，必须呼气才能向前移动。”第四人负责把数据记录在防水笔记本上，并画出通道草图（左页图）。

勘测行动会持续一整天，平均往返路程约为 5 千米，视路况而定。格拉迪厄指出，洞穴的这一段路程需要多次跳过峡谷。“你走在 60 ~ 90 厘米宽的岩架上，下面有 18 米深，走完这段岩架后，你必须跨过一个间隙到另一边的岩架上。”他还说，“有些人会非常害怕。”

还有些地方，探洞人要用一条高缆索越过坑洞，抓住一根绳子越过间隙，用一种名叫“提洛尔横渡法”的经典登山动作把自己拉到另一边。“那种感觉就像吊挂在太空中一样。”格拉迪厄说，“你很清楚下面空无一物。”

格拉迪厄说这种勘测技巧是“我加入鹰童军[①]时学到的那些东西”，但他绘制的地图赢得了探洞者和制图师的认可。他说最大的难题是深度的表示，并决定采用不同的颜色，紫色代表洞穴最深的通道，绿色表示中等深度的通道，棕色表示近地面区域（上图）。

这幅细节地图只涵盖了渔人岭洞穴系统已知的和已绘制的部分，其他部分还有待发现。地图上圆圈内的问号表示勘测人员在那发现值得一探的地方，可能是某个透风的小缝隙会通往更宽阔的通道，可能是探洞者没时间继续调查的明显通道。格拉迪厄提到，许多标注问号的地方可能是死路，但几乎都有几千米的新通道可以探索。

上图　这幅图展现了格拉迪厄用颜色来表示洞内深度的方法。棕色是最接近地表的部分，但仍在距地面 40 米以下，紫色通道的深度几乎是它的两倍

左页图・左　这些图摘自格拉迪厄的笔记本，上面记录了名为“猪尾通道”的勘测数据和草图。虚线表示地表是淤泥或黏土；圆点表示沙地

左页图・右　在这幅已完成的地图中，左边的棕色部分对应格拉迪厄笔记本中“猪尾通道”的草图。标记为“G”的嵌入图是主通道下面的一个小通道的特写

① 美国童军的最高级别。达到这个级别的童军，叫作“鹰童军”或简称“鹰”。

山川图的杰作

瑞士制图师以创新技法让阿尔卑斯山跃然纸上

绘制于 20 世纪 30 年代至 70 年代
来源于 瑞士阿尔卑斯山博物馆和苏黎世联邦理工学院图书馆

将山脉在地图上呈现出立体感绝非易事。那些成功实现这种效果的地图似乎在施展魔法，在平面上创造出纵深的错觉效果，为读者营造出一种像鸟在俯瞰的视角。

瑞士制图师爱德华·英霍夫是这种制图方式的先驱。1938 年他绘制了右边所示的地图，这幅图描绘了瑞士阿尔卑斯山瓦伦湖的自然景观，许多制图师认为这是一幅上乘之作。它的尺寸巨大——2 米高，超过 4.5 米宽。

英霍夫从小就酷爱画画。小时候他曾多次随父亲在苏黎世附近徒步旅行，随身携带素描本画图。他曾立志成为一名登山家，但最终决定在瑞士苏黎世联邦理工学院学习勘测制图，并在 25 岁时成为该校有史以来最年轻的教授，在校任教 40 年（英霍夫于 1986 年去世，享年 91 岁）。

500 年前，地图制造者和艺术家就开始用晕渲法模拟山峦投下的阴影，制图师将其称为地貌晕渲表示法，英霍夫将这种技术变成了艺术。他的著作《制图晕渲表示法》最初于 1965 年以德文出版，现在仍是制图者的必读书目。

澳大利亚墨尔本莫纳什大学的制图师伯恩哈德·珍妮说："英霍夫的一大发现是，当站在山顶上向地平线望去时，由于大气雾霾，近处的山峰看起来要比远处的山峰更清晰。英霍夫模拟了这种效果，从空中视角进行描绘，使读者仿若正从飞机上俯瞰。"她还说："最高的山峰距离读者最近，所以地图上对比度最高；而最低的山谷距离最远，对比度也最低。你在瓦伦湖地图中就可以发现这一点——最高的山峰脊线清晰，比起下面山谷较模糊的线条起伏，显得更加突出。"

明暗和色彩加强了英霍夫作品中的纵深错觉效果。虽然晕渲法不是他发明的，但他通过夸大明暗对比，运用色彩提高了立体效果，从而改进了这项技艺。例如，在这幅瓦伦湖图中，他用黄色、赭色和其他暖色调来描绘湖畔陡坡反射的阳光，并用深紫红色表示阴影。

英霍夫认为这幅瓦伦湖图不是地图，而是一个试验，用来探索将艺术技术运用于地图制作可能产生的效果。"我试着故意不按照传统制图方法画一幅风景图。"1983 年，他在瑞士电视台的一部

上图　淡淡的线条显示了制图师爱德华·英霍夫绘制的三组大型瓦伦湖地图，现藏于瑞士伯尔尼的阿尔卑斯山博物馆

右图　这张照片拍摄于 1955 年左右，清楚体现了英霍夫地图的真实尺寸。图中是地图挂在苏黎世联邦理工学院的场景，英霍夫在那里工作了 40 年

左图　这是爱德华·英霍夫于 1938 年在苏黎世联邦理工学院制作的一个地图模型，他在这个学院工作了一辈子

下图　近处的山峰对比鲜明，远处的山峰则隐没在傍晚的雾气中。这是英霍夫 1978 年绘制的水彩画，描绘的是瑞士东北部森蒂斯峰的景色

左页图　阿莱奇冰川是阿尔卑斯山最大的冰川。这张地图显示了冰川周围的地貌，为瑞士中学的地图集而制作，英霍夫熟练运用色彩和明暗技巧，加强纵深错觉

纪录片中说道。他指着同地区的另一张地形图，说它包含了更多的信息——比如表示各个教堂和不同类型道路的符号，表示某地海拔的数字。但这幅画没有包含这些信息，而是描绘了一个更形象直观的景观画面。

在绘制过程中，英霍夫没有参考航拍照片。他在《制图晕渲表示法》中写道："这幅图是以艺术的方式自由诠释在山脉中长途跋涉获得的视觉印象。"

20 世纪 20 年代末到 70 年代中期，英霍夫负责监制瑞士中小学使用的地图集。左页是他创作的一幅水彩画，是阿莱奇冰川地图的底图，上面添加了表示标高的等高线，以及表示道路和建筑物的符号。标记是后来添加的，以创建一个完整明晰的地图。但英霍夫巧妙运用了阴影晕渲、明暗和色彩，充分显示出他高超的艺术和制图造诣。

布鲁克林的公共空间

设计过诸多知名城市公园的绘图师奥姆斯特德的得意之作

绘制于 1871 年
来源于 布鲁克林历史学会

弗雷德里克·劳·奥姆斯特德对美国各地城市的公共空间有着深远而持久的影响，无数人欣赏着他的作品，却鲜有人听过他的名字。人们只知道他是纽约市中央公园的设计师，其实，奥姆斯特德还为美国设计了数百座公园、大学和高中校园、机构场地、住宅区和墓地，以及 1893 年芝加哥世界博览会的场馆。

奥姆斯特德是公认的景观建筑之父。直到今天，学生们和从业人士仍在学习他提出的原则。他设计的第一处景观是中央公园，它已成为世界上最著名和最受欢迎的公园之一，甚至被称为美国 19 世纪重要的艺术作品。而奥姆斯特德设计的第二个公园在某种程度上实现了他对于公共空间的愿景，即为人们提供一处风景优美、自然健康的聚集地。

1865 年，布鲁克林政府决定，也建一座宏伟的公园。英国建筑师卡尔弗特·沃克斯曾与奥姆斯特德合作在中央公园设计比赛中拔得头筹，于是他再次说服奥姆斯特德一起为布鲁克林设计一个公园。靠着充足的预算和城市公园委员会的强力支持，这两人设计出了展望公园，它占地 2.13 平方千米，是园林建筑中大师级的作品。

和平生设计的其他公园一样，奥姆斯特德设计展望公园的目标是建造一个有利于人们身心健康的景观，从而消减城市拥挤的居住环境对居民健康造成的负面影响。他打算把公园建成民主场所，能够惠及社会各阶层，尤其是贫穷、弱势的群体。

1871 年的展望公园设计图展示了奥姆斯特德精心规划的一系列空间对比效果，营造出自然的感觉，中和了人工城市景观。在公园的一端，草地长达 1.6 千米，创造了一片开阔的田园空间，感觉上比实际面积更大。奥姆斯特德为数百棵、涵盖 80 多个物种的树木特意开辟出安放位置，树木被种植在草地的边缘。公园的另一端是一个人工湖，大到可以划船，湖上还有一个湖岸音乐亭，舞台设置在一个小岛上，并为观众安排了坐着、站着或坐在马车上观看的单独空间。其中，小径沿着

上图　弗雷德里克·劳·奥姆斯特德和卡尔弗特·沃克斯为展望公园设计了建造方案，使布鲁克林区政府放弃修建横跨弗拉特布什大道的小型公园，转而支持在道路东侧修建一个更大的公园。这项设计需要的土地当时价值 400 万美元，但公园委员会坚信，计划内容“不需要做任何改变”

风景如画的峡谷蜿蜒穿过茂密树林，谷中溪流翻腾，形成几处瀑布。还有一个儿童区，设有一个可以划玩具船的池塘。另外配置有一个贵格会墓地、几个水池、一个射箭场，以及一个用于军事操练和运动的阅兵场。

在建造期间，奥姆斯特德给公园董事会主席的信中写道：“展望公园令人心旷神怡，这是我最为得意的一个作品。”

这两个纽约公园大获成功，全国城市受到启发，纷纷开始规划当地公园。奥姆斯特德参与了其中许多项目，包括波士顿、布法罗和芝加哥的整个公园系统。渐渐地，他的作品成为美国公园设计经验的重要组成部分。

展望公园虽然没有像中央公园那样成为旅游景点，但是成了布鲁克林居民的休憩之地。

Peak 10
13,639 ft
Peak 9
13,639 ft
Peak 8
12,998 ft
The Back 9
Twin Chutes
Snow White
Lake Chutes
Imperial Bowl
George's Thumb
Whale's Tail
Horseshoe Bowl
Contest Bowl
Cucumber Bowl

滑雪坡的展现

手绘滑雪场地图以完美视角呈现滑雪场图景

绘制于 2016 年
来源于 吉姆 · 尼修斯

如果你在北美滑雪场上用过滑雪场地图，你很有可能曾经受益于吉姆 · 尼修斯的独特技艺。尼修斯花了 30 年时间研究如何将斜坡滑行绘制成一个二维路线图。他为 194 个滑雪场设计了缆车、滑雪道、树林和雪丘，大多数位于美国。几十年来，尼修斯一直是美国手绘滑雪场地图界的翘楚。

绘制滑雪场地图面临着一些有趣的挑战，比如如何在一个平面上描绘出不同方向的斜坡，以便于理解。尼修斯认为这是制图和艺术的结合。“这需要描绘出山川景观，”尼修斯说，“要的不是勘测，而是感知。”

尼修斯认为，他的成功部分要归功于时机。1988 年，时年 40 岁的尼修斯准备退出平面设计领域，这时候他想起了他童年时想要成为一名景观艺术家的梦想。他当时住在科罗拉多州，家附近都是滑雪场，于是他顺势而为决定绘制滑雪场。哈尔 · 谢尔顿是他的同乡，在 20 世纪 60 年代开创了一种将制图和艺术相结合描绘滑雪场的技艺，随后科罗拉多的比尔 · 布朗在 20 世纪 80 年代也绘制了类似的手绘作品。

巧合的是，正当尼修斯想改变职业时，

左图 在这张地图上，艺术家吉姆 · 尼修斯在绘制中巧妙地调整了科罗拉多布雷肯里奇滑雪场的景观，使所有斜坡在图上一目了然，便于滑雪者理解

左图　尼修斯首先在一张草图中绘制出滑雪场地图的细节，然后用投影仪将草图描至绘图板上，放大为原尺寸地图，比如这张布雷肯里奇地图

中图　天空、雪层和阴影是用喷笔绘制到布雷肯里奇地图上的。尼修斯用偏蓝色调来表示较远的区域，偏暖色调表示较近的部分

下图　尼修斯在布雷肯里奇的山坡上设计了大量树木，还有岩石、崖面、小屋、停车场和汽车。之后，客户将添加雪道名称和难度等级

布朗给了他一个机会。布朗让尼修斯绘制的玛丽简山的背面，是科罗拉多冬季公园滑雪场地图中的一张嵌入图。尼修斯从此入迷，也继承了这项事业。

为了让地图既能指导滑雪者又能反映他们的滑雪活动，尼修斯从航拍照片着手。他从直升机上拍下他需要绘制的滑雪场地图的各个角度，然后创造性地利用变形把所有信息放在一个平面视图中。“我需要做的就是移动不同缆车的顶部，扭转山体的角度，让所有雪坡都呈现在图上，”尼修斯说，“并且传达可靠信息。”

为了保证一定的真实感，需要将缆车顶点保持在原本的垂直位置上，以确保缆车和雪道相对长度的准确。尼修斯在一幅彩图中描绘出了所有的角度和细节，然后把图投射到一个 76 厘米 ×102 厘米的绘图板上作为地图的底图。

然后尼修斯用喷枪来描绘出天空和雪道，偏蓝色调表示较远的区域，偏暖色调代表较近的区域。接着他用画笔描绘细节：树木、岩石、悬崖和住宅。甚至在停车场画了一排排的私家车。完成之后，尼修斯将数字地图发给滑雪场，为雪道添加标识和符号。

有些滑雪区较为复杂，特别是有些主山背面的滑雪道。在这种情况下，尼修斯通常采用更接近卫星俯瞰视图的视角，以获取同一山峰的各个侧面图。诀窍是让电缆在页面上看起来向上移动，而雪道向下移动，以便滑雪者对地形一目了然。上图的犹他州帕克市鹿谷滑雪场就是尼修斯采用卫星视图技术的一个例子。

这些技巧的叠加实现了尼修斯期望中的既美观又实用的地图。“看到我画的图吸引了那么多滑雪者来到周围的滑雪场，并为大家所依赖，我深感自豪。”他说。

虽然一些滑雪场使用的是电脑绘制的地图，但尼修斯坚信手绘地图的感觉才对。山上标示牌上放大的数字地图看起来效果也差了一些。尼修斯说，在这个尺寸上，不能仅仅用简单的三角形来表示树木。

上图 犹他州鹿谷滑雪场的地形需要一个更接近卫星视角的视图，以便在一张地图上涵盖山峰内侧的所有斜坡

尼修斯已经打算退休，却担心手绘地图的技艺会失传。但一个崭露头角的滑雪场制图师跑来找尼修斯，问他是否愿意教他把电脑地图转为手绘图。

“这个时机刚好，”他说，“我很激动有人学习这个技艺，并将手绘地图传承下去。”

华盛顿山的峰顶

宣传一场峰顶上火车之旅的独特地图

绘制于 1908 年左右
来源于 康奈尔大学 P. J. 莫德说服性地图收藏馆

20 世纪初，在福特即将推出第一辆量产汽车 T 型车之际，波士顿缅因铁路公司发布了一张宣传地图，吸引人们乘火车前往东北部的最高峰。

地图背面的文字写道：“华盛顿山峰顶的美景妙不可言。从地图上可以对其整体特征领略一二，山峰、湖泊、池塘、河流、峡谷和森林，全都呈现在这一片 160 多千米的环绕视野中。”多家铁路公司都出版了这样附有地图的宣传手册，但这张图和所宣传的铁路一样独树一帜。

该地图的标题点明这是一张鸟瞰图，采用了一种欧洲风格。这种风格在 19 世纪末至 20 世纪初成为北美城市地图的流行格式。这些地图通常采用离地约 750 米的倾斜视角，一般是市政府为了招揽生意和招徕游客而制作的。华盛顿山峰顶的地图实际上更像是变形的鱼眼视角，以山顶的火车站为中心，地平线向各个方向延伸，涵盖了周边地区其他 189 个标志性建筑。

华盛顿山是怀特山脉中的最高峰，另外还有八座或九座以总统命名的山峰（是八座还是九座取决于你是否认同新罕布什尔州于 2003 年将亨利 · 克莱峰改为罗纳德 · 里根峰的决定）。虽然乔治 · 华盛顿本人从未去过华盛顿山，但格兰特总统曾在 1869 年轨道完成时乘坐火车登顶。

火车为 40 人座，上山需要 70 分钟，这是世界上第一条蒸汽驱动的齿轨铁路，利用齿轮和齿轨爬坡，总程超过 5 千米。这本宣传册称华盛顿山轨道是世界上最陡峭的齿轮铁路（下图）。其中有一段坡度为 37% 的 90 米长的栈桥，被称为雅各天梯。在 1 917 米海拔高的山顶上，有一家酒店，号称“自己的菜肴是天下一绝”。

铁路至今仍在营运中，乘客可以选择乘坐“高效新型生物柴油动车”或多花 6 美元乘坐“经典蒸汽动车”。

右图　这张宣传地图在 1908 年左右印发，新罕布什尔州的怀特山脉是一个重要旅游景点。除了徒步上山，铁路仍然是大多数人登上华盛顿山的选择

下图　宣传手册里写道，这座名为雅各天梯的栈桥是世界上著名的齿轨铁路。蒸汽火车每行驶 1 米即上升 0.37 米

Jacob's Ladder, Mt. Washington Railway.

Birds-Eye View from Summit of Mt. Washington; White Mountains, New-Hampshire.

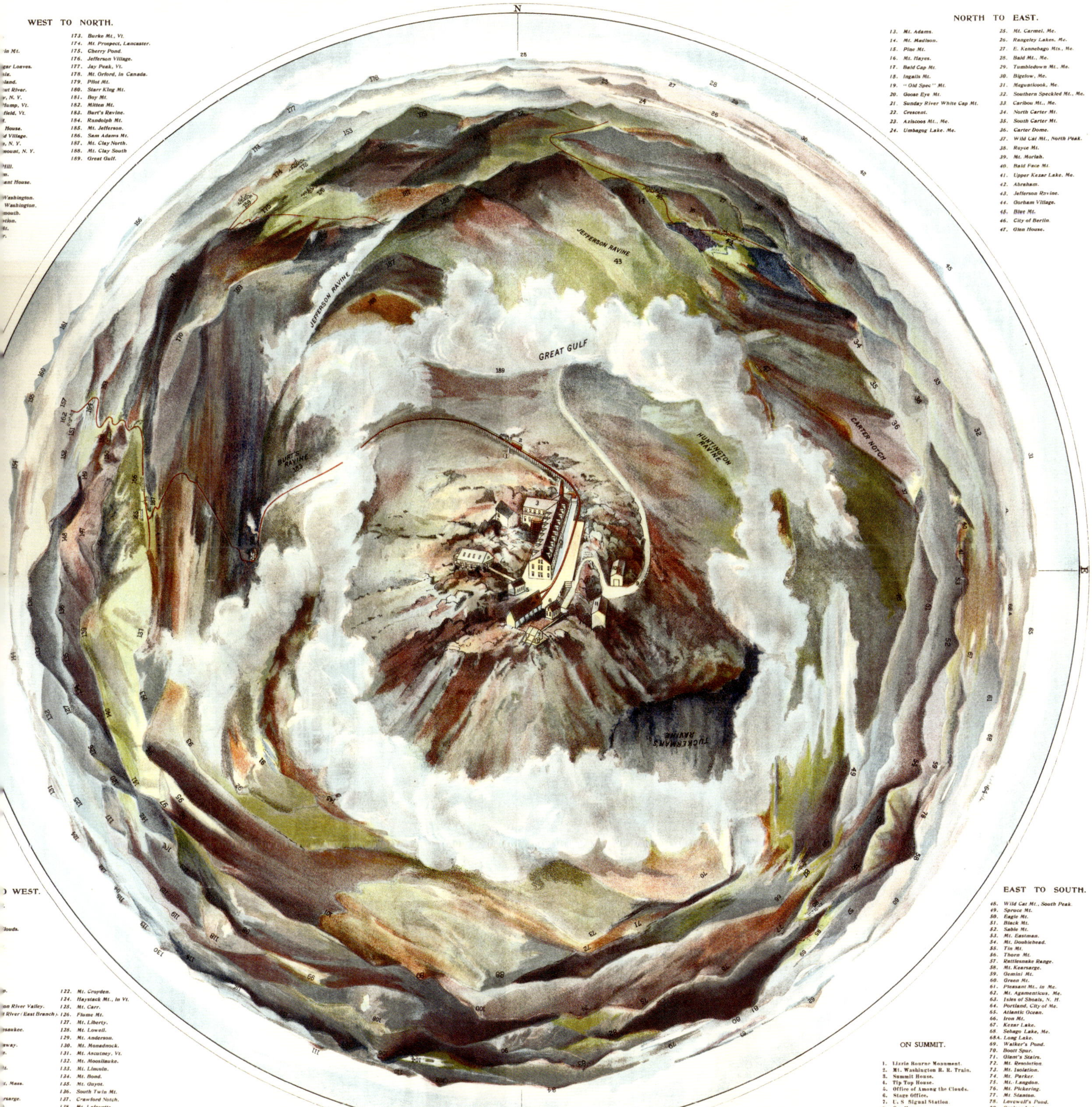

WEST TO NORTH.

173. Burke Mt., Vt.
174. Mt. Prospect, Lancaster.
175. Cherry Pond.
176. Jefferson Village.
177. Jay Peak, Vt.
178. Mt. Orford, in Canada.
179. Pilot Mt.
180. Starr King Mt.
181. Boy Mt.
182. Mitten Mt.
183. Burt's Ravine.
184. Randolph Mt.
185. Mt. Jefferson.
186. Sam Adams Mt.
187. Mt. Clay North.
188. Mt. Clay South
189. Great Gulf.

NORTH TO EAST.

13. Mt. Adams.
14. Mt. Madison.
15. Pine Mt.
16. Mt. Hayes.
17. Bald Cap Mt.
18. Ingalls Mt.
19. "Old Spec" Mt.
20. Goose Eye Mt.
21. Sunday River White Cap Mt.
22. Crescent.
23. Aziscoos Mt., Me.
24. Umbagog Lake, Me.
25. Mt. Carmel, Me.
26. Rangeley Lakes, Me.
27. E. Kennebago Mts., Me.
28. Bald Mt., Me.
29. Tumbledown Mt., Me.
30. Bigelow, Me.
31. Meguntlcook, Me.
32. Southern Speckled Mt., Me.
33. Caribou Mt., Me.
34. North Carter Mt.
35. South Carter Mt.
36. Carter Dome.
37. Wild Cat Mt., North Peak.
38. Royce Mt.
39. Mt. Moriah.
40. Bald Face Mt.
41. Upper Kezar Lake, Me.
42. Abraham.
43. Jefferson Ravine.
44. Gorham Village.
45. Blue Mt.
46. City of Berlin.
47. Glen House.

122. Mt. Croyden.
124. Haystack Mt., in Vt.
125. Mt. Carr.
126. Flume Mt.
127. Mt. Liberty.
128. Mt. Lowell.
129. Mt. Anderson.
130. Mt. Monadnock.
131. Mt. Ascutney, Vt.
132. Mt. Moosilauke.
133. Mt. Lincoln.
134. Mt. Bond.
135. Mt. Guyot.
136. South Twin Mt.
137. Crawford Notch.
138. Mt. Lafayette.
139. Mt. Tom.
140. Mt. Field.
141. Mt. Willey.
142. Big Coolidge Mt.
143. Mt. Willard.
144. Killington Peaks, in Vt.
145. Appalachian Shelter.

EAST TO SOUTH.

48. Wild Cat Mt., South Peak.
49. Spruce Mt.
50. Eagle Mt.
51. Black Mt.
52. Sable Mt.
53. Mt. Eastman.
54. Mt. Doublehead.
55. Tin Mt.
56. Thorn Mt.
57. Rattlesnake Range.
58. Mt. Kearsarge.
59. Gemini Mt.
60. Green Mt.
61. Pleasant Mt., in Me.
62. Mt. Agamenticus, Me.
63. Isles of Shoals, N. H.
64. Portland, City of Me.
65. Atlantic Ocean.
66. Iron Mt.
67. Kezar Lake.
68. Sebago Lake, Me.
68A. Long Lake.
69. Walker's Pond.
70. Boott Spur.
71. Giant's Stairs.
72. Mt. Resolution.
73. Mt. Isolation.
74. Mt. Parker.
75. Mt. Langdon.
76. Mt. Pickering.
77. Mt. Stanton.
78. Lovewell's Pond.
79. Ossipee Lake.
80. North Moat Mt.
81. South Moat Mt.
82. Table Mt.
83. Mt. Chocorua.
84. Ossipee Mt.
85. North Conway.
86. Intervale.
87. Jackson.

ON SUMMIT.

1. Lizzie Bourne Monument.
2. Mt. Washington R. R. Train.
3. Summit House.
4. Tip Top House.
5. Office of Among the Clouds.
6. Stage Office.
7. U. S. Signal Station.
8. Car House.
9. Stage Road to Glen House.
10. Stables.
11. Stables.

Issued by Passenger Department of Boston & Maine R.R.

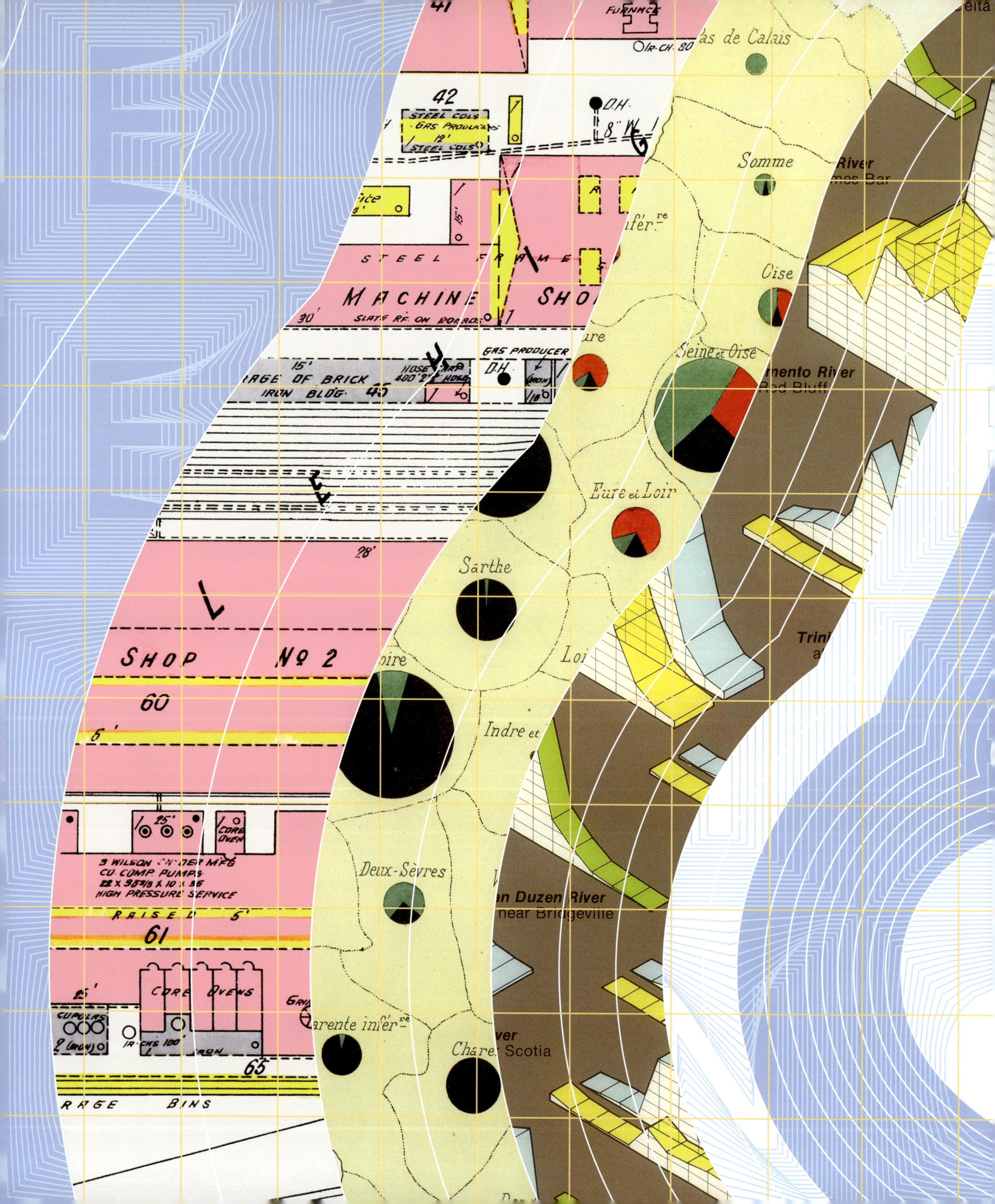

41
FURNACE
IR. CH. 80
42
STEEL COLS
GAS PRODUCERS
12'
STEEL COLS
D.H.
8" W.
STEEL FRAME
MACHINE SHO
30'
SLATE RF. ON BOARDS
GAS PRODUCER
D.H.
15'
RAGE OF BRICK
IRON BLDG. 45
28'
SHOP No 2
60
6'
25'
CORE OVEN
3 WILSON SNYDER MFG
CO. COMP. PUMPS
HIGH PRESSURE SERVICE
RAISED 5'
61
25'
CUPOLAS
2 (IRON)
CORE OVENS
IR. CHS 100'
IRON
65
RAGE BINS
as de Calais
Somme
Oise
Seine et Oise
ure
Eure et Loir
Sarthe
oire
Loi
Indre et
Deux-Sèvres
arente infér.re
Chare
River
mes Bar
mento River
Red Bluff
Trini
an Duzen River
near Bridgeville
ver
Scotia
elta

经济

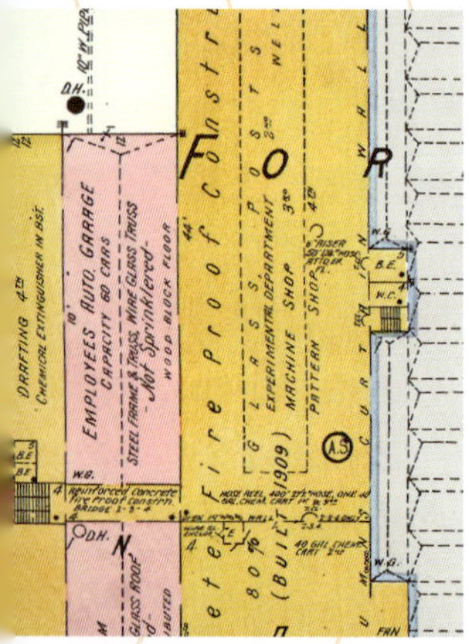

5. 经济

货币、工业和贸易地图

从农业到水力压裂，许多产业都与某一具体地点相关。地图可以解释这一现象。本章的故事与世界各地的工业和市场有关，地图上标示了土壤和水等自然资源情况，也显示出棉花和肉类等商品的流动路线。这些地图无疑具有信息功能，但其中很多也精美绝伦。

有些地图记录了某个行业在特定时期的蓬勃发展。现在很难想象过去人们点着油灯开采银矿，用一个马拉的升降梯将矿石运到地面，而这张 18 世纪早期匈牙利矿井地图（第 160 页）无比详细地描绘了当时的情景。同样地，火灾保险公司 20 世纪初制作的地图（第 162 页）揭示了使美国变为工业强国的中西部工厂的内部情况。

有些地图旨在推销某种产品，整个行业都利用地图来促销。一张有关茶的奇思妙想图（第 172 页）便是一个典型例子。整张地图都是在讲关于茶的细枝末节，英国茶业在大萧条后试图向非洲扩张来重整旗鼓。经济可以局部发展，也可以全球扩张；可以短暂繁荣，也可以长久延续；不管是哪种情况，地图都是一个有利起点。

地图广告

（1897 年，康奈尔大学 P. J. 莫德说服性地图收藏馆）

这张 19 世纪末的地图是为一家号称世界最大马商的公司制作的。这家公司有两栋著名的“蓝面”建筑——“零售部”和“拍卖部”——画在地图顶部，旁边是公司总裁和财务主管的肖像。这张地图采用了当时流行的鸟瞰视角，虽然该公司的各马厩在曼哈顿中心区的位置很明显，但对于这张令人印象深刻的广告地图来说，艺术性要高于地理性。

BLUE FRONT
FISS, DOERR & CARROLL HORSE CO.
24th ST. 3rd AND LEXINGTON AVES.
NEW YORK
FISS, DOERR AND CARROLL HORSE CO. NEW YORK
RETAIL DEPARTMENT
FISS DOERR & CARROLL HORSE CO'S STABLES 24th ST. RUNNING THROUGH TO 23rd ST.
AUCTION DEPARTMENT
AUCTION
FISS DOERR & CARROLL HORSE CO'S STABLES 24th ST. RUNNING THROUGH TO 25th ST.
HUDSON RIVER
LONG ISLAND SOUND
NEW YORK BAY
LOWER BAY
ATLANTIC OCEAN
GREATER NEW YORK
AND VICINITY
PRESENTED WITH COMPLIMENTS OF FISS, DOERR & CARROLL HORSE COMPY
THE LARGEST DEALERS IN HORSES IN THE WORLD.

农耕的裨益

政府利用科学和地图鼓励农耕生活

绘制于 1936 年
来源于 美国农业部

奥利弗·埃德温·贝克是一个乡村理想主义者。1883 年，贝克出生于俄亥俄州的蒂芬。贝克在美国农业部工作了 30 年，成为当时顶尖的农业地理学家。他强烈希望推动农学发展以帮助农民，因为他坚信农业不仅攸关美国的繁荣，也是文明进步的关键。

贝克的标志性成就之一是其 1936 年出版的《美国农业地图集》，整理了几十年间国家地形、气候、自然植被和土壤的实地研究成果。这部作品的大部分内容已经零散地发表在政府报告中，但贝克把最新发布的地图和科学研究成果做成汇编，希望帮助农民更妥善地决定土地的利用方式。

本页图　在奥利弗·埃德温·贝克的《美国农业地图集》中，土壤显得格外美丽，比如看起来像抽象艺术的土壤类型剖面图（下图），以及显示了全国土壤分布的柯蒂斯·马布特数字合成地图

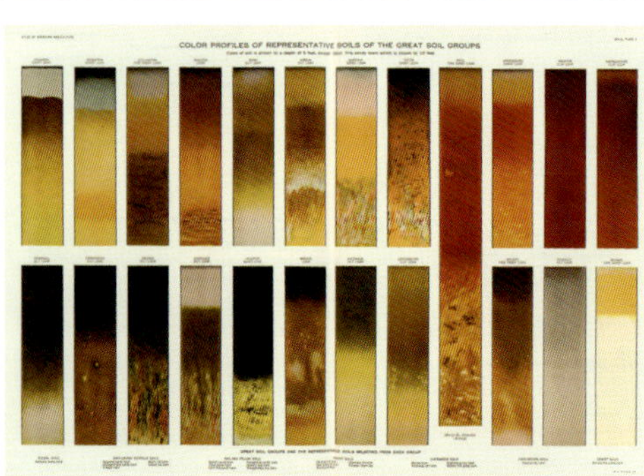

SOIL MAP
OF THE
UNITED STATES
BY
CURTIS F. MARBUT
AND ASSOCIATES IN THE SOIL SURVEY
U. S. DEPARTMENT OF AGRICULTURE
F. J. MARSCHNER, CARTOGRAPHER AND ASSOCIATE IN COMPILATION
1931
RELATIVE RELIABILITY OF DATA
GULF OF MEXICO
LAKE SUPERIOR
LAKE MICHIGAN
LAKE HURON
LAKE ERIE
LAKE ONTARIO

右页图　贝克的《美国农业地图集》中的气候部分从多个视角研究了历史天气数据。这几张图主要关于霜冻，从上到下显示了：无霜期的平均天数，春季终霜的平均日期，无霜期异常短的频率，以及春霜异常晚的概率。较冷区域标为蓝色，较暖区域标为红色

上图　地形和植被之间的关系，在这张彩色地图集上尤为显眼。底部的剖面显示了沿着北纬 39 度东西海岸的陆地海拔变化

当时，农民们亟须各种帮助。经济大萧条时期企业纷纷破产，尘暴区发生空前严重的干旱，成千上万的农民不得不放弃经营农场，转而在不适合耕种的土地上耕作，从土壤大多贫瘠的南部地

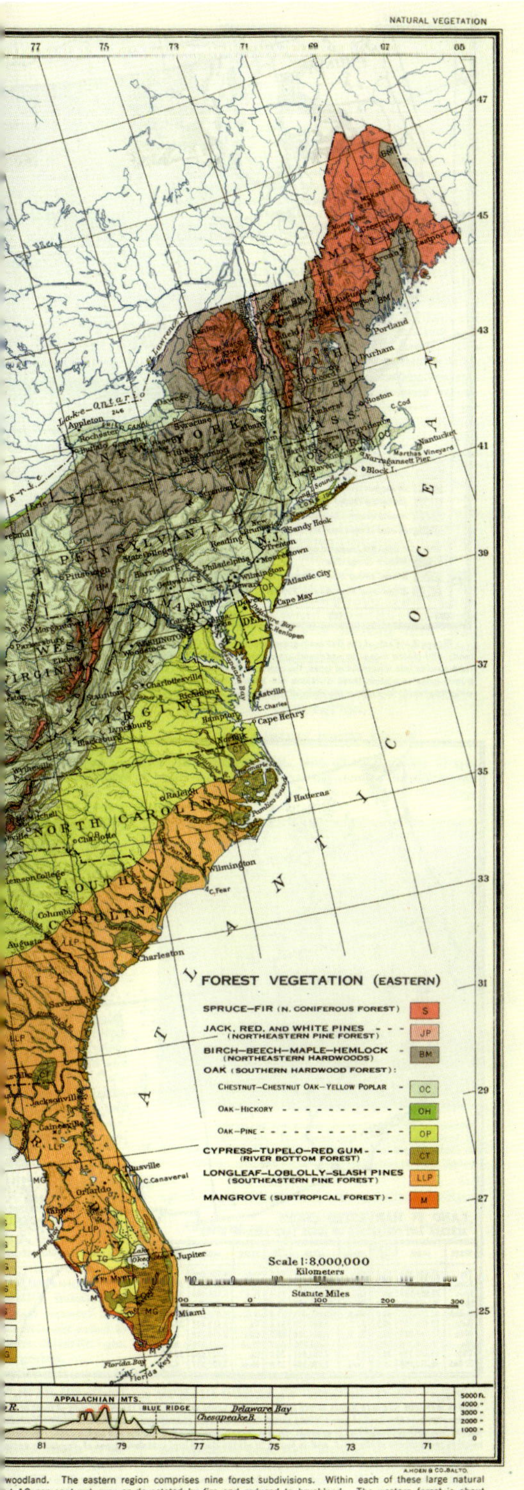

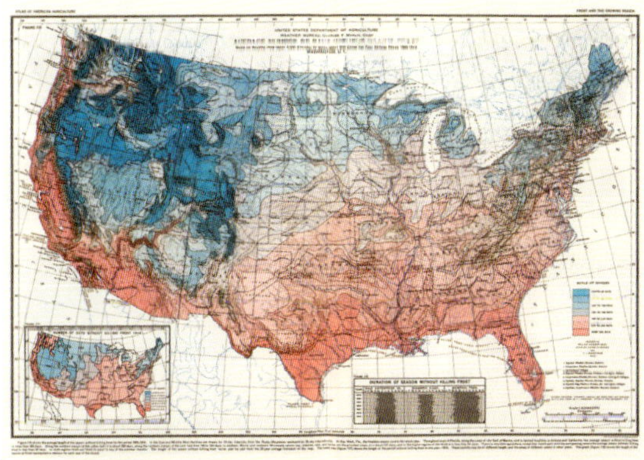

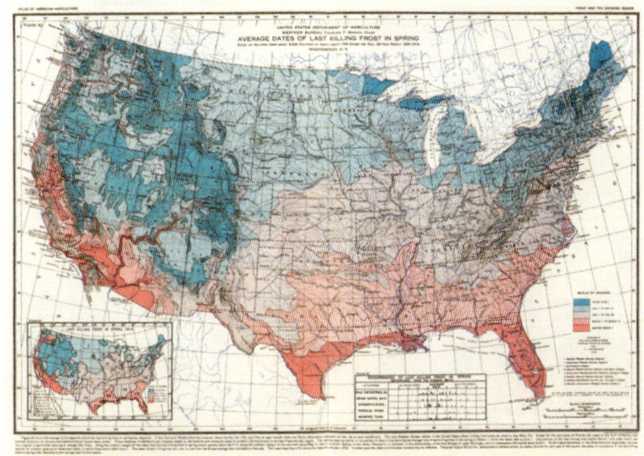

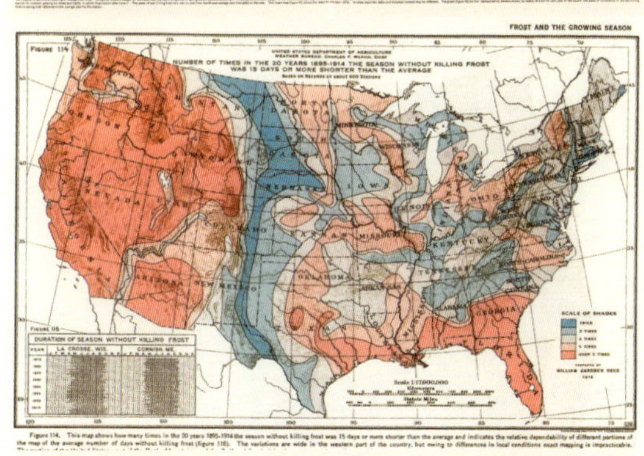

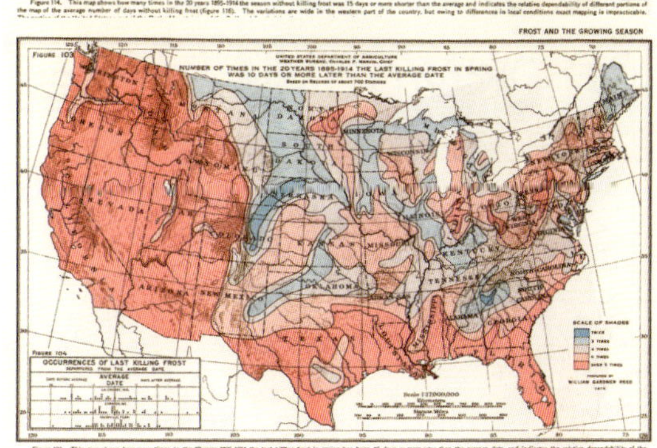

区、生长季节短暂的中西部地区，到干旱气候下的新墨西哥州和亚利桑那州。

这部地图集的精华是柯蒂斯·马布特制作的土壤地图集（第 146 页）。马布特负责美国农业部全国土壤调查工作，他的手下带着钻孔机对全国土地展开了地毯式调查，收集了各种土壤样本，并记录下详细笔记和草图。“这是一项乏味、辛苦又不讨好的工作，”里士满大学的美国科学历史学家亚历克斯·切克维奇说，“当然，除非它让你感到了生命的意义。”

对于刚刚经历妻子离世的马布特来说，就是这种情况。这位杰出科学家改变了美国的土壤学，他证明了土壤成分不单取决于地质情况，颠覆了美国科学家对土壤的理解。马布特开展实地调查，将一位苏联科学家重要的研究成果首次介绍至西方，马布特介绍了气候、天然植被和其他因素在土壤组成中的作用。不幸的是，1935 年，在这部地图集土壤部分首次出版的几周后，马布特就死于肺炎。

这部地图集的土壤部分是所有章节中最详细的内容，但气候部分的深入数据研究方式也令人印象深刻。这部分不仅包括普通的平均气温地图，还有全国春季第一次霜冻和秋季最后一次霜冻的平均日期。例如，其中一张地图显示了春季霜冻下降可能性低于 10% 的时间；还有一张显示了一年中无霜期明显短于平常时间的频率。地图的每一次改进应该都是为了帮助农民决定何时播种，并帮助他们权衡提前上市的机遇和损失所有作物的风险。

在导言中，贝克的语气略显愁闷，他说地图集本来还应该包括一些关于农业的社会和经济方面的章节。文中没有解释这些内容最终略去的原因，但它们成了地图集出版后贝克的研究重点。

贝克提倡“乡城式”的生活，城市居民通过自己种植一些食物，某种程度上实现农村式的自给自足。这个想法当时过于前卫，但如今在一些城市已经成为风尚。贝克夫妇和四个孩子住在马里兰州城市的郊区，这家人有一大块土地用来养鸡、种菜。晚年的时候，贝克在谢南多厄谷买下了一个农场，追寻那个越来越难以企及的乡村梦。

经济的流动

米纳德的创新绘图视角

绘制于 1858—1869 年
来源于 查尔斯 · 约瑟夫 · 米纳德

1869 年的一幅佳作描绘了拿破仑在 1812 年入侵俄国并于年底撤退的场景。渐细的线条既显示了军队行进的路线，也体现了军队从 60 多万人锐减至 3 万人的惨况。这种直白有力的表现法在数据可视化领域的学生和学者间赫赫有名，他们称它为史上最好的统计图表。

这种方法的创始人是查尔斯 · 约瑟夫 · 米纳德，他通常被学术界与其他数据可视化大师如约翰·斯诺、佛罗伦萨·南丁格尔、威廉 · 普莱费尔一起提及。不同的是，米纳德的主要贡献几乎只有 1869 年的这幅图。很多喜欢这张拿破仑地图的人可能从未见过米纳德最初的作品：汉尼拔在公元前 218 年穿越阿尔卑斯山的著名战役地图（第 152 页）。

米纳德还制作了很多图表，有近 50 幅地图；开创了几种重要的主题制图法，并对其他方法进行了改良。例如，米纳德虽然不是首位在地图上使用流线来描述移动状态的人，但他提高了流线的表现水平。他绘制的流动地图旨在讲述故事——用他的话说，“讲给眼睛听”。以系列描述 1858 年、1864 年和 1865 年欧洲棉花进口情况的地图为例，米纳德通过描绘出同一数据的时间变化，呈现出美国内战在全球引发的涟漪效应。

线条的颜色代表了棉花来自哪个国家，宽度表示这条路线上棉花运输的相对数量，每毫米宽度代表 5 000 吨棉花。

在 1858 年的地图中，一条宽阔的蓝线显示了建立在奴隶劳动力制基础上的美国棉花产业主宰了全球市场，供应了欧洲绝大多数的进口棉花。但 1861 年内战开始后情势发生了变化。米纳德 1864 年绘制的地图反映出南方各州的封锁几乎导致联邦各州出口停运，只有少数几个州通过墨西哥路线或用较小的船突围。同时，图上显示亚洲各国和埃及抓住这个机会增加了出口满足市场需求。1865 年的地图显示，因为南方各州囤积的棉花终于解禁，战后美国出口大幅增加。

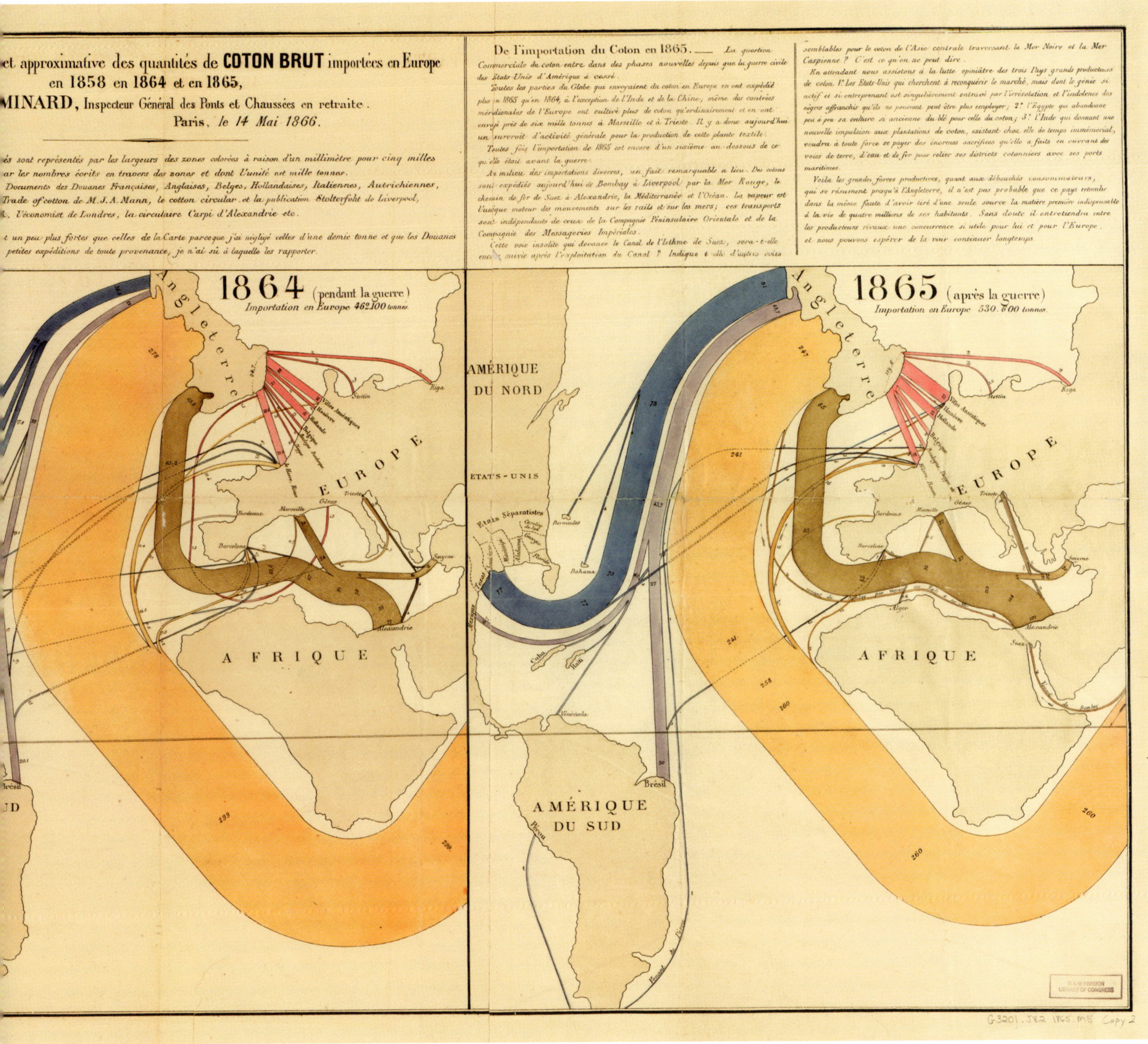

上图　从美国到欧洲的棉花出口在美国内战期间经历了重大变化，具体情况可见于查尔斯·米纳德所制的系列地图上。地图上线条颜色反映了棉花的来源国地区：蓝色代表美国，橙色代表亚洲各国，棕色代表埃及。线条宽度表示运输数量，每毫米宽度代表 5000 吨棉花

米纳德感兴趣的一些主题今天称为“经济地理学”：用地图呈现出煤炭、葡萄酒到人类等一切事物的流动。他提倡数据优先，经常将地理形状变形以展现信息内容，就像他 1858 年绘制的全球移民地图一样（第 155 页）。这张图上的英格兰被放大了，以适应前往澳大利亚、美国和加拿大的人数所需线条的宽度，每毫米宽度代表 1500 人。英吉利海峡画得更宽，以体现从德国到美国的移民数量，印度洋上不起眼的留尼汪岛也被放大了，以表现西非过去的移民。

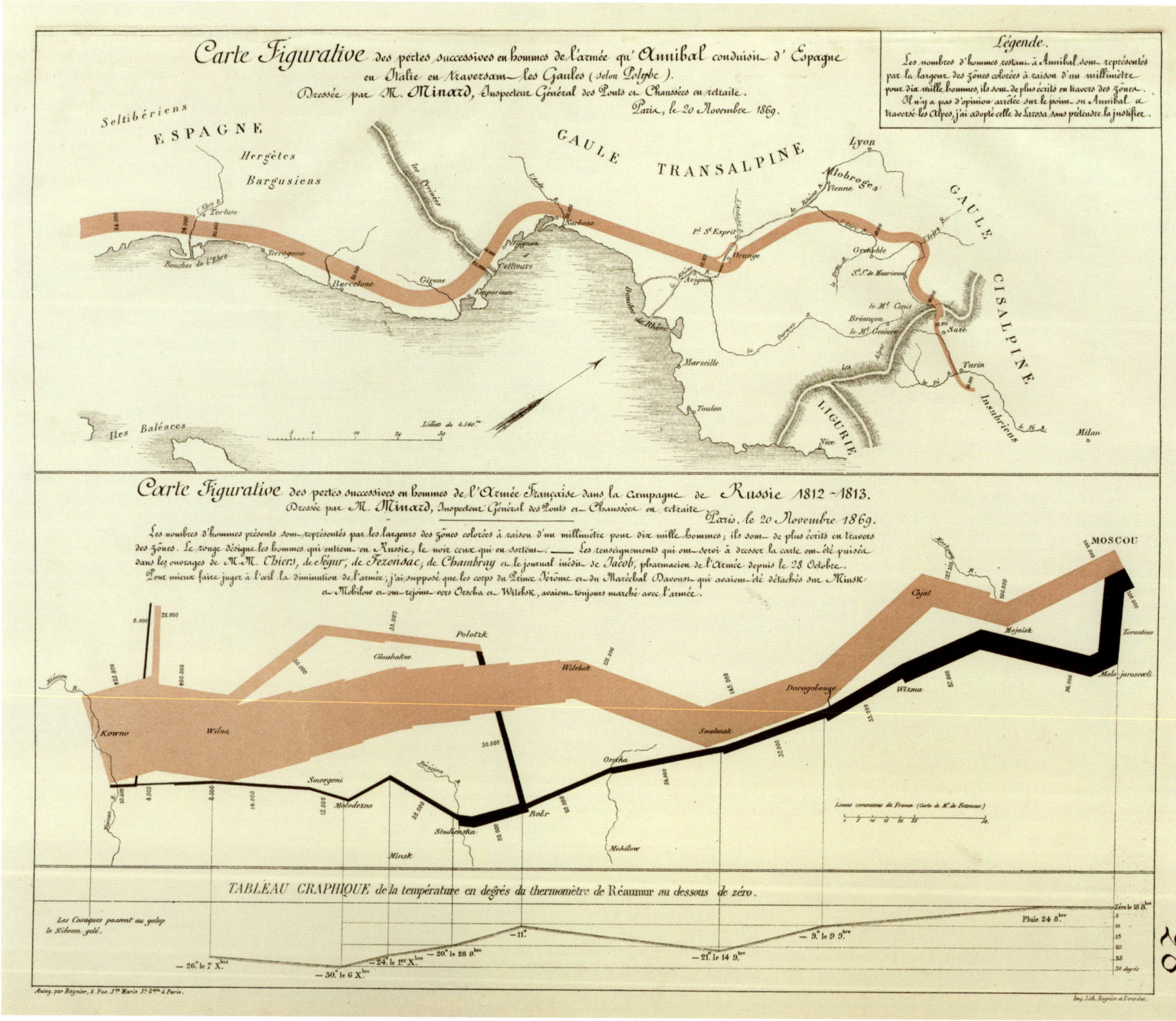

所有这些地理上的调整都有助于更清楚地传达米纳德认为最关键的信息点。

他还率先在地图上使用饼状图。虽然饼状图的发明者是普莱费尔，但米纳德首次将其用于地图绘制。他甚至进一步创新，把饼状图变成了比例符号，比如他1858年为巴黎市场绘制的肉类产地地图（右页图）。饼状图的大小代表来自法国各省的肉类数量。饼状图的颜色表示肉的种类：黑色是牛肉，红色是小牛肉，绿色是羊肉。标为黄色的部分全是供应肉品的地区，不供应肉品的地区标为棕色。直到一个半世纪后，制图师仍在使用这种表示方法。

米纳德自工作起一直待在巴黎郊区的法国国立桥路学校，先是担任现场工程师，然后担任讲师，65岁时升任为学校总监。尽管他在学校时绘制了一些地图，但直到1851年他达到70岁的法定退休年龄后，才真正致力于制作他所谓

上图 这幅米纳德1869年绘制的著名地图描绘了拿破仑1812年进军莫斯科（下半部）以及汉尼拔在公元前218年跨越阿尔卑斯山的战役情景（上半部）。渐细的线条——每毫米代表1万人——在空间和时间上显示了路线中军队的人员伤亡情况

右页图 米纳德是首位在地图上使用饼状图作为比例符号的人。这张地图绘于1858年，饼状图的大小表示从法国各省送到巴黎的肉类的相对数量。颜色代表肉的类型

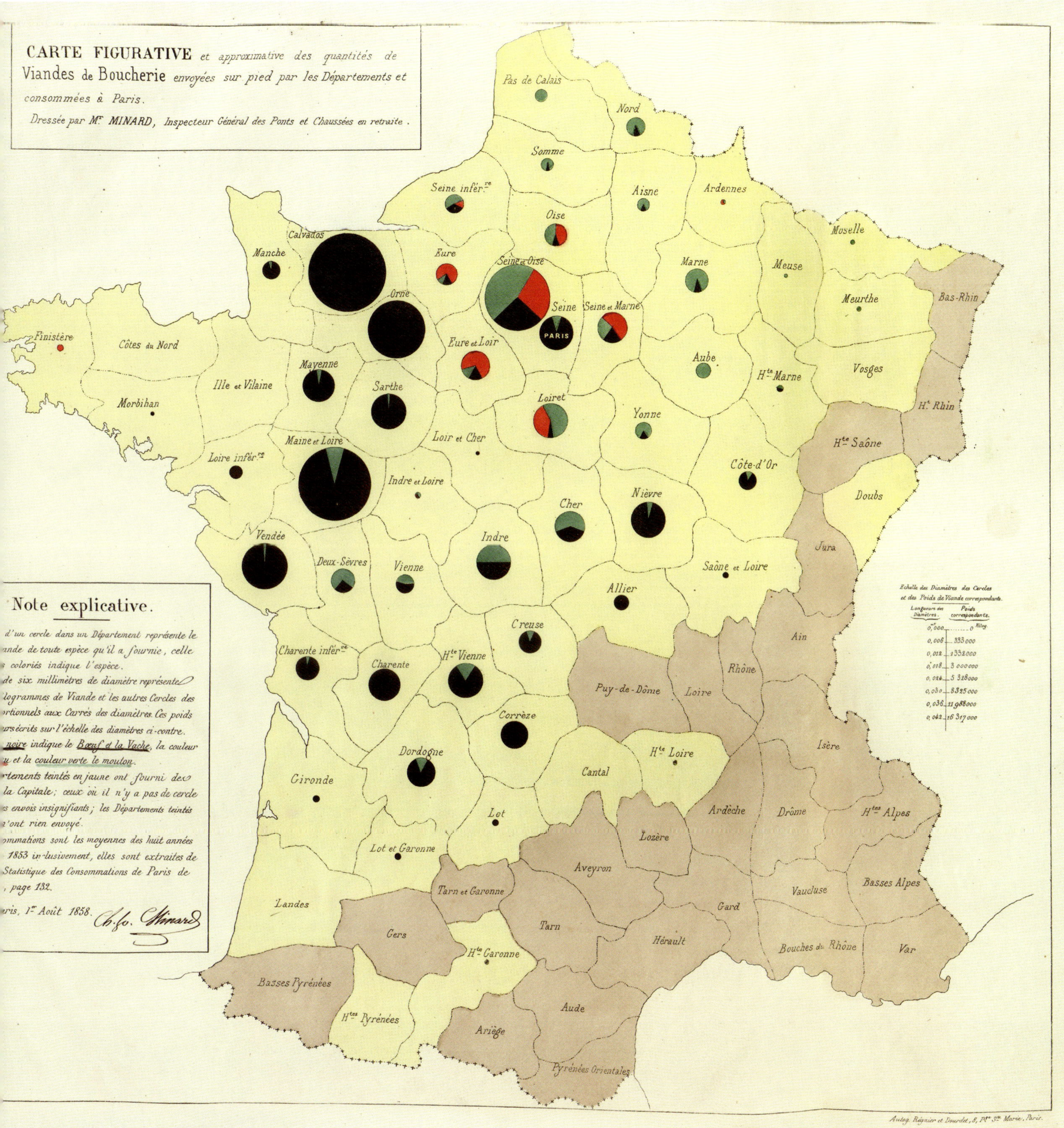
CARTE FIGURATIVE et approximative des quantités de Viandes de Boucherie envoyées sur pied par les Départements et consommées à Paris.
Dressée par Mr. MINARD, Inspecteur Général des Ponts et Chaussées en retraite.
Note explicative.
d'un cercle dans un Département représente le
ande de toute espèce qu'il a fourni, celle
s coloriés indique l'espèce.
de six millimètres de diamètre représente
logrammes de Viande et les autres Cercles des
ortionnels aux Carrés des diamètres. Ces poids
urs écrits sur l'échelle des diamètres ci-contre.
noire indique le Bœuf et la Vache, la couleur
u et la couleur verte le mouton.
rtements teintés en jaune ont fourni de
la Capitale; ceux où il n'y a pas de cercle
s envois insignifiants; les Départements teintés
'ont rien envoyé.
ommations sont les moyennes des huit années
1853 inclusivement, elles sont extraites de
Statistique des Consommations de Paris de
, page 132.
ris, 1er Août 1858. Ch. Jo. Minard
Pas de Calais
Nord
Somme
Seine infér.re
Aisne
Ardennes
Oise
Calvados
Manche
Eure
Seine et Oise
Marne
Meuse
Moselle
Orne
Seine
PARIS
Seine et Marne
Meurthe
Bas-Rhin
Finistère
Côtes du Nord
Eure et Loir
Mayenne
Aube
Hte Marne
Vosges
Ille et Vilaine
Sarthe
Morbihan
Loiret
Yonne
Ht Rhin
Maine et Loire
Loir et Cher
Hte Saône
Loire infér.re
Côte-d'Or
Indre et Loire
Doubs
Nièvre
Cher
Vendée
Indre
Jura
Deux-Sèvres
Vienne
Saône et Loire
Allier
Creuse
Ain
Charente infér.re
Charente
Hte Vienne
Rhône
Puy-de-Dôme
Loire
Corrèze
Isère
Hte Loire
Dordogne
Cantal
Gironde
Ardèche
Drôme
Htes Alpes
Lot
Lozère
Lot et Garonne
Aveyron
Tarn et Garonne
Vaucluse
Basses Alpes
Landes
Gard
Gers
Tarn
Hérault
Bouches du Rhône
Var
Hte Garonne
Basses Pyrénées
Aude
Htes Pyrénées
Ariège
Pyrénées Orientales
Échelle des Diamètres des Cercles et des Poids de Viande correspondants.
Longueurs des Diamètres.
Poids correspondants.
0,000 — 0 Kilog
0,006 — 333 000
0,012 — 1 332 000
0,018 — 3 000 000
0,024 — 5 328 000
0,030 — 8 325 000
0,036 — 11 988 000
0,042 — 16 317 000
Autog. Régnier et Dourdet, 8, Pge Ste Marie, Paris.

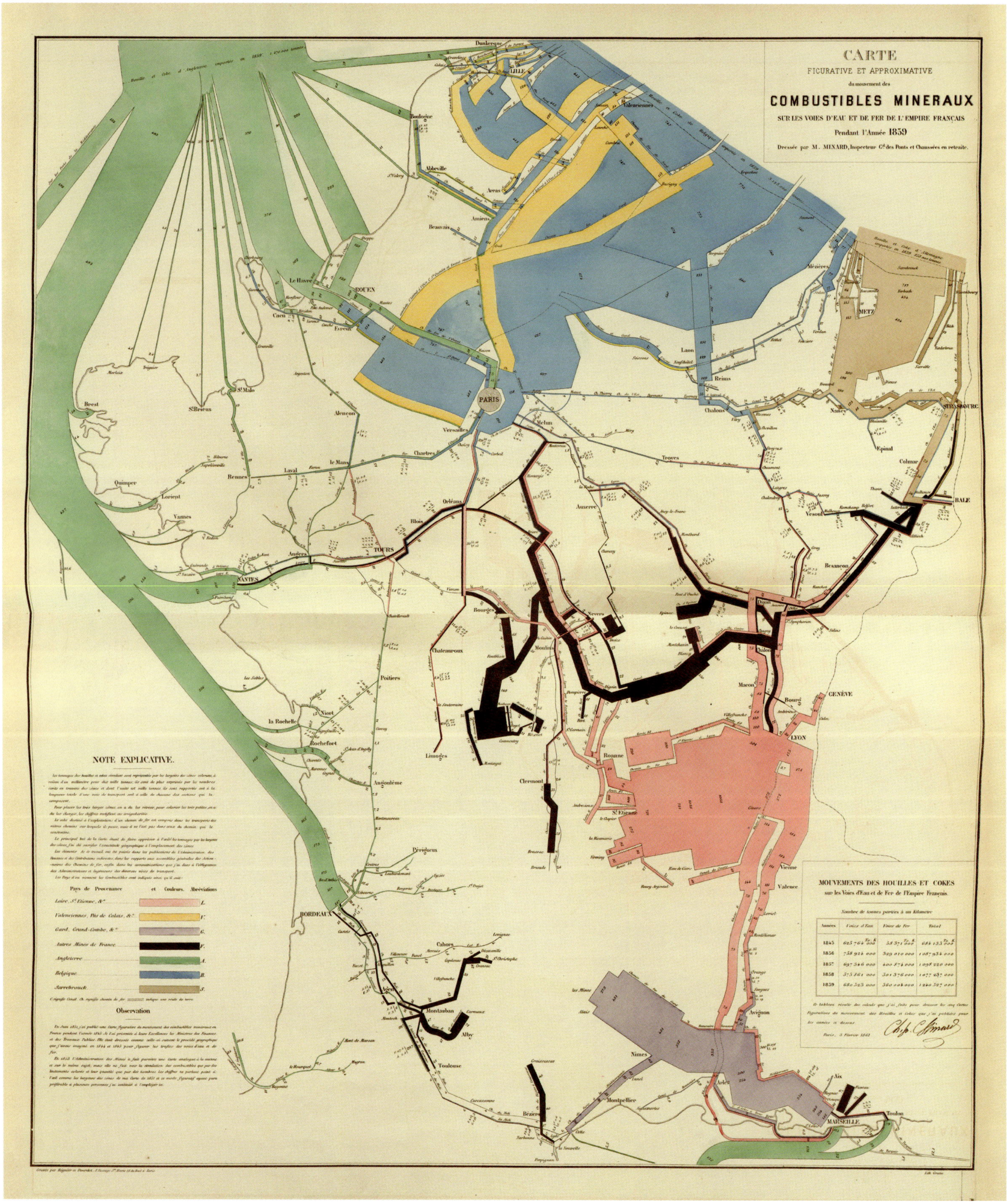
CARTE
FIGURATIVE ET APPROXIMATIVE
du mouvement des
COMBUSTIBLES MINERAUX
SUR LES VOIES D'EAU ET DE FER DE L'EMPIRE FRANÇAIS
Pendant l'Année 1859
Dressée par M. MINARD, Inspecteur Gl. des Ponts et Chaussées en retraite.
NOTE EXPLICATIVE.
Observation
MOUVEMENTS DES HOUILLES ET COKES
sur les Voies d'Eau et de Fer de l'Empire Français
PARIS
LILLE
ROUEN
Le Havre
NANTES
TOURS
LYON
BORDEAUX
MARSEILLE
Toulon
STRASBOURG
BALE
METZ
GENÈVE
Toulouse
Montauban
Clermont
Dijon
Reims
Chalons
Nancy
Orléans
Blois
Poitiers
Limoges
Roanne
Avignon
Nimes
Montpellier

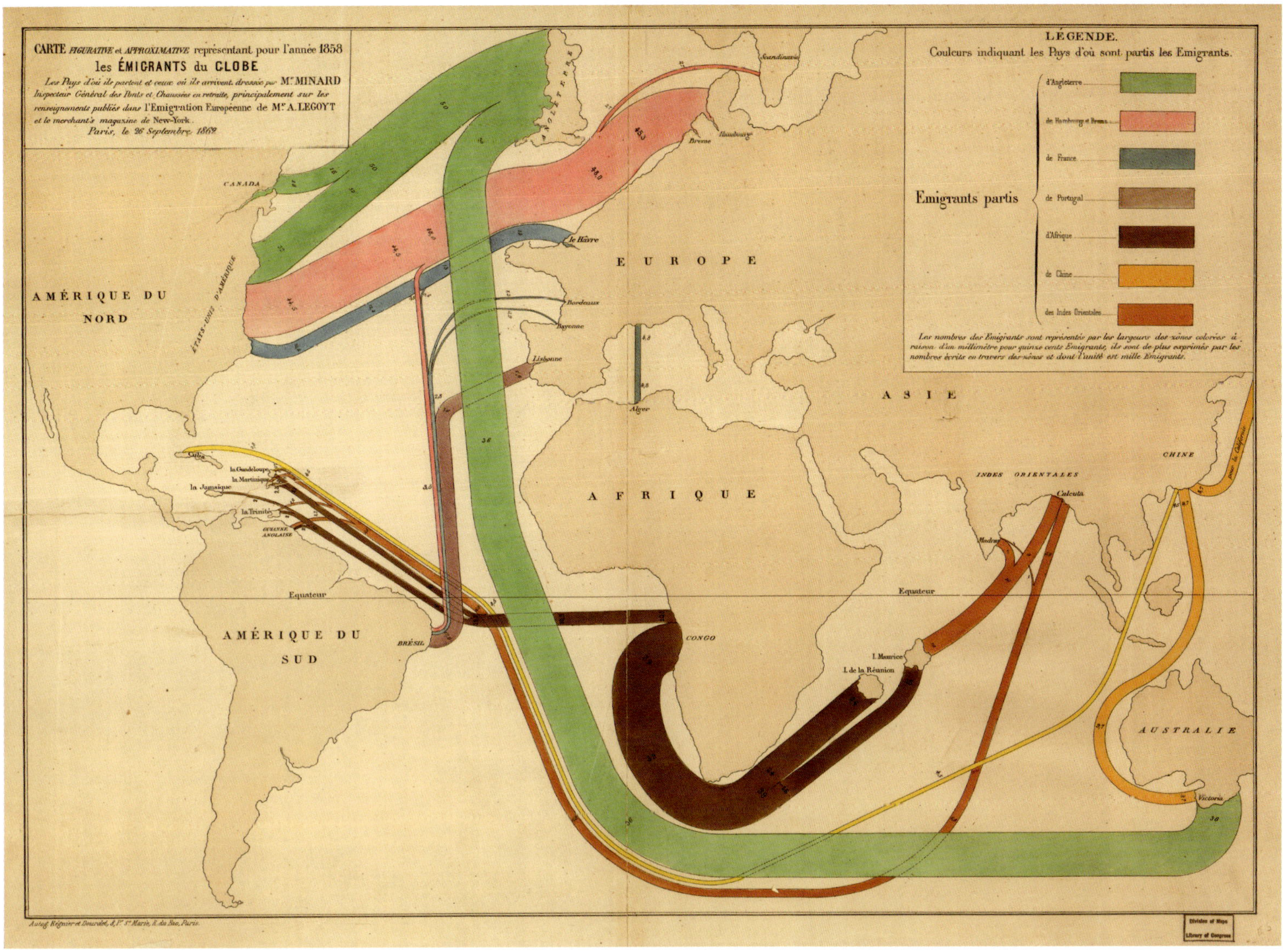

的“图表和象征地图”。

米纳德很高兴卸下公务，在退休后基本算是开启了第二个职业生涯，以比之前更高的效率制作图表并开发新技术。他每年发表好几张地图，常常被政府和其他决策者或规划者使用。开创性的拿破仑和汉尼拔地图都是他最后的作品——该作品完成时距离其逝世不到一年。

大家都说，米纳德一直到临终头脑都很灵光。他的女婿在讣告里写道：“他记忆力惊人，头脑灵活，作息规律，生活清醒，关怀备至，他的突然离世出人意料。”但是他在年老时已经身体孱弱，要借助拐杖走动，正因如此，普鲁士军队入侵巴黎时，米纳德于 1870 年 9 月 11 日随着大批妇女、儿童和其他巴黎老人一起逃往了波尔多。他只带着正在进行的研究内容，抛下了他的书籍、论文和“精神财富”。也许米纳德估计他很快就会回来，但巴黎之战始于 9 月 19 日，持续了四个月。米纳德继续在波尔多工作，可能在为他的下一幅宏伟地图做研究。但在 10 月 24 日，他没有撑过一个小病，于 89 岁寿终正寝。

据他的女婿描述：“在米纳德的工程师生涯中，他有幸参与了几乎所有重大的公共事业议题；然后在二十年的退休生活中，他一直关注着技术和经济科学的发展，致力于推广其中最突出的研究成果。”

显然，米纳德的大部分作品在他在世时就为官员和专家们所熟知并对其大加赞赏，特别是在法国。在一幅 1861 年法国公共工程部长的肖像画中，背景的椅子上出现了 1858 年法国各地货物的流动路线图。这幅图的出现是一种荣耀，肯定了他用地图传递信息的能力，这种能力至今仍备受数据可视化从业者推崇。

上图　这张 1858 年全球移民地图上的线路颜色代表了移民来源国。线路宽度代表移民人数，每毫米代表 1 500 人

左页图　本图描绘了 1859 年进口矿物燃料（煤和焦炭）在法国境内的运输路线。流线的宽度表示燃料的数量，每毫米代表 2 000 吨。颜色代表来源国

The Virgin Waterscape
Lake
Estimated natural shorelines.
Freshwater Marsh
Land inundated annually and populated by tules, cattails, or other hydrophytic vegetation.
Riparian Forest
Broadleaf deciduous forest growing naturally on the sides or banks of rivers and streams, and in bottomlands.
Coastal Brackish Marsh
Land inundated alternately by saline water and fresh water.
Coastal Salt Marsh
Land along the upper intertidal zone of protected shallow bays, estuaries and coastal lagoons. Salt tolerant plants predominate.
Saline and Alkaline Lands
Sinks and basin rim lands characterized by intermittent water high in mineral content.
Tulare Lake
Mono Lake

加利福尼亚州的水资源

加利福尼亚州的水资源追溯

绘制于 1979 年
来源于 加利福尼亚州州长规划和研究办公室

“这本书讲述了联邦最富有、人口最多的一个州所发生的最伟大的故事。”这是《加利福尼亚州水域图集》的前言，1979 年由州长规划和研究办公室强势推出。

该地图集试图将该州复杂且具争议的一个问题——水资源利用，提炼为一系列地图和可视化数据，让所有公民都能理解。地图制作者雄心勃勃，采用了尖端的制图技术，希望公众能对加利福尼亚州面临的水政策问题有更充分的认识。

加利福尼亚州的历史和经济发展与水资源密不可分。创造的财富取决于水源地点、水流流向、水资源利用的决策者。加利福尼亚州许多风景优美的自然景观也和水流息息相关，从内华达山脉的冰川湖到中央谷地里曾经繁茂的湿地都是如此。

该地图集的想法是由加利福尼亚州年轻的州长杰里·布朗的办公室提出的。由于布朗的自由主义倾向和标新立异的态度，保守派批评者戏称他为“月光州长”。布朗的顾问之一就是反文化英雄斯图尔特·布兰德，他是《全球概览》杂志创始人兼主编，这是一本进步派杂志和政治行动指南。布兰德在水域地图集项目中发挥了重要作用。

左页图　这张地图呈现了加利福尼亚州航道未受人为影响之前的情况，根据 1843 年至 1878 年之间的历史地图绘制，当时加利福尼亚州的大部分地区相对而言尚未受到移民影响

下图　地图集里的这两页涵盖了加利福尼亚州的五个农业区，每个地区由一组两个长形图表示。每组地图的顶部标注了种植的作物类型，底部显示了灌溉水用量

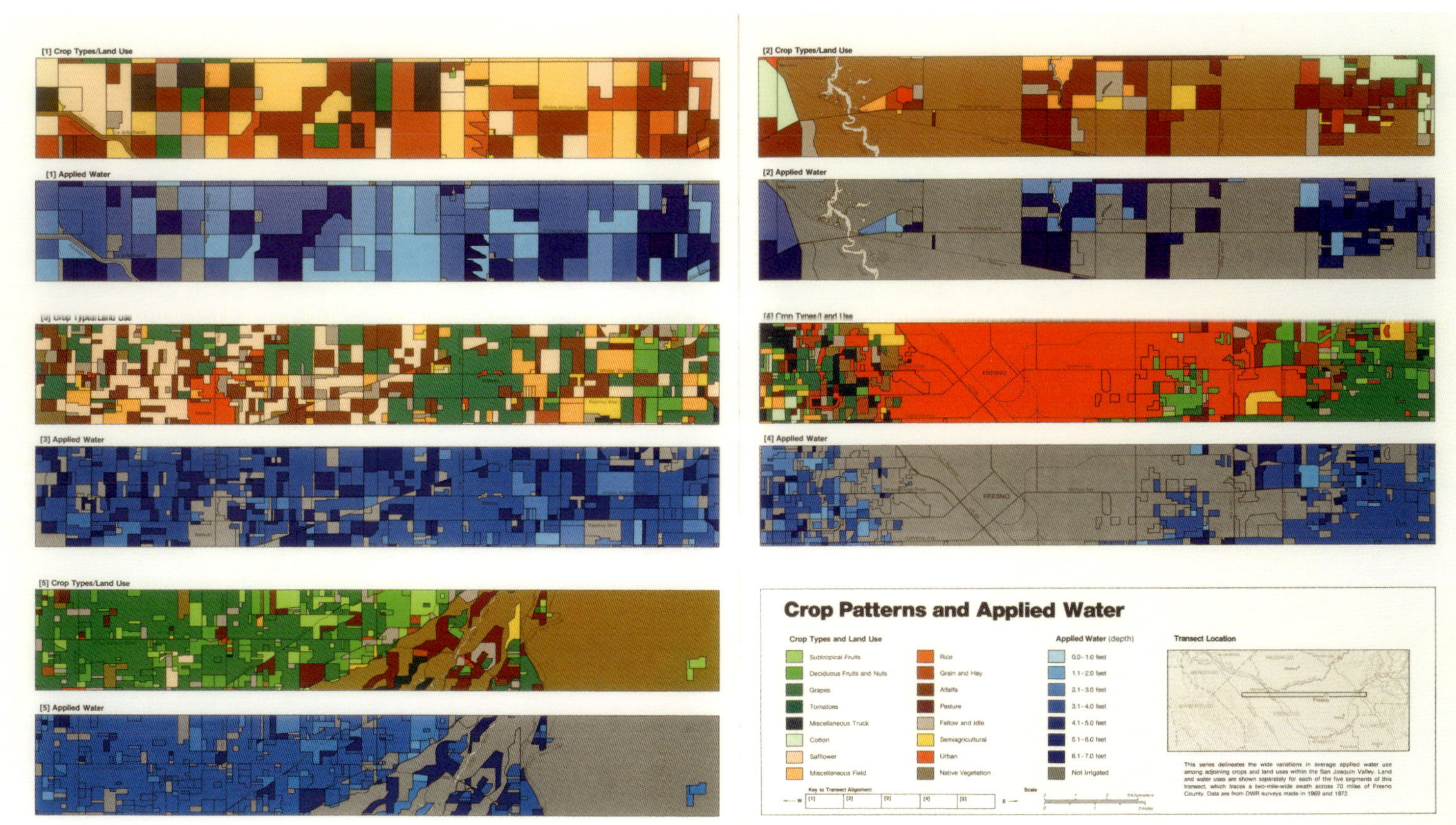

布兰德说，这个项目旨在让人们知道加利福尼亚州的水来自哪里，又是怎样使用的。他坚称这个项目不带任何政治意图。“没有什么‘应该’，”他说，“没有所谓的应该做什么的方案。所有人不管处于什么立场，都可以从这本图集中获取信息。”

整个项目——从向各州级和地方机构索要数据，到绘制地图和图表——在短短15个月内完成。这是一个惊人壮举，尤其是在当时还没有电脑的情况下。

地图集首先介绍了降雨和降雪区域的基本情况，包括一些地图，比如第156页的“原始水文”地图，其中描绘了该州的原始湖泊、河流和湿地概况。接着描绘了19世纪加利福尼亚州居民改变水域，使河水改道的历史事件。该做法最初是为了采矿，然后是为了满足新兴农业经济的发展和城市（比如洛杉矶和旧金山）快速扩张的需求。

地图集有几章内容探讨了水资源经济，包括哪些行业用水量最大（石油和煤炭开采业的用水量远远超过其他行业）以及城市地区水价与用水的关系。这些地图采用的是20世纪70年代的配色，与现代的数据可视化相比略显粗陋，但在当时还没有电脑的时代，这些地图和数据的表现方法极具开创性。

当时数字时代指日可待。加利福尼亚州州立大学北岭分校的一名年轻地理学教授威廉·鲍恩带领着一个制图小组。鲍恩说他偶然发现得州仪器公司的一款新型计算器可以计算立方根，这是一个重大突破。这个工具可以快速计算出许多三维图形的正确尺寸——尽管仍然需要人工用尺子测量标记。

地图集问世后广受好评，赢得了制图师和水资源学者的赞誉。这本书最初售价为20美元，首版印刷很快售卖一空。布兰德说，这本书好得过了头。“结果我们制作出来的图集马上被收进了图书馆的珍本室，”他说，“而没能成为不断更新、容易查阅的文献，如果你有幸找到一份仍在出售的复印本，可能要花几百美元。对布兰德而言，这是一个遗憾。我们不经意间创造了一件收藏品，而不是一个政治工具。”

上图　这个图表显示了加利福尼亚州主要河流的水流量。黄色图形代表一年内的实际测量流量，峰值通常出现在春季。对应的蓝色图形表示这条河流在没有水坝或其他人为改造情况下的预计流量

右页图　这张是加利福尼亚湖泊和水库图，巨大的蓝色圆柱体代表塔霍湖。该湖是世界上最深的湖泊之一，拥有1 500多亿立方米的水，远远超过加利福尼亚州的其他湖泊和水库

Principal Lakes and Reservoirs

The colored cylinders represent the capacities, elevations, and surface areas of the seven lakes and 55 reservoirs in California with a volume of 100,000 acre-feet or more. Surface elevation determines the cylinder color. Surface area and volume of the cylinders are proportional to the surface acreage and capacities of the actual lakes and reservoirs. With the exception of Lake Tahoe, each cylinder has been placed atop a column which locates the lake or reservoir on the base map. Additional properties of the 55 reservoirs are shown in the table below.

Use Key

- **C** conservation
- **I** irrigation
- **M** municipal & industrial
- **F** flood control
- **R** recreation
- **P** power generation
- **N** navigation (draft maintenance)

Dam type	Dam name (Reservoir name, if different)	Stream impounded	Year completed	Owner	Principal use (see Use Key, right)
Rock Fill Must have core or face of impermeable material.	**New Melones**	*Stanislaus River*	1978	Army Corps of Engineers	C I F R P
	New Exchequer (McClure)	*Merced River*	1966	Merced Irrigation District	I F R P
	Hell Hole	*Rubicon River*	1966	Placer Co. Water Agency	I M R P
	Pyramid	*Piru Creek*	1973	Dept.of Water Resources	C I M F R P
	Salt Springs	*No. Fk. Mokelumne R.*	1931	Pacific Gas & Electric	P
	Courtright	*Helms Creek*	[illegible]	Pacific Gas & Electric	P
	Wishon	*North Fork Kings River*	1958	Pacific Gas & Electric	P
	Bucks	*Bucks Creek*	1928	Pacific Gas & Electric	I P
Earth & Rock Unsorted, or sorted to use materials optimally.	**Cherry Valley (Lloyd)**	*Cherry Creek*	1956	City & Co. San Francisco	C I M F P
	Whiskeytown	*Clear Creek*	1963	US Bur. of Reclamation	I M R P
	Terminus (Kaweah)	*Kaweah River*	1962	Army Corps of Engineers	I F R
	Buchanan	*Chowchilla River*	1975	Army Corps of Engineers	I F R
	Bradbury (Cachuma)	*Santa Ynez River*	1953	US Bur. of Reclamation	I M R
	New Hogan	*Calaveras River*	1964	Army Corps of Engineers	C I F R
	Clear Lake Reservoir	*Lost River*	1910	US Bur. of Reclamation	I F R
	Calaveras	*Calaveras Creek*	1925	City & Co. San Francisco	C M
Earth Fill Inexpensive. Must be protected from erosion and damaging percolation.	**Oroville**	*Feather River*	1968	Dept. of Water Resources	C I M F R P
	Don Pedro	*Tuolumne River*	1970	Turlock & Modesto IDs	C I M F R P
	Trinity (Clair Engle)	*Trinity River*	1960	US Bur. of Reclamation	I M R P
	Union Valley	*Silver Creek*	1963	Sacramento MUD	C I M R P
	Mammoth Pool	*San Joaquin River*	1960	Southern Calif. Edison	M R P
	Castaic	*Castaic Creek*	1971	Dept. of Water Resources	C I M F R P
	San Luis	*San Luis Creek*	1967	US Bur. of Reclamation	C I M R P
	Casitas	*Coyote Creek*	1959	US Bur. of Reclamation	I M R
	Mathews	*trib. of Cajalco Creek*	1938	Metro. Water Dist. So. Cal.	I M
	Stampede	*Little Truckee River*	1970	US Bur. of Reclamation	I M F R
	L. L. Anderson (French Meadows)	*Mid. Fk. American R.*	1965	Placer Co. Water Agency	C I M R P
	Indian Valley	*North Fk. Cache Creek*	1975	Yolo Co. FCWCD	I M F R
	Twitchell	*Cuyama River*	1958	US Bur. of Reclamation	I M F R
	Nacimiento	*Nacimiento River*	1957	Monterey Co. FC&WCD	C I M F R
	San Antonio	*San Antonio River*	1965	Monterey Co. FC&WCD	C I M F R
	Santa Felicia (Piru)	*Piru Creek*	1955	United Wtr. Conserv. Dist.	C I M R
	Isabella	*Kern River*	1953	Army Corps of Engineers	C I F R
	Camp Far West	*Bear River*	1963	South Sutter Water Dist.	C I R
	Camanche	*Mokelumne River*	1963	East Bay Mun. Util. Dist.	M F
	Vermillion Valley (Edison)	*Mono Creek*	1954	Southern Calif. Edison	P M
	Coyote (Mendocino)	*East Fk. Russian River*	1959	Army Corps of Engineers	C I M F R
	Black Butte	*Stony Creek*	1963	Army Corps of Engineers	I F R
	Long Valley (Crowley)	*Owens River*	1941	City of Los Angeles	M R P
	Perris	*offstream*	1973	Dept. of Water Resources	I M R
	Prado	*Santa Ana*	1941	Army Corps of Engineers	F
	Buena Vista	*Kern River*	1890	Boswell Co. & Tenneco W.	I
Hydraulic Fill Fill sluiced to site & water-sorted between dikes. (coarse, less erodable; fine, less permeable)	**El Capitan**	*San Diego River*	1934	City of San Diego	C I M
	Almanor	*North Fk. Feather River*	1927	Pacific Gas & Electric	I R P
	Henshaw	*San Luis Rey River*	1923	Vista Irrigation District	C I R
Gravity Sheer mass of monolithic concrete resists water pressure.	**Shasta**	*Sacramento River*	1949	US Bur. of Reclamation	I M F R P N
	Pine Flat	*Kings River*	1954	Army Corps of Engineers	C I F R
	Pardee	*Mokelumne River*	1929	East Bay Mun. Util. Dist.	M F R P
	O'Shaughnessy (Hetch Hetchy)	*Tuolumne River*	1923	City & Co. San Francisco	C M F P
	Friant (Millerton)	*San Joaquin River*	1947	US Bur. of Reclamation	I F R
	Folsom	*American River*	1956	US Bur. of Reclamation	I F M R P
	Shaver	*Stevenson Creek*	1927	Southern Calif. Edison	R P
Arch Thin, curved shell transmits force of water to canyon walls.	**New Bullards Bar (Bullards Bar)**	*North Yuba River*	1970	Yuba Co. Water Agency	I M F R P
	Monticello (Berryessa)	*Putah Creek*	1957	US Bur. of Reclamation	I M F R
	Parker (Havasu)	*Colorado River*	1938	US Bur. of Reclamation	F M R P

银矿地图

打了败仗的将军差点失去出版毕生心血的机会

绘制于 1726 年
来源于 盖提研究中心

意大利的路易吉·费南多·马西格（或称马尔西利）伯爵是一位效忠于神圣罗马皇帝的将军，1704 年，他发现自己大祸临头。西班牙王位继承战争期间，马西格奉命防守莱茵河上的一座重要堡垒，抵抗法国军队进犯。但是由于寡不敌众加上补给不足，这座堡垒在法军进攻 13 天后就投降了。于是皇帝大为不悦，担任副统帅的马西格被撤职，还在公开仪式上受辱，他的佩刀当众被断为数截，统帅则被斩首。

这场危机使马西格即将出版书籍的计划泡了汤，这是他的毕生心血：一本关于多瑙河（欧洲第二长河及商业要道）的自然及人文历史专著。马西格当时是军事工程师兼军官，他花了二十多年遍览多瑙河流域。在好奇心的驱使下，他随身带着显微镜等科学仪器，用来广泛记录该地区的地质、植物、动物和人类居住情况，并绘制了详细草图。这张地图描绘了匈牙利王国境内的班斯卡—什佳夫尼察（位于今斯洛伐克）的一座著名银矿。

该地区 2 000 多年前就开采矿产了。到了马西格生活的时代，这里的矿产开采技术已经炉火纯青，也成为该地区推动经济发展的重要动力。马西格利用人脉关系，让矿老板允许他下到矿井，并画下竖井和通道地图。这些独一无二的图稿展现出了矿井内部的作业详情。在马西格的地图上，矿井延伸到了村庄的地面深处，仔细观察，还能看到挥舞着锄头和榔头，打着灯笼工作的矿工。

公然受辱之后，马西格一直保持低调。但二十年后，在他即将去世之前，马西格说服了一位荷兰出版商制作一套分为六卷的专著，其中就包括这张矿井地图。“谁能想到经历了种种曲折之后，这部作品还能得见天日？”马西格在前言中写道，“然后，这个以前觉得不可能的夙愿最终实现了。”

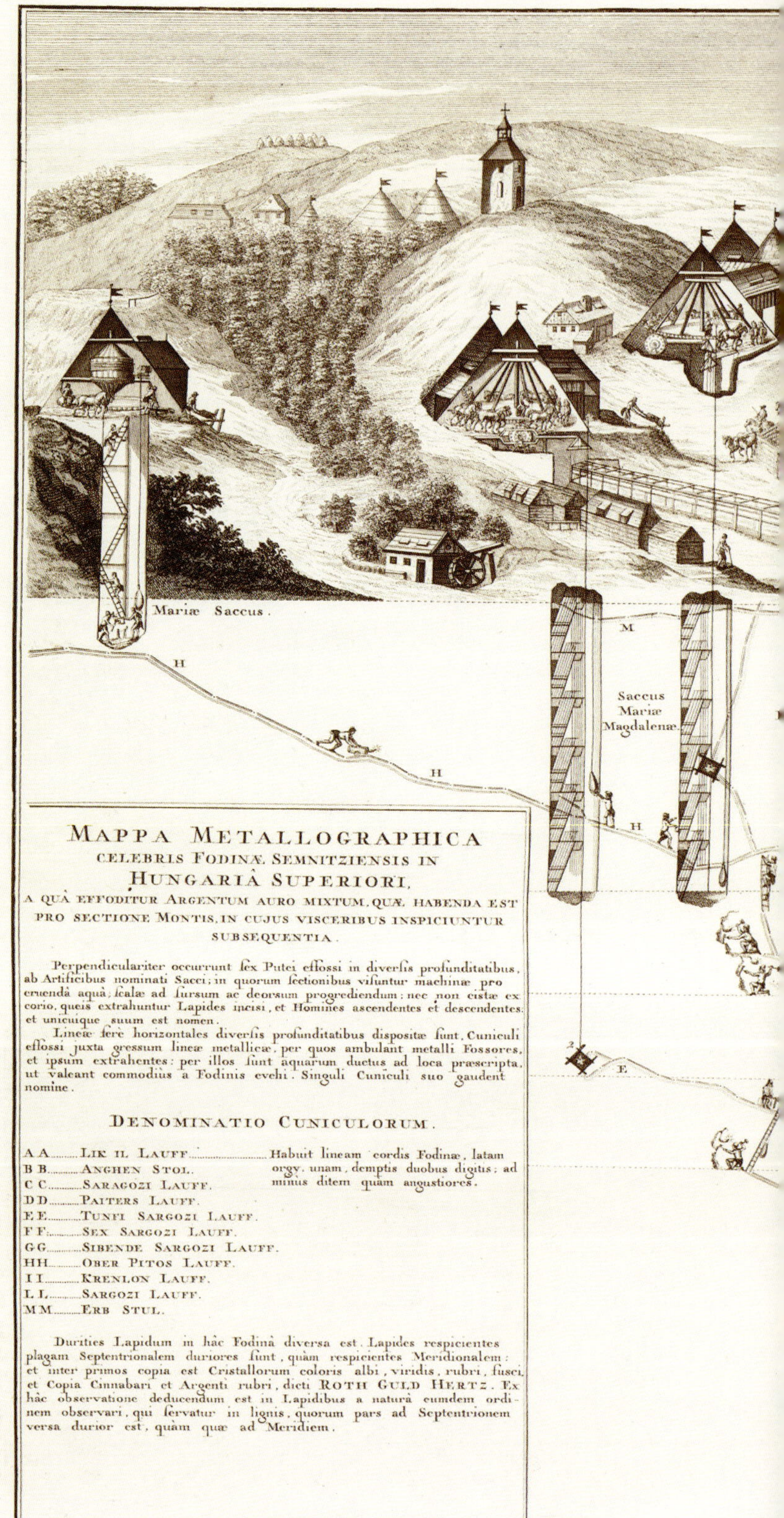

右图　这座银矿内部的通道（大致呈水平分布）沿着矿脉延伸，采集的矿石被装在皮革袋里，用推车送往各个竖井，接着利用巧妙的装置、马匹或工人推动轮子把矿石拉到地面上

TOM. III. TAB. X.
Saccus Caroli.
Saccus Josephi.
Saccus Leonoræ.
Saccus Hospitalis.
Saccus Viridis.
Saccus Ferdinandi.
ANGHET
CLUFT
ERTZ
LIGHENT aut GUARZ
Explanatio Sectionis portiunculæ unius ex istis Cuniculis ſignata
Figuræ demonstrant quomodo Fossores abscindant lineam metallicam, dictam HERTZ, et quomodo materiam metallicam educant, et quomodo lumen inferant in obscuritatem Cuniculi.
Pars superior, denominata ANGHET, ex duro Lapide.
Linea arenosa, humefacta, dicta CLUFT. HERTZ, ſeu Cor metalli.
Pars inferior Cuniculi, dicta LIGHEN, aut GUARTZ.
4.4. Parvulus ductus excavatus in durissimo lapide GUARTZ, qui congregat aquas Cuniculi, et etiam extrahit ope quorumdam ductuum ligneorum.

美国工厂地图

20 世纪初美国工业繁荣时期的工厂内部图景

绘制于 1894—1950 年
来源于 桑伯恩地图公司

19 世纪末，美国铁路蓬勃发展，伯利恒钢铁公司靠着钢铁锻造起家。在短短几十年中，该公司为美国的工业化和城市化浪潮做出了巨大贡献。它的生产范围非常广，从美国海军的枪械船只，到世界第一座摩天轮上重达 45 吨的轮轴。芝加哥的多座摩天大楼和金门大桥也是用伯利恒钢铁建造的。

这几张 20 世纪早期的地图描绘了独特的细节，让我们得以一窥伯利恒钢铁厂等美国标志性工业厂区在鼎盛时期的内部状况。这些地图是为消防保险公司制作的，保险公司据此评估这些建筑物和设施的承保风险，以及保险费率。

下面这幅 1912 年的地图是宾夕法尼亚州东部利哈伊河沿岸的伯利恒钢铁大型厂区。地图显示，当时该厂雇用了 12 000 人，实行轮班作业。铁路运来了原料，又运走了成品。其中还提到了鼓风炉和铸造厂的规格，并用不同颜色代表不同机械车间的建筑材料，有些车间看起来专门制造炮弹、装甲板和桥梁部件。因为这些炉火和熔融金属，该公司自己设立了一个约 150 人的消防部门，保险代理人看到应该感到非常欣慰。

这些地图是由桑伯恩地图公司的一名勘测师丹尼尔·阿尔弗雷德·桑伯恩于 1866 年绘制的。该公司至少勘测了美国 13 000 个城市和城镇，测量人员进入大街小巷，测量各个建筑物的尺寸，并记录下建筑材料。他们还深入工厂和商业建筑内部进行检测，不放过任何易燃材料及有（无）洒水系统等相关细节。

测量师桑伯恩及其他地图绘制者谨遵严密保管公司资料的守则，有明确的寻找对象，以及规定的地图绘制和着色方法。虽然地图上没有署名，但从标题页上的花字可以看出他们的艺术造诣，比如第 165 页的地图，出自其 1894 年绘制的大西洋中部地区威士忌仓库地图册。

桑伯恩地图公司为很多大城市专门绘制了地图集。单册可达 20 厘米厚，重量将近 14 千克。保险公司会租一套所在地的地图集，桑伯恩地图公司的员工将定期来访并更新地图集，在地图上贴纸条，表示新修建筑或更改某栋原有建筑的信息。这些纸条采用特定的编排方式：每张附有地图上的位置信息，并用微小标记来确定其在页面上的粘贴位置（右页图）。

火险地图业务在 20 世纪 50 年代开始衰退，因为保险公司改用统计方法来

本页及右页图　这些地图出自 1912 年的火险地图集（下图），展示了伯利恒钢铁公司鼎盛时期的情景。不同的颜色对应不同的建筑材料：蓝色代表混凝土，红色代表砖块，黄色代表木材。右页的局部图描绘了从矿井中提取金属的鼓风炉（右页上）和工厂内部的几个机械车间，包括炮弹锻造车间（右页下）

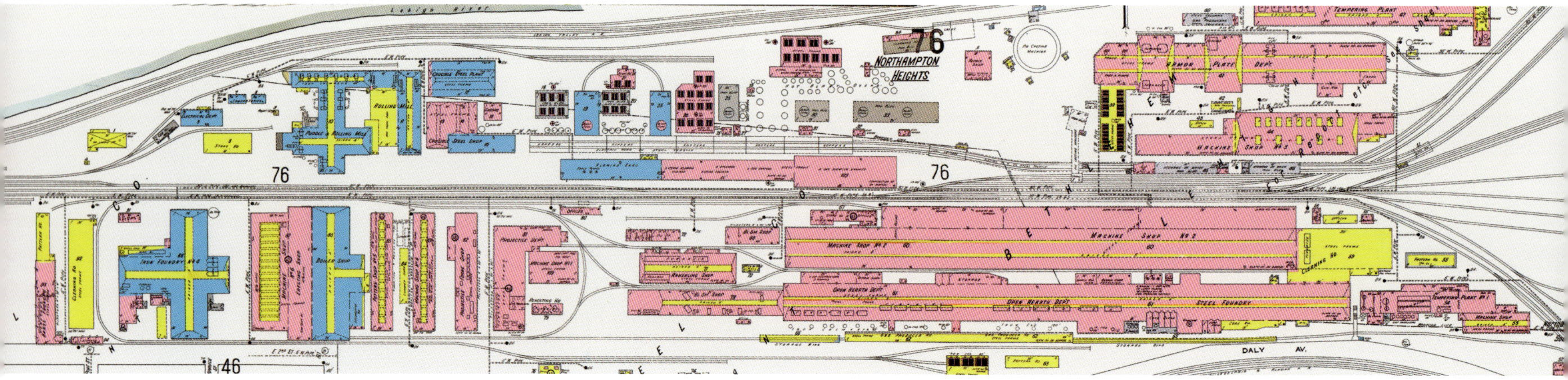

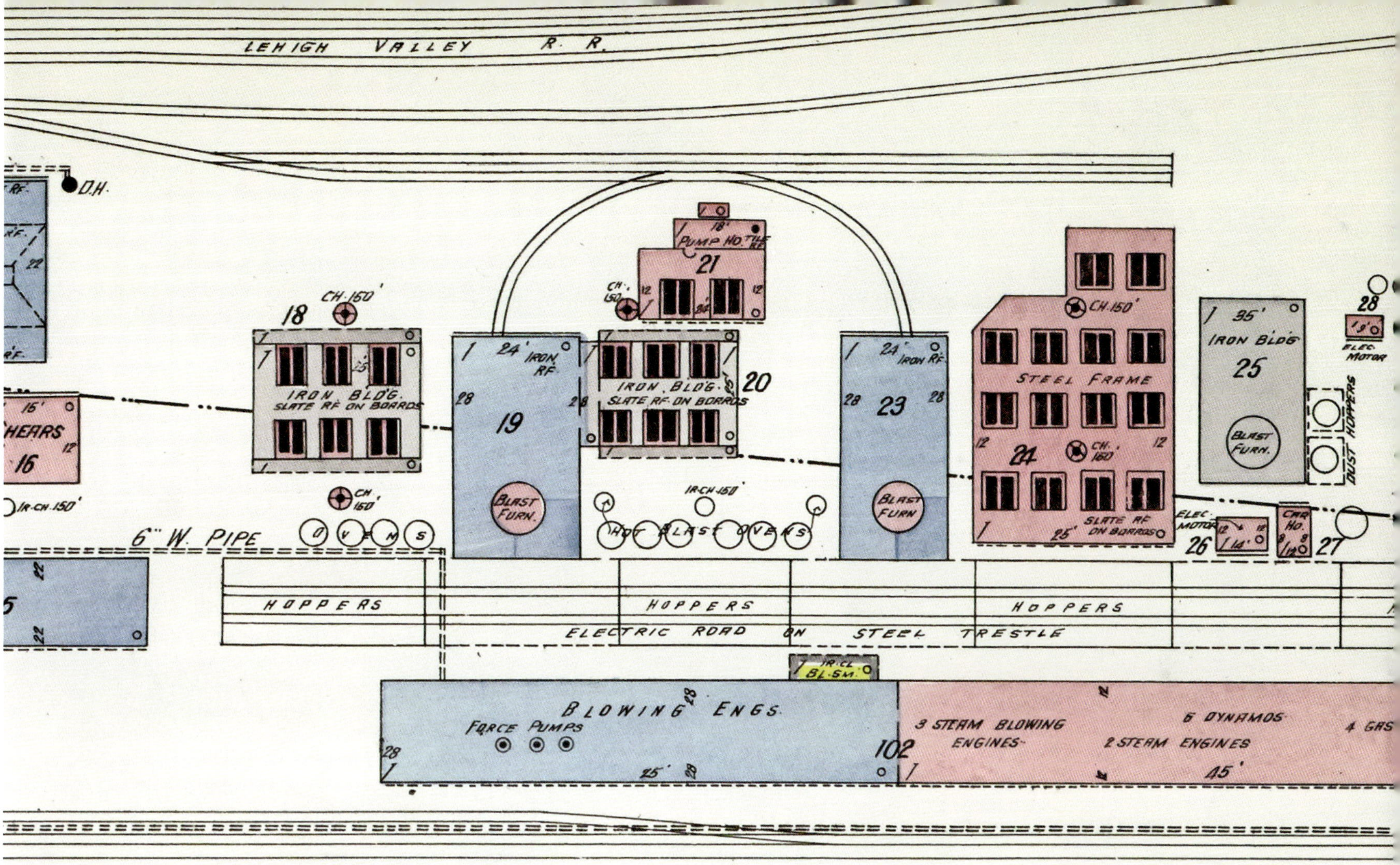
LEHIGH VALLEY R. R.
IRON BLD'G. SLATE RF ON BOARDS
PUMP HO.
IRON BLD'G. SLATE RF ON BOARDS
BLAST FURN.
HOT BLAST OVENS
STEEL FRAME
SLATE RF ON BOARDS
IRON BLD'G
BLAST FURN.
DUST HOPPERS
SHEARS
6" W. PIPE
OVENS
HOPPERS
HOPPERS
HOPPERS
ELECTRIC ROAD ON STEEL TRESTLE
BLOWING ENGS.
FORCE PUMPS
3 STEAM BLOWING ENGINES
6 DYNAMOS
2 STEAM ENGINES
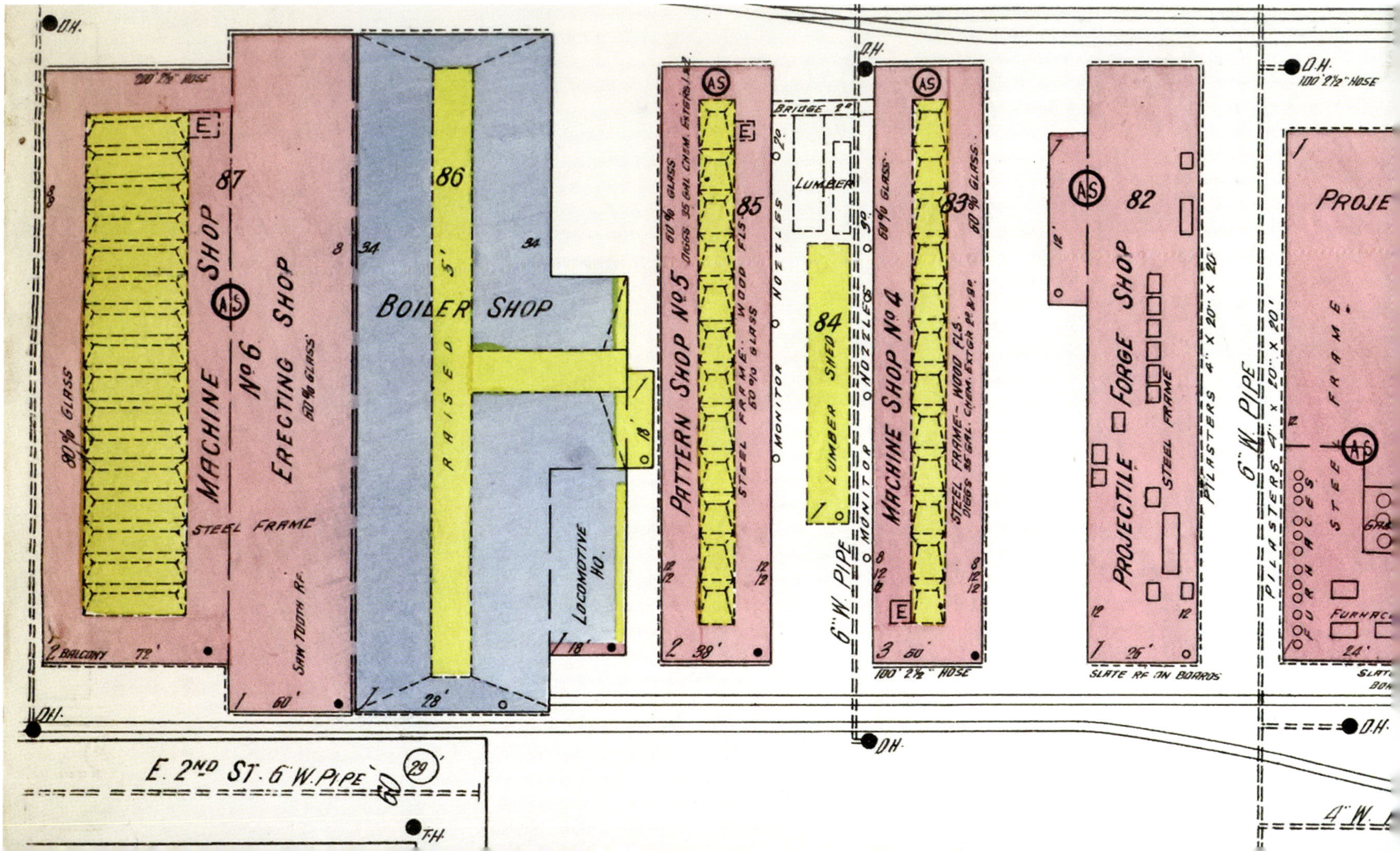
MACHINE SHOP No 6
ERECTING SHOP
80% GLASS
STEEL FRAME
SAW TOOTH RF.
BOILER SHOP
RAISED 5'
LOCOMOTIVE HO.
PATTERN SHOP No 5
STEEL FRAME WOOD FLS.
LUMBER
LUMBER SHED
MONITOR
NOZZLES
MACHINE SHOP No 4
STEEL FRAME - WOOD FLS.
PROJECTILE FORGE SHOP
STEEL FRAME
SLATE RF ON BOARDS
PILASTERS 4' x 20' x 20'
6" W. PIPE
6" W. PIPE
E. 2ND ST. 6" W. PIPE
PROJE
FURNACES
STEEL FRAME

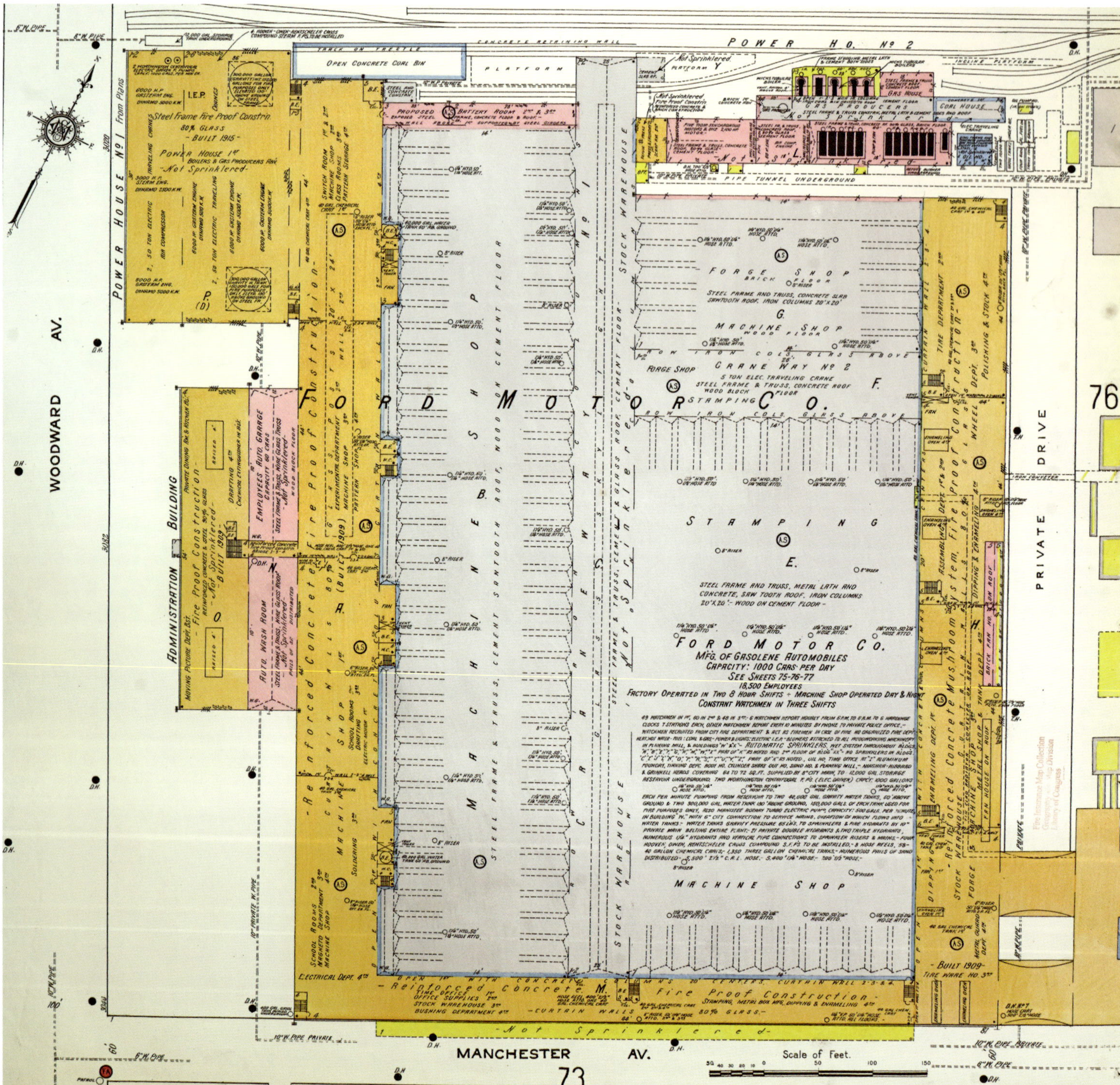

上图　亨利·福特位于密歇根州高地公园的汽车工厂在1910年开业，它是工业效率创造的奇迹（显示在1915年的桑伯恩地图上）。巨大的窗户和开阔的平面规划提供了丰富的自然光，机器可以密集摆放，减少了工人不必要的动作

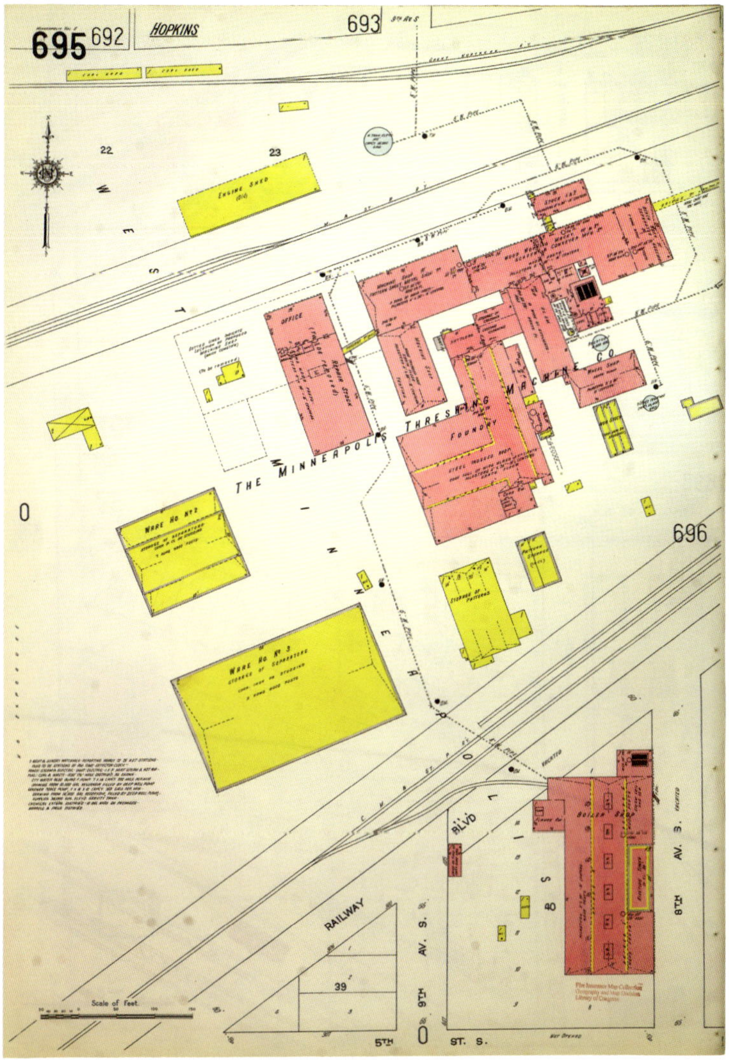

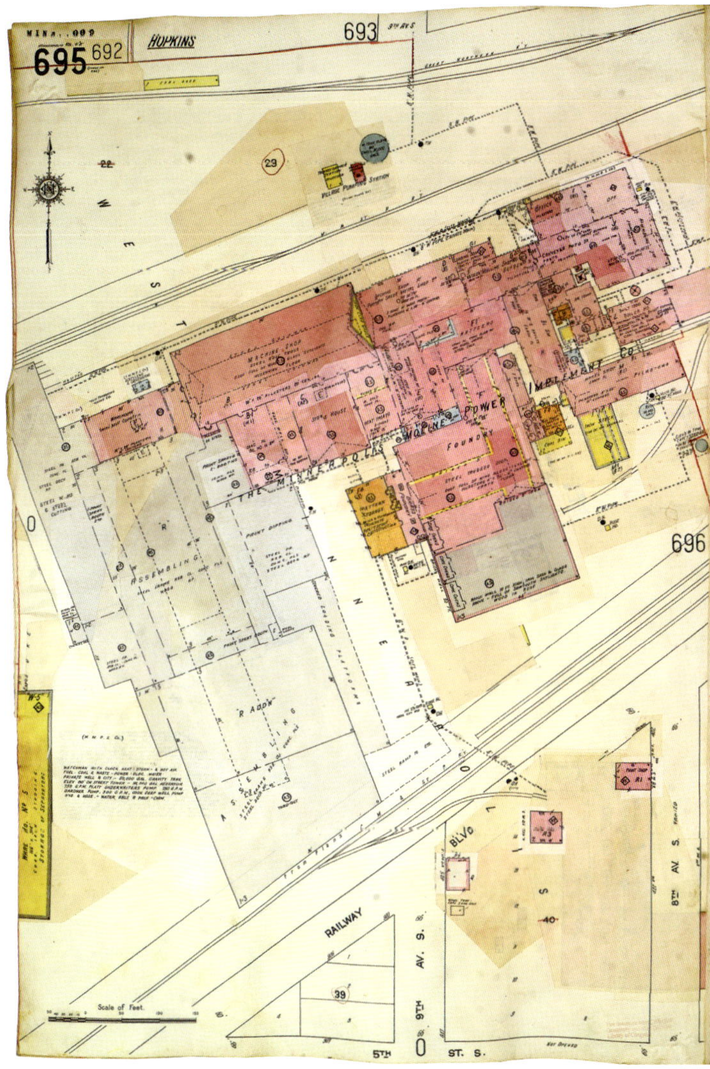

估计风险，不用再对每栋建筑进行详细评估。但这些老地图仍然是城市地理学家和历史学家，或其他想了解某地变迁情况的人的兴趣所在。

伯利恒钢铁厂于 1995 年关闭，伯利恒钢铁公司几年后申请了破产。如今，原厂址已经成为一家艺术娱乐场馆。只有两座鼓风炉还留在原地，70 米的烟囱高高矗立，昭示着这里的工业历史。

上图 位于明尼苏达州霍普金斯市的明尼阿波利斯－莫林公司在 1912 年（左）至 1950 年（右）快速扩张，向美国农民提供拖拉机等机械设备。后一张地图上的暗色轮廓就是桑伯恩地图公司人员在地图上粘贴纸条的地方，目的是更新上一版地图中新建或拆除的建筑物

左图 地图册的标题页花饰充分显示了桑伯恩地图公司绘图员的艺术水准，比如这本 1894 年的地图册涵盖了宾夕法尼亚州、西弗吉尼亚州、马里兰州、新泽西州和纽约州的威士忌仓库。所有地图严格遵循了一致性的规定，但标题页各有千秋

飞行的娱乐方式

从早期的商业航班地图中感受浪漫与冒险

绘制于 20 世纪 20 年代
来源于 英国航空公司

对那些足够有钱的人来说，20 世纪上半叶可以尝试一种新奇刺激的旅行方式：乘坐商业航班飞上天空，旅途时间被大大缩减。比如，伦敦人可以乘飞机去巴黎过个周末。

“航空飞行是一种颠覆性的旅行方式，”英国航空历史文物中心主管兼作家保罗·贾维斯说，“带有一丝神秘冒险的气氛。”

随着航空业的发展，地图成了一种重要的广告工具，引发了公众即刻到达异地的欲望，同时将这种游览世界的新型方式浪漫化。

贾维斯说，1918 年一战结束后，许多飞行员闲了下来。其中一些人决定受雇于公司，于是一些小型航空公司，利用旧军用飞机组成机队开始发展。1924 年，英国政府收购了其中经营最好的四家，合并为帝国航空，这也是今天英国航空公司的部分前身。

早期的航空广告强调豪华和舒适，并与人们更为熟悉的船舱进行比较（第 168 页下图）。和船上一样，飞机上的厨房也叫作厨舱。贾维斯在其 2016 年的《航线地图》一书中写道：“20 世纪 30 年代的大型飞机上甚至还有甲板，乘客可以在上面散步社交，还能透过舷窗看到几百米以下的地面景色慢慢掠过。”

“起初，飞行专属于富人，或者政府公务员、军方和商人。”贾维斯说。有能力乘坐飞机的人已经习惯了布置豪华的火车车厢，于是期待飞行时也能有类似的设施。例如，在飞机内部使用红木贴面，模仿普

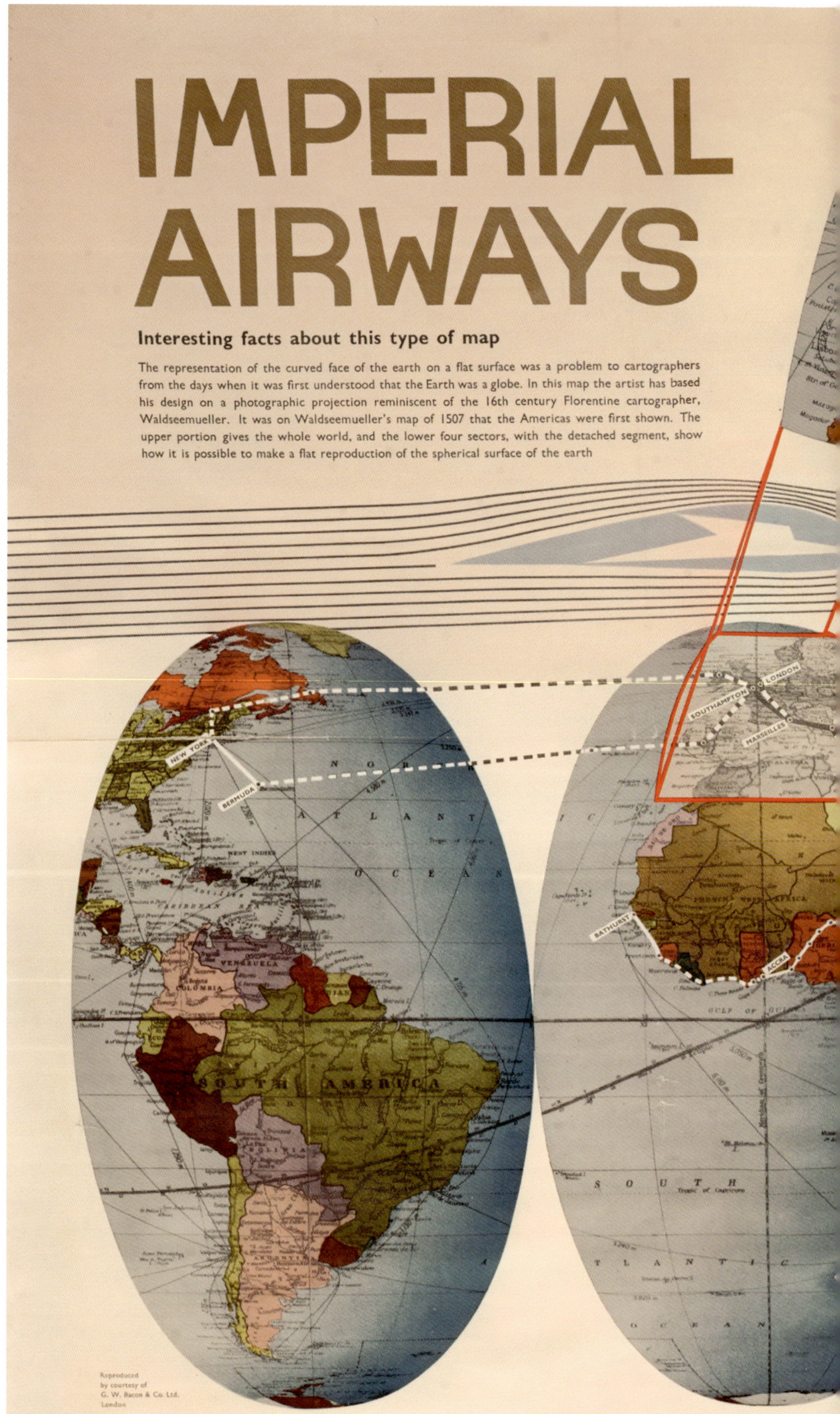

右图　可以根据这张帝国航空公司 1938 年的航线图上一堂制图课：图中使用了 16 世纪的制图师马丁·瓦尔德泽米勒提出的投影法，将地球扁平化展示

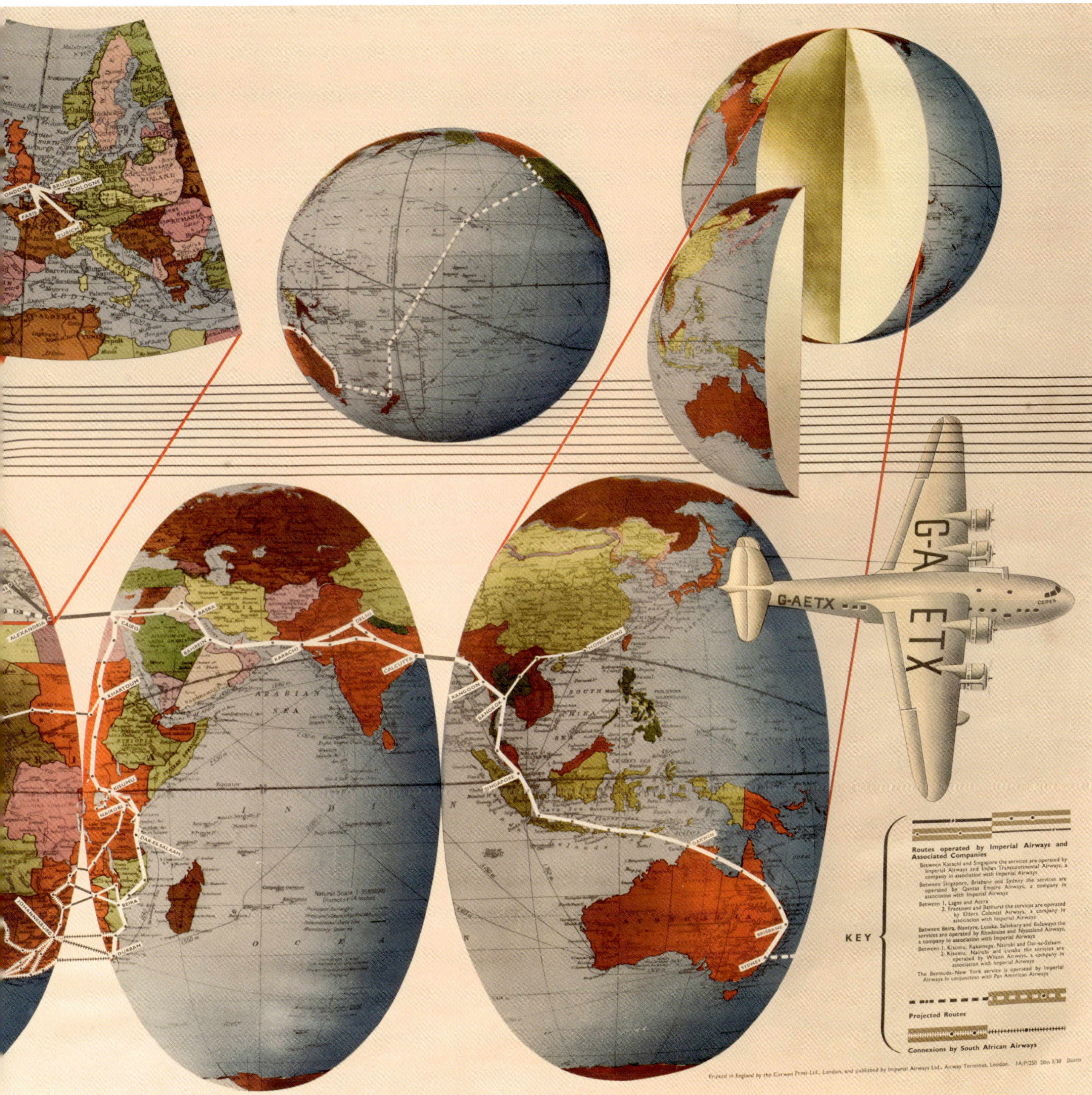
G-AETX
CERES
KEY
Routes operated by Imperial Airways and Associated Companies
Between Karachi and Singapore the services are operated by Imperial Airways and Indian Transcontinental Airways, a company in association with Imperial Airways
Between Singapore, Brisbane and Sydney the services are operated by Qantas Empire Airways, a company in association with Imperial Airways
Between 1. Lagos and Accra 2. Freetown and Bathurst the services are operated by Elders Colonial Airways, a company in association with Imperial Airways
Between Beira, Blantyre, Lusaka, Salisbury and Bulawayo the services are operated by Rhodesian and Nyasaland Airways, a company in association with Imperial Airways
Between 1. Kisumu, Kakamega, Nairobi and Dar-es-Salaam 2. Kisumu, Nairobi and Lusaka the services are operated by Wilson Airways, a company in association with Imperial Airways
The Bermuda-New York service is operated by Imperial Airways in conjunction with Pan American Airways
Projected Routes
Connexions by South African Airways
Printed in England by the Curwen Press Ltd., London, and published by Imperial Airways Ltd., Airway Terminus, London. IA/P/250 20m 5/38 Stuarts

B·O·A·C
WORLD AIR ROUTES
EASTERN HEMISPHERE
PACIFIC OCEAN
ATLANTIC OCEAN
INDIAN OCEAN

AN IMPERIAL FLYING-BOAT
SPEED WITH SPACIOUS COMFORT
SMOKING ROOM · PROMENADE DECK · 4 ENGINES
IMPERIAL AIRWAYS
EUROPE · AFRICA · INDIA · THE FAR EAST · AUSTRALIA · U.S.A.

上图 这张 1938 年的海报出自艺术家詹姆斯·加德纳，这是一幅艺术化的航线图，灵感可能来源于哈里·贝克 1933 年绘制的伦敦地铁图

左页图·上 这张 20 世纪 50 年代的地图上画着骆驼、袋鼠和异国装扮的人，目的地是亚洲、非洲和澳洲

左页图·下 早期的航空广告强调豪华和舒适，并用人们更为熟悉的船舱进行比较，比如这张 1937 年左右的广告

尔曼火车车厢里的实心红木家具。人们乘机时会精心打扮。“男性会穿上西装、有领衬衫，再打上领带。”贾维斯说。

早期的飞行时长在今天看来可能慢得离谱，但在当时已经算快得惊人。一份 1935 年帝国航空公司的时刻表列出了从布鲁塞尔到刚果的九个停靠站点，其中有几段旅程需要乘坐火车。广告中声称整趟旅程共需四天半，但贾维斯认为至少要花五天的时间。“机票钱涵盖所有酒店、转乘及餐饮费用。”他说。

20 世纪 20 年代和 30 年代搭乘飞机也较为危险。贾维斯在英航收藏品中发现了一张地图，上面描绘了山丘等地标，如果飞行员在开罗和巴格达之间的沙漠上需要迫降时，可以用来识别具体方位。地图上还标出了一些状况恶劣的道路，如“石头很多，非常难走”，暗示救援会到得很慢。

第二次世界大战期间，欧洲的商业航班全部停飞。贾维斯说，英国的航空公司转由军方接管，用于执行军事任务，比如将驾驶军机前来支援欧洲盟军的美国和加拿大飞行员送返回国。冷战也产生了一些影响，20 世纪 70 年代，苏联严格管控柏林三个机场的进出航班。当时的一张地图上有几条细线表示允许飞行的路线，除此之外的路线全部被封锁了。

20 世纪上半叶的航空地图上加入了那个时代的艺术装饰元素和其他艺术运动的特征。许多作品出自知名艺术家和设计师之手，比如 20 世纪 20 年代和 30 年代初德国包豪斯艺术设计学院的领军人物拉兹洛·莫霍利·纳吉。

今天，你在商业飞机的座椅后背口袋里看到的地图就没有这种情怀了。就算是没有经历过那个年代的人也很容易会产生缅怀之感，怀念从前不用排大长队、搜身安检的日子。

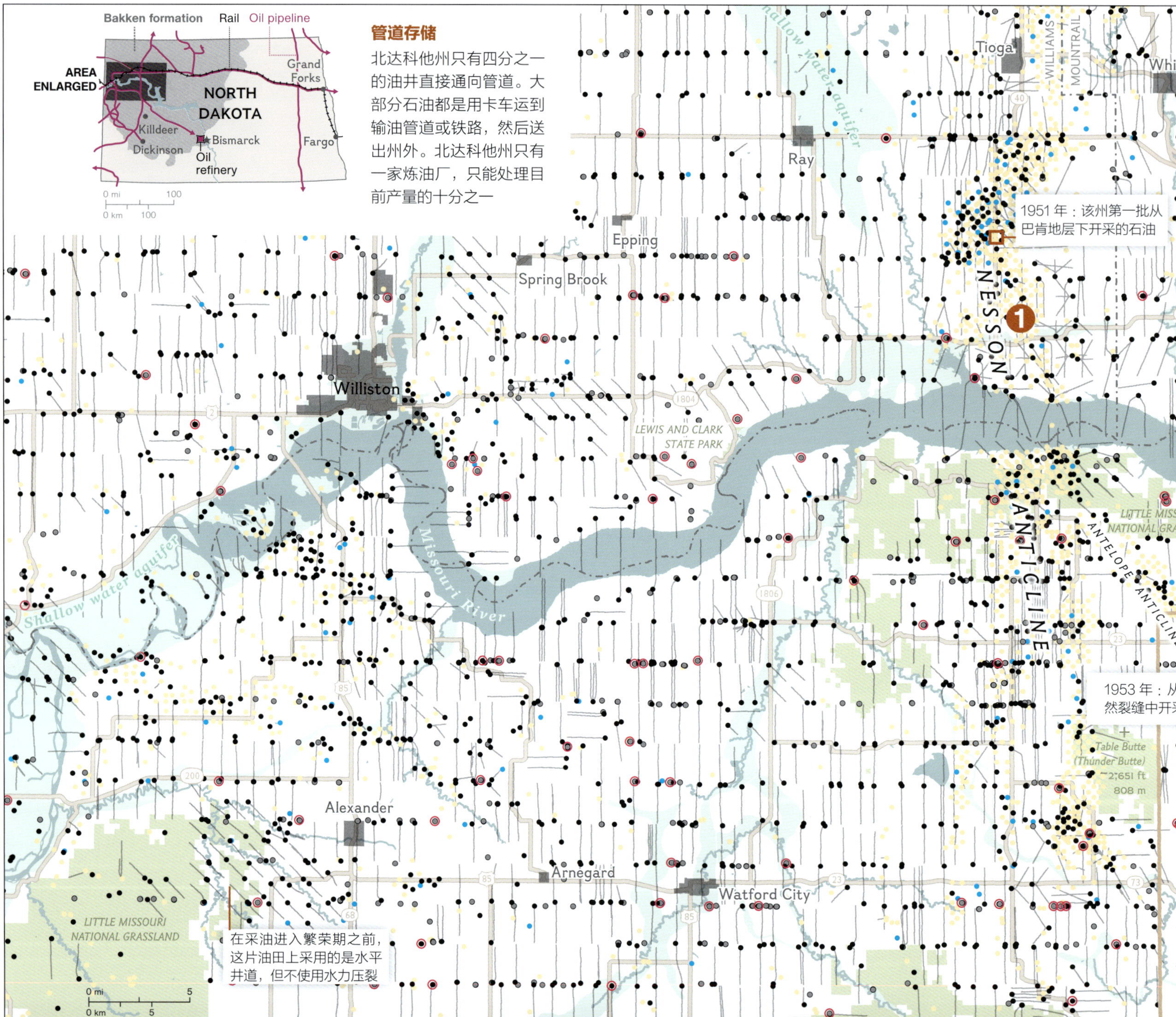

管道存储

北达科他州只有四分之一的油井直接通向管道。大部分石油都是用卡车运到输油管道或铁路，然后送出州外。北达科他州只有一家炼油厂，只能处理目前产量的十分之一

草原钻井

如果地球是透明的，你会在北达科他州西北部的高空中看到这种景象，这里分布着 3 000 多口活井，管道下挖近 3 千米之后向水平方向延伸两三千米，穿过一层称为巴肯地层的页岩层。这张地图上的线条显示了利用水力压裂法的水平管道。

井

- ○ 钻井
- □ 钻机
- • 活跃油井
- • 非活跃、干涸或废弃油井
- • 水力压裂液体排放井

俯视图（参见地图）

井口 □ 水平管道，3 千米深

侧视图

□ 地表

水平管道，3 千米深

1 尼森背斜层 20 世纪 50 年代早期的传统钻井主要集中在这条南北地带，那里的储油层沿着拱形地质结构形成，称为背斜层，很难开采

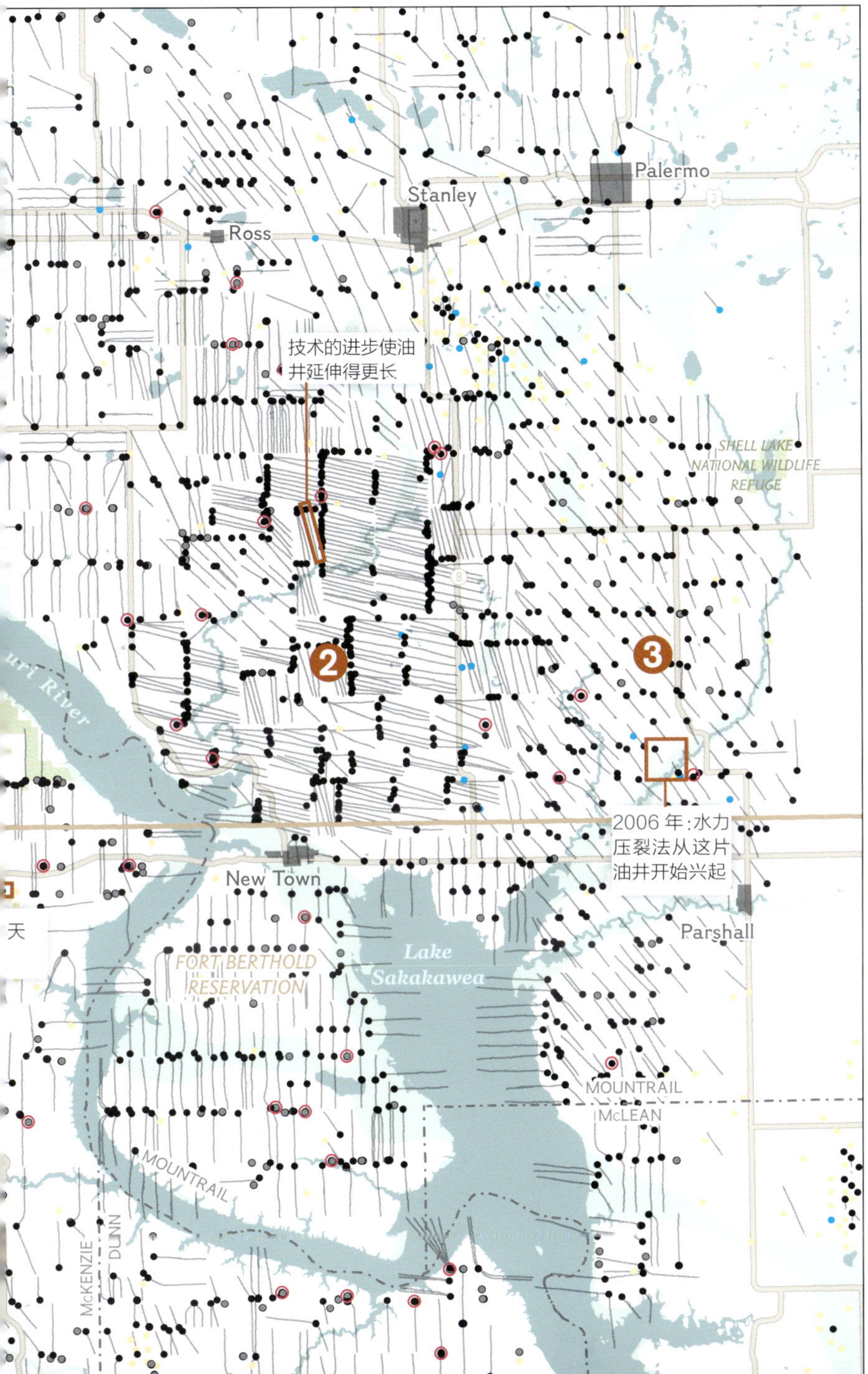

2 萨尼斯采油区 水力压裂技术的进步促使该地区在钻井时采用更长的水平管道，减少了地表所需的钻井平台的数量

3 巴歇尔采油区 该地区多采用较短的水平管道。2006 年第一次在巴肯地层采用大规模水力压裂法，持续了发展良好的势头

五平方千米倾斜

二点五平方千米倾斜

地下蓄水层

国家草原区或野生动物区

弗吉尼亚 W. 梅森，国家地理杂志职员
数据来源：北达科他州矿产资源部（数据截至 2012 年 12 月 3 日）；北达科他州地质调查；北达科他州管道管理局；IHS 能源

水力压裂法的热潮

把北达科他州的地下财富挖掘出来

绘制于 2013 年
来源于《国家地理》杂志，金妮 · 梅森

2013 年，北达科他州每天从巴肯地层抽取 80 多万桶石油，这片岩石层有 3.5 亿年的历史，位于北达科他州西北部的地下 3 千米左右。这张地图出自《国家地理》杂志 2013 年 3 月刊，揭示了草原地下规模庞大而不为人知的活动。

这张地图发布的十多年前，水力压裂法（或压裂法）这种钻井技术取得了进步，再加上高油价，以及美国减少国外化石燃料进口的趋势，所以即使这种开采技术被认为有影响气候和当地环境的风险，但还是成了美国化石燃料生产的重要方法。水力压裂法通过高压将特殊混合液灌进岩石，致使岩石开裂，混合液中的沙砾会卡在裂缝里，把裂缝撑至石油或天然气可以流过，然后从岩石中开采出来。

石油公司采用了全新的定向钻探技术，垂直钻入巴肯地层，然后转向水平方向 90 度，再钻两三千米，尽可能让岩层裂开。这种技术使得北达科他州 2015 年和 2017 年的石油日产量高达 100 多万桶。在地图上，这些水平通道由圆点延伸出的线条表示，圆点代表了当时北达科他州威利斯顿地区巴肯地层下的油井。制图师金妮 · 梅森利用不同的油井标志描绘出油田随着时间的演变过程。

地图上 1 号附近的密集圆点代表着 20 世纪 50 年代的传统式油井，这些油井挖出的是汇集在拱形岩层下容易开采的石油。3 号附近延伸出短线的油井是 2006 年左右开采热潮早期的压裂井。2 号附近的密集长线反映了技术的进步使油井延伸得更长，从而降低了开采成本，并使地表空间更少受到钻井平台的破坏。

梅森说，由于这个主题既复杂又充满争议，制作这张地图最难的部分是获取相关资料，再用清晰、易懂且准确的方式呈现出来。

左图 在这张北达科他州西北部的地图上，每个圆点都代表一口油井。从这些圆点延伸出的线条描绘了用水力压裂法开采石油产生的横向钻井

茶叶振兴世界

巧妙的广告地图让英国茶业走出低潮

绘制于 1940 年
来源于 斯坦福大学图书馆大卫·拉姆齐地图收藏中心

英国的茶产业在经济大萧条结束之际陷入困境。当时物价飞涨，国内供大于求。茶叶生产商需要开拓市场，对于印度和斯里兰卡等地的英国茶叶种植户来说，非洲看起来大有商机：整个非洲大陆还没有出现过茶叶。

于是出现了这张介绍茶叶的地图，这张地图是英国贸易机构国际茶叶市场发展局的一个宣传方式。该机构聘请了平面设计师麦克唐纳（麦克斯）· 吉尔，他的代表作是一幅明快俏皮的地图，让伦敦人忍俊不禁并且不再抱怨地铁的问题。吉尔的茶叶地图出版于 1940 年，同样富有趣味，充满细节。

“位于亚马孙河上游 1 600 千米的客运班轮可以为乘客提供茶水。”巴西横幅的上面写道。另一条横幅写道：“英国海军每天喝两吨茶”。每个“茶”字都用了大写字母，仿佛在吆喝一样。有些地方引述了诗人和作家描绘茶叶优点的佳句，还标出了进出口量最多的国家和统计数据。红色的标题概括了一切：“茶叶振兴世界”。

“这张地图真的很神奇。”加利福尼亚大学圣巴巴拉分校的历史学家艾瑞卡·拉帕波特说。拉帕波特在她 2017 年的著作《帝国之渴：茶如何塑造现代世界》中写道，为了在非洲推广茶叶，促销商将吉尔的地图打印成 3 米 × 6 米的海报。“他们开着货车四处跑，然后架起小摊，向人们介绍茶叶和泡茶的方法。”她说。

这张地图上加入了许多关于非洲的细节（“贝都因人说骆驼、枪支和茶叶是生活三要事”），但中国作为茶的发源地，拥有最古老的茶文化，却只在地图上显示了寥寥几件事。拉帕波特说，这可能是有意为之，因为中国的茶叶价格较低，可能会威胁到英国茶产业的市场竞争力。换句话说，这些看似偶然的事情可能与中国茶叶的价格有关。

本页图　在这张麦克斯·吉尔 1940 年为国际茶叶市场发展局绘制的地图上，描述的细节信息都很有趣，但难以核实，比如“英国海军每天喝两吨茶”“茶是班图人最爱的饮品”。完整地图（右图）左下方的书卷图案上列出了种植和进口茶叶的国家，还显示了全世界每年喝掉 3000 亿杯茶

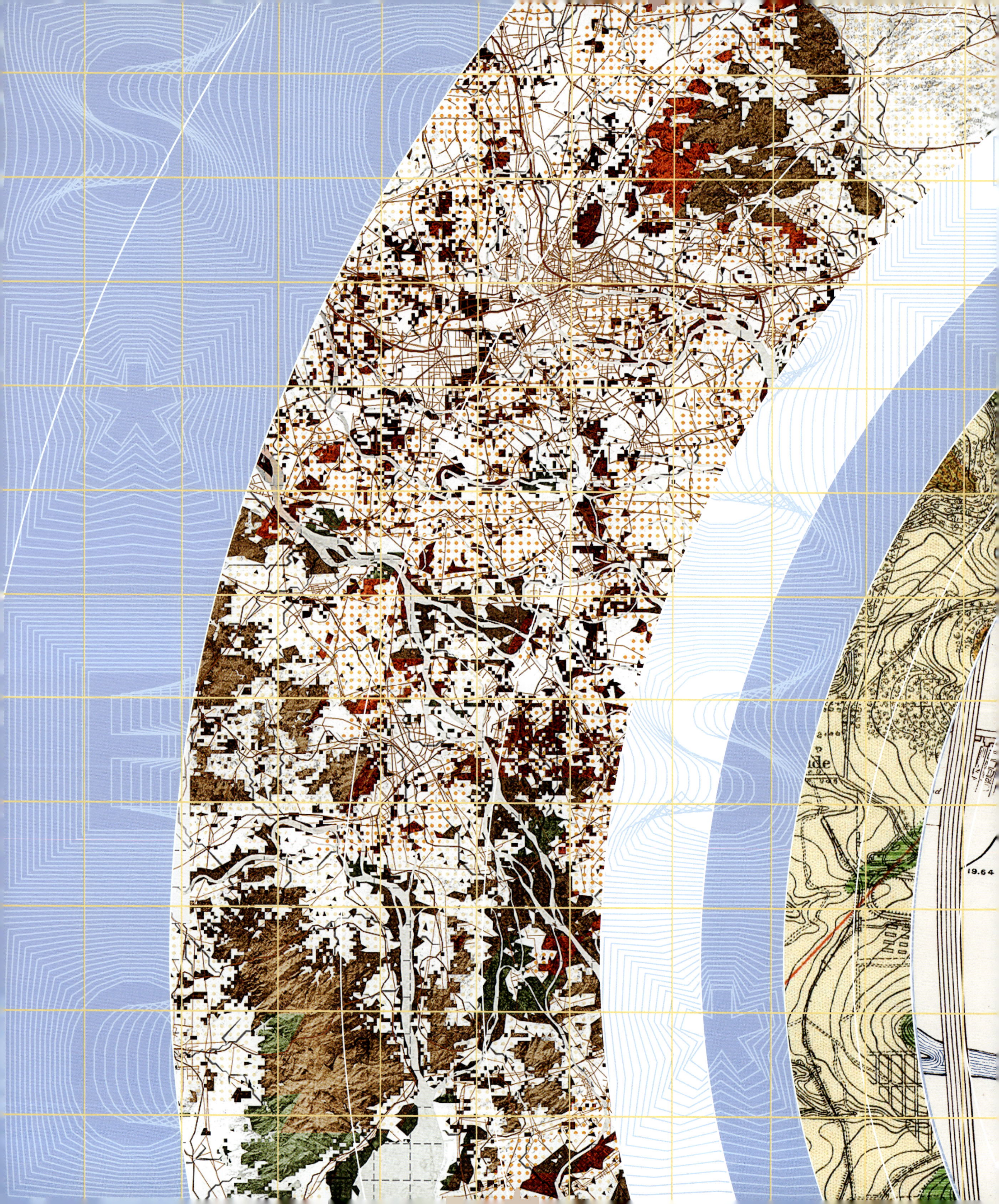
19.64

科学

6. 科学

科学地图的魅力

空间和时间是许多科学领域的本质问题，从进化论、海洋学到粒子物理学都是如此，所以科学研究需要大量地图。有时科学家用地图来辅助阐释，偶尔会有出奇效果。有时研究人员需要用地图来找寻答案。而对于一些研究来说，地图本身就是科学。本章包含了一些科学地图的优秀范例，它们或引人入胜，或制作精美，甚或两者兼而有之。

19 世纪美国海军军官马修·方丹·莫里的地图是海洋学的起源，他绘制的海风和洋流图为海上航行提供了巨大帮助（第 203 页）。一个世纪后，玛丽·萨普追随着莫里的脚步，绘制了精美详细的世界海底地图，改变了人们对地球上这个广阔而未知的区域的认识（第 182 页）。现代流行病学也起源于 19 世纪描绘疾病传播路径的地图，指出了传染病的可能起因（第 178 页）。

地质学或许是与地图学联系最为紧密的科学领域。1906 年旧金山发生了一场地震，随后地质学家绘制的地图带来了开创性的科学发现（第 192 页）。地图还是科学家们解读月球、火星等其他星球表面的得力工具（第 200 页）。

从这些出于科学研究的目的而制作的地图可以看出，进步往往来自人们对事物空间关系的全新理解，因为这类地图不但富有趣味性，还深具启发性。

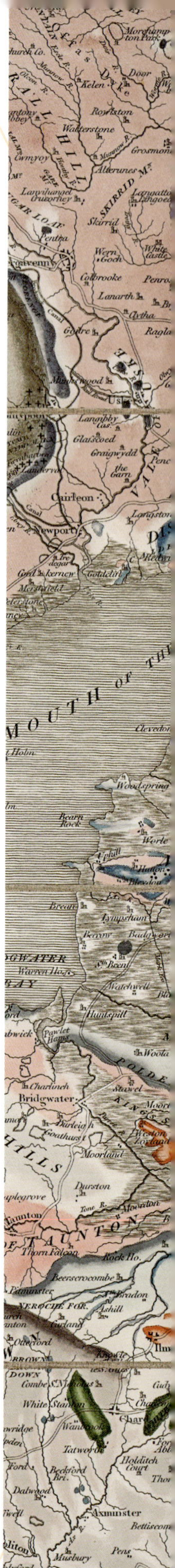

一门科学的诞生

（1815 年，斯坦福大学图书馆）

18 世纪末，一位名叫威廉·史密斯的测量师注意到，在英国许多地方，不同种类的岩石往往按相同的顺序产生分层，他还发现通过化石可以辨别出特定的岩石单位。史密斯花了 25 年制作出了英国第一批地质地图。他用不同的颜色代表岩石单位，用深色阴影代表岩石层的底部，参见他绘制的这张英格兰西南部岩石层地图的截取部分。

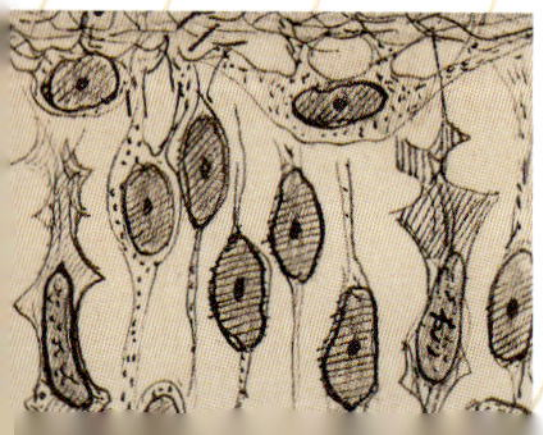
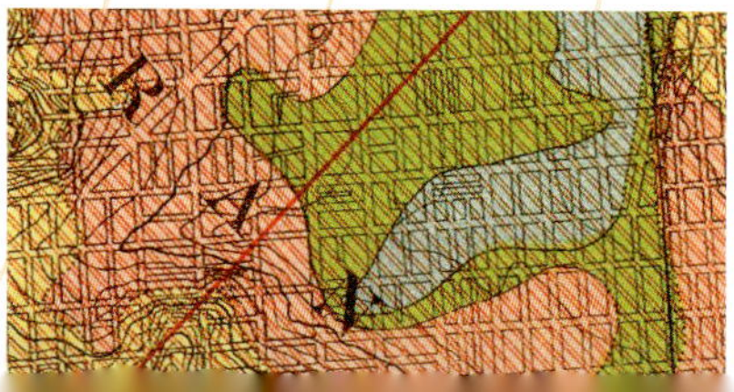

Tewksbury
Cheltenham
Gloucester
Stroud
Cirencester
Bicester
Oxford
Abingdon
Wantage
Chepstow
Bristol
Marshfield
Chippenham
Malmsbury
Swindon
Marlborough
Hungerford
Newbury
Reading
Devizes
Melksham
Bradford
Westbury
Frome
Warminster
Basingstoke
Whitchurch
Andover
Stockbridge
Amesbury
Salisbury
Winchester
Alresford
Romsey
Southampton
Shaftsbury
Sherborne
Yeovil
Ilchester
Glastonbury
Langport
Somerton
Wincanton
Gillingham
Fordingbridge
Ringwood
Lymington
Christchurch
Wimborn Minster
Blandford Forum
Wareham
Poole
Dorchester
Bridport
Melcomb Regis
Cerne Abbas
Portsmouth
Gosport
Fareham
Havant
Newport
Isle of Wight
Lambourn Downs
Ilsley Downs
Marlbro Downs
Salisbury Plain
Vale of Pewsey
Vale of White Horse
Cotswold Hills
New Forest
Dorsetshire Downs
Wareham and Poole Heaths
Isle of Purbeck
Studland Bay
The Needles
Spithead
Vale of Wardour
Hampshire Downs
Buckingham
Thame
Witney
Burford
Northleach
Tetbury
Dursley
Newent
Minchin Hampton
Cricklade
Highworth
Kingsclere
Lechlade

疾病地形学

19 世纪的医生绘制的霍乱致死人数图示

绘制于 1856 年
来源于 普林斯顿大学图书馆

1831 年，英国暴发了霍乱，数以万计的人在一波波严重疫情中丧生。当时霍乱的致死率高达 25%，染病者通常在数天内就会病发身亡。当时有一种理论得到很多科学家的认同，即流行病的起因是多数大城市上空弥漫的污浊空气，或称瘴气（来自露天化粪池、未经处理的污水和腐烂的垃圾）。直到 1854 年，一位年轻的英国医生约翰·斯诺记录下了伦敦附近的霍乱暴发情况，人们才开始改变看法。

故事是这样的，斯诺仔细地标绘了患者的居住地址，结果显示死者主要集中在苏活区宽街的一个公共水泵周围（第 180 页）。通过询问患者家属，斯诺发现几乎所有的霍乱病例都能追溯到那个水泵，支持了他认为霍乱是一种水源性疾病的理论，并因此说服地方当局拆掉了泵柄。这个故事已经成为传奇，斯诺的地图也常被称为地图学和流行病学史上的突破之作。

斯诺的显著成果推动了科学进步，他的地图至今仍是医学地图的光辉典范。但直到 1858 年，斯诺去世后很久，他的理论才得以证实，斯诺的地图被誉为历史的转折点。“他的地图已经成为经典，而斯诺本人几乎是一个神话般的人物。”医学地理学家汤姆·科赫在《疾病地图学》中写道，“因此，很少有人注意到与斯诺同时代的人并不相信他的理论，体现了他的论题在当时时代背景下的局限性。”

除了斯诺之外，还有人也绘制了 1854 年的霍乱暴发地图。亨利·温特沃思·阿克兰医生描绘了牛津的疫情扩散路径，当年那里有 290 名患者。阿克兰将研究成果汇成 170 页的《牛津霍乱回忆录》和一张随书附图（右图）。科赫说：“（这本书）也许是当时针对一种城市疾病最为全面的研究成果。”

一些专家认为阿克兰的地图比斯诺的更有说服力，部分原因是其广度和深度。同时阿克兰的研究还有一个显著优点：其结论符合已有几百年历史的流行疾病理论。而斯诺提出的水源性疾病理论违背了当时的主流观点。

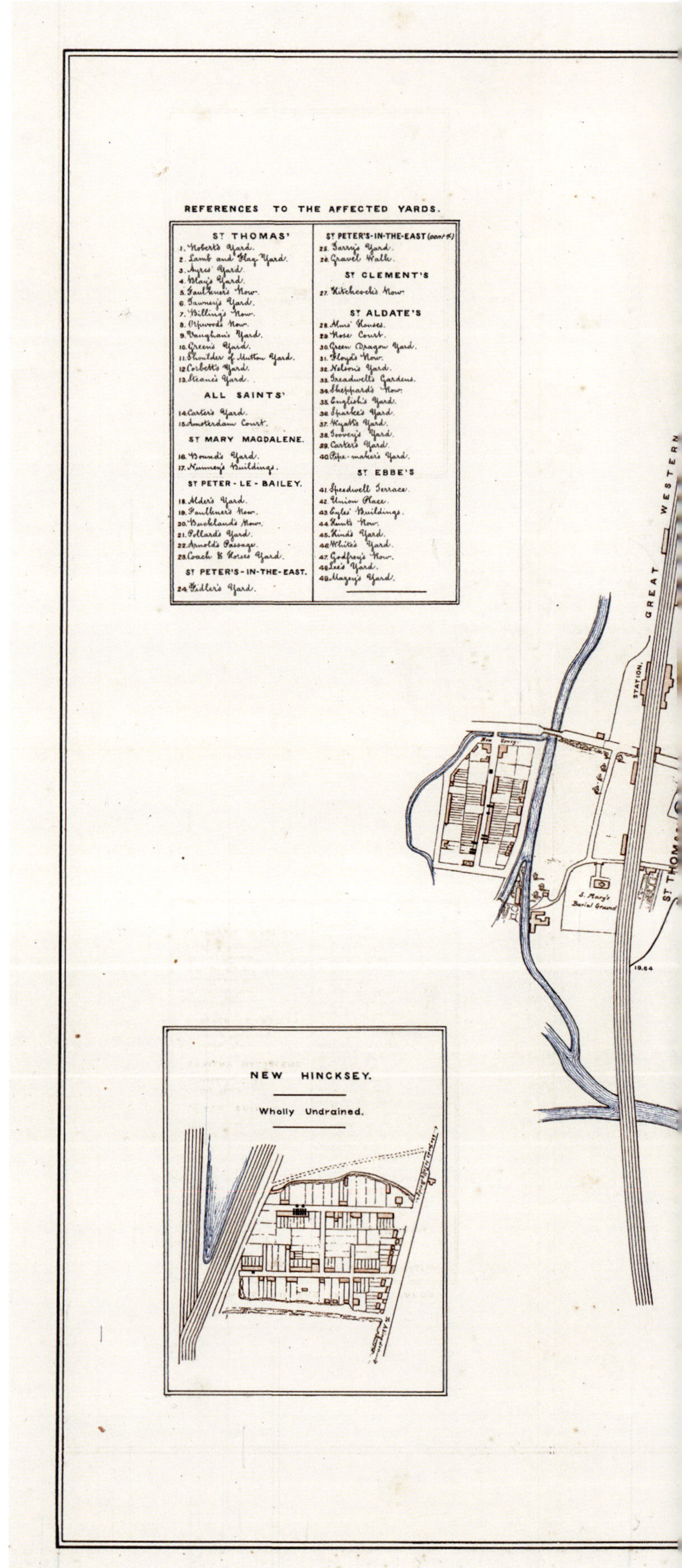

右图　阿克兰在地图上标出了 19 世纪中叶英国牛津的三次霍乱暴发的患者，结论是霍乱与地势较低处的污气有关

Plate. I.

MAP OF OXFORD,
TO ILLUSTRATE
DR. ACLAND'S MEMOIR ON CHOLERA IN OXFORD IN 1854,
SHOWING
THE LOCALITIES IN WHICH CHOLERA & CHOLERAIC DIARRHŒA OCCURRED IN 1854,
AND CHOLERA IN 1832 & 1849;
TOGETHER WITH
THE PARTS OF THE TOWN DESCRIBED AS UNHEALTHY, BY
ORMEROD, GREENHILL & ALLEN, AND A WRITER IN THE OXFORD HERALD;
THE PARTS REMEDIED SINCE THE DATE OF THEIR DESCRIPTIONS;
THE DISTRICTS STILL UNDRAINED;
THE PARTS OF THE RIVER STILL CONTAMINATED BY SEWERS, IN 1855;
AND THE CONTOUR LEVELS.
REFERENCES.
MARKED.
Cases of Choleraic Diarrhœa in 1854
Do. of Cholera in 1854
The above are marked on the House Blocks.
Cases of Cholera in 1849
Do. Do. in 1832
The above are marked in the Streets.
Parts described by Ormerod, &c.
Such parts wholly remedied
Do. partially do.
Districts undrained
Rivers & Streams
Do. Do. contaminated
Points of contamination
Contour Levels, every 5 feet below the summit at Carfax.
PRINTED IN COLOURS BY MESSRS. PARKER, OXFORD.
THE PARKS
UNIVERSITY MUSEUM.
ST PAUL'S DISTRICT
ST GILES' PARISH
ST MARY MAGDALEN PARISH
HOLYWELL PARISH
ST MICHAEL'S PARISH
ST PETER
ST MARTIN
ALL SAINTS
ST MARY'S PARISH
ST JOHN'S PARISH
ST CLEMENT'S PARISH
Broad Street
Christ Church Meadow
Merton Field
RIVER CHERWELL
BERKSHIRE
RAILWAY
Coal Yd.
Holywell Mill Highest Flood Level, Sill of door of Mill. 20.38
REFERENCES TO THE COLLEGES, &c.
A.S.C. All Souls' College.
B.C. Balliol College.
B.N.C. Brasen Nose College.
Ch. Ch. Christ Church.
C.C.C. Corpus Christi College.
E.C. Exeter College.
J.C. Jesus College.
L.C. Lincoln College.
Ma.C. Magdalen College.
M.C. Merton College.
M.H. Magdalen Hall.
N.C. New College.
O.C. Oriel College.
P.C. Pembroke College.
Q.C. Queen's College.
S.J.C. St. John's College.
T.C. Trinity College.
U.C. University College.
W.C. Wadham College.
Wo.C. Worcester College.
R.L. Radcliffe Library.
S. The Schools.
T.B. Taylor Buildings.

左图　这是著名的约翰·斯诺地图，绘制了伦敦苏霍区1854年霍乱暴发情况，患者集中在宽街的一个水泵附近，这是当地人的饮用水来源

下图　这张地图上标出了霍乱患者的居住位置：黑色方格和线条代表1854年疫情，蓝色线条代表1849年疫情，蓝色圆点代表1832年疫情。污染河流用虚线表示，地势用1.5米的黑色等高线显示

斯诺的分析主要关于疫情暴发的可能原因，而他的论点一目了然地显示在了他绘制的地图上，阿克兰采取了一种偏向统计学的方法，考虑到了诸多潜在因素。除了绘制患者位置之外，阿克兰还标出了：之前认定受污染的地点（棕色圆点），以及后来被清理的地点（棕色圆圈），未受污染的河流和受污染的河流（虚线），包括未经处理的污水排放口等污染源（左图特写图）。排水不良地区标为绿色。

斯诺觉得案例充分之后，就不再绘制之后的霍乱死亡个例。相较之下，阿克兰绘制的地图囊括了1854年及之前两次疫情的全部患者病例。三次疫情暴发的患者居住位置用不同符号表示，包括1832年（蓝色圆点）、1849年（蓝色线条）和1854年（黑色方块和线条）。阿克兰用1.5米等高线描绘出整座城镇的真实地形，这是他最重要的论据。他的地图和统计分析共同揭示了地势高低与疾病之间存在明显的相关性。在这三次疫情中，低处居民的感染和死亡率要高得多。即使是在标为污染区域的棕色圆点处，较高地势的情况也要好于较低地势。

阿克兰的地图恰好符合瘴气理论，因为有毒的空气会聚积在空气流通较差的低地势地区。“他的统计中包含充分的论点和论据。”美国环境系统研究所制图软件公司的医务长埃斯特·杰拉蒂说。但是阿克兰没能纵观全局，所以成了一个令后人引以为戒的例子。她说：“你必须明确事情的内涵意义，而不是只看结果和相关性。”

阿克兰认为，受污染的水是产生瘴气的潜在因素，而不是传播某种无形病原的媒介。因此，他并未注意饮用水的来源，而是像很多同时代的人一样，想从天

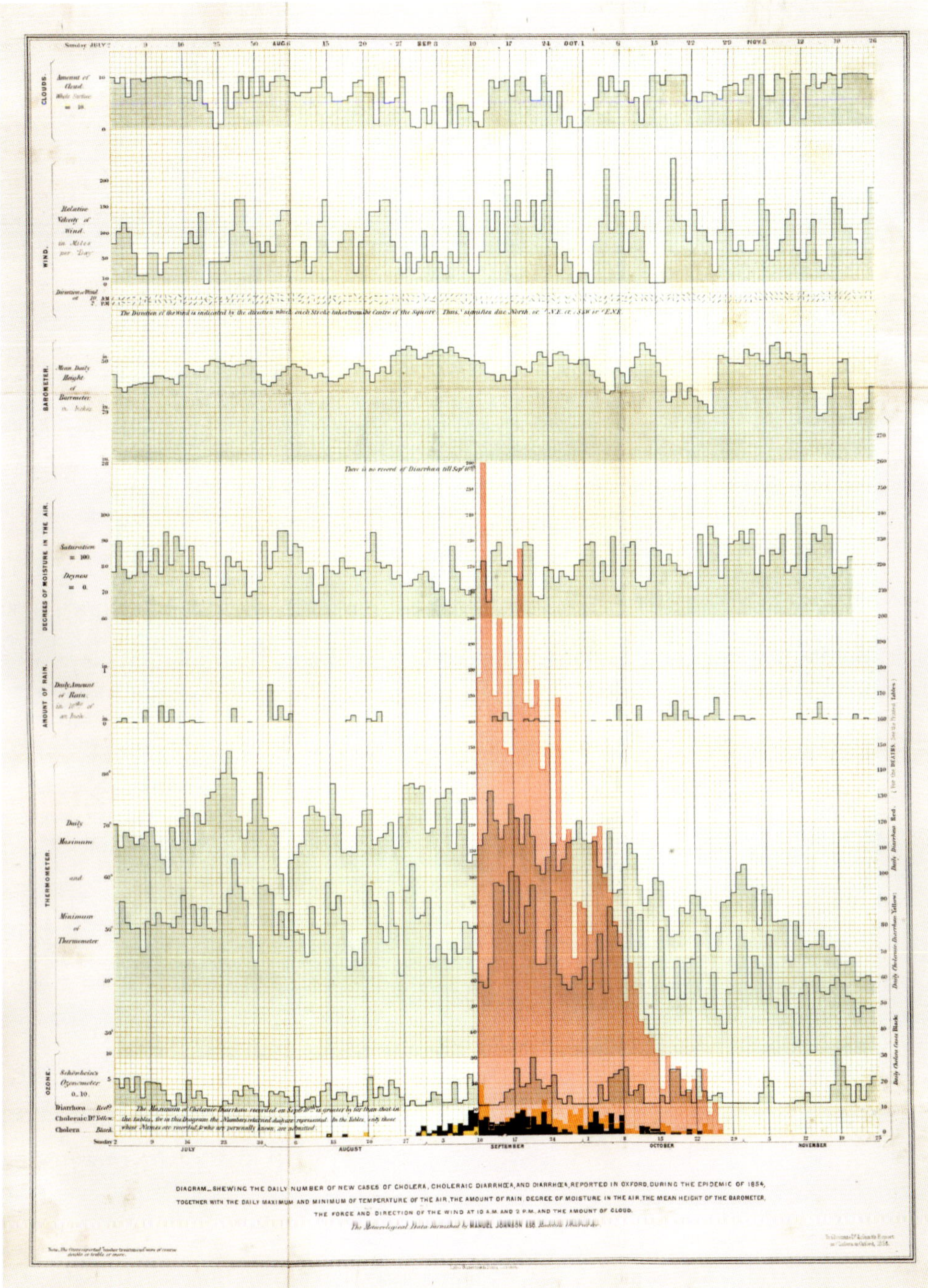

左图　阿克兰制作了一份时间表，他将 1854 年牛津霍乱感染病例的变化与当地气候和天气变量——温度、降雨、风况等进行对比，以期望能揭示其中的关联，却发现它们之间并无明确的联系

气中寻找地势高度影响霍乱的因素。

“大气状态，或地球上某些未知的媒介状态，与这场疫情存在着某种联系，认真了解过霍乱历史的人对这一点都坚信不疑。”他写道。

阿克兰仔细标出了 1854 年霍乱暴发时对应当地气候变量的时间线，包括温度、气压、风况、雨量、湿度、云层和臭氧浓度（上图）。但是他没有发现其中某项变量随着新增的霍乱病例而有所起伏。阿克兰能用大量数据证明的是，1854 年牛津出现异常天气。相较 25 年前，雨量和风速异常的低。同时温度、气压异常的高，雷电、冰雹和北极光的出现次数也异常的多。

阿克兰无法把这些变量和地势高度结合起来作出一个合理的解释，尤其是考虑到先前的疫情暴发并未遵循同种规律。但是阿克兰仍然坚信，如果疫情再次暴发，“迅速发展的气象学科学”将能通过数据确定影响疫情的异常因素。

阿克兰的研究在全面性——以及当时的说服力上要胜于斯诺，但存在一个明显的缺陷：结论是完全错误的。“就像各个时代的诸多科学研究一样，它漏掉了中间媒介。”科赫写道。阿克兰没有发现的是，在地势较高处，水源通常来自水井或溪流，较低地区则主要依靠河流，而河流常常被污水污染。然而，科赫指出，“他的地图——以及该研究中的绘制过程清晰明了，逻辑贯通，虽然最终结论不尽正确，但仍属于严谨之作。”

斯诺的理论在他有生之年基本上不为世人所接受，却在他逝世很久之后大获肯定。相反，阿克兰的霍乱研究当时得到了同行的认可，但他在世时亲眼看到自己的理论被推翻。尽管如此，数据可视化新闻工作者阿尔贝托 · 开罗仍然肯定了阿克兰这项研究的价值。

“一位英雄势单力薄地粉碎了瘴气理论，造就了一个神话，但也掩盖了一个事实，那些坚持这一理论的人其实也思虑缜密。”开罗写道，“可惜我们没有进一步研究这些人，毕竟人类从错误中学到的东西——无论是通过个人还是集体——要远远多于我们从成功中汲取的经验。”

揭示海底世界

萨普的开创性海洋地图受到世界瞩目

绘制于 1961—1977 年
来源于 玛丽·萨普，布鲁斯·希森，海因里希·贝伦

到了 20 世纪中叶，探险家们已经涉足世界上大部分的极端地形区。他们的足迹到达了全球许多崇山峻岭，珠穆朗玛峰也很快会被征服。但地球上还有一片广阔而未知的领域：海底。

地球表面超过七成的面积位于平均深度约 3 800 米的海水下，原本人们认为这是一片较为平坦的普通平原，但事实并非如此。1952 年，地质学家玛丽·萨普和布鲁斯·希森共同开展了一个测绘项目，该项目将揭示海底的真实面貌，颠覆人们对地球的认知。

“我将各种不可思议的可能性画在一张空白画布上，或将各部分拼成一幅奇妙的拼图。”萨普在 50 年后的一次回顾中写道。

当时地质学领域完全以男性为主导，萨普抓住了一个难得的机会进入了这个领域。第二次世界大战期间，密歇根大学的地质系人手不足，于是首次向女性敞开大门。萨普成功被录取，并于 1945 年获得了硕士学位。1948 年，她进入哥伦比亚大学地质系工作，担任一些海洋学研究生的绘图助手，其中就包括希森。

萨普来到哥伦比亚大学时，恰逢海洋学新时代的开始。从前，人们关于海底地形的唯一资讯来自船只上用绳子拴着铅锤测得的粗略数据。但二战之后，船只开始用回声测深仪仔细测量海洋深度。这项新技术的原理是向海底发送声音脉冲，然后测量声音从海底反射回来的时间。时间较长意味着海洋更深，时间较短代表海水较浅。

希森是第一批在勘测船只上测量海深的科学家之一。1952 年，他和其他海岸机构、私营公司和军方的科学家共同对北大西洋进行了数万次勘测。萨普奉命协助希森，她将回声时间换算为深度，并绘制了船迹下方的海底剖面图。经过数月的辛苦标绘工作，她汇成了六个横跨整个北大西洋不同纬度的剖面图。

上图 玛丽·萨普和布鲁斯·希森正在利用勘测船只沿途记录的回声测深数据绘制海底地形图

右页图 这张大西洋海底地图是由奥地利艺术家海因里希·贝伦根据萨普和希森的地形图绘制的，1968 年 6 月刊印于《国家地理》杂志的增刊上

虽然这些剖面图只显示了海底的一小部分，但萨普已经开始设想水下地貌。马修·方丹·莫里（第 203 页）等早期的海洋学家已经发现，大西洋中部有一个隆起的模糊轮廓，但是萨普的剖面图显示，实际上有一个巨大的海岭从大西洋中央贯穿南北。

她最先注意到的是每张剖面图上都有一道形状相似的 V 形裂缝位于海岭的顶部。萨普猜想，这个裂缝可能会沿着整条大西洋中脊的轴线延伸。如果猜测属实，那么她发现的可能远不止是一个海底裂谷这么简单。萨普认为，这可能是大陆漂移的证据——

ATLANTIC OCEAN FLOOR
•-12000 Depth in feet below sea level
•9000 Height above sea level
(14000) Height above the 16,000-foot average depth of the abyssal plains
Produced in the Geographic Art Division
National Geographic Society
MELVIN M. PAYNE, PRESIDENT
for THE NATIONAL GEOGRAPHIC MAGAZINE
MELVILLE BELL GROSVENOR, EDITOR-IN-CHIEF, FREDERICK G. VOSBURGH, EDITOR
WILLIAM N. PALMSTROM, CHIEF, GEOGRAPHIC ART DIVISION
Based on bathymetric studies by Bruce C. Heezen and Marie Tharp of the Lamont Geological Observatory
Painted by Heinrich C. Berann, Compiled by Leo J. Bobetschmidt
HORIZONTAL SCALE 1:30,412,800 OR 480 MILES TO THE INCH AT THE EQUATOR
VERTICAL SCALE EXAGGERATED
Mercator Projection
JUNE 1968
GREENLAND
ICELAND
HUDSON
BAY
SCANDINAVIA
NORTH
SEA
BRITISH
ISLES
EUROPE
NORTH
AMERICA
CANADIAN SHIELD
MID-OCEAN CANYON
SOHM ABYSSAL PLAIN
HATTERAS ABYSSAL PLAIN
GULF OF MEXICO
PUERTO RICO
CANARY
ISLANDS
CAPE VERDE ISLANDS
SAHARA
AFRICA
CENTRAL
AMERICA
SIERRA
LEONE
RISE
ROMANCHE FRACTURE ZONE
AMAZON BASIN
SOUTH AMERICA
BRAZILIAN
HIGHLANDS
ANGOLA
CONGO
BASIN
KALAHARI
DESERT
WALVIS RIDGE
RIO GRANDE RISE
SOUTH
PACIFIC
OCEAN
FALKLAND PLATEAU
FALKLAND ISLANDS
SCOTIA RIDGE
SOUTH SANDWICH
TRENCH

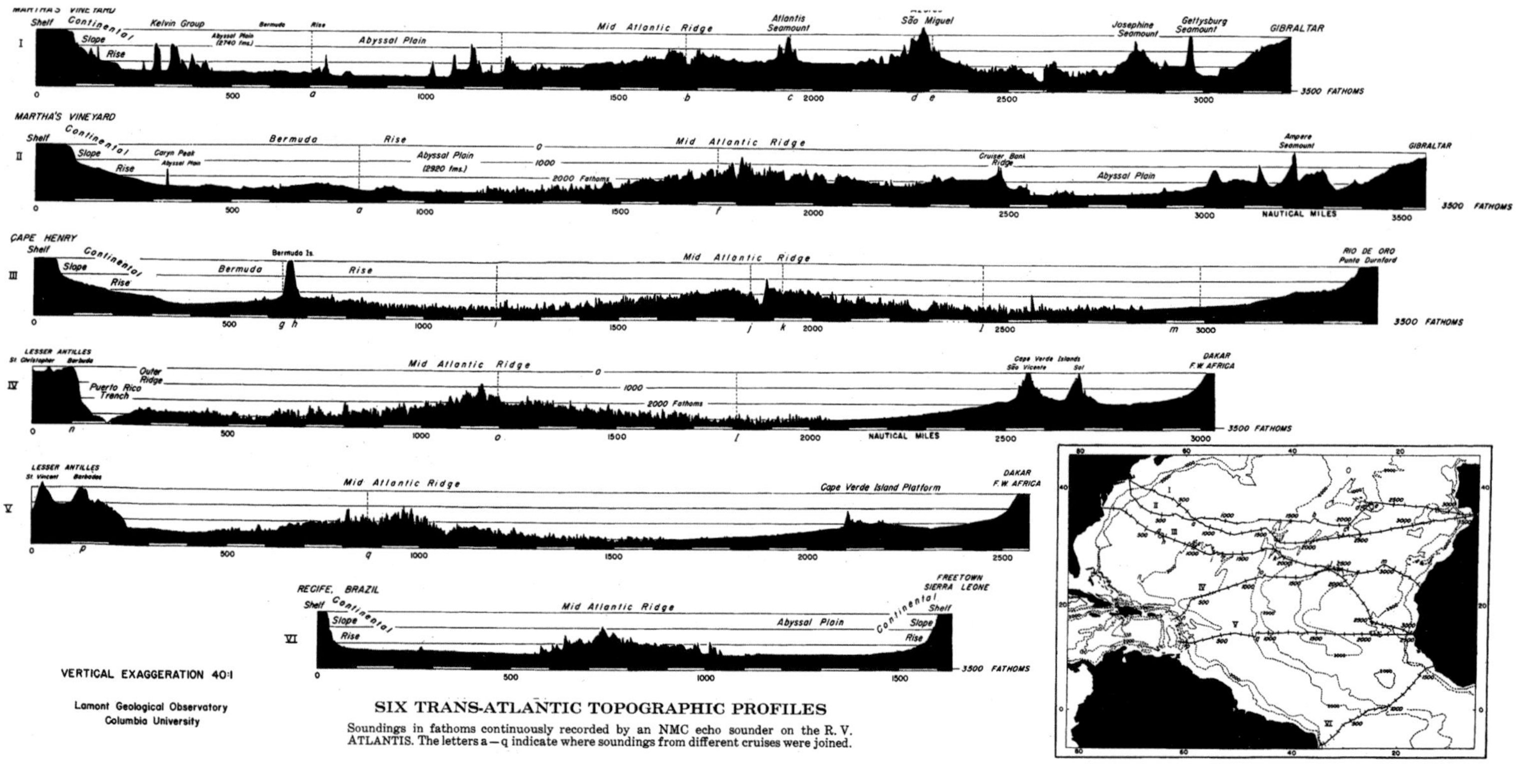

这在当时是一个备受争议的理论，即地球各大陆曾经发生过移动。

20 世纪 50 年代的美国科学家几乎都对这一想法嗤之以鼻，希森也不例外。他们认为，没有理由能合理解释这种移动的动力来源。但萨普认为她发现的裂谷可能支持大陆漂移说。她写道：“从地球深处冒出来的新物质让大洋中脊裂开，往两边推动，从而形成了裂谷。”

萨普用了几个月才说服希森相信这个裂谷的存在，但最终使希森改变立场的是另外一项不相关的研究。1953 年，希森派一位助手为某项目绘制海底地震震中地图，协助贝尔实验室选择铺设跨大西洋电缆的新地点。将这张地图与萨普的地图比对时，他们发现震中的位置排成一列，与裂谷相吻合。

如此一来，萨普可以循着震中的位置来找出各个剖面图上的洋脊。于是她开始制作所谓的地形图，以三维视角描绘出海底地形（右页图）。这种呈现裂谷的方式是简单的等高线无法达到的。“这让我们能够捕捉海底许多具有纹理的变化，平坦的深海平原与崎岖不平的海岭形成对比。”她后来说道。

这种方法还有一个很大的好处，美国海军将所有详细的海底等高线图列为机密，而地形图没有泄密的风险。他们可以在不透露确切深度的情况下向全世界分享新发现。他们的北大西洋地图于 1957 年首次发表在一个技术期刊上，是当时最全面的一张海洋地图。

这张地图并未立即获得认同。“科学界的反应从讶异到怀疑，再到轻蔑。”萨普回忆道，“一些科学家认为深度剖面图之间的地形有太多的臆测成分，也有科学家则不相信这个裂谷的存在。”

但是，随着哥伦比亚大学不断收集到世界其他地区的最新数据，萨普发现了更多关于洋脊的证据，包含裂谷和地震震中。于是，她很快就看出了他们所发现的这个洋脊的真实范围：它穿过了各大洋连续的洋脊构造，环绕着整个地球。到 20 世纪 60 年代末，萨普绘制出了地球所有大洋的地图。

与此同时，越来越多的证据表明，各大洲确实正在移动。

希森和萨普的研究发挥了重要作用，把大陆漂移说变为了解释地球运动的新理论：板块构造。普林斯顿大学的地质学家哈里 · 赫斯认为，不是海洋上的陆地在移动，而是海底本身在移动。赫斯的想法称为海底扩张，与萨普提出的大西洋中脊裂谷的想法一致：这里是地壳分裂，新地壳形成的地方。新的地壳缓慢产生，又不断向裂谷两边扩散。

这个裂谷正是赫斯理论的具体表现，而萨普的地图提供了视觉上的证据。“根据这道裂谷，守旧派地质学家终于相信，这个裂谷是可以看到的，而不是推论出来的。”在哥伦比亚大学拉蒙特－多尔蒂地球观测所担任副所长的地质学家亚瑟 · 勒纳－拉姆说。

那些顽固的科学家不是萨普的地图的唯一诉求对象。她的作品还引起了《国家地理》杂志的注意，萨普和希森受邀与奥地利风景画家海因里希 · 贝伦合作（第 112 页），将其印度洋地图绘制为一幅杂志插图，发表于 1967 年。之后他

们与贝伦持续合作了十年，制作了一些有史以来最精美直观的世界海洋地图，包括大西洋地图（第 183 页）。

下页的海底地图绘制于 1977 年，可谓是集大成之作。这幅杰作无论是从艺术技巧，还是从海底面貌的清晰表现力上，至今仍无出其右。萨普说：“我认为，由于视觉风格元素的添加，这幅图才最终呈现出丰富的信息和深厚的含义。”

尽管萨普在研究中起到关键作用，但这项成果在署名、发表和被其他人引用时，她经常被排在希森之后。直到 2006 年，她对科学和地图学做出的贡献才真正得到承认。萨普受到了美国国会图书馆的赞颂和各大海洋学机构的表彰，哥伦比亚大学的拉蒙特－多尔蒂地球观测所以她的名义创立了奖学金，以促进妇女在科学领域的发展。

“这对任何人来说都是千载难逢的机遇，也是世界上难得一见的境遇，尤其是对 20 世纪 40 年代的女性来说，”萨普写道，“时代的性质，科学的地位，以及大大小小合理或不合理的事件，共同造就了这一切。”

左页图　萨普在船上穿越了大西洋，用回声测深仪绘制海底剖面图。大西洋海岭位于每个剖面的中心附近

上图　萨普以俯瞰视角绘制出海底的地形起伏，例如这张 1961 年的南大西洋地形图

P188–189 图　这张绝世无双的世界海底地图是萨普和希森最后合作的一张作品，由海因里希·贝伦绘制。这幅地图尺寸为 1.9 米 ×1.1 米，在 1977 年希森去世不久后出版，世界许多大学的海洋学系至今仍悬挂着这张图

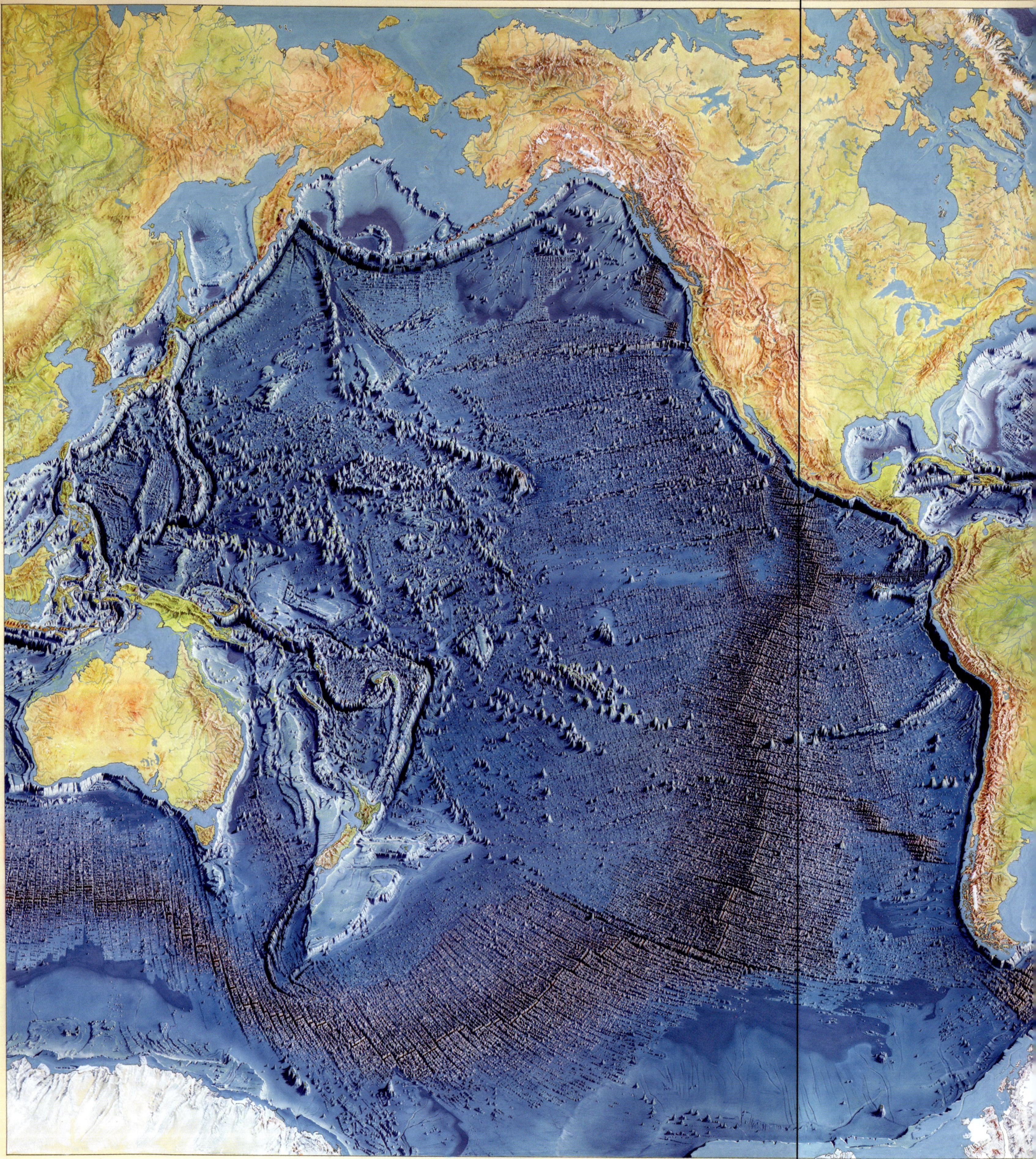

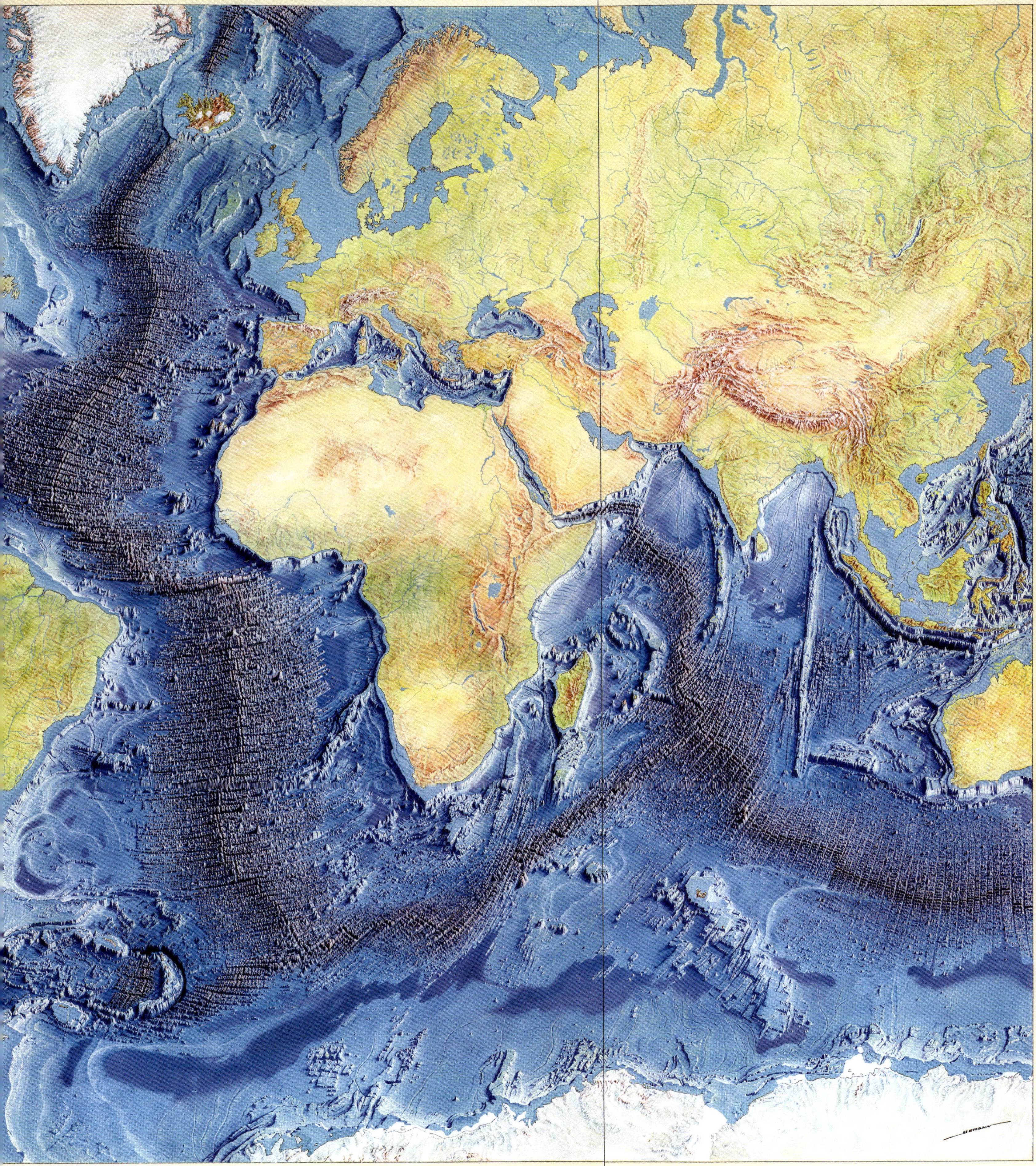

发掘罗马古城

一位19世纪考古学家的精细地图呈现了古罗马城的历史

绘制于1901年
来源于“测绘罗马”项目

罗马是经常被画成地图的城市，其中鲁道夫·兰恰尼的地图是最精彩的一张。兰恰尼的地图于1901年完成，他以考古学家专业的眼光细致描绘出了这座城市的点滴历史——从古代一直到19世纪末。

这张地图尺寸巨大：约为5米×7米。兰恰尼在八年间将其分为46张地图单独出版。引人注目的是，他利用颜色来描绘罗马在不同历史阶段的地理面貌，这在当时是一个创新——现代的制图师将这个方法发展出绝佳效果（第46页）。帝国时期和早期基督教时期的建筑显示为黑色，中世纪和早期现代建筑是红色，现代建筑是蓝色（在兰恰尼的眼中，“现代”是从1871年开始的，这一年罗马成为刚统一不久的意大利的首都）。

“这是首次有人尝试将罗马不同历史时期的面貌绘制在一张地图上。”城市历史学家艾伦·策恩说。他也是“测绘罗马”项目的协作者，这个项目由设计师和学者合作，目前正在将罗马相关地图和文献进行数字化处理。

兰恰尼生活在罗马历史上的关键时期。长期邦国林立的意大利得以统一，当时实施的一项大型扩建项目正在规划罗马古城内的闲置土地。建设过程中，几百年来掩埋在地下的遗迹重现天日。兰恰尼把这些建筑工地当作考古挖掘场地——趁着它们还没有被新建筑再次覆盖——进行了仔细测量和描绘。“兰恰尼感到既沮丧又悲痛，因为有一部分城市建筑要建在古罗马的遗址之上，抹去它的历史。”俄勒冈大学建筑学教授詹姆斯·泰斯说，他也是“测绘罗马”项目的负责人之一。

兰恰尼利用各种资料绘制了一幅名为《罗马城地貌》的地图，该名字取自3世纪初一幅刻在大理石上的地图。这张古老的地图甚至会让兰恰尼的地图显得微不足道——尺寸约为13米×18米。令人惊叹的是，这张大理石贴图比例为1∶240，竟然精细到可以显示出个别建筑物的平面图。但只有1200块地图碎片留存下来，兰恰尼曾在绘制地图时用于参考。

右图　这张细节图截取自“测绘罗马”项目制作的兰恰尼数字化地图，呈现了罗马古城的中心地带，范围是从罗马竞技场（最右椭圆形）到特韦雷河。这张地图还在制作过程中，学者们正设法使其与现代地图相匹配，并改善兰恰尼表示建筑年份的配色

FORVM TRAJANI
FORVM AVGVSTVM
FORVM IVLIVM
ARX
CAPITOLIVM
SVBVRA MAIOR
ARGILETVM
CARINAE
OPERA PACIS
BASILICA NOVA
AEDES ROMAE ET VENERIS
AMPHITEATRVM
FORVM PALATINVS
PORTICVS TELLVRENSIS
VIGNA DEI CANONICI
ORTO DI DOROTEA ROTOLANTI
VIGNA PAGANICA
ORTO BOTANICO
VIGNA CORNOVAGLIA
VIGNA CORNOVAGLIA poi ORTO BOTANICO
CLIVVS SCAVRI
VI CLAVDI
TEMPLVM DIVI CLAVDI
LVDVS
VICVS CAPITIS AFRICAE
CLOACA MAXIMA
CIRCVS
MAXIMVS
VIGNA CARRADORI
SEPTIZONIVM DIVI SEVERI
VIGNA GVGLIELMINA
AEDES IVNONIS LVCINAE
TABER
CAST PEREG
OSPEDALE

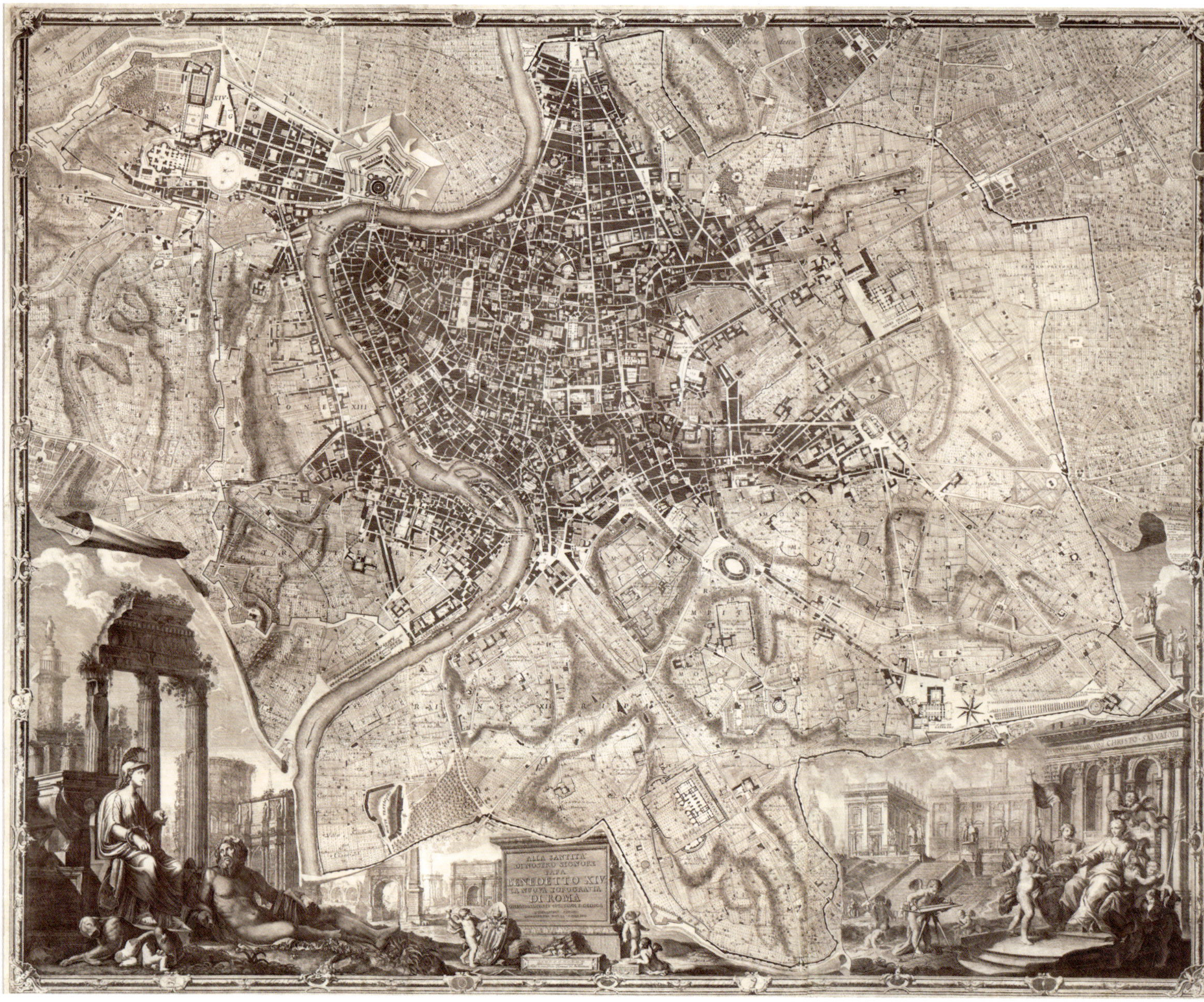

兰恰尼的另一个重要资料来源是建筑师兼测量师詹巴蒂斯塔·诺利于 1748 年绘制的精美地图（上图）。当时的制图传统倾向于将视角稍微拉高，而诺利打破了这一传统，从正上方视角直接呈现城市面貌，图上的建筑物看起来完全是平的，可以看见其轮廓和基本平面规划。图中细节显著，绘制精确，几个世纪后的现代卫星地图都能与诺利的地图精准吻合。

自诺利生活的时代之后，罗马城发生了剧变，于是兰恰尼对照着各种税务地图、建筑规划图、草图、素描、油画和照片，补上了城市发展的细节内容。罗马国立考古及艺术史研究院的档案里收存有数千份这样的文献，其中包括右页的人民广场草图，这是 19 世纪初由建筑师朱塞佩·瓦拉迪耶重新设计的大型公共广场。

“瓦拉迪耶高明地解决了一个难题，利用一个适合马车行走的坡道系统，把原来的广场连至高耸的山丘顶部。”泰斯说，“这些坡道至今仍在使用——只是人们是骑自行车上下。”

“测绘罗马”项目的一个长期目标是更新并完善兰恰尼的数字化地图。这项工作包括把过去一个世纪里新发现的遗址加入地图中，并呈现出更精细的图层——例如，将兰恰尼表示古代建筑的单一黑色层分为多个色层，与历史学家对古代各时期的细分相对应。

兰恰尼的地图经过一个世纪仍然没有过时，只要稍加改善，以后的历史学

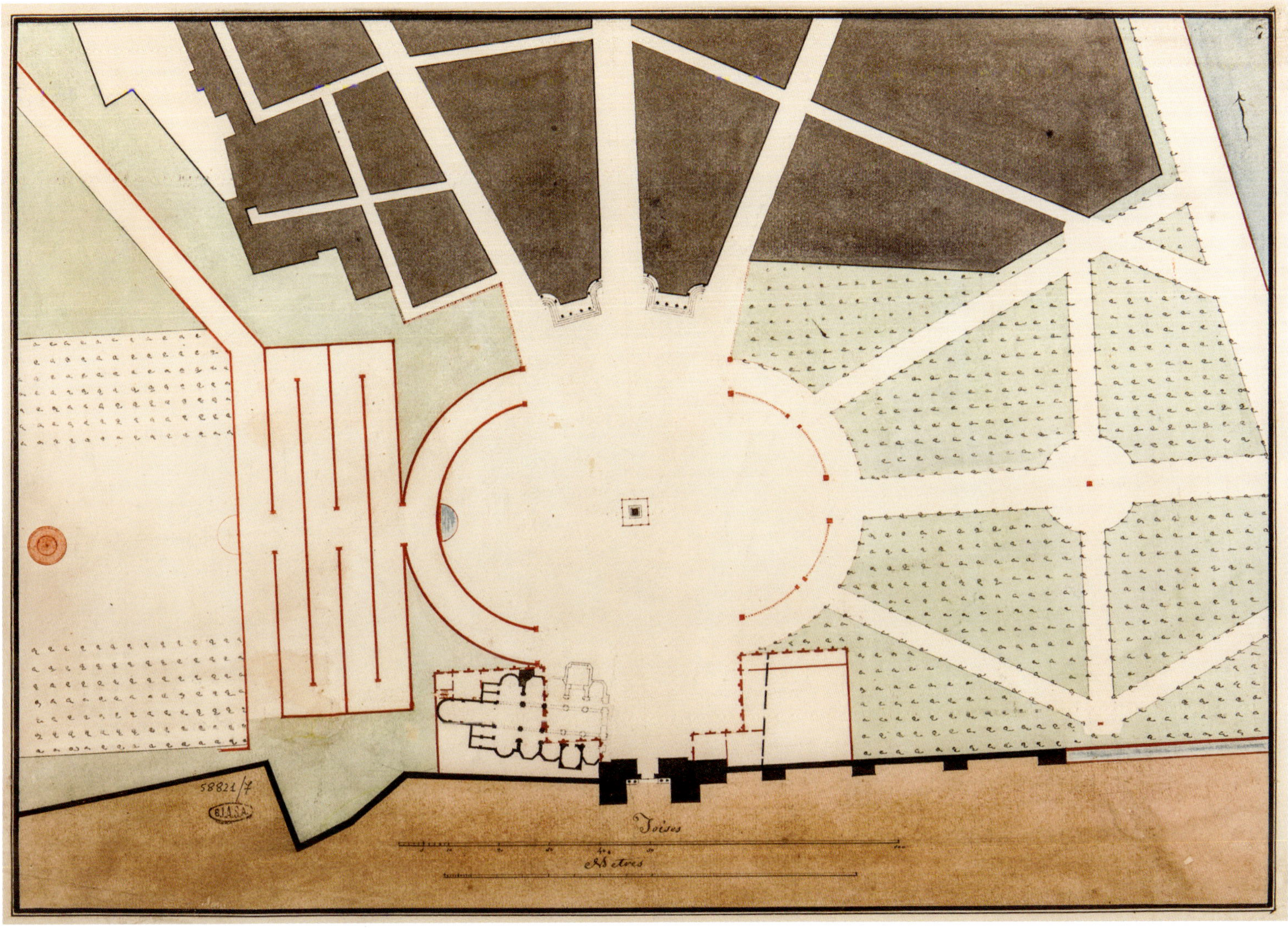

家和城市设计师仍能将其加以利用并从中得到启发。这张地图囊括了数量惊人的细节描绘，利落而优雅地呈现出罗马城过去的面貌、演变的过程以及未来的趋势。

左页图　詹巴蒂斯塔·诺利 1748 年绘制的罗马地图在当时看来十分精确。他不但描绘出了数百个建筑物的轮廓，还展现出了其中一些建筑物的基本平面图

上图　这张 1813 年的人民广场规划图后来经朱塞佩·瓦拉迪耶修改过，他把通往左边山丘的一连串坡道改成了一个更为优雅的弧形设计

右图　这些是大理石版的《罗马地貌图》的碎片，收藏在罗马市立博物馆，描绘的是玛格努斯角斗士学校，这是角斗士的训练学校兼竞技场

EARTHQUAKE INVESTIGATION
COMMISSION
North Pt.
Black Pt
Fort Pt
Presidio Shoal
Anita Rock
SOUTH BAY
Mile Rocks
PT. LOBOS
Richmond
Rincon Pt.
Mission Rock
Potrero Pt.
Double Rock
Shag Rock
Candlestick Pt.
Visitation Pt.
Ingleside
LAKE MERCED
Oceanview
Union Park
5 fathom line
6 fathom line
Topography by the
Coast and Geodetic Survey.
GEOLOGICAL MAP OF THE CITY OF SAN FRANCISCO
BY ANDREW C. LAWSON
TO ACCOMPANY THE PAPER BY H. O. WOOD
Scale 1/40,000
2 miles
3 kilometers
Contour interval 20 feet

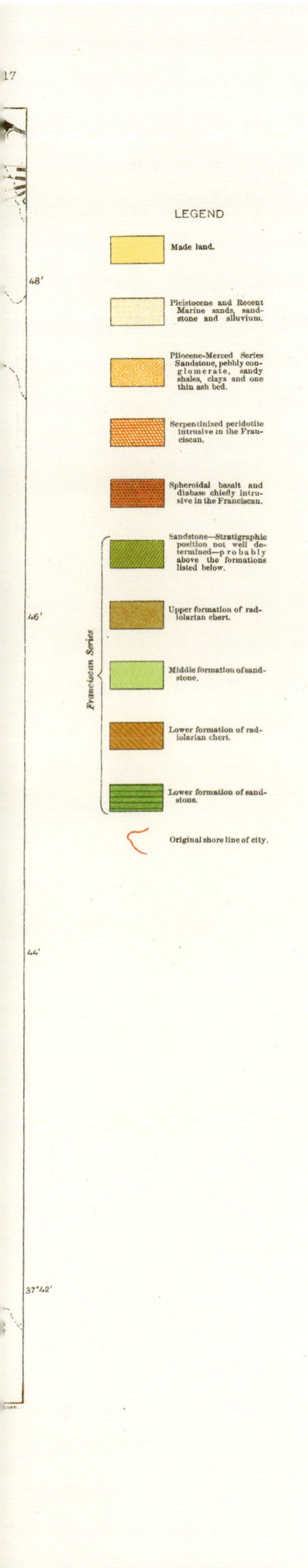

旧金山大地震

1906 年如何彻底改变了这座城市和科学发展

绘制于 1908 年

来源于 斯坦福大学图书馆大卫・拉姆齐地图收藏中心

1906 年 4 月 18 日清晨 5 点 12 分，剧烈的震动惊醒了旧金山：土地塌陷，建筑倒塌，道路开裂变弯，煤气管道断开，水管破裂。随后的大火几乎把整座城市夷为平地。因为地震发生几分钟后，破裂的管道气体外泄着火，大火烧了四天，吞噬了大约 500 个街区，烧毁了至少 28 000 栋建筑。超过 20 万人——旧金山一半以上人口无家可归，至少有 3 000 人死亡。

这场 7.8 级的地震持续了不到一分钟，却产生了巨大而持久的影响，直到今天仍能感受得到。

灾后几周内，市民就开始重建旧金山，以证明自己没有被地震打垮。十年后，当初被摧毁或烧毁的建筑已经全部恢复。

整个旧金山湾区的地质学家也很快开展了行动。短短几小时后，数十名科学家已经开始记录受损情况。几天后，州长将这项行动正式列入加利福尼亚州地震调查委员会的工作内容，并任命加利福尼亚大学地质系主任安德鲁·劳森担任项目负责人。这些地质学家的调查结果将永远改变地震科学的发展，也让急于重建的旧金山市民知道，这样做反而会把后代置于更大的险境之中。

劳森的团队在 1908 年发表了一份报告，这是地球科学史上最重要的报告之一。地质学家将其简称为“劳森报告”，它使人们得到了至少六项关于地震性质及其影响的重要启示。这份报告不仅奠定了之后所有地震知识的基础，也开启了地球科学的研究道路，50 多年后的板块构造理论即起源于此。

劳森十年前绘制的地区地质图上还没有显示引发这场大地震的圣安德鲁斯断层。但地震发生后，劳森团队发现了断层的踪迹，延伸了约 960 千米的断层（整个断层长约 1 300 千米）一直到洛杉矶。他们发现在地震震中附近的几个地方，断层破坏了一些围栏和道路，错断长达 6 米。令他们惊讶的是，这个断层与他们研究过的大多数断层都不同，它是

左图　安德鲁・劳森在 1906 年地震后绘制了这张详细的旧金山地质图。不同颜色代表着城市地下不同的岩石和沉积物。红色代表玄武岩或辉绿岩等硬岩，绿色代表砂岩，黄色代表人造土地

右图　1906 年旧金山地震一发生，破裂的管道气体泄漏引发了火灾。大火摧毁了这座城市的大片土地，如这张出自 1908 年发表的一份科学报告上的地图所示

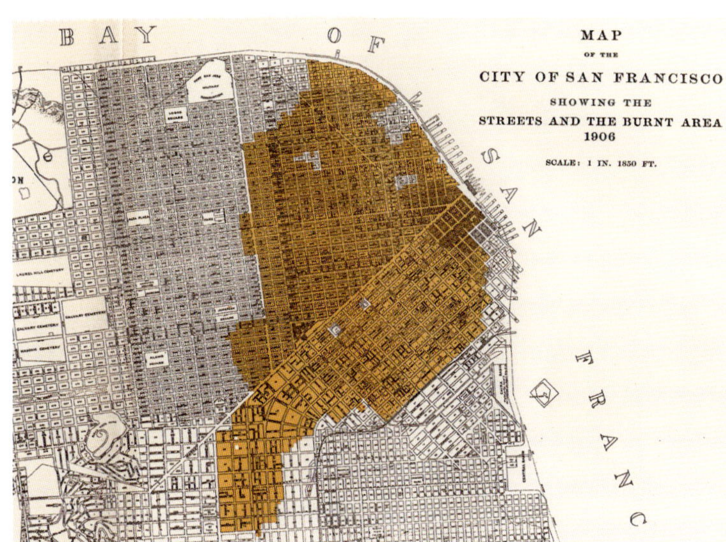

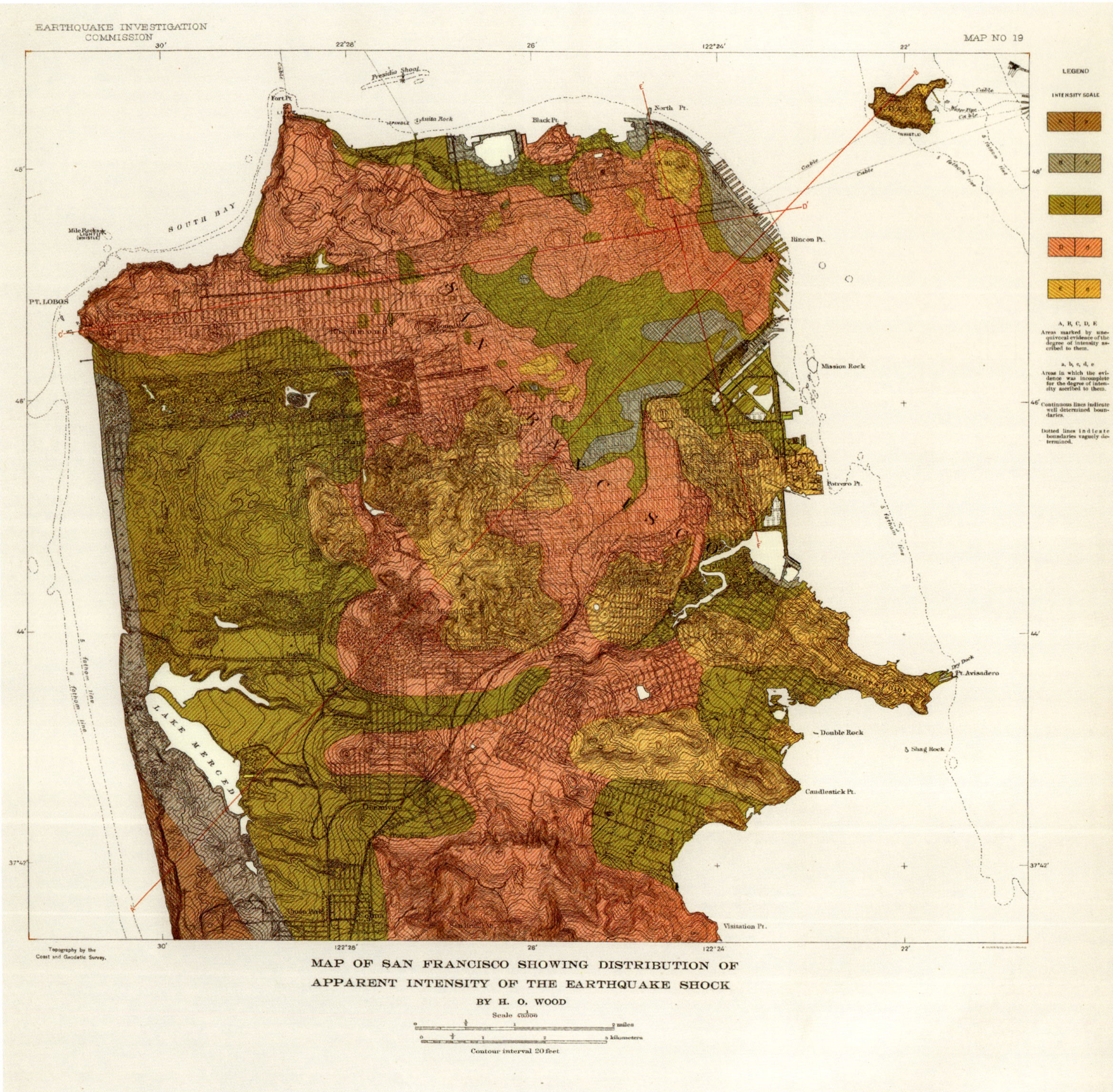

上图　工程师通过评估建筑物的受损程度，绘制了这张 1906 年地震期间旧金山的可视震级地图。劳森团队将这张地图与第 192 页的地质图进行了比对，发现建筑物的受损程度与所处位置的地质有关。辉绿岩这类硬岩相对安全，人造土地最为危险

水平错开的而不是垂直移动的——这个初步证据证明圣安德鲁斯断层是两个巨大构造板块的边界，两者沿着地表慢慢相互挤压。

他们还推测，1906 年的地震不是圣安德鲁斯断层第一次发生强烈震动。地震期间地面的移动往往会使地形更加突出、山脊变长和山谷加深。而他们发现图上的山脊和谷地是经过反复的地震逐渐形成的，这意味着未来可能还会发生地震。

他们还有一个更大的发现来自地震

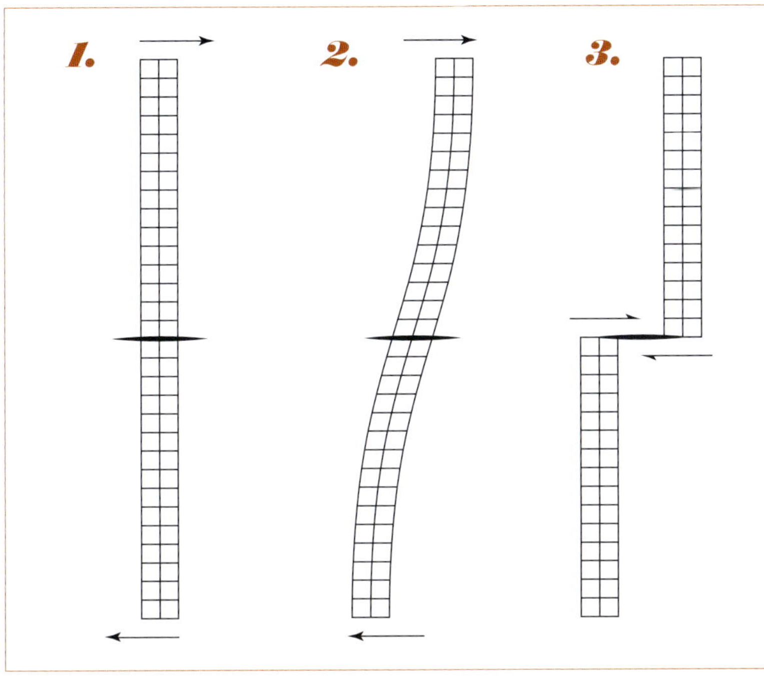

上图　构造板块相反方向的水平运动使其边界处沿着断层的土地受到压力。最后，应变超过两边的摩擦力，造成突然的滑动而引起地震

右图　地质学家吉伯特在旧金山南部拍摄了这张照片，照片上是一名女子站在 1906 年地震后的圣安德鲁斯断层附近。有些地方断层的水平移动距离多达 6 米

前 50 年美国海岸及地质勘测局制作的一系列地图。这些地图是根据每隔十年地标角度的测量结果而绘制的，地图显示，1906 年地震之前，距断层好几千米的地面一直在缓慢移动，而断层旁边的地面没有变动。地球物理学家哈里·里德推断，这是因为某种未知力量施加的压力在逐渐累积。地震发生时，应变的受力超过了让断层留在原地的摩擦力，导致断层旁边的地面一起发生大幅度移动，补上之前周围土地的位移（上图）。

这个概念就是我们当今判断世界地震高风险区域的基础。里德还推论，通过长时间测量监测应变，可以发现哪些区域有大量应变累积——即有地震高风险。世界各地约有 25 000 个持续记录的 GPS 接收器正在进行这项工作。

与此同时，劳森团队的工程师们正忙着收集损害和震动报告，这是史上针对单次地震开展的最为广泛的一次资料收集。他们记录下了一切：哪种建筑受损最严重，墓碑往哪个方向倒，牛奶怎么从桶里洒出来。他们发现，没有适当支撑的结构和由非加强砖修成的建筑抗震能力最弱。

根据观察到的损害，他们汇总出了震动强度预测地图。他们将地图与劳森的新版地质图（第 192 页）进行比对时，得到了一个重大发现：震动强度和受损程度取决于建筑所在地的地质情况。相比于较软沉积物上的建筑，坚固基岩上的建筑受损程度要轻得多。由潮湿的填埋物形成的土地，比如震动强度预测地图上城市东北角的林孔岬角北边的灰色区域，是最危险的。

科学家在研究这些的时候，旧金山人正忙着在几英亩的人工填埋土地上重建建筑，而这些地方在下次大地震中肯定会受到严重损害。一旦地震发生，伤亡人数可能会比 1906 年还多，当时旧金山湾区的居民不到 100 万，而今天有 700 多万人。许多在 1906 年之后建造的建筑仍需要进行结构加固。但因为旧金山的房产很受欢迎，促使人们忽略该地区地质程度不一的危险性。

据估计，今天旧金山湾区如果发生 1906 年同等程度的地震，经济损失可能高达 2 000 多亿美元——是飓风卡特里娜中经济损失的两倍，而其中绝大部分没有保险赔偿。数十万人将流离失所；几百条道路将停运；萨克拉门托三角洲的堤防可能失效；有数千人可能丧生。

正如一个多世纪前劳森发表的报告所说，问题不在于下一次大地震发不发生，而是什么时候会发生。不过，旧金山湾区仍然是顶尖地球科学和结构工程的起源之地，圣安德鲁斯断层不断激励着地质学家和地震学家们做出新的突破。

绘制大脑的艺术

拉蒙 · 卡哈尔名留千古的精妙绘图

绘制于 1887—1934 年
来源于 卡哈尔研究所

圣地亚哥·拉蒙·卡哈尔 19 世纪中叶在西班牙长大，他痴迷于绘画，自认为是一个绘画狂。卡哈尔想要成为一名艺术家，但卡哈尔的父亲是一名医生，坚持让卡哈尔从医。年轻的卡哈尔同意协助父亲教授解剖学，在此过程中他发现自己有绘制解剖图的天赋，于是决定报读医学院。接下来的 50 年间，卡哈尔绘制了近 3 000 幅大脑剖图，获得了诺贝尔生理学或医学奖，并对神经科学产生了重大影响。

在职业生涯早期，卡哈尔迷上了当时相对较新的组织学领域，在显微镜下研究细胞和组织的解剖构造。将极薄的染色组织切片放置在两个薄玻璃板之间，就能看到其内部的微观结构。到 19 世纪末，意大利科学家卡米洛·高尔基发现了一种全新的组织染色方法，能够更清晰地看到单个神经细胞。由此，卡哈尔可以看到一个个染成黑色的神经元，在浅色的背景下显得精致而美妙。

他开始把观察到的画面绘制出来：各种不同大小、形状和样式的神经元似乎在大脑中扮演着不同的角色。他画出过兔子大脑皮质中的锥体神经元，人类海马体中的星形胶质细胞，老鼠脊髓中的胶质细胞。卡哈尔不仅观察力敏锐，而且绘画技巧高超。在精细地描绘死掉的脑细胞时，卡哈尔开始想象活着的脑部是如何工作的，结果得到好几个重大发现，奠定了现代神经科学的基础。

据卡哈尔推测，神经元是通过密切接触与其他神经元相互作用的单个细胞，而不是像高尔基所认为的那样是一个联结的网络。卡哈尔通过仔细观察，绘制出视网膜中的神经元——眼睛后方的一层薄薄的感光细胞（右页），颠覆了人们对大脑运作的理解。

利用高尔基的染色法，科学家们发现神经元有两种神经突：一种是多条呈细短状，从细胞体向外辐射的树突；另一种是单条厚粗、数量较多的轴突。卡哈尔观察到，视网膜神经元的树突朝向

右页图　圣地亚哥·拉蒙·卡哈尔绘制的视网膜图，标示出眼睛后部感光结构中的主要细胞层，包括由光触发的光受体（B 层、C 层和 D 层）、转接神经元（F）和神经节细胞（H）

左图　在路易斯·达盖尔发明的一种实用摄影法的启发下，卡哈尔自学了如何拍摄、显影和冲印照片。他一生拍摄了许多自拍像，这张照片是他 30 岁出头时在西班牙瓦伦西亚的实验室拍摄的

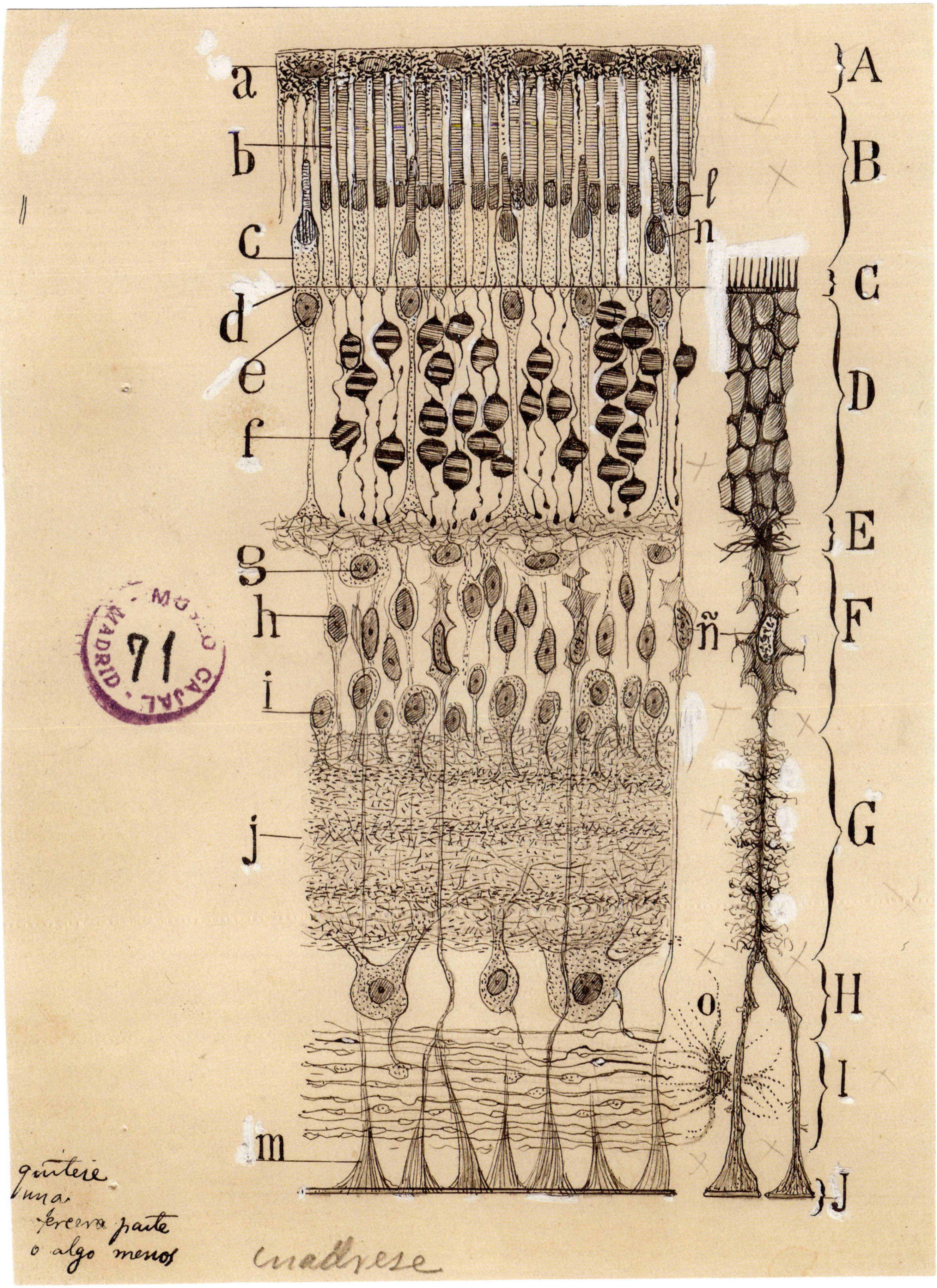
a
b
c
d
e
f
g
h
i
j
m
l
n
ñ
o
A
B
C
D
E
F
G
H
I
J
MADRID
71
CAJAL
quítese una tercera parte o algo menos
cuadrese

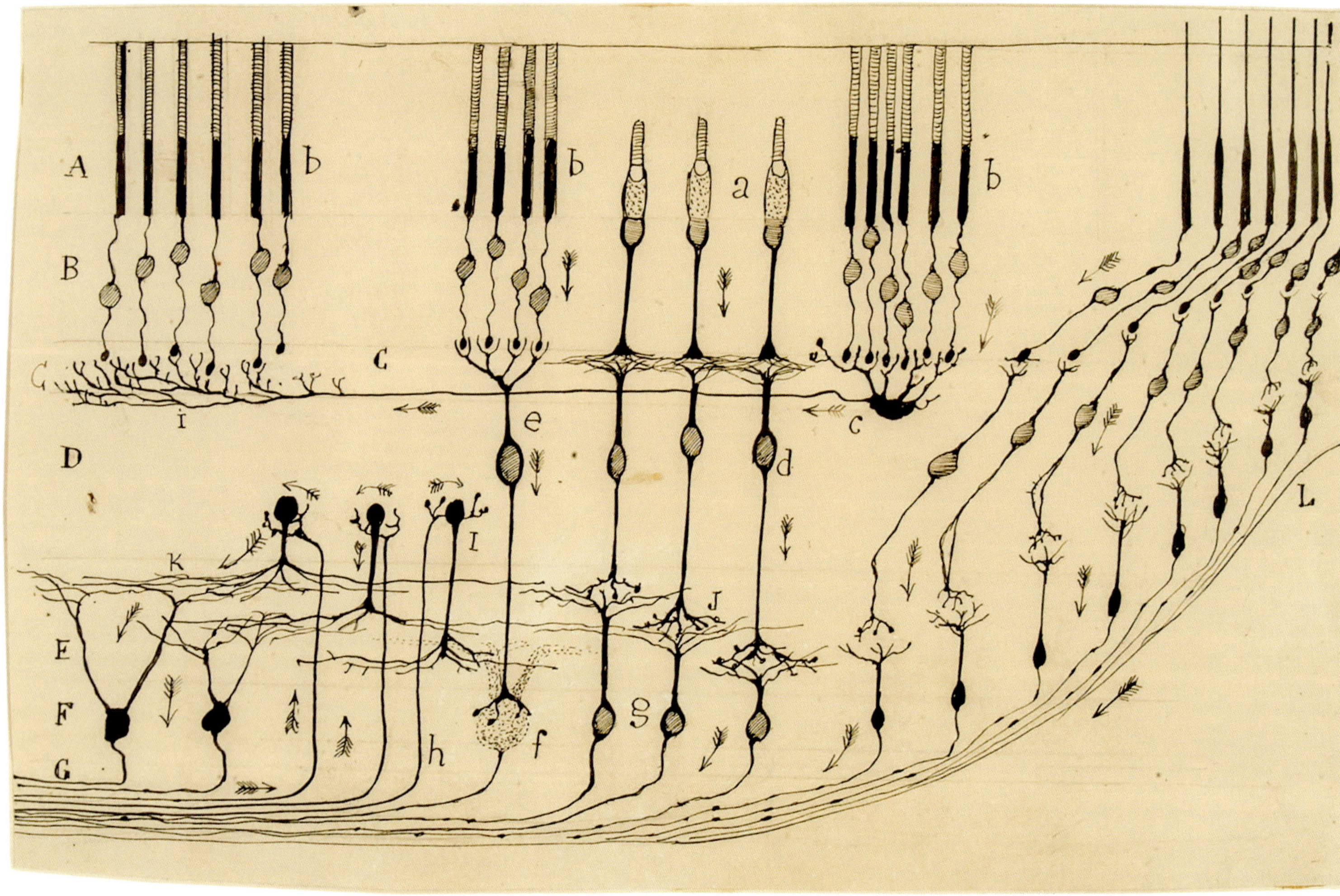

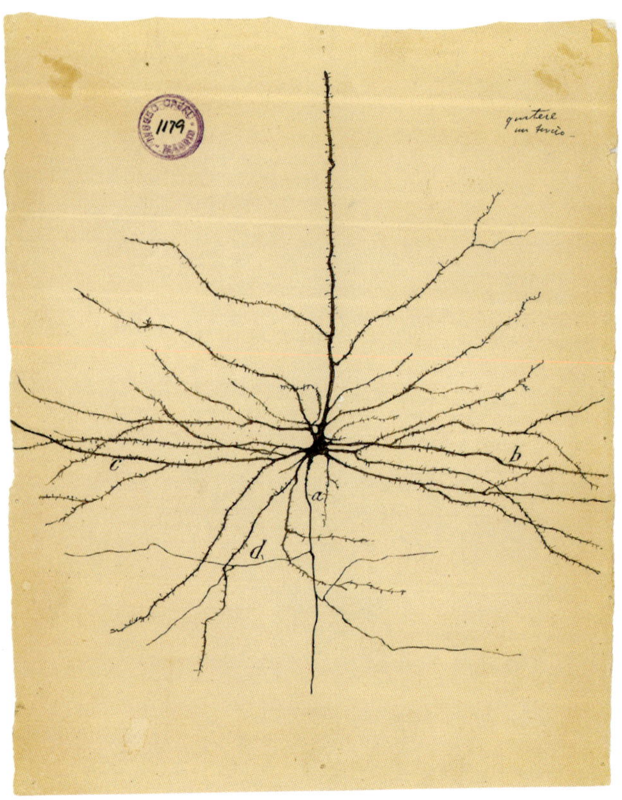

上图　通过研究视网膜中神经元的结构和位置，卡哈尔推断出信息在所有神经元之间的流动方式。在这张图中，他用箭头表示感光细胞（A 层和 B 层）将信息传递给转接神经元（D 层），再输出至神经元（F 层），然后经过长长的轴突（G 层）传递出去

左图　图为大脑皮层的单个锥状神经元，是卡哈尔最有代表性的图像之一。锥状神经元是以其细胞体的形状命名的，遍布整个大脑皮质层，包括海马体。卡哈尔把锥状神经元称为“崇高而神秘的思维细胞”

右页图　在这张卡哈尔绘制的海马体图中可以看到大量分布的锥状神经元（例如，h 和 g）。箭头指出信息流经大脑海马体的路径，这一区域在巩固记忆等方面起着重要作用眼睛的光受体，进入眼睛的光线触发光受体的感光细胞，轴突则朝向大脑。根据这种分布，卡哈尔推论，树突的用处是接收来自世界的信息，并将其传递给细胞体；轴突接着将信号传递给其他神经元。在这张视网膜图中，卡哈尔用箭头标示了信息的传递方向，经过多层视网膜，然后传递至大脑的视丘区域。

“他通过观察大脑，就能推断出其他人看不到的东西。”哈佛大学神经学家杰夫·利希曼表示。

一个世纪之前，路易吉·伽伐尼用雷暴产生的电，来刺激死去的青蛙的腿部肌肉，该实验显示大脑是通过电信号来传递信息的。而卡哈尔的研究表明，这些电脉冲可能通过神经元的流动路径。利用这一发现，他破译并画出了大脑其他许多部位的神经回路，至今无数科学家的研究仍是建立在卡哈尔的成果上。

“他是一个探险家。”南加利福尼亚大学的神经学家拉里·斯旺森说，“几乎相当于哥伦布，他开疆辟土，首先绘制出新的领域，让后人可以参考。”

1906 年，卡哈尔和高尔基共同获得了诺贝尔生理学或医学奖，“以表彰他们二人在神经系统结构方面的研究成果”。虽然高尔基对这种结构的结论有误，但他的染色方法对卡哈尔的观察研究至关重要。诺贝尔委员会的一位成员谈及卡哈尔对神经科学的贡献时说：“他几乎构建起了人类大脑运作结构的整个框架。”

虽然自从卡哈尔之后，继续有人绘制了无数的神经系统插图、解说图和示意图，但今天的教授们仍然选择用卡哈尔的图，帮助学习神经科学的学生了解大脑的结构和功能。

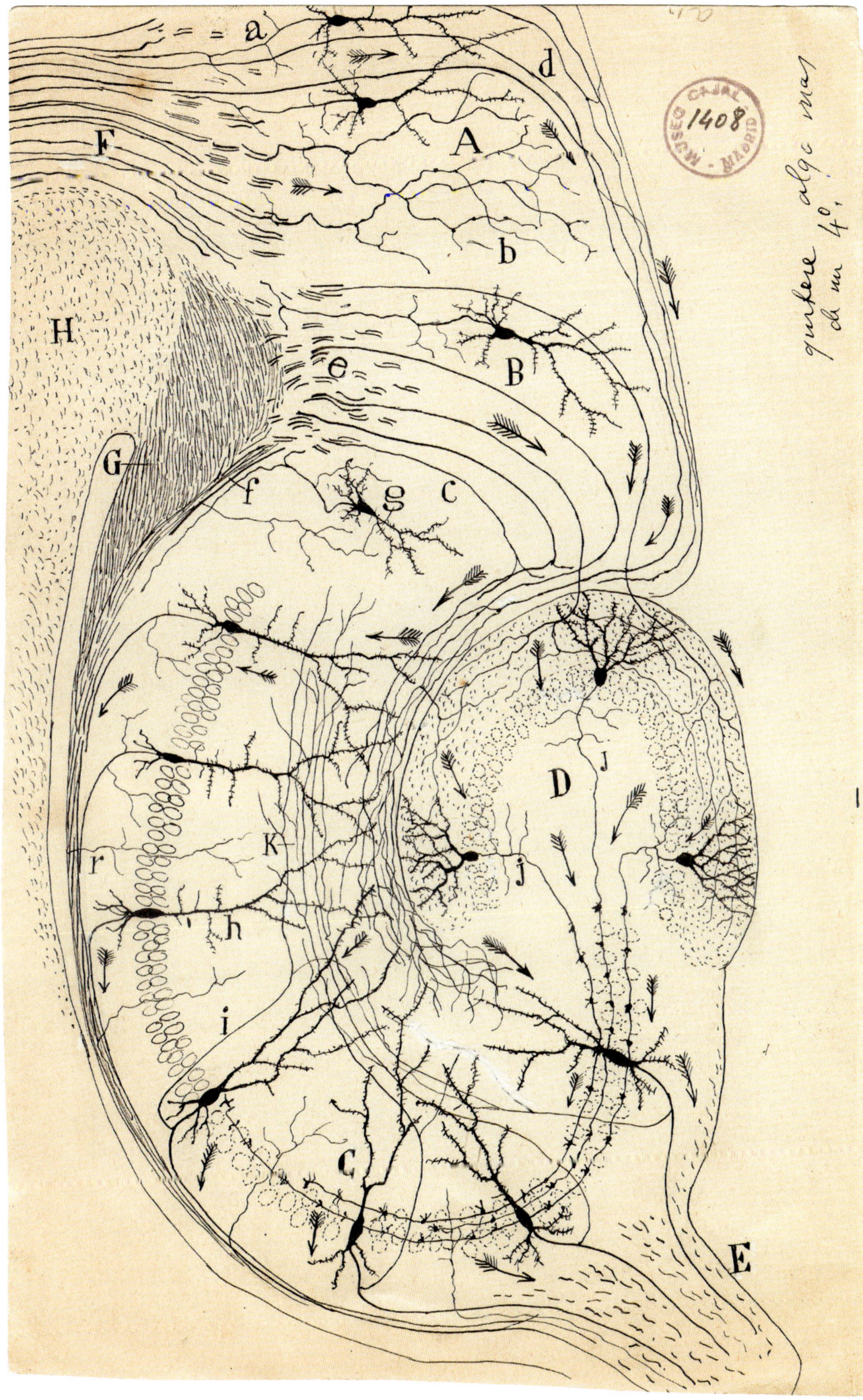

行星地图学

太阳系地质学的异世界地图

绘制于 1977—1978 年
来源于 美国地质勘探局

在一般人看来，地质地图像是抽象艺术。但仔细观察就能看出一些自然，甚至熟悉的图案——除非那张地图画的是另一个世界。

美国地质勘探局制作的这些月球地图可能是你见过的最陌生的地图。20 世纪 70 年代和 80 年代，根据阿波罗计划系列飞船和水手 9 号火星轨道飞行器等在太空任务中传回的大量数据，地质学家绘制了一大批带有迷幻感的行星和卫星地图，十分瞩目。

这些月球地图的奇怪之处在于没有任何符号、注记和地形概貌，只有代表不同岩石类型和年代的各种颜色。美国地质勘探局将一些天体地质地图进行数字化处理，产生了这些极简地图用于现代制图软件。其中一个步骤是将不同类型的信息分为数位涂层，而只显示岩石单位的地图层格外突出。

月球的主要地貌是数十亿年间成千上万颗流星和小行星撞出来的坑，因此这些地图上有很多圆形。乍看之下，这些月球地图和地球的地质地图大相径庭，因运用的都是为绘制地球地图发展而来的技术，不过应用时有略微调整，因为目前不可能沿着火星上的断层步行勘测或在水星上采样岩石样本。但基本的地质原理也可以运用于其他天体：旧岩石在下，新岩石在上。

科学家们利用地球研究中获得的知识，从远程收集的图像和数据中提取出关于外星地貌的信息。地面望远镜和航天器拍摄的照片显示出的纹理、亮度和地形的差异，有助于科学家辨别岩层的类型和年龄。例如，从小行星撞击坑里弹出的碎片往往粗糙而明亮，坑缘则高耸锐利。但时间一久，坑缘受到侵蚀，碎片更加光滑且反光度变低。撞击坑的相对密度是判断周围地形年龄的一个线索：撞击坑较少的区域通常较年轻，因为时间越久，受撞击的机会越多。

地质学家会根据登月任务获得的最新数据更新地图。1969—1972 年，阿波罗计划系列飞船的宇航员们从月球带回了 360 千克的岩石样本，地质学家得以利用这些难得的资源调整和重新诠释地图信息。他们的研究经验也帮助科学家绘制出了太阳系中其他岩质行星和卫星的地图。

科学家常常通过 X 射线、伽马射线、红外线和紫外线探测器获得数据，这些设备可以辅助他们区分天体表面的不同化学成分。另外根据引力、磁力和数位高度数据，他们进一步了解了行星的外部和内部构造。随着航天器上的天体探索仪器越来越精密，行星的地质地图也必定会不断改进。

上图　这张 1978 年月球北部地质图中显示撞击坑遍布。不同颜色代表不同类型和年龄的岩石

右页图　在这张 1977 年的月球西侧地图上，一大片呈喷溅状的蓝色区域是东方盆地，范围有 930 千米，约形成于 38 亿年前，是月球上最大的撞击坑之一。盆地中央的鲜红色（以及右上角部分）代表了后来的熔岩流

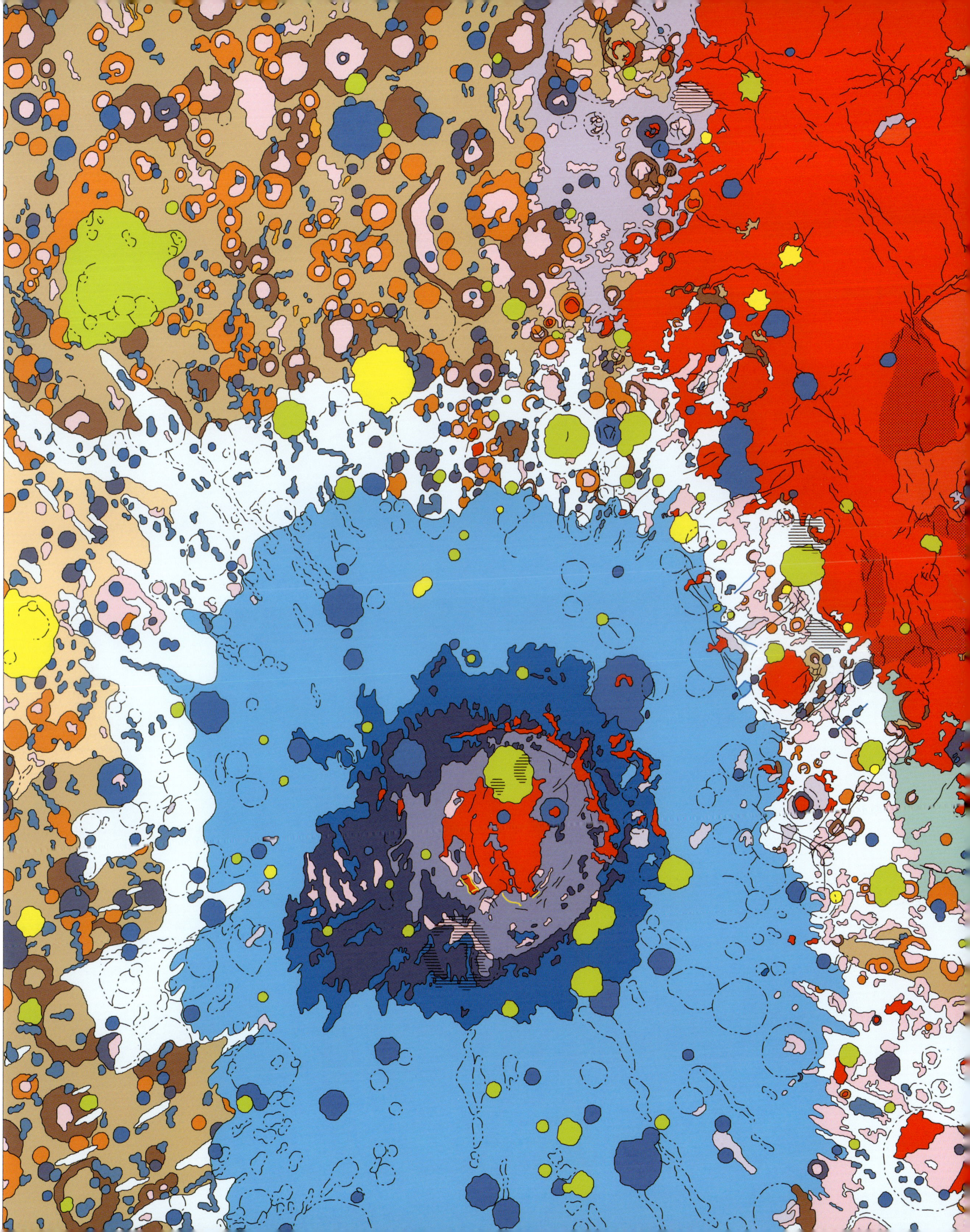

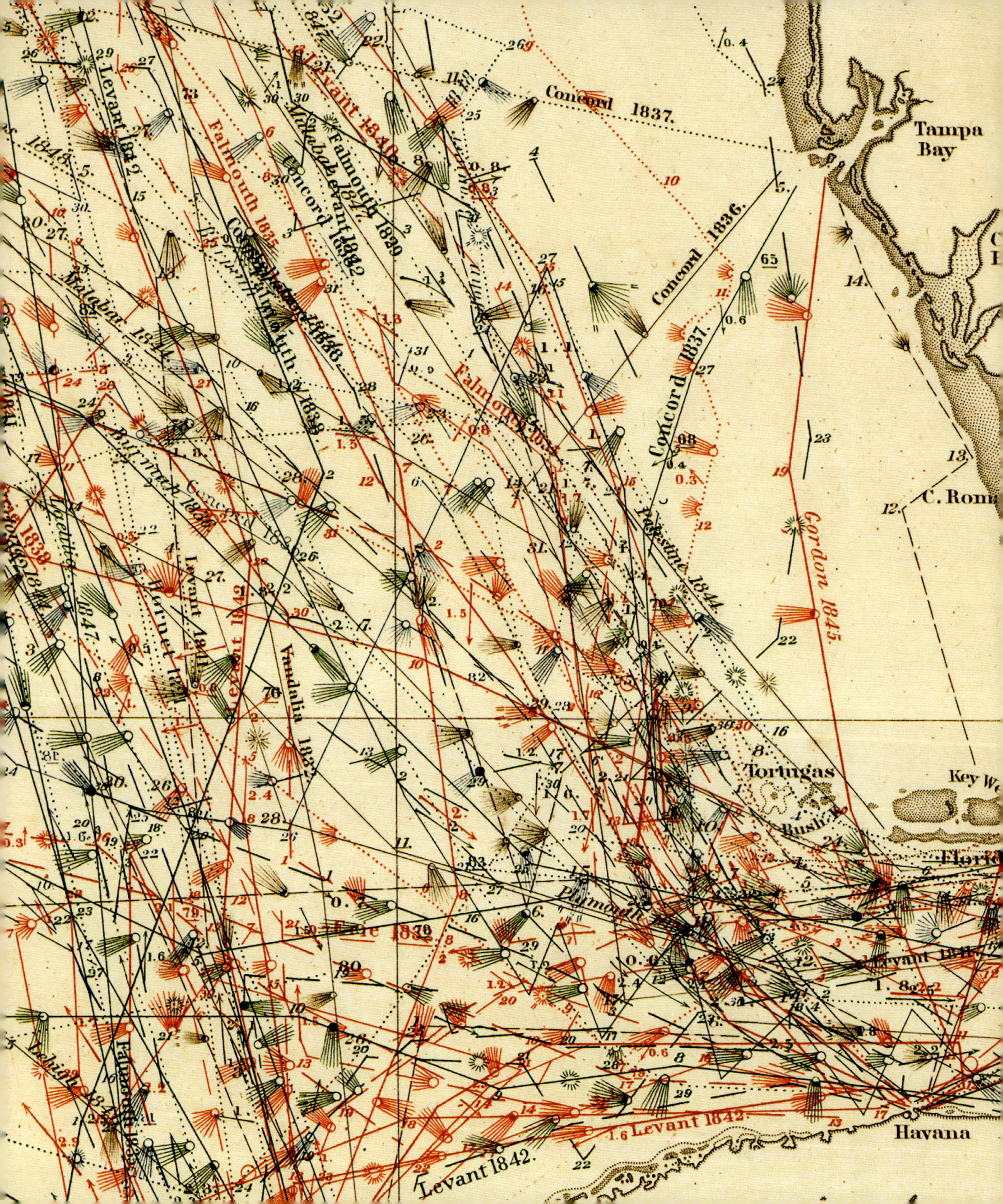

Tampa Bay
Concord 1837.
Concord 1836.
Concord 1837.
Gordon 1845.
Palestine 1844.
Levant 1842
Levant 1842.
Vandalia 1842
Malabar 1844
Falmouth 1839
Tortugas
Key We
Havana
C. Rom
Bush
Florid
Levant Bk

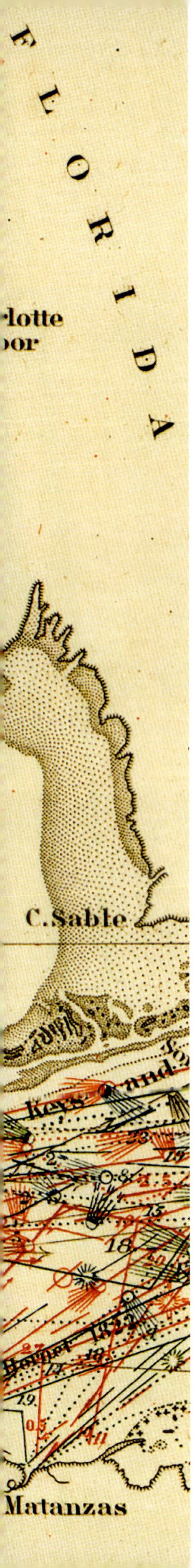

来自海洋的科学家

一位美国海军军官创立了海洋学，革新了海洋航行

绘制于 19 世纪 50 年代
来源于 美国地理学会图书馆等

如果不是因为一场公共马车事故，马修·方丹·莫里不能再执行海上任务，他可能不会成为现代海洋学之父。莫里出生于弗吉尼亚州的一户农家，1825 年应征加入美国海军，随即对航海理论产生了兴趣。他曾经在文森斯号舰艇上服过役，这是第一艘环游世界的美国军舰。

莫里的职业生涯原本似乎就是在海上服役了，但在 1839 年，他搭乘公共马车时从车顶上摔了下来，造成一条腿的膝盖脱臼，另一条腿部严重骨折，花了好几年时间才康复。重返海军之后，他被降级为文职人员，负责保管航海地图和仪器，包括航海天文钟——用于在海上测定经度的关键设备——以及其他导航工具和记录。如果是胸无大志的人，在这样的职位上可能会得过且过，但莫里却看到了机会。

莫里在这里嗜读若渴，他发现库房里杂乱堆放的老船长日志中藏着大量未加利用的海上航行资料。他细细研读之后，开始看出一些规律。领航员经常坚持走最短的航线，结果却常常受不利的风向和洋流影响而延误时间。如果能利用这些自然力量，而不是去对抗它们，即使航线长，速度也会更快。

这些航海日志揭示了另一个在当时不受重视的航行难题：洋流和风向会随季节而变化，所以三月的最佳路线在八月可能变得险恶。于是莫里认为，现在需要的是一种新的海图，可以显示出一年之中某个时间最快、最安全的路线。

莫里的《北大西洋海风和洋流图》于 1848 年首次出版，其中收录了数百名船长的观测记录（左边的放大图上可以清楚看到个别船只的名字）。他用了一些刷子状的符号表示航海日志中记述的某个地点的风力强度和变化。线条的长度表示风速，刷子的宽度则显示了风向是固定的还是多变的。

当然，海员们早就知道洋流和风向，但他们的知识大多是来自口耳相传。没有人像莫里一样探寻整个海洋的规律和时间规律，莫里把全部资料归纳为实用的航行指南。他的地图和海图显示出：海员们如何以最快航线通过可能让帆船受困数天、甚至数周的热带无风带；如何根据夏季北移的墨西哥湾流调整路线，利用这股强大的洋流从北美驶向欧洲。

起初，很少有船长愿意尝试莫里的航线。出于习惯和迷信，他们坚持着已经航行多年的路线。后来，有一位巴尔的摩的船长在某次航程中采用了莫里的一条航线，载着一批面粉到里约热内卢，结果

左图　马修·方丹·莫里的海风和洋流地图是根据船长航海日志绘制而成的，有助于让海上航行更加便捷安全。左页的局部图摘自 1850 年版的莫里的《北大西洋海风和洋流图》（左页图）。每一种线条颜色代表一次航行路线，刷子状的符号代表船长日志中对海风速度和变化的注记

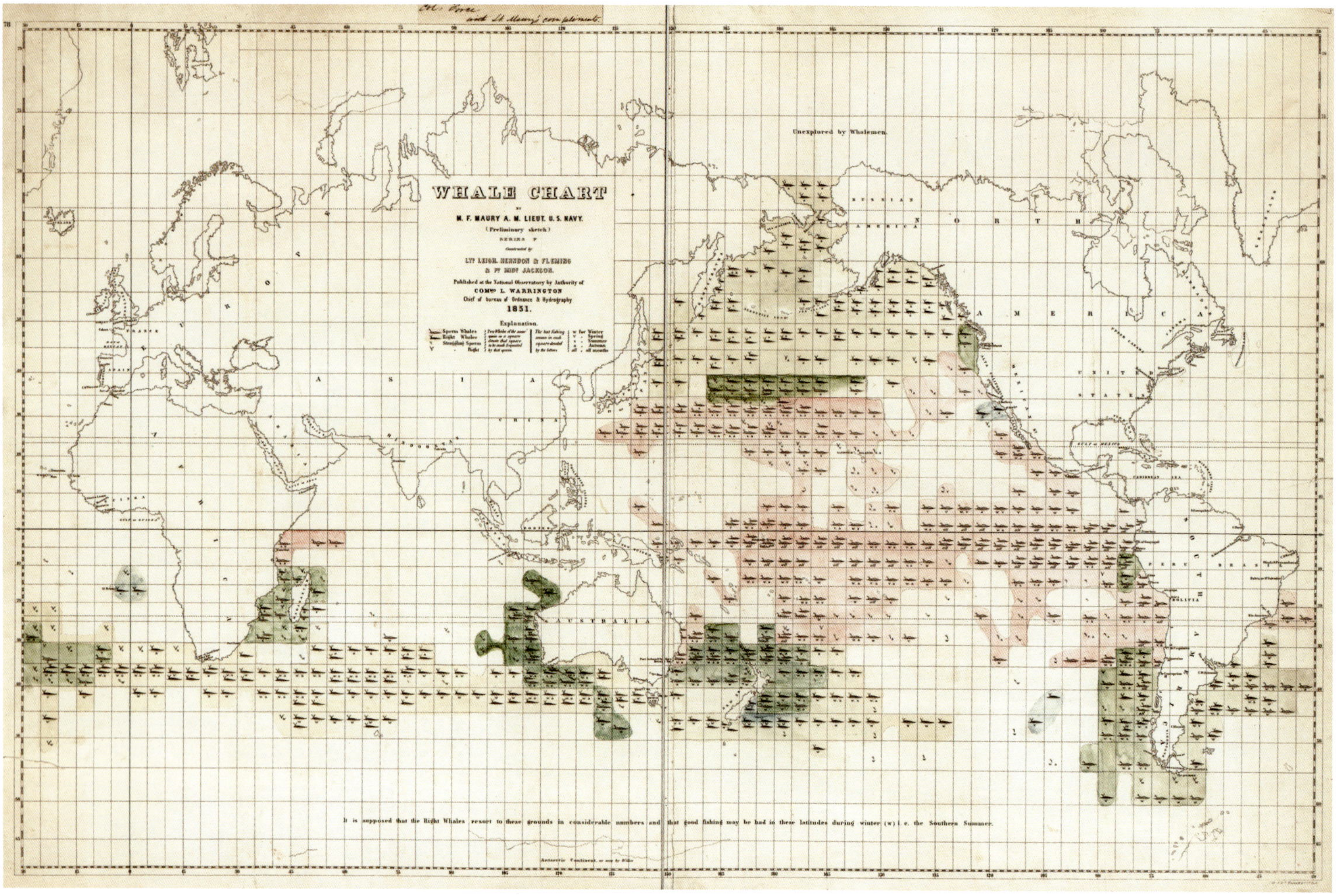

上图　美国内战期间，南方同盟军的突袭舰艇利用莫里的鲸迁徙图锁定了北方联邦军的捕鲸船，因为他们知道敌军可能会出现在鲸出没的地方

左图　这幅莫里的肖像摄于 1853 年，当时他参加了布鲁塞尔组织的第一次海洋气象学国际会议。莫里曾提出各国合力收集海风和洋流数据的设想

右页图　这张地图摘自莫里的《海洋自然地理学》一书，图中标示了合适的航行路线。小型船只可以依据所在地的风向调整风帆——这是莫里在图上囊括大量信息的一大创新

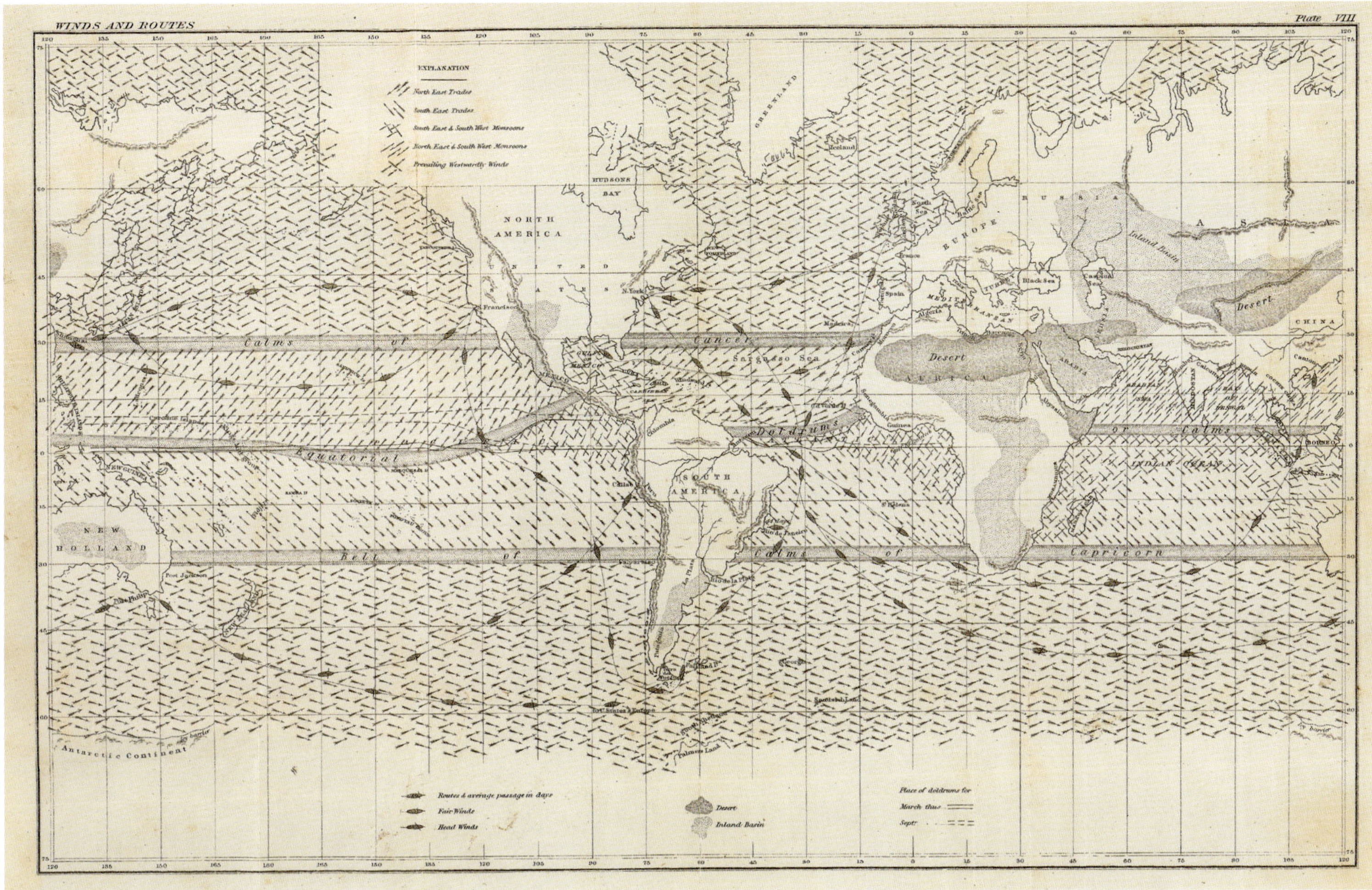

节省了 17 天的时间。这次航行被大肆宣扬。这位船长返程时决定再相信莫里一次，结果提前 35 天把一批巴西咖啡运回了巴尔的摩。于是越来越多的船长开始采用莫里的航线，都取得了良好效果。加利福尼亚州暴发淘金热时，省下的时间更为可观，船只从东海岸南下，绕过合恩角，北上旧金山，原本需时六个月，而用莫里的航线可以节省 40 多天。

为了进一步提高海图的精确度，并扩展到其他海洋，莫里发放了船长日志，让船长填写以后交还给他。因为体会到了莫里的科学方法带来的好处，许多人都乐意帮忙。到 1851 年，已经有一千艘船定期向莫里传送资料。一位船长写了一封感谢信给他："我现在还觉得在应用你的成果之前，我一直是蒙着眼航行的。"

收到大量的航海报告之后，莫里开始在海图中加入天气模式、水温甚至鲸的迁徙等内容。1855 年，他出版了畅销著作《海洋自然地理学》，这是第一本关于海洋学的教科书。其中第一张地图显示了海底地形，1858 年第一条跨大西洋电报电缆的铺设位置就是根据这张地图决定的。

美国内战开始后，莫里面临着一个艰难的抉择，不知道是要选择南方家乡弗吉尼亚州，还是他奉献了一生的海军。于是他怀着沉重的心情递交了辞呈。莫里的地图曾经是美国海军和商船海员的得力工具，在南方同盟军手中却很快成了对付他们的武器。在战争期间，南方同盟军的突袭船只不断追击北方联邦军船舰，击沉了数百艘。莫里的地图上标示着安全航线，告诉南方同盟军哪里能找到目标，以及哪里可以躲藏。

莫里面对这场战争不知如何自处，因此在战争大部分时间和战后的好几年里，他逃到了英国。一直到 1868 年他才回到弗吉尼亚州，在教书写作中度过余生，直至 1873 年去世。此后，莫里的地图仍在不断出版，每一张都反映了他对海洋科学永垂不朽的贡献。

C. GEN. STORE
AND SALOON
ACE
C. DRUG STORE
LODGING
GAMBLING
BARBER SHOP
C. GEN. MDSE.
SAM YIP CO.
C. DRY GOODS
the
a dance.
DUPONT
810
812
816
816
818
822
RESTAURANT
C. DRUG STORE
C. GEN'L STORE
C. TAILOR.
C. TAILOR.
C. GEN'L STORE
GAMBLING.
CONGREGATIONAL
C. MISSION AND SCHOOL.
EXEMPT FIRE CO.
C. LODGINGS.
BRE

社会环境

7. 社会环境

记录人类境况

在地图学中，绘制地理景观以外的事物是一个较为新颖的想法。直到 19 世纪中期才开始流行，当时制图师关注种族、移民和犯罪活动等问题。这些地图有的是为了扬善，有的则恰恰相反，但它们都揭示了一些鲜为人知的人类经历。

右边的地图就是一个典型。这幅图出自 19 世纪末的一项著名调查，图上显示伦敦的贫困现象比大多数人以为的要更加普遍，更加深入地存在于各个街区之中。这些地图成了推动社会变革的工具，为消除贫困做出了贡献。

大约在同一时期，旧金山的监督委员会进行了一次社区调查，但目的完全不同。这项调查是在反华人移民情绪达到最高点时发起的，调查结果和支持制作的地图（第 210 页）的论调也一如既往，即旧金山的唐人街正是一切罪恶的渊薮，是对全体市民的威胁。如果说伦敦贫穷地图反映了人性向善的一面，唐人街地图则揭露了人性中的黑暗。

本章中的地图涉及各类社会、文化和政治问题。有精美的手绘卷轴描绘了日本古代朝圣者和武士走过的道路（第 214 页），也有利用卫星数据追踪人类活动的现代地图（第 224 页），它们都揭示了某个时间和地点的社会环境。

绘制贫困情况分布地图

（1898—1899 年，伦敦政治经济学院图书馆）

1886 年，一位名叫查尔斯·布斯的富商对一份指出伦敦贫困户超过四分之一的报告感到怀疑，于是决定自掏腰包调查伦敦的生活状况。结果发现实际上是超过三分之一。这张细节图摘自布斯地图的数字化版本，图中富裕的马里波恩区毗邻较为多元的费兹罗维亚区。黄色代表富人区，淡红色代表中产阶级地区，蓝色代表贫民区，黑色则是“堕落下流、犯罪滋生的社会最底层”。

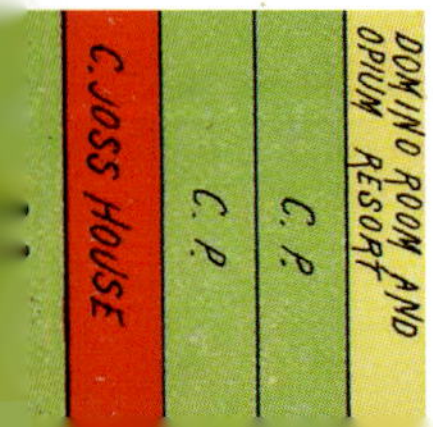

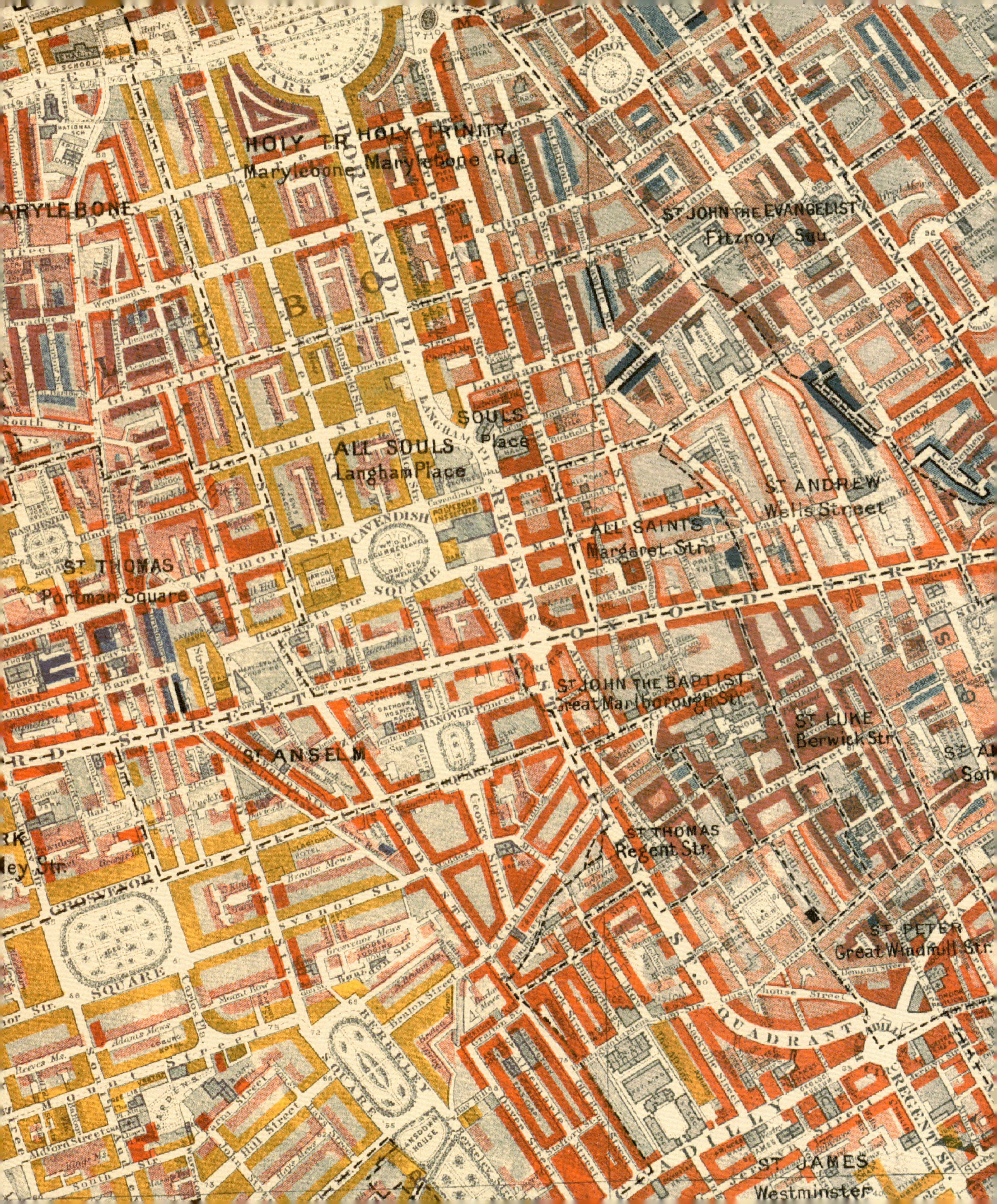

HOLY TRINITY
Marylebone Rd
ST JOHN THE EVANGELIST
Fitzroy Squ.
ALL SOULS
Langham Place
ST ANDREW
Wells Street
ALL SAINTS
Margaret Str.
ST THOMAS
Portman Square
ST JOHN THE BAPTIST
Great Marlborough Str.
ST LUKE
Berwick Str.
ST ANSELM
ST THOMAS
Regent Str.
ST PETER
Great Windmill Str.
ST JAMES
Westminster
CAVENDISH SQUARE
GROSVENOR SQUARE
BERKELEY SQUARE
QUADRANT

唐人街的地图和偏见

旧金山监督委员会所制的地图揭露了欲盖弥彰的反移民政策

绘制于 1885 年
来源于 斯坦福大学图书馆大卫・拉姆齐地图收藏中心

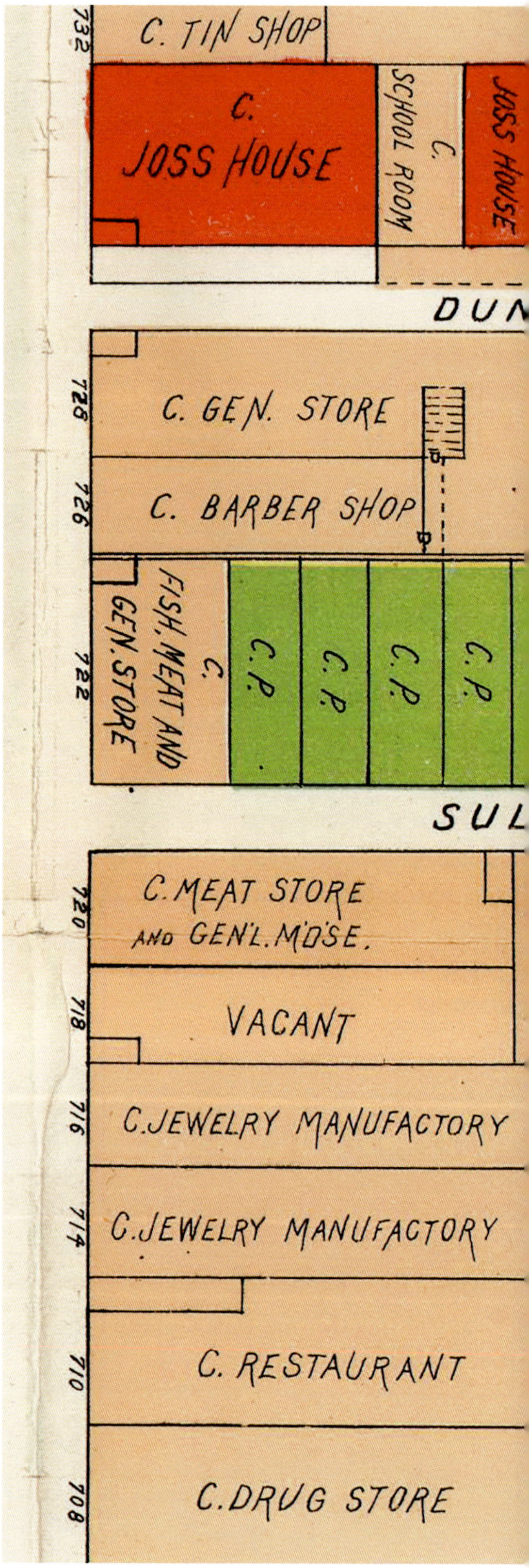

19 世纪中叶，美国建造第一条横贯大陆的铁路时，吸引了大批中国劳工前往加利福尼亚州寻找工作机会。12 000 名华人移民参与了铁路修筑。在 1869 年这项工程完工后，其中的许多人就在旧金山定居，开起了洗衣店、修鞋店等。旧金山又称为“海湾城市”，现在以自由主义著称，但当时许多居民觉得华人移民是一个严重问题。

当时反华情绪高涨，第 212 页和第 213 页的地图正是这股情绪的表现（右图）。该地图覆盖了旧金山占了六个街区的唐人街区域，还附有一份 1885 年旧金山监督委员会发布的报告，该报告公然宣扬种族主义，大意是说唐人街是疾病横生和道德沦丧的源头。

这份报告自称是对唐人街的生活情况的客观调查结果。它认为污秽不堪的唐人街是疾病滋生的温床，威胁着市民的健康。事后看来，真正的问题出在别的地方：美国人觉得华人移民抢走了他们的工作。

1873 年，经济危机暴发。美国东部的许多失业者搭乘刚建好的铁路，向西前往欣欣向荣的加利福尼亚州求职，结果令人大失所望。很多新来的东部人和当地白人居民斥责道，愿意接受低工资、长工时的华人移民在和他们抢饭碗。

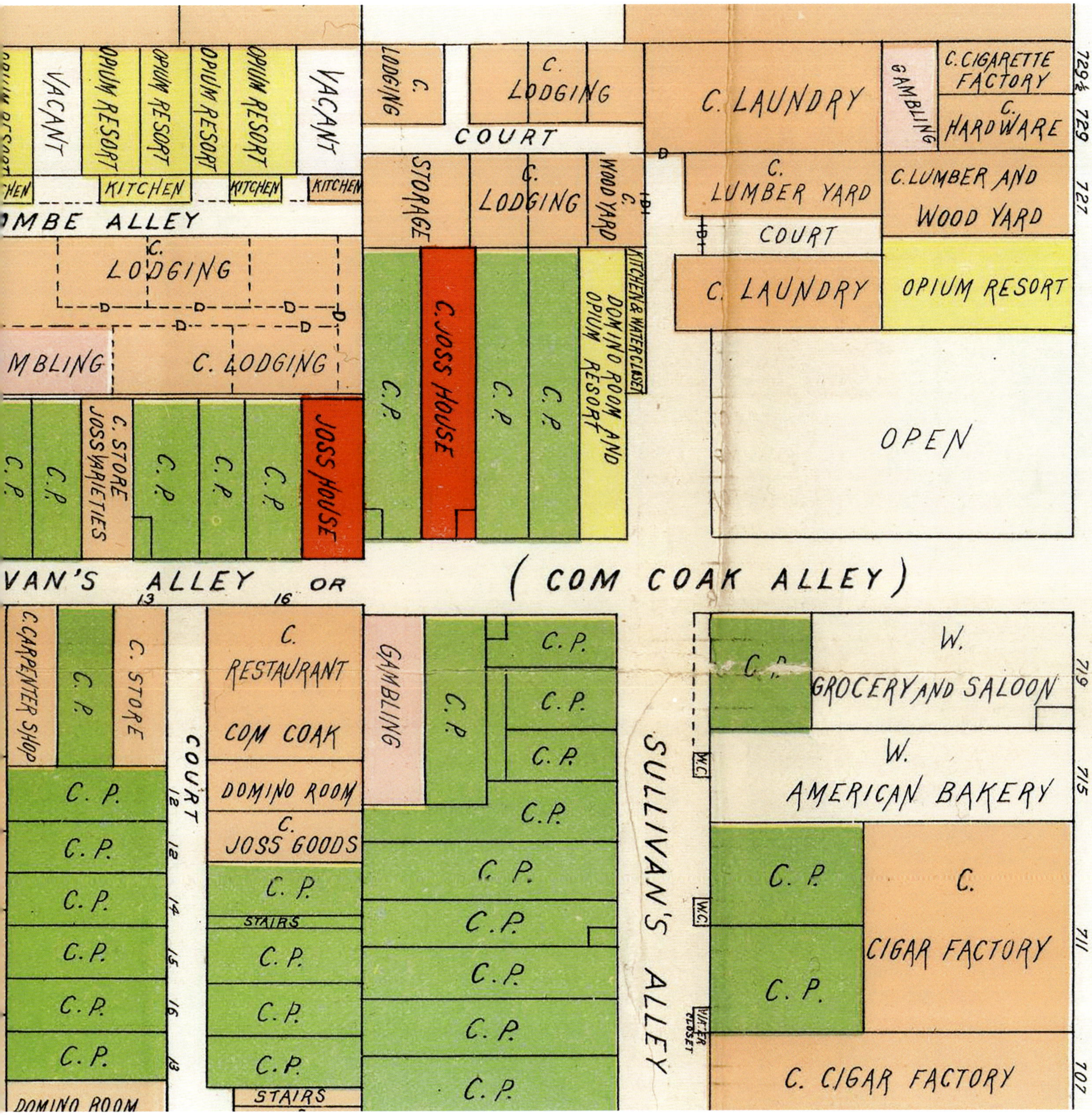

上图　这张局部图摘自一张 1885 年发布的旧金山唐人街地图，图上标注了遍布的鸦片馆（黄色）、赌场（粉红色）和妓院（绿色）

左页图　这张照片拍摄于 20 世纪初，呈现了某个寺庙外的景象，当地有许多这样的中国传统寺庙，在地图上标为红色

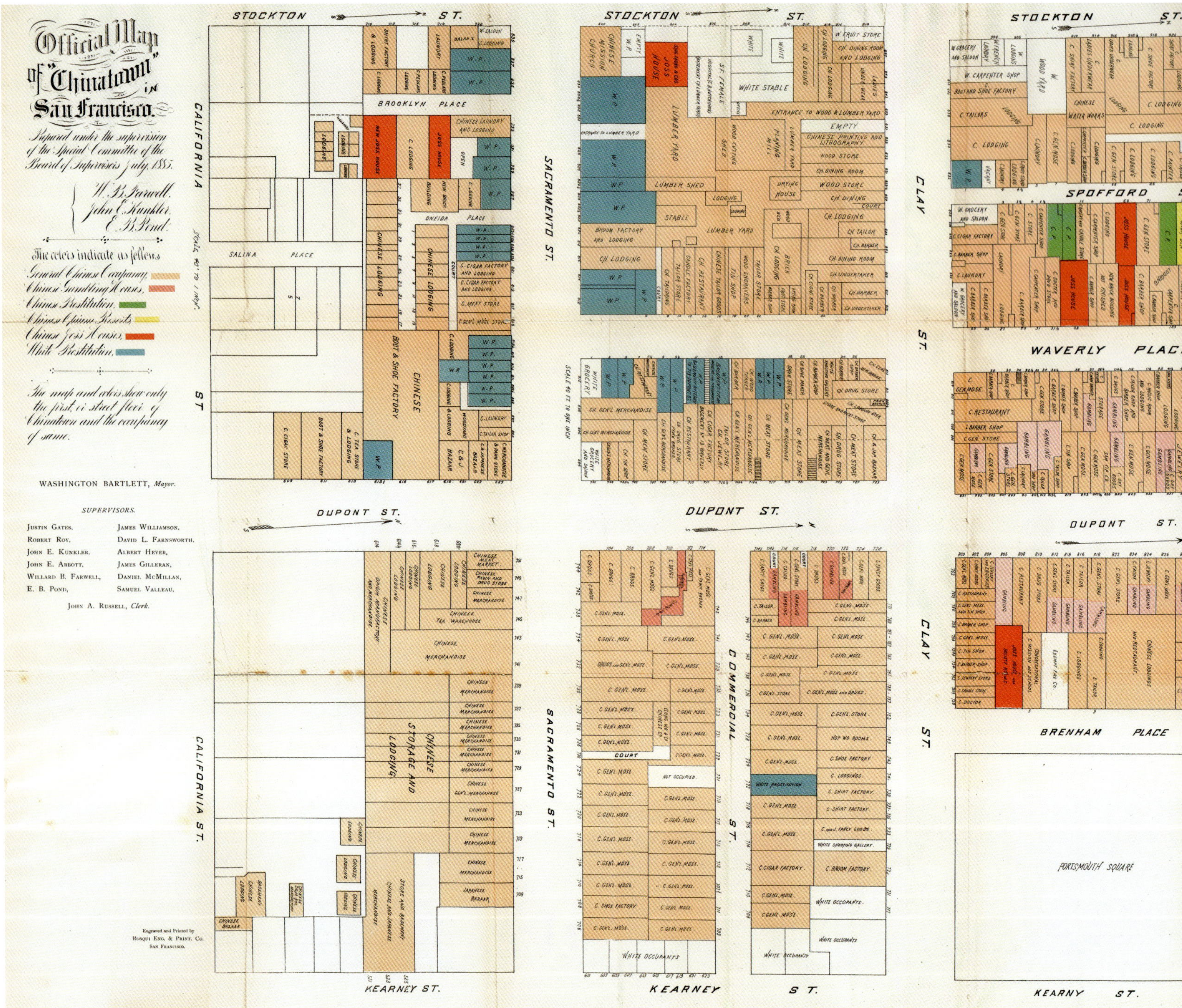

为了应对这种主观感受上的威胁，旧金山监督委员会在19世纪70年代通过了一系列歧视性法规。其中有一条是禁止商贩用扁担挑货，而这正是华人的习俗。另一条规定是对没有马的洗衣店征收重税（大多数华人的洗衣店都没有马）。还有一条法规规定对于出租的房间，每个房客的平均空间不得少于14立方米——这是人满为患的唐人街无法达到的居住条件。1877年夏天，一场反华暴动持续了两天，造成4人死亡，华人商铺财产损失超过10万美元，有20家洗衣店被毁。

1882年，国会通过了《排华法案》，全国禁止华人移民。这项法案虽然严厉，但对既有移民没有作用，因此旧金山监管督员会又委托了一项研究，增加将华人赶出去的由头。

检查人员记录了27个鸦片馆，标注条件从"肮脏"到"非常肮脏"不等。他们还查到了约150个赌场，很多都装了暗门，以便在警察突袭时逃跑。关于卖淫问题，该报告引述了一位当地医生的话。"据我所知，我确信城里染上性病

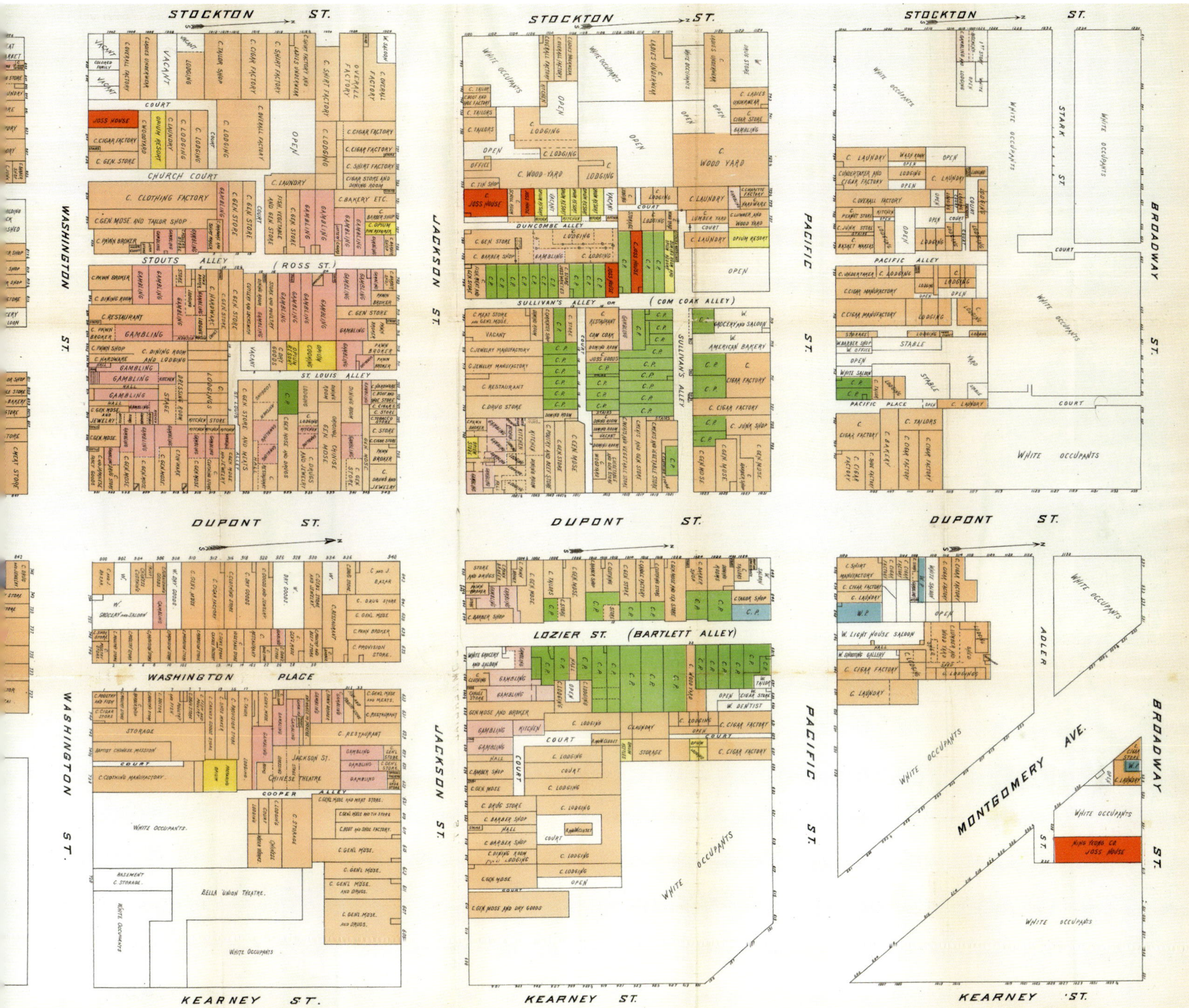

上图　这张唐人街地图描绘了该地区各种生意的细节，引人注目，比如几个马厩和一大堆雪茄工厂。蓝色方块代表白人妓院。W和C字母分别代表白人和华人

的男性几乎都是在唐人街得上的。”他说。也许更重要的内容是，这份报告做出了一个精确的估计，有2 326个华人工人在参与服装和其他商品生产中与美国工人有直接竞争。

讽刺的是，这些所谓的威胁反而让唐人街成为一个旅游景点。招徕游客的人极力鼓吹贫民窟之旅，一些黑心的导游把游客带进像迷宫一样的建筑中，却一走了之，让他们自己找路。

旧金山唐人街至今仍是一个大旅游景点，但如今环境好了很多，家庭也可以组团游览。鸦片馆和妓院已经被中式餐厅和纪念品商店取代。尽管今非昔比，但偏见仍然存在。

传奇的东海道

一套古日本地图让人足不出户体验一场著名徒步之旅

绘制于 约 18 世纪
来源于 美国国会图书馆地理与地图部

17、18 世纪时，虚拟旅行在日本很受欢迎。没有钱旅行的人可以通过书籍、图片和地图，体验一场在日本官道“五街道”的想象之旅。

从领主和武士，到商人和农民，各种人都能在五街道上看得到。一些人是出于实际或公务需要，一些人则是为了朝拜、寻找诗歌创作灵感，或是纯粹游玩。但是步行走完整条东海道——五街道最重要的部分——平均需要 15 天，沿途有多个站点提供食宿，但许多人难以负担这个费用。当时有很多人的愿望是一生之中走完一次五街道。但是那些承担不起旅行费用的人可以借助一张充满故事的图画路线图进行一次幻想之旅。

“这套地图的性质介于旅游指南和绘图故事之间。”纽约新学院附属帕森斯设计学院的建筑师兼空间研究学者吉莉 · 特拉加诺说。

东海道全长 513 千米，连接着东京（当时称为江户）和京都，这条官道的注解地图很受欢迎。最初的东海道路线图是为幕府将军（统治日本的军事独裁者）专门绘制的精美手绘版本。后来出现了不同的版本，都是把基本轮廓刻在木板上，然后就像盖印章一样制作复制品，再根据目标受众的需求加上细节，有时还会上色。这些地图可能包含实际信息，比如旅馆价格或站点之间的距离；有的收录了与沿线地方有关的短篇故事、诗歌或神话；还有的包括了一些沿途的景点，例如在哪里看富士山视野最好，或者路边种着哪些种类的树木。

其中有些地图很长，也不便携带，显然不是用来导航的，比如国会图书馆收藏的一张长达 36 米的东海道地图（右图局部图）。“这张地图可能是某一张原版地图的早期复制本，且价格较高。”特拉加诺说，“这可能是为了激发人们对旅程的想象。”这张地图描绘了道路沿线的几十个车站，以及河道交叉口、寺庙和树木。上面的局部图作图精美，画的是富士山，山的右边下着暴雨。特拉加诺猜想，雨可能会让读者联想到与当地有关的某个故事或神话。

几乎在整个日本江户时期（1603—1868 年），

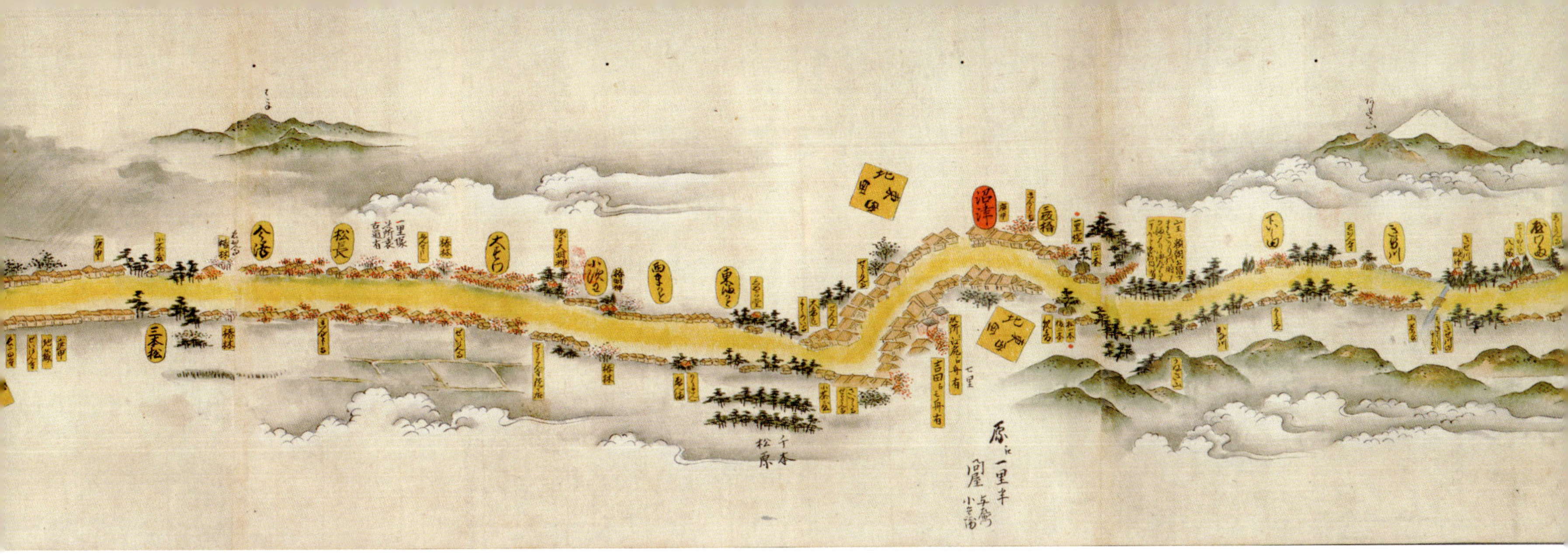

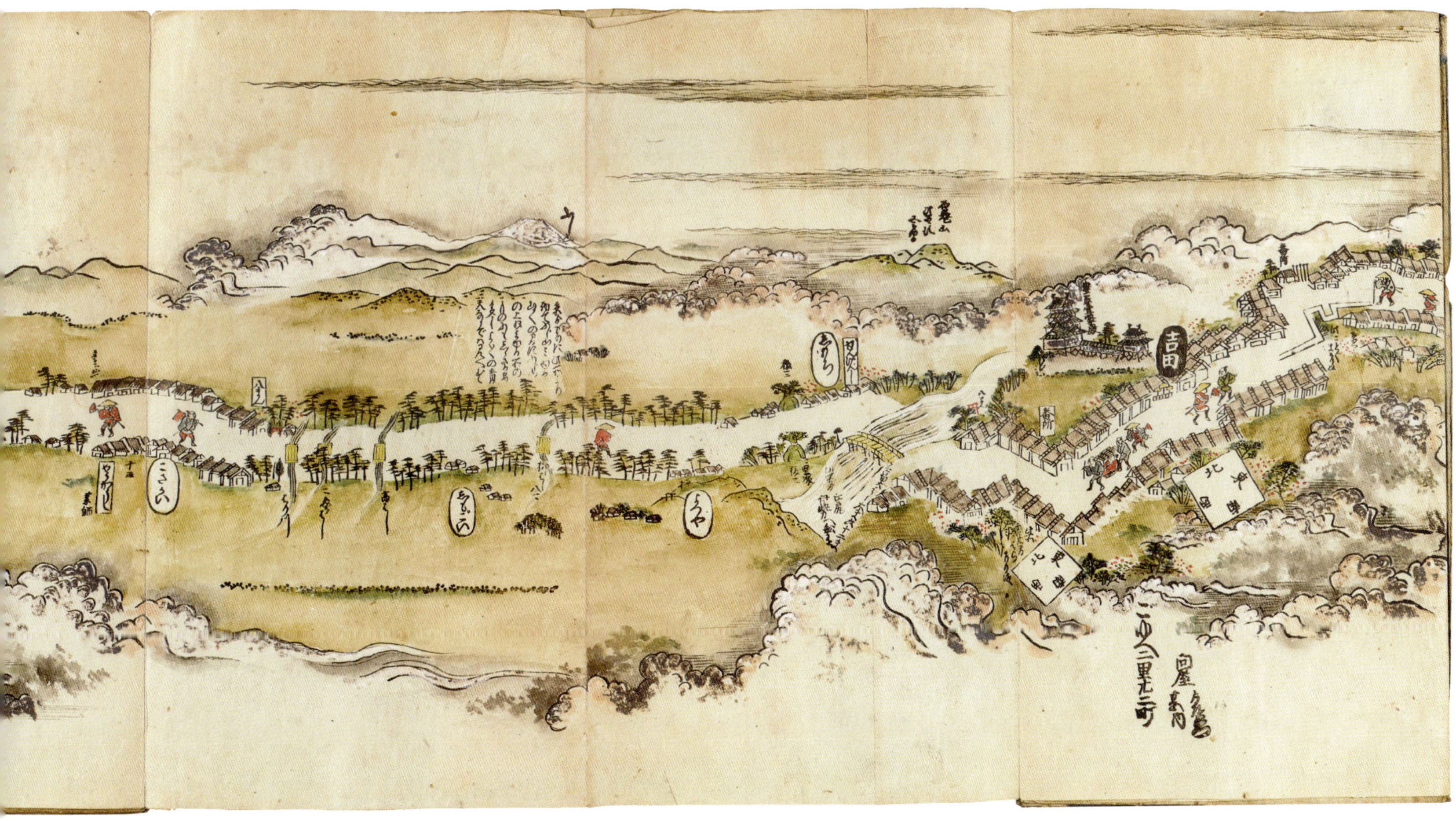

顶部图　这是国会图书馆收藏的一张 18 世纪东海道地图的一部分。该地图是由两个 26 厘米高的卷轴组成，连起来约有 36 米长。这种使用不便的手绘地图不是供旅客使用的，可能是为了激发人们对旅程的想象，17、18 世纪时在日本很受欢迎

上图　这是曼彻斯特大学收藏的东海道地图中的一段。这幅图长 7.8 米，是 1690 年地图的经折装重印版。与国会图书馆收藏的那幅地图不同的是，这张地图上描绘了各类旅行者。在日本的阶级文化中，东海道是少数平民能碰见武士和将军的地方

左页及本页图　这是国会图书馆收藏的东海道地图的三个部分，加起来仅是地图全长的十分之一左右。这样的地图通常包含路边旅馆、商店和它们之间的距离等实用信息，也包含沿途各地相关的一些故事、诗歌和神话

不断有人制作东海道路线图，但是随着时间变化，地图内容也会根据人们的兴趣点而改变。和典型的由官方制作管理的地图不同，东海道地图反映了目标受众的文化趣味。制图者常常会与其他领域的人合作，比如画家、诗人和游客。

其他版本的东海道地图描绘了多种不同类型的游客（第 215 页）。东海道的一大魅力就是，这是日本少见的不同阶级会沿街而遇的地方。“这在日本十分罕见，”特拉加诺说，“因为这一时期的日本阶级分化十分严重。”

特别是在东海道可能会看到一些领主和随行武士。不同领地的领主每隔几年会带着家眷和军队前往江户的宅邸住一阵子，聆听幕府将军的教诲。这意味着，各地领主前往江户途中，会路过东海道，于是这里会定期出现大规模的仪式队列。

商人、工匠和其他平民不允许直视领主（眼睛只能看着地面），但有机会见到武士阶级。武士被视为日本社会的知识分子，领主一般禁止他们参与当地灯红酒绿的夜生活，但东海道对他们来说是一个难得的地方，在那里，他们可以逃离严格的社会规范。他们会藏起佩刀，以免被认出是武士，然后偷偷溜出去享乐。

特朗普的选区地图

创造出两个美国的选举

两张新奇的地图显示了 2016 年总统大选如何影响政治局面

绘制于 2016 年
来源于《纽约时报》，提姆 · 华莱士

“对许多美国人来说，2016 年大选似乎将美国分成了两半。”特朗普当选为美国第 45 任总统一周后，提姆 · 华莱士在《纽约时报》上写道。华莱士是《泰晤士报》制图团队的地理学家兼制图师，为了呈现出美国历史上的这个政治变动，他制作了这两张地图。

在选举期间，红蓝选举地图常常占据着大型媒体的版面，而华莱士的地图没有显示州郡的边界。相反，他先分析了选举结果，估计多数人将投票支持共和党候选人特朗普的选区，以及多数人投票支持民主党希拉里 · 克林顿的选区。然后他把这些地区分开描绘，就像两个不同的国家一样。

华莱士的地图反映出了几次选举中，城市地区（倾向民主党）和农村地区（倾向共和党）之间日益扩大的鸿沟。支持

希拉里的选区地图

左页图及本页图　2016 年的总统大选备受争议，《纽约时报》的制图团队采用中性的地理术语来标示这张地图（例如，图上没有沼泽或荒地）。只有一个地方可能偷换概念：阿西乐水道在特朗普的选区地图上有一条道路穿过东北部，大致沿着阿西乐高速列车的路线

希拉里的选区占有 54% 的美国人口，但支持特朗普的选区占据了 85% 的土地。“特朗普的选区范围有很多洞，但占了很大的面积比例，”华莱士说，“而希拉里的选区更像是一群分散的岛屿。”

这两张地图上引人注目的一点是中西部城市的孤立状态。例如，在特朗普的选区地图上，“路易斯维湖”和“辛辛那提岛”完全被陆地包围。华莱士为几次选举绘制过类似的地图，当时这些水域上的选区面积更大，有时还连成一片，就像特朗普选区的南、北卡罗来纳州和南方腹地的水涝地一样。实际上，中西部这片坚定支持特朗普的选区也他帮助扭转了局面。

在希拉里的选区地图上，一座座城市看起来像孤立岛屿，但并不是每个岛屿都是一座城市。位于“怀俄明州浅滩”东北部的三个中型岛屿，对应的地点是南达科他州的立岩、夏延河等其他美洲原住民保留地。有一些更小的岛屿代表的是大学城，如佐治亚州的雅典市和内布拉斯加州的林肯市。

华莱士说，这两张地图让两大阵营都能欣然接受。对于特朗普的支持者来说，这些地图显示与他们持相同看法的人在全国各地广泛分布。令希拉里的支持者感到安慰的是，虽然他们看起来像在岛屿上一样，但这些岛屿数量众多，分布广阔。在这种分歧之中，人们在地图上看到的内容往往就是他们本来就相信的东西，这或许并不奇怪。

呈现民族和文化的地图

第一部探究人类多样性起源的民族志地图集

绘制于 1861 年
来源于 斯坦福大学图书馆大卫・拉姆齐地图收藏中心

詹姆斯・考尔斯・普里查德是他那个时代最具创新精神的思想家之一，差点比达尔文抢先提出进化论。普里查德在英格兰长大，是一名贵格会教徒，并在 19 世纪初在苏格兰接受培训成为一名医生，他对一个问题非常着迷，之前很多大家也都思考过：这么多不同类型的民族是如何分散至全球各地的？

普里查德在人类学史上留下了深远的印记，发展了一个较新的民族学领域：研究民族及其文化的起源和差异。1843 年，他发表了世界上第一套世界民族志地图。

普里查德绘制的非洲地图（右页图为 1861 年第二版）可能是最精彩的一幅，因为有关非洲大陆的信息相对较少。普里查德仔细拼凑出当时人们对非洲居民情况的了解，试图在地图上呈现出 31 个不同种族的位置分布。地图中心的一大片区域是“广阔的未知区域”，其中有一座未经证实的月亮山，当时传说是尼罗河的源头。这些山脉可能在非洲实际存在，也可能只是传说。

普里查德无法把他收集到的所有历史信息囊括在每个大陆的单张地图上。“有不足在所难免，”他在地图的说明里写道，“同一张地图上无法显示各民族在不同时代的位置，因为他们的位置会随着迁徙和征服而发生变化。”

普里查德常常被认为是种族研究的奠基人，他很早就提出了所有人类源自共同祖先的观点。他也是最早提出“走出非洲”理论的人之一，即现代人类在东非演化，然后迁移到世界各地。根据这些观点，普里查德得出了合乎逻辑的结论，他认为当时有些人拥护的种族优越理论，从本质上来说是无稽之谈。

普里查德反对奴隶制，而在他发展并发表这些理论时，加勒比地区的英国种植园所有者仍然实行着奴隶制。他还是 1837 年成立的国际人权组织原住民保护协会的早期成员。

当时人类学家的典型研究模式是测量比较不同种族的头骨，但普里查德挣脱了这个狭窄的研究焦点，认为科学家也应该研究文化，尤其是语言。他说，这些领域揭示了人类的共性和不同种族的相互关联。他指出了凯尔特语和梵语的相似性，为印欧语系划出了一个新的分支。

惊人的是，对于人类学的研究只能算是普里查德的一个副业，他其实是一名专门研究神经系统疾病的执业医生。在这个领域，他也是一个开拓者，曾经推测出“悖德症”这种精神障碍的存在。他还率先使用了“老年痴呆”一词。然而，就算成果赫赫，普里查德仍然在历史上鲜为人知。尽管洞察力过人，他好像就差了一步，差点就能取得原本可能他人生中最大的成就：进化论。

上图 英国医生詹姆斯・考尔斯・普里查德在 1843 年出版了《人类自然史》，记录了世界各地不同种族的特征。这本书包含了大量世界各地居民的插图，这幅图画的是沙特阿拉伯吉达的一位“萨瓦金酋长”

右页图 普里查德绘制的史上第一张非洲民族志地图，收录在他 1843 年出版的人类学著作《人类自然史》随附的地图集中。这张地图是 1861 年印制的第二版，呈现了 31 个种族，其中有一大部分区域标记为“广阔的未知区域”，显示了欧洲人对这块神秘大陆还不甚了解

普里查德认为不同的种族是人们居住环境不同的结果，他明白物种个体间的变异是关键所在。他还认识到，人类（或动植物）的先天性状是可以遗传的，但后天性状不行。

但普里查德从来没有把这一切联系在一起。他似乎更喜欢钻研人类学的细节，而不是探寻形成这一切的规律体系。正如史学家康威・泽克尔在 1941 年所说的：“事实上我们应该惊讶，普里查德居然没有发现自然选择是生物进化的一大因素。”

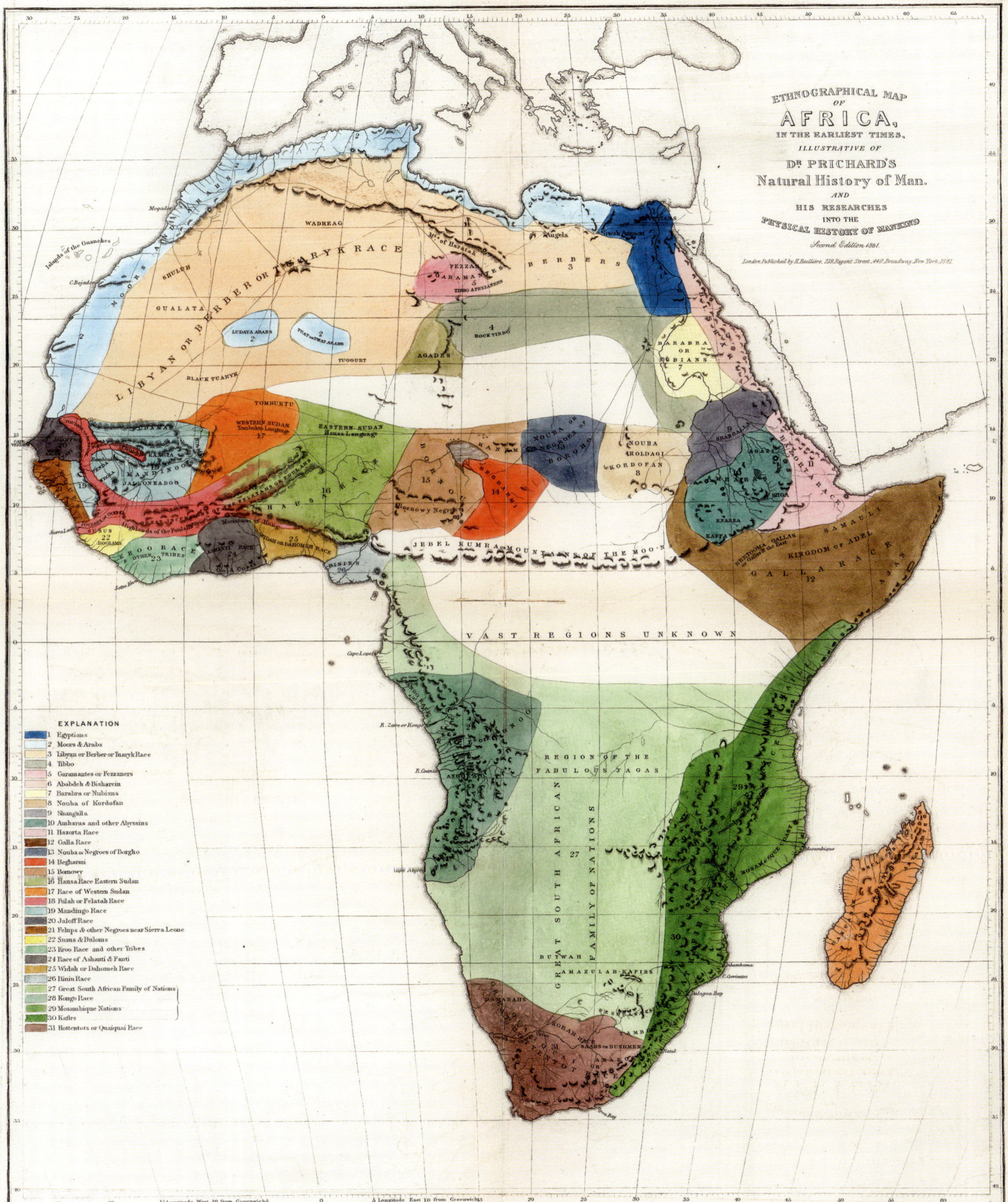
ETHNOGRAPHICAL MAP
OF
AFRICA,
IN THE EARLIEST TIMES,
ILLUSTRATIVE OF
Dr. PRICHARD'S
Natural History of Man.
AND
HIS RESEARCHES
INTO THE
PHYSICAL HISTORY OF MANKIND
Second Edition 1861.
London Published by H. Baillière, 219 Regent Street. 440 Broadway New York 1861.
EXPLANATION
1 Egyptians
2 Moors & Arabs
3 Libyan or Berber or Tuaryk Race
4 Tibbo
5 Garamantes or Fezzaners
6 Ababdeh & Bisharein
7 Barabra or Nubians
8 Nouba of Kordofan
9 Shangalla
10 Amharas and other Abyssins
11 Hazorta Race
12 Galla Race
13 Nouba or Negroes of Borgho
14 Begharmi
15 Bornowy
16 Hausa Race Eastern Sudan
17 Race of Western Sudan
18 Fulah or Felatah Race
19 Mandingo Race
20 Jaloff Race
21 Felups & other Negroes near Sierra Leone
22 Susus & Buloms
23 Kroo Race and other Tribes
24 Race of Ashanti & Fanti
25 Widah or Dahomeh Race
26 Binin Race
27 Great South African Family of Nations
28 Kongo Race
29 Mosambique Nations
30 Kafirs
31 Hottentots or Quaiquai Race
VAST REGIONS UNKNOWN
REGION OF THE FABULOUS JAGAS
GREAT SOUTH AFRICAN FAMILY OF NATIONS
LIBYAN OR BERBER OR TUARYK RACE
JEBEL KUMRA or MOUNTAINS OF THE MOON
KINGDOM OF ADEL
GALLA RACE

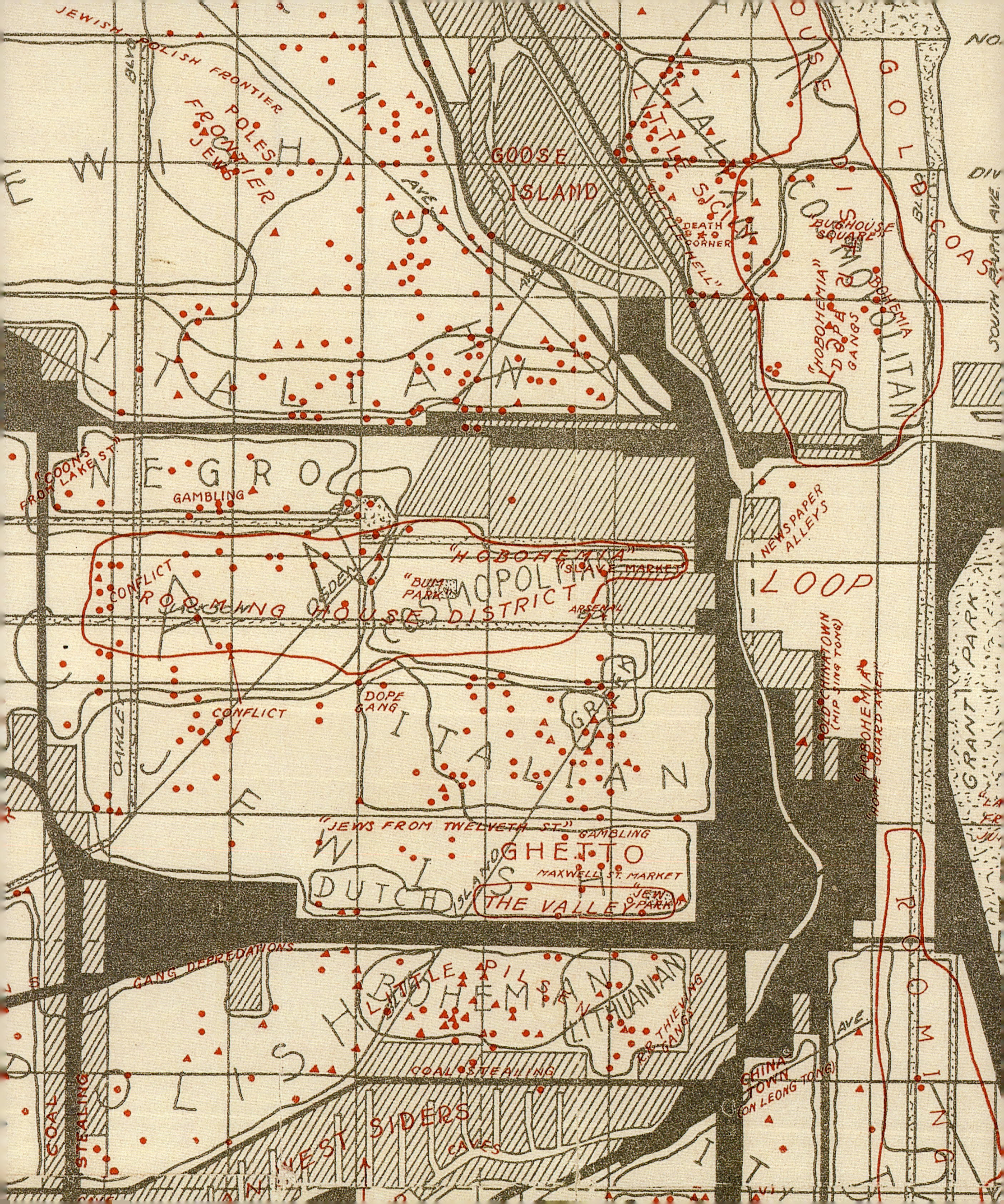

JEWISH POLISH FRONTIER
POLES
FRONTIER
JEWS
JEWISH
GOOSE ISLAND
LITTLE SICILY
DEATH CORNER
"LITTLE HELL"
BUGHOUSE SQUARE
"HOBOHEMIA"
DOPE GANGS
BOHEMIA
GOLD COAST
COSMOPOLITAN
ITALIAN
NEGRO
"COONS" FROM LAKE ST.
GAMBLING
"HOBOHEMIA"
"SLAVE MARKET"
"BUM PARK"
ROOMING HOUSE DISTRICT
ARSENAL
CONFLICT
NEWSPAPER ALLEYS
LOOP
OLD CHINATOWN (HIP SING TONG)
"HOBOHEMIA" "HOME GUARD AREA"
GRANT PARK
DOPE GANG
GREEK
ITALIAN
CONFLICT
"JEWS FROM TWELVETH ST."
GAMBLING
GHETTO
MAXWELL ST. MARKET
"JEW PARK"
THE VALLEY
DUTCH
GANG DEPREDATIONS
LITTLE PILSEN
BOHEMIAN
LITHUANIAN
R.R. THIEVING GANGS
COAL STEALING
CHINA TOWN (ON LEONG TONG)
COAL STEALING
WEST SIDERS
CAVES
POLISH
ROOMING

芝加哥的帮派

一项1927年的开创性研究标绘出城市帮派活动和生活

绘制于1927年
来源于 芝加哥大学地图收藏

1927年，芝加哥街头上有1313个帮派。这张地图摘自当年出版的《帮派》一书，标示了许多帮派的地盘，地图作者是刚在芝加哥大学拿到博士学位的年轻社会学家弗雷德里克·思拉舍。思拉舍是当时帮派运作研究的先驱，对后世影响深远。

思拉舍将芝加哥黑社会的地盘划为三块，有些夸张地称之为“北区丛林”“西区荒野”和“南区恶地”。这些地方没有标示在地图上，但它们形成了一条带状围绕着中心商业区卢普区，如图中央的湖岸一带。灰色线条显示了这些地区的主要族裔群体，红色线条代表社区和地标，按当地居民的惯称标注。小红点代表一般帮派，三角形表示拥有专属会所的帮派，圆圈则代表只在街角聚集的帮派。

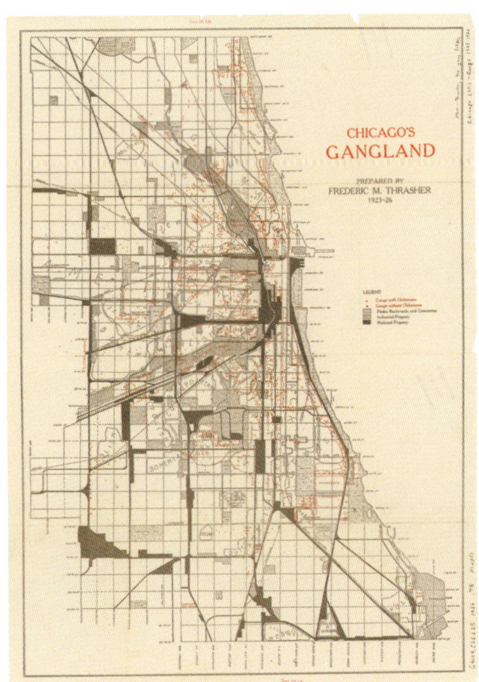

书中对每个地区的著名帮派附有介绍。例如，南边有普普帮、洋葱帮、鱼雷帮以及做啤酒生意的三X帮(当时有禁酒令)。西边有几个犹太帮派，包括黑手会，思拉舍称其为一个扒手组织。地图上只标出了少数帮派，大概是因为帮派数量太多，而且也不是所有帮派都有名字。

北边有几个与黑手党有关系的帮派，比如荣光帮和小意大利帮。他们的根据地在小西西里，就是思拉舍用红色线条在卢普区北部圈出的范围。他还标注出这个区域里一个特别糟糕的地方，当地称之为“小地狱”，以及附近的一个凶杀案频发的地点，叫作“死亡角”。沿着芝加哥河往上的西北边就是波兰人的飞地“波杰镇”，这里有好几个帮派经常和河对岸的西边帮派发生冲突。

思拉舍有一个论点影响力尤为深远，即帮派的形成并不是因为男孩天生容易受帮派吸引，而是地理和社会因素的共同作用。他的研究显示，芝加哥的帮派集中在卢普区和较外围住宅区之间的过渡区域。思拉舍写道：“在别处，学校、教堂和健全的社区体系为男孩营造了一个有条理、有目标的生活环境，但这里的环境却无法让他们对未来产生憧憬或得到激励。”思拉舍是首位将帮派当作值得严肃研究的课题的社会学家，因此他的结论在未来几十年对该领域产生了巨大的影响。

思拉舍认识到了和帮派有关的犯罪等问题，但他也对这些帮派成员感到同情，有时甚至似乎美化了帮派生活。他写道：“这些帮派笼罩在贫民窟的阴影中。”然而，他补充道：“他们生活在一个界限鲜明，只属于他们自己的世界里——迥异于普通公民的单调生活。”

左页图　这张细节图摘自思拉舍的地图，显示了小西西里（左图中央）和东南边的毒品团伙大本营居住的贫民窟

夜晚的图景

卫星地图上的夜间灯火揭示了人类活动模式的转变

绘制于 2017 年
来源于 约翰 · 尼尔森

2011 年，美国国家航空航天局发射了一颗重达两吨的卫星进入轨道，展示了我们从未见过的地球夜间图景。索米国家极地轨道伙伴卫星载有众多先进设备，其中有一种微光传感器的空间分辨率比以往的卫星高 6 倍，能够探测到的光线亮度提高了 250 倍。它可以从 800 千米以外的地方感测到微弱的灯光，比如海上的渔火。

夜间灯火地图能够反映出人类的活动模式，并追溯活动模式如何随时间变化。美国国家航空航天局的科学家已经开发出一种技术可以滤除自然光源，如火灾和反射的月光，只在图上显示出人造灯光。这些资料可以用于监测城市发展、非法捕鱼、光污染和战争影响等。有时，也可以从太空上看出节庆活动：比如美国某些城市在感恩节和新年有灯饰展览，城市亮度会比平时增加 50%，中东有些城市在斋戒月期间灯光明显更亮。

制图软件公司美国环境系统研究所公司的制图师约翰 · 尼尔森根据美国国家航空航天局 2012 年和 2016 年的夜光数据，绘制了全球灯光变化地图。亚洲和中东地图显示了灯光变强或新的灯光区域（黄色），以及灯光变暗或消失的区域（蓝色），灯光不变的区域标为白色。

地图上有几个区域引人注目，战火频仍的叙利亚地区有许多地方呈蓝色，代表着 2011 年内战爆发以来灯光变暗或消失的地区。相比之下，印度增加了一大片灯光区域，部分原因可能是许多农村地区开始供电。

右图　用算法比对 2012 年和 2016 年的卫星图像，找出对应时间内消失的灯光（显示为蓝色）或新增的灯光（黄色）。没有变化的地方显示为白色，比如图上最左边的尼罗河三角洲地区

The changing nighttime illumination between 2012 and 2016

乡村的浪漫情怀

19 世纪晚期的美国郡县地图呈现了理想化的美好情怀

绘制于 1874 年
来源于 斯坦福大学图书馆大卫·拉姆齐地图收藏中心

杰西·菲利普斯在美国内战期间曾加入北方联邦军英勇奋战。他的战马曾经至少被射中倒下五次，他自己也被射中了两次，其中一次被射穿了脚踝，致使他的腿脚不便。尽管如此，他最终晋升到了将军，并以战争英雄的身份回到了他在伊利诺伊州蒙哥马利县的家乡希尔斯伯勒。

菲利普斯的战绩在 1874 年出版的蒙哥马利县地图册中有详细的描述。返乡后他重拾了曾经做得风生水起的法律业务，而且显然备受爱戴："在社交生活中，将军非常和蔼可亲，他很会聊天又才智过人，因此有他在场，气氛都轻松愉快，他很受人欢迎。"

19 世纪末，这样的地图集在北美的农村地区广受欢迎。这些地图名义上是关于房产——为了界定某块区域的归属。但随后出版商发现有人愿意付钱在图集上加入一篇简短的传记，或请画家为自家农场、家人或珍视的牲畜作画，让街坊四邻都看得到。

芝加哥大学的地理学教授迈克尔·康岑估计，最火爆的时候出版了 5 000 多本这样的地图集，地图出版主要集中在东北和中西部。有些地图描绘了某个地区最初开垦的情形，伊利诺伊州有许多地方几十年前才有人定居。所以，这些地图集相当于记录了居民和亲戚们的成就经历——通常有美化的成分——因此成为市民们和个人表达自豪感的途径。

居民的个人美德是一个常见的主题。地图集中对家畜商詹姆斯·米尔顿·凯利介绍道："他一生从未喝醉；没摔过一张牌，没跟人打过官司——是孩子和邻居的好榜样。"约翰·贝蒂是当地"可敬、高尚、值得信赖的"银行行长（右图的素描就是他的农场）。

图上整洁的农舍和被精心照料的田野显示了 19 世纪末美国农村的美好生活。从某种意义上讲，这些地图集就是当时的脸书：一个让大家展现最好的一面的地方。地图集中不会呈现出完整的故事，但可以感受到人们希望给别人留下的印象。

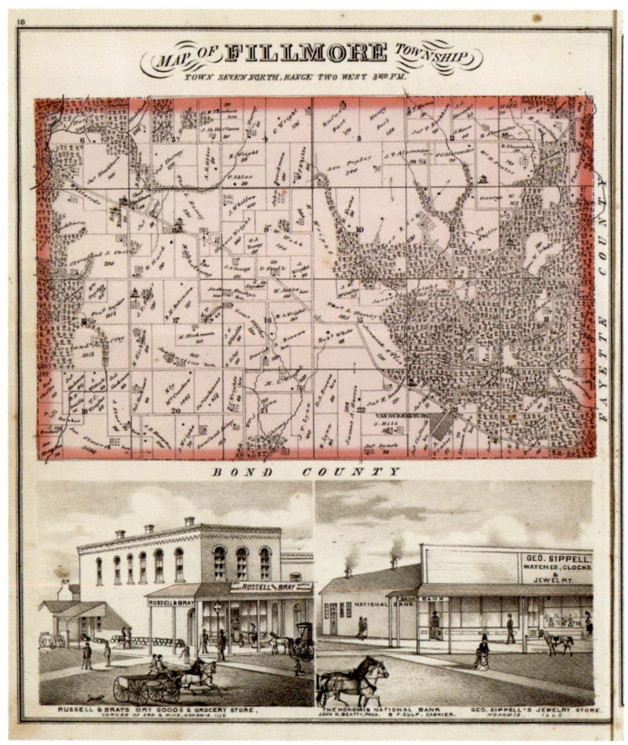

左页图　在 1874 年伊利诺伊州蒙哥马利县的地图册中，杰出公民会获得殊荣。杰西・菲利普斯作为内战英雄和备受爱戴的律师，登上了地图集的封面

上图　当地的一位银行行长约翰・贝蒂（该银行勉强可见于左下方菲尔莫尔镇区地图的珠宝店拐角处）在镇外 1.8 平方千米的土地上饲养了短角牛和波中猪。这张就是他的农场地图，包含了贝蒂珍视的两只牲畜——花花公子和史坦利勋爵

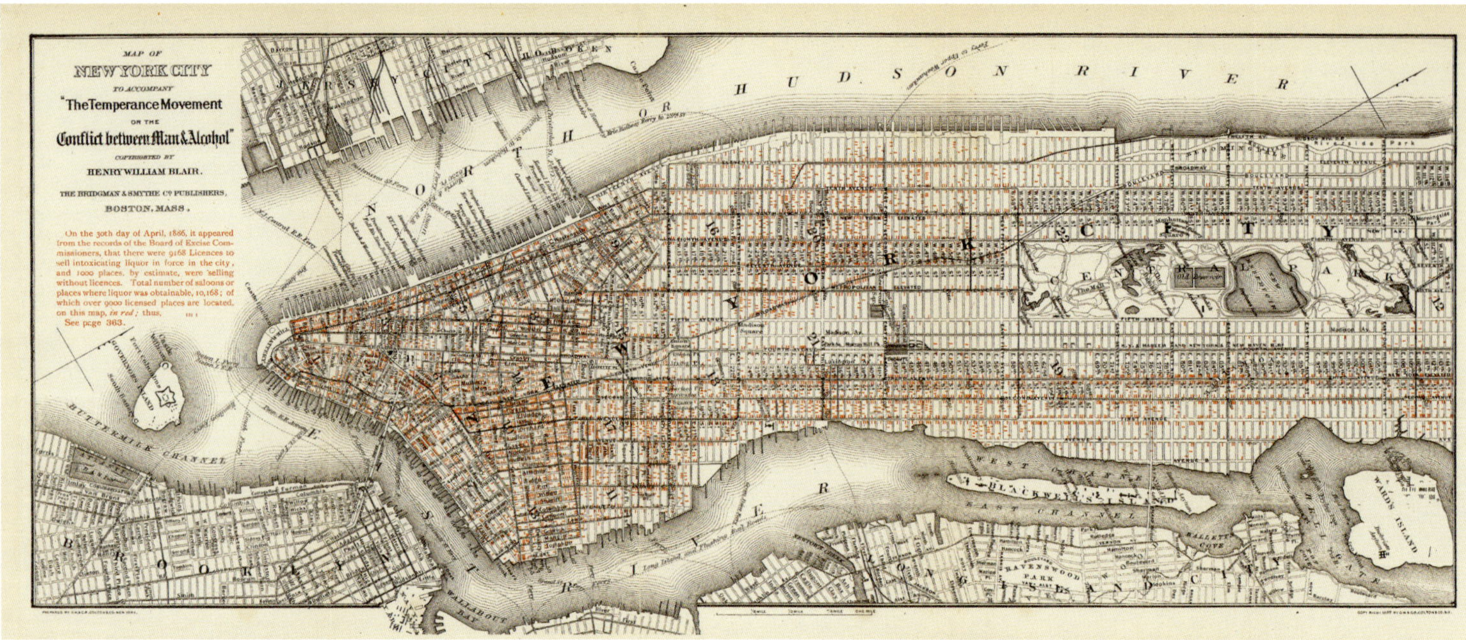

美国禁酒令的兴衰

地图透露出纽约实行的从未奏效的禁酒令

绘制于 1838—1932 年

来源于 康奈尔大学 P.J. 莫德说服性地图收藏馆，太平洋书籍拍卖公司，美国国会图书馆

19 世纪末，纽约市虽然多次尝试禁酒，但一直未果。上图摘自亨利·威廉·布莱尔 1888 年的一本著作，布莱尔是新罕布什尔州的参议员和著名的提倡禁酒人士。他的这本书《禁酒运动或人与酒精的冲突》，记录了 9 168 家获准出售“烈酒”的酒吧，并指出另有 1 000 家酒吧在无照经营。布莱尔认为这是一场彻头彻尾的灾难。

在书中，布莱尔对酒精的危害进行了猛烈抨击，篇幅长达 600 页，书中附有酗酒者肝胃的彩色插图。他还引用了牧师、法官和其他公民领袖的话，表示酒水自由买卖将导致社会堕落。纽约市就是秩序混乱的无政府主义的现状。“纽约正在摧毁美国人民，比 1861—1865 年内战期间南方同盟军的进攻更加严重。”他写道。

从 19 世纪初美国禁酒运动开始，到一个多世纪后禁酒令废除为止，书中的许多插图都说明了酒精的严重危害性——还讽刺了反对者认为这是限制他们自由的愚蠢行径。纽约市是双方关注的焦点。“作为国家的文化中心、金融中心、媒体总部和最大城市，这里是讨伐邪恶朗姆酒的战争中最重要的战场。”历史学家迈克尔·勒纳在他 2008 年的《无酒曼哈顿》一书中写道。

禁酒运动起源于新教教会，从一开始，倡导者就用地图作为视觉辅助工具来说明酒精的伦理危害。其中一个例子就是右页这张彩色寓言地图，是 1838 年费城牧师约翰·克里斯蒂安·威尔特伯格创作的，地图的最左边是兽欲海洋；右边是永恒海洋。一条航道连接着两片海洋，但沿途危险重重。刚过了“节制饮酒海峡”,就是“愚行岛”和“邪行岛”，再过去是“酗酒海”和更凶险的“残酷”“盗窃”“凶杀”诸岛（威尔特伯格似乎在说，不要误以为偶尔喝酒是无害的习惯）。

幸好这不是唯一的道路。有一条笔直的“绝对禁酒铁路”穿过“繁荣省”，来到“禁酒海”，品行优良的君子将在这里发现“宁静岛”和“长寿岛”在等着他们。

第 18 修正案通过后，戒酒运动有所进展，该修正案禁止制造、销售或运输酒精饮料，并于 1920 年 1 月纳入国家法律。“但禁酒令执行起来却完全是另一回事，纽约人在投机取巧或钻空子方面别出心裁。”勒纳在《无酒曼哈顿》中写道。布鲁克林的一家糖果店出售内含威士忌的兔子状巧克力，曼哈顿的一家

橄榄油经销商用铁罐盛装裸麦威士忌，史坦顿岛缴获的一辆灵车上载了 60 箱烈酒。

禁酒时期的地图也反映出了这种反叛精神。上图是埃尔默·西姆斯·坎贝尔 1932 年的创作，他后来因为在《君子》杂志上刊登插图而出名。图上可以看出

左页图　图为 1888 年的曼哈顿酒吧地图，戒酒倡导者常利用这类地图来证明美国酒水买卖过于泛滥。这是新罕布什尔州的参议员亨利·威廉·布莱尔撰写的酒精危害报告附图

上图　这是费城牧师约翰·克里斯蒂安·威尔特伯格 1838 年创作的禁酒地图，描绘了“克己地”（上）和“放纵地”（下）。中间是一片险恶的水域，比如“悲惨湾”和“痛苦海”

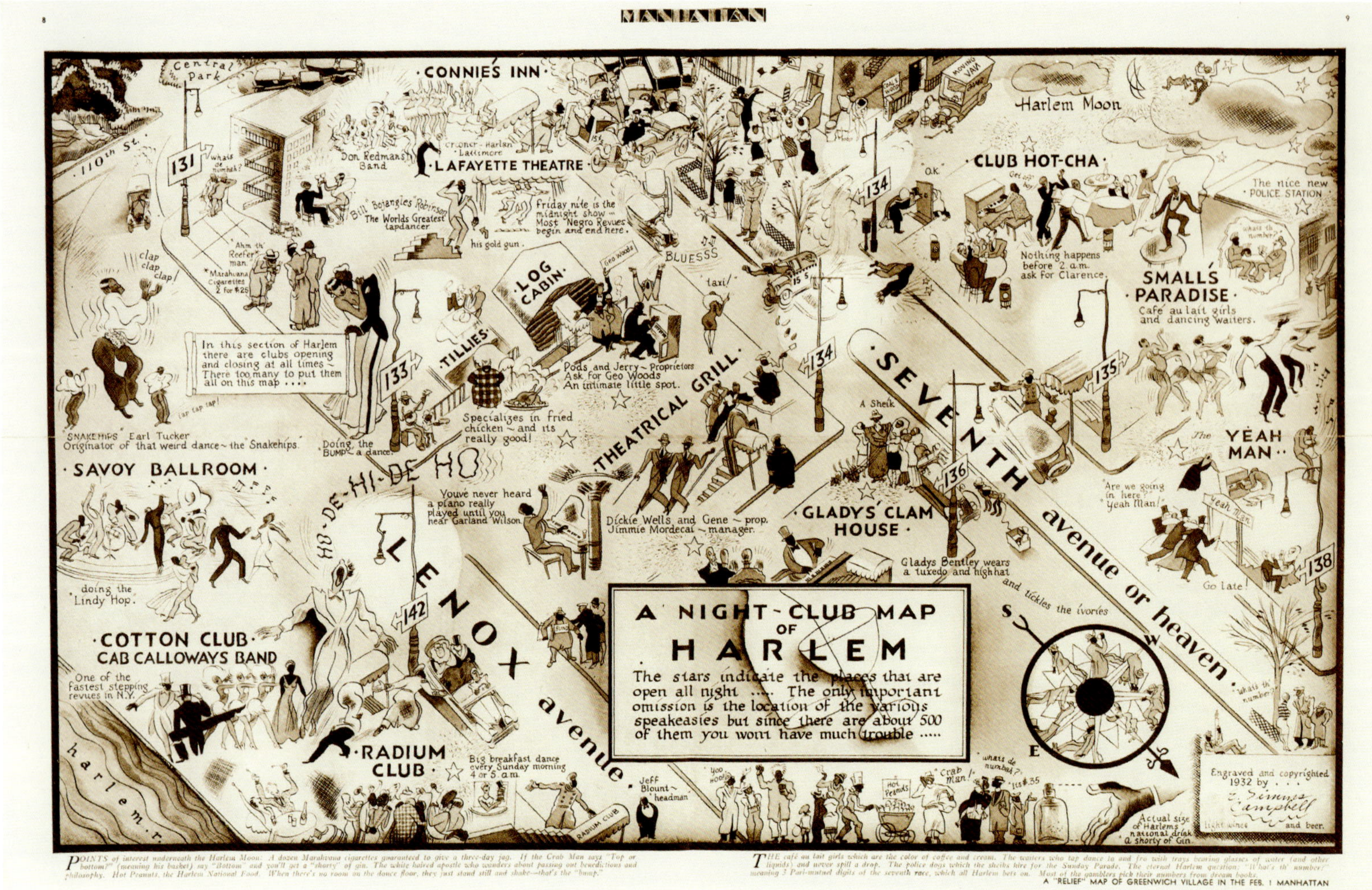

热闹的夜生活主要集中在新的风尚标哈林区爵士乐场，如萨沃伊舞厅和棉花俱乐部。附近还有“蛇臀”厄尔·塔克跳着“诡异的舞蹈——蛇臀舞”。坎贝尔的地图上有很多关于著名音乐家的漫画，夜里的可疑常客，以及对派对迷有用的小道消息。唯一没有的就是地下酒吧。“但这里约有 500 家，所以不用担心。”地图上向读者解释道。

右页的地图在寓意上与威尔特伯格的地图完全相反。它描绘的是醉酒状态，人类头骨形状中有各种讽刺的名字和双关语（棒球场称为“醉酒场”），火车站附近的一个标志牌上写着：“苦艾酒让你更嗨。”在地图左侧，“第 18 修正案号”船在禁酒海“沉入记忆深渊”。紧抓桅杆顶端的是明尼苏达州国会议员安德鲁·沃尔斯特德，正是他编撰了相关法律（通常称为《沃尔斯特德法案》)，规定了第 18 修正案的执行法令。

专业收集“说服性地图”的收藏家莫德认为，这些在禁酒令颁布后创作的地图和早期地图很不一样。禁酒令之前的地图，比如莫德收藏的威尔特伯格的寓意地图和布莱尔的酒吧地图，都非常严肃，支持禁酒法案。相反，后来制作的地图几乎都偏向讽刺。“也许这就是狂热虔诚的少数人士和禁酒令颁布后受到切身影响的普罗大众之间的差别。”他说。

无论如何，如今禁酒令在纽约已经成了遥远的记忆。如果布莱尔还在世，看到最近的统计数据，这个城市有 21 000 多家烈酒、葡萄酒和啤酒正规销售场所，他应该会大失所望。

上图　图上有一个醉汉躺在一个玫瑰状的指南针上，象征着哈林区并没有因为禁酒令而停止狂欢。这张地图告诉读者热舞俱乐部“在凌晨 2 点之前没什么意思”，去的话要找“克拉伦斯”

右页图　太阳的“月光”（非法酿造的威士忌酒）照耀着“畅饮河”和各种类型的烈酒、鸡尾酒和葡萄酒。这张 1931 年的地图主要是在颂扬饮酒之乐，不过有一只名叫“老谵妄”（慢性酒精中毒者突然停饮后出现的急性精神障碍）的海怪潜伏在水中

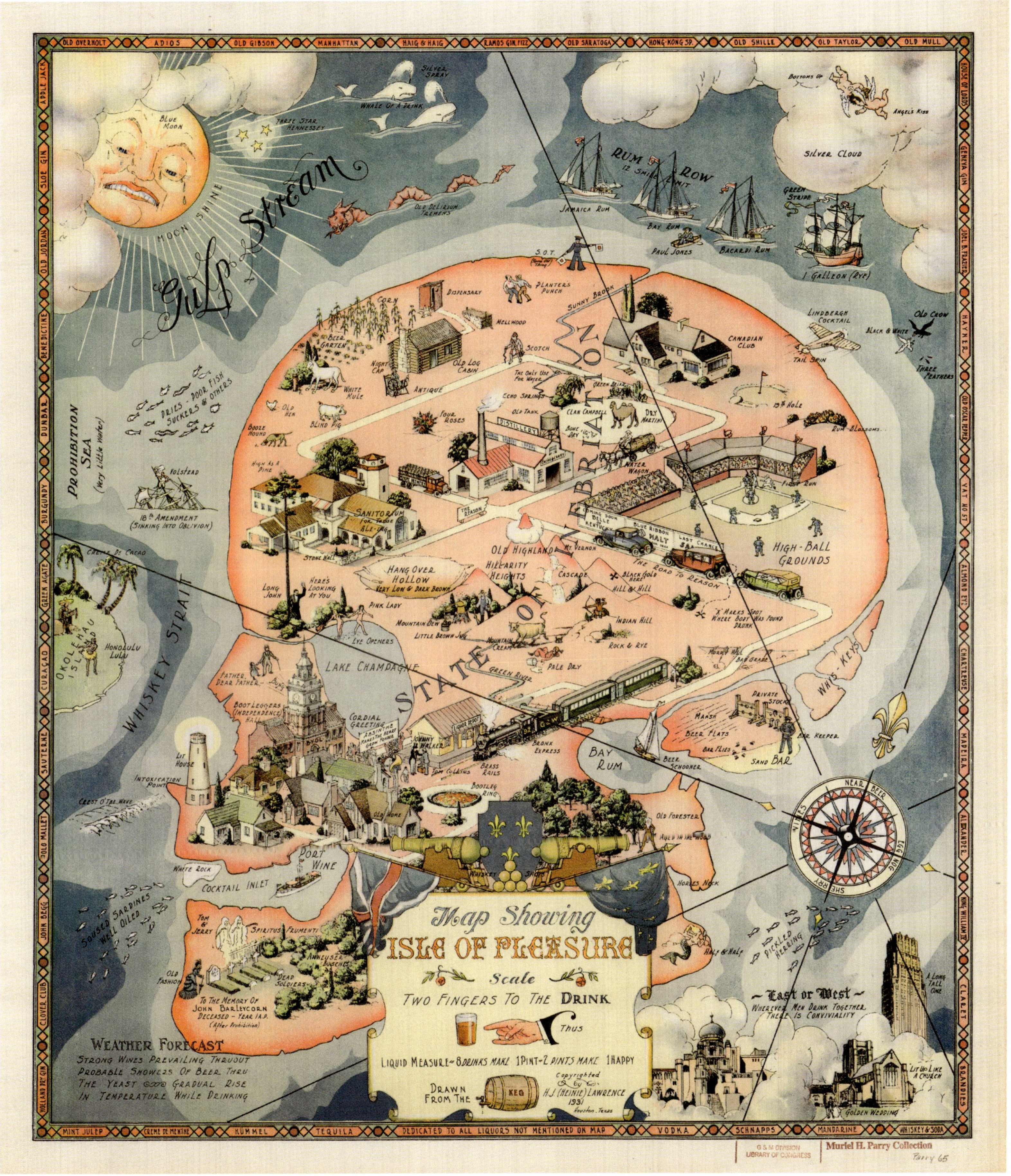

Map Showing
ISLE OF PLEASURE
Scale
TWO FINGERS TO THE DRINK
Thus
LIQUID MEASURE – 8 DRINKS MAKE 1 PINT – 2 PINTS MAKE 1 HAPPY
DRAWN FROM THE KEG
Copyrighted by H.J. (HEINIE) LAWRENCE 1931 Houston, Texas
WEATHER FORECAST
STRONG WINES PREVAILING THRUOUT PROBABLE SHOWERS OF BEER THRU THE YEAST GRADUAL RISE IN TEMPERATURE WHILE DRINKING
Gulf Stream
MOON SHINE
BLUE MOON
THREE STAR HENNESSEY
SILVER SPRAY
WHALE OF A DRINK
RUM ROW
JAMAICA RUM
BAY RUM
PAUL JONES
BACARDI RUM
GREEN STRIPE
1 GALLEON (RYE)
SILVER CLOUD
BOTTOMS UP
ANGELS KISS
LINDBERGH COCKTAIL
TAIL SPIN
OLD CROW
BLACK & WHITE
THREE FEATHERS
PROHIBITION SEA (Very Little Water)
DRIES, POOR FISH SUCKERS & OTHERS
VOLSTEAD
18th AMENDMENT (SINKING INTO OBLIVION)
WHISKEY STRAIT
OKOLEHAU ISLAND
HONOLULU LULU
STATE OF INEBRIATION
DISPENSARY
PLANTERS PUNCH
SUNNY BROOK
CANADIAN CLUB
CORN
BEER GARTEN
WHITE MULE
OLD LOG CABIN
ANTIQUE
DISTILLERY
SANITORIUM
HANG OVER HOLLOW
OLD HIGHLAND
HILLARITY HEIGHTS
HIGH-BALL GROUNDS
INDIAN HILL
ROCK & RYE
PALE DRY
GREEN RIVER
LAKE CHAMPAGNE
CORDIAL GREETING
BOOT LEGGERS (INDEPENDENCE) HALL
LIT HOUSE
INTOXICATION POINT
CREST O' THE WAVE
WHITE ROCK
COCKTAIL INLET
PORT WINE
BAY RUM
WHIS-KEYS
SAND BAR
BAR KEEPER
OLD FORESTER
HORSES NECK
PICKLED HERRING
SOUSED SARDINES WELL OILED
TO THE MEMORY OF JOHN BARLEYCORN DECEASED – YEAR 1A.P. (After Prohibition)
East or West
WHEREVER MEN DRINK TOGETHER THERE IS CONVIVIALITY
A LONG TALL ONE
LITTLE LIKE A CHURCH
GOLDEN WEDDING
NEAR BEER
SHERRY
VINES
OLD OVERHOLT
ADIOS
OLD GIBSON
MANHATTAN
HAIG & HAIG
RAMOS GIN FIZZ
OLD SARATOGA
HONG-KONG SP.
OLD SHILLE
OLD TAYLOR
OLD MULL
MINT JULEP
CREME DE MENTHE
KUMMEL
TEQUILA
DEDICATED TO ALL LIQUORS NOT MENTIONED ON MAP
VODKA
SCHNAPPS
MANDARINE
WHISKEY & SODA
Muriel H. Parry Collection

都市气味图

志愿者用嗅觉测绘城市中的气味变化

绘制于 2017 年
来源于 凯特・麦克林

大多数城市地图描绘的都是实景，比如街道、公园和建筑物。这张由英国设计师兼研究员凯特・麦克林绘制的地图，描绘的则是一种留存短暂且主观判断的东西：气味。

麦克林说，人类主要是视觉动物，但气味可能会留存在我们记忆的最深处。然而气味是极难标绘的东西，人类在一天之中不同时间会进行不同活动，产生不同的气味（清晨的烘焙面包味，交通高峰时间段的废气味），温度和风等环境因素也会影响气味的飘散。另外人的嗅觉系统存在不同。“四个人打开同一个垃圾箱，可能会闻到不同的味道。”麦克林说。

她正在试验用一些方法快速记录下城市的气味，这张地图就是其中的一次尝试。她在脸书和推特上招募了七个陌生人，在 2016 年圣诞节那天和她一起走在乌克兰基辅的街道上。麦克林称之为嗅觉之行，开始前她向志愿者们简要介绍了他们的任务，鼓励他们关闭其他感官，只专注在嗅觉上。

这群人从独立广场（右页图正下方），走到基特尼市场（右页图左上角），沿途做了记录。每种颜色代表一个人，圆点代表了他们注意到某种气味的地方。同心线圈表示气味强度，仿效地图上用来表示高度的等高线。地图右侧的第聂伯河边有微风，于是麦克林相应地用变形等高线表示。地图外围的不同颜色的文字代表每位参与者，描述了他们在步行过程中记录到的气味，从容易辨认的烟味和烤肉味，到较复杂的组合气味，如“糕点师傅的甜热狗水”。

麦克林说，很多人问她是不是每个城市都有独特的气味景观。她认为这个问题还不确定，而且值得更多关注。她设想她的气味地图会演变成雅虎网络相册之类的照片分享网站上的嗅觉版块，人们可以发布在不同时间点不同角度拍摄的快照。有了足够的快照，也许能呈现出一幅更完整、更多面性的地图。

下图及右图　七名志愿者跟着制图者开启了嗅觉之行，穿过基辅市区，气味地图反映了气味的复杂性，包括“轮胎和热引擎”和“辣蔬菜、腌菜”（详情见下图）

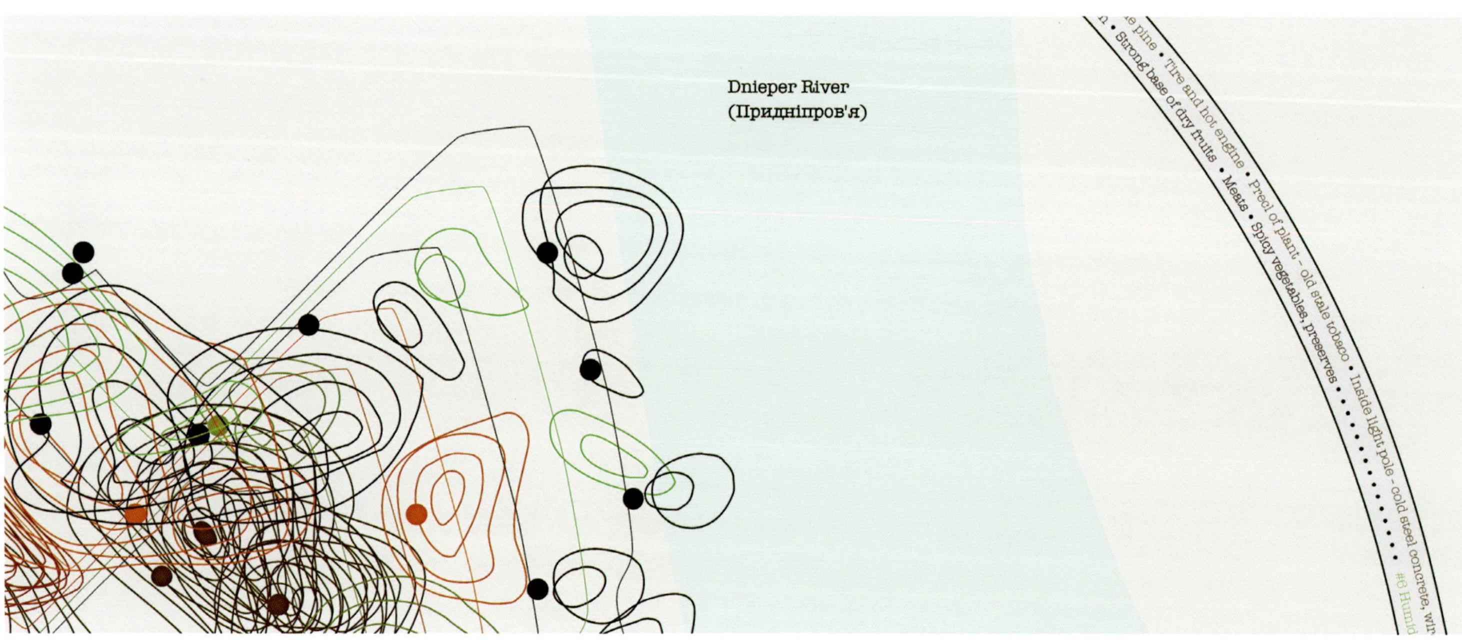

A Winter Smellwalk in Kyiv / Київ

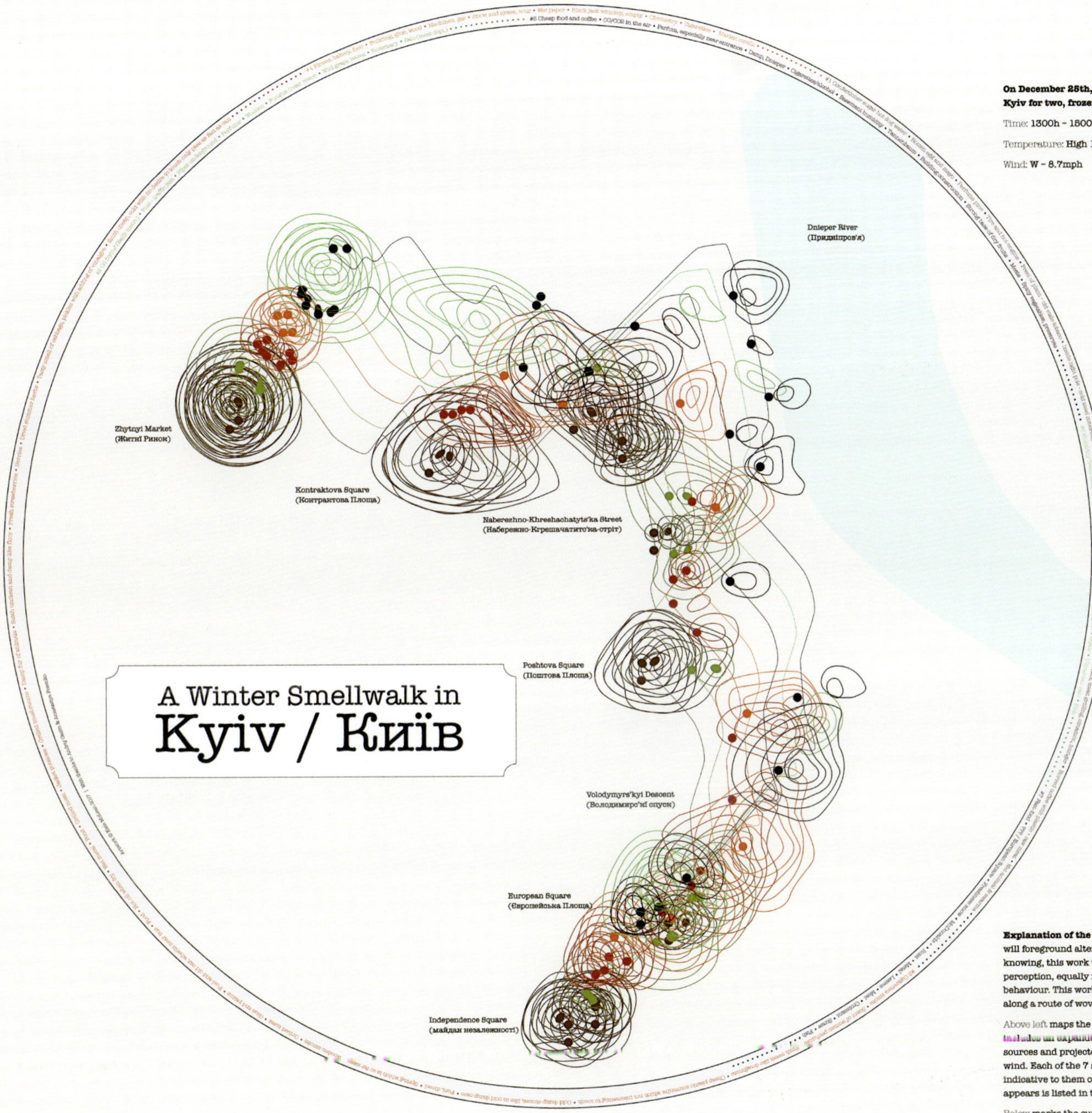

On December 25th, 2016 a group of 13 people smellwalked Kyiv for two, frozen, hours.

Time: 1300h - 1500h

Temperature: High 1°C

Wind: W - 8.7mph

Explanation of the mapping: Speculating that future generations will foreground alternative sensory modalities as ways of knowing, this work treats smells as affordances of visual perception, equally facts of the environment and of human behaviour. This work is a mapping of ephemeral information along a route of woven, olfactory trails.

Above left maps the smellwalk, which started at Maidan, and includes an expanded view of 7 individual trails showing smell sources and projected smell shapes in the light, westerly winter wind. Each of the 7 smellwalkers is represented by a colour indicative to them of the Kyiv smellscape. Every smell that appears is listed in the outer ring of the map.

Below marks the cumulative pulse points of smell detection along the route as it unfolds in space, time, and mode of smelling. Concentrations occur in confined spaces and at stopping points.

ll relative to position along time-length of entire smellwalk

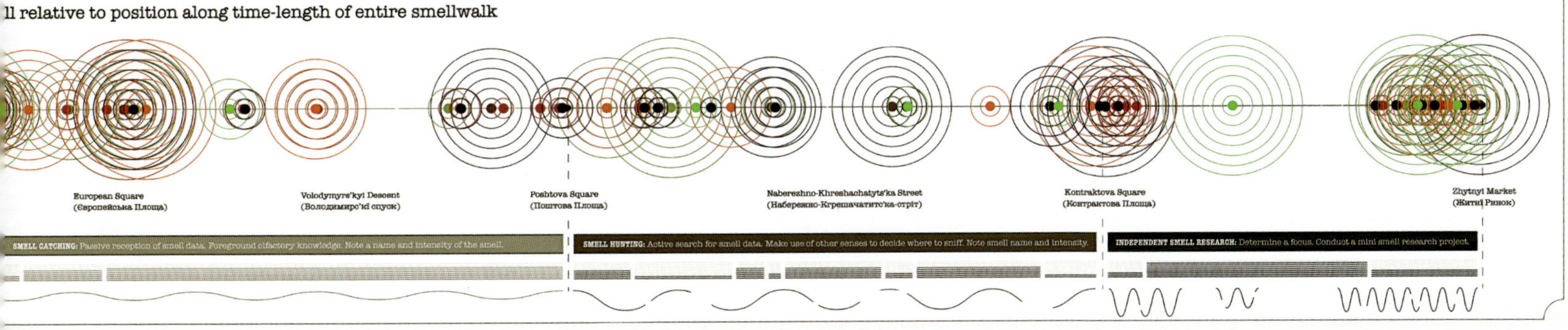

划分天堂的土地

地图显示了夏威夷群岛上现代土地所有权的古老根源

绘制于 1886 年
来源于 美国国会图书馆地理与地图部

这张 19 世纪的夏威夷岛地图上显示出奇特的放射状土地划分界限，大约是 600 年前划定的，但直到 19 世纪才有人试图绘制出该岛的详细地图。这些长条状的土地称为阿呼普阿阿（ahupua'a），从海岸延伸到火山的两侧，确保每一块土地都能分到夏威夷岛的要素，包括森林、耕地和海岸。

传统上，岛上所有的土地都掌控在国王手中，由国王将每一块划定土地分配给一位高级酋长管理。酋长把一些土地拨为己用，再将其余土地分割成小片，称为库雷纳，供平民家庭居住和耕种。每一块阿呼普阿阿基本上都是一个自给自足的单位；佃户之间互相交换土地物产，并根据税收制度层层上缴。低阶酋长会确保土地得到有效且可持续的利用，甚至禁止在某些季节捕捞特定鱼种。

这一切都在 1848 年发生了变化。想占有岛上土地的外国人向卡美哈梅哈三世国王施压，强迫其推翻夏威夷传统的土地租佃和公有制，实行西方的土地私有制。在史称“大分配”的过程中，国王自己留了一些土地，将其余的土地全部分给了政府、酋长和佃农。

酋长可以合法占有阿呼普阿阿之后，佃户们也主张将库雷纳变为私有，于是土地边界的划分就成了一个难题。在夏威夷的大部分历史中，原住民并没有书面语言，所以地名和边界的知识都是通过口口相传，没有任何相关的记录或地图。

当时岛上几乎没有专业的测量人员，因此，厘清地界的艰巨任务就落在了未受过训练的人身上。地界通常是单独测量的，他们没有将土地与周围环境联系起来，也没有在地面上标记下来。更糟糕的是，熔岩石的金属成分会干扰罗盘读数，使这些初步的测量结果更不可靠。

到了 1870 年，情况变得混乱不堪，政府一直通过出售土地进行筹资，直到售无可售。因此，夏威夷政府勘测调查局应运而生，系统地绘制岛屿土地地图。夏威夷勘测小组利用从美国海岸和大地勘测局借用的设备，建立了一个测站网络，并花费了近 30 年的时间对各岛进行了全面测量。

他们制作的地图，比如这张 1886 年的夏威夷岛地图，至今仍会作为参考，用来厘清一些可以追溯到“大分配”时代的土地所有权纷争。

左图　夏威夷传统的土地使用制度以阿呼普阿阿为基础，这个土地单位通常从海岸延伸到火山两侧，通常以掌管土地的酋长名字命名，如这张夏威夷岛东北海岸地图所示

右页图　这张 1886 年的夏威夷岛地图是这里最早的详细岛屿地图之一。当时的测量员任务艰巨，需要测绘各土地单位之间的边界，而关于这些土地的信息都是通过口头流传下来的

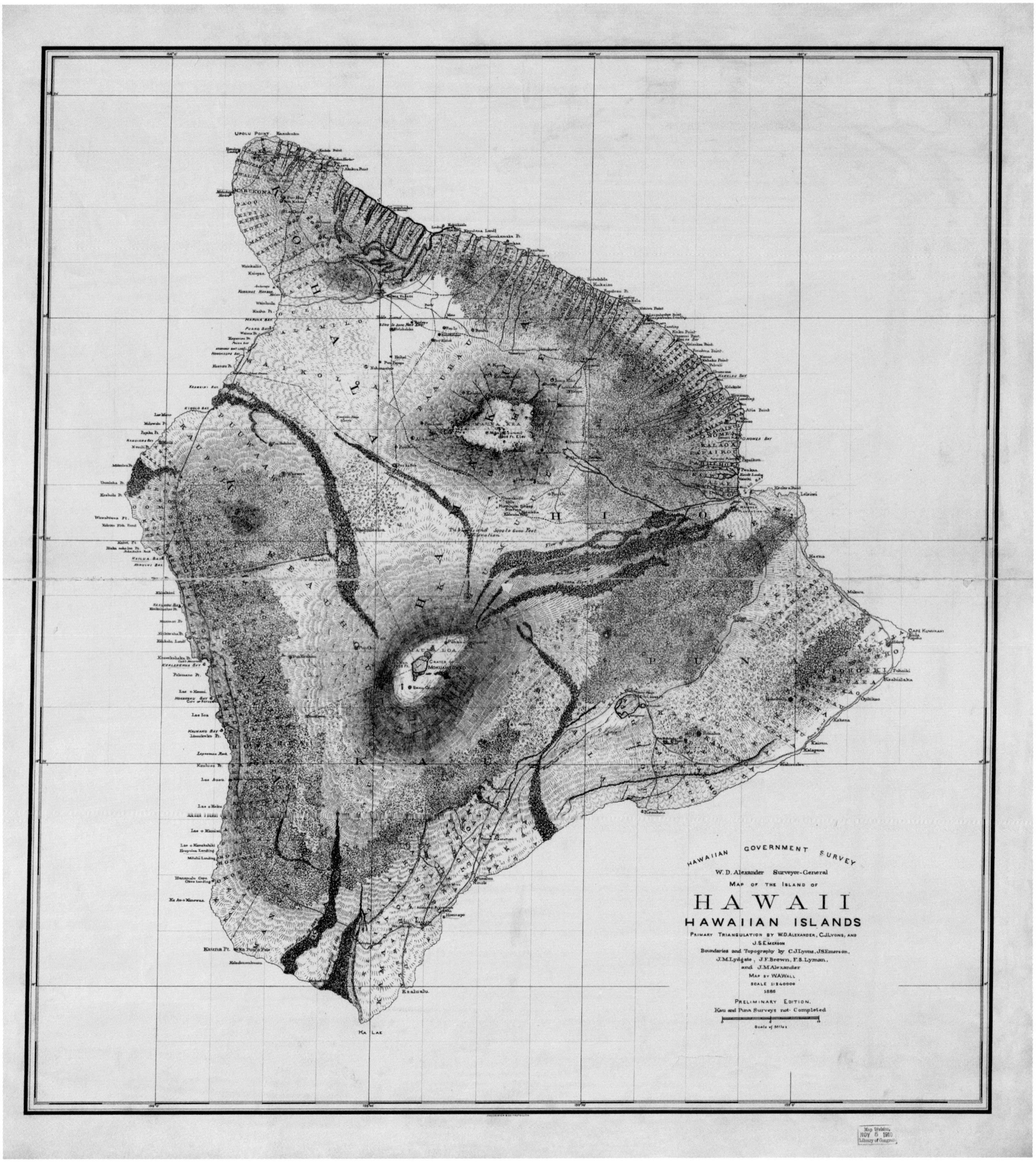
HAWAIIAN GOVERNMENT SURVEY
W. D. Alexander Surveyor-General
MAP OF THE ISLAND OF
HAWAII
HAWAIIAN ISLANDS
PRIMARY TRIANGULATION BY W.D.ALEXANDER, C.J.LYONS, AND J.S.EMERSON
Boundaries and Topography by C.J.Lyons, J.S.Emerson, J.M.Lydgate, J.F.Brown, F.S.Lyman, and J.M.Alexander
MAP BY W.A.WALL
SCALE 1:240000
1886
PRELIMINARY EDITION.
Kau and Puna Surveys not Completed
Scale of Miles
UPOLU POINT
KOHALA
HILO
PUNA
KAU
CAPE KUMUKAHI
MOKUAWEOWEO

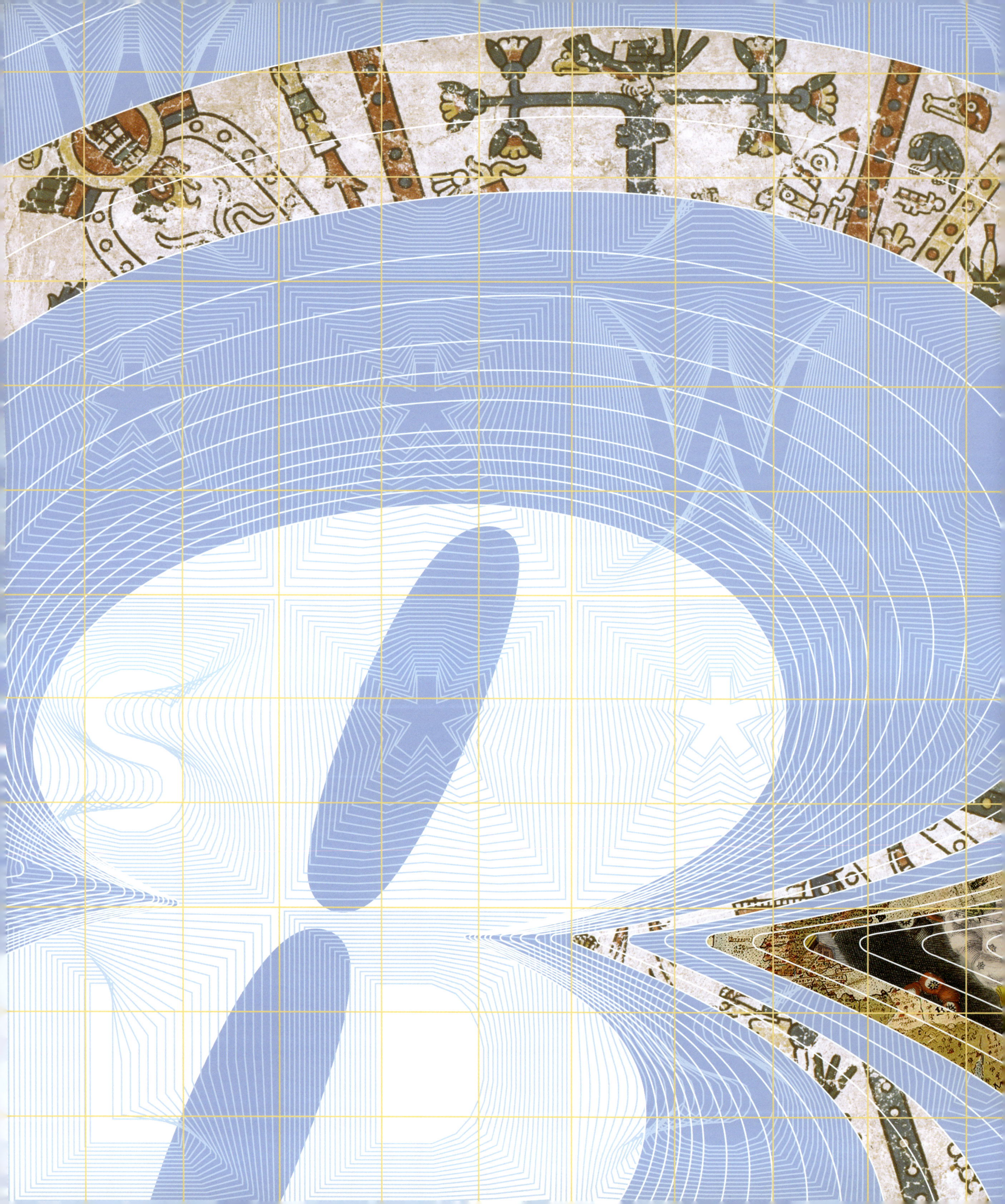

世界观

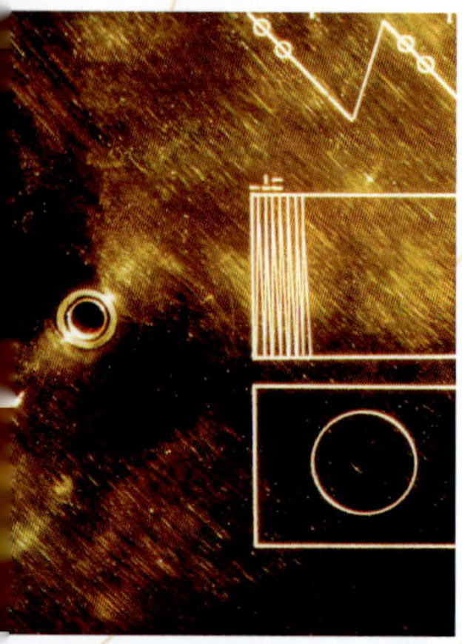

8. 世界观

透过地图看世界

最早的世界地图是揣测的产物，猜测部分甚至超过了地理知识。随着 15 世纪地理大发现的开展，制图师开始根据探险家的描述改善地图，但仍有许多空白之处，或许是为了掩饰他们的无知，制图师往往会利用精美装饰和虚幻生物来填满。本章的地图展现了人们对所居住的世界的认知，以及对遥远时空的世界的想象。

边缘的世界
（1908 年，奥舍地图图书馆）

这张地图展现了一个永恒变化的世界。这是 20 世纪初的地球仪三角片（粘到地球仪上的长条切片）复制品，原件是现存最古老的地球仪，于 15 世纪 90 年代初在德国制作，当时哥伦布发现美洲的消息还没有传到欧洲。原本应为南北美洲的地方（切片左上角），只有一片蓝色汪洋（但是空白处填补上了各种航船、海怪和大量文字）。

这些地图体现了一些人类认知的历史转折点，比如 17 世纪望远镜的发明是如何引发了一场标绘月球及为其特征命名的竞赛（第 263 页），由此推翻了长久以来人们认为地球是宇宙中心的观念（第 250 页）。

这些地图还展现了制图师努力克服自身知识局限的过程，比如 19 世纪末针对火星表面观察到的长线条而引发的论战，有人认为是智慧生物的痕迹，有人主张是自然形成的结果（第 242 页），还有一个问题更为复杂，涉及末日降临的方式（第 248 页）。

所有的地图都透露出许多关于绘图师的信息，本章的地图也不例外。很多地图都反映出了绘图师的偏见和观念，对他们眼中的世界所怀有的希望及恐惧，以及他们想要探求出真正答案的愿望。

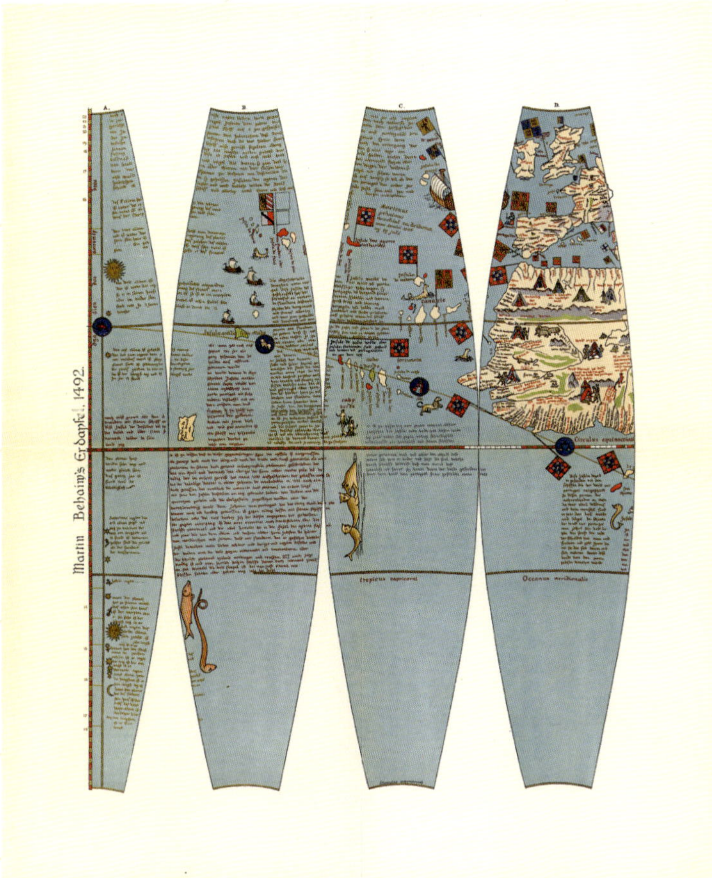
Martin Behaim's Erdapfel 1492

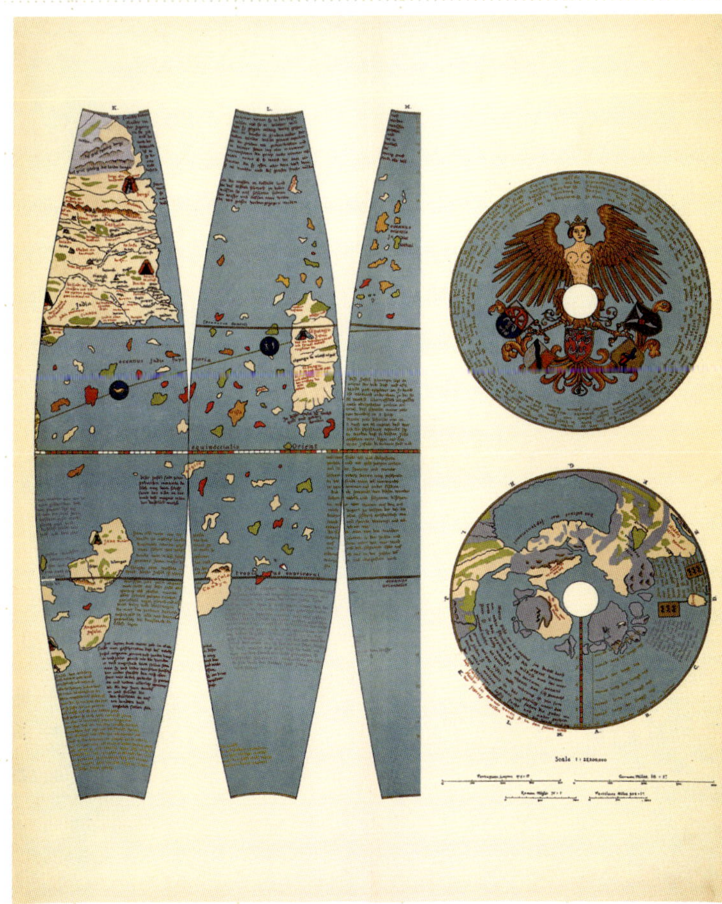

拼绘出的古老世界观

现代科技还原一位 16 世纪的绘图师的愿景

绘制于 1587 年
来源于 斯坦福大学图书馆大卫・拉姆齐地图收藏中心

这幅地图由乌尔巴诺·蒙特绘制于 1587 年，在当时可能是世界上有史以来最大的地图。整幅地图共由 60 个单张装订成一本地图集，但在之后的 430 年里一直没有被当作一个整体，直到 2017 年，这些单张地图得以数位方式拼接起来，揭示了蒙特眼中的世界。

他描绘的世界引人入胜。蒙特是从地球北极正上方的俯视视角进行地图绘制的，这在当时非常少见。地图上填补有各种虚幻生物，如西伯利亚的独角兽，和抓着一头大象飞越南冰洋的骇人怪鸟。

“它的很多部分都很独特。”斯坦福大学图书馆大卫·拉姆齐地图收藏中心主任兼馆长 G. 萨利姆·穆罕默德说。大卫·拉姆齐地图收藏中心在 2017 年获得了这套地图，一般认为这是现存的三套蒙特地图副本中最早的一套。

蒙特出身于米兰名门，家境优渥，和当时其他士绅学者一样，对地理学深感兴趣，也似乎很有天分。蒙特借鉴了杰拉德·墨卡托、亚伯拉罕·奥特柳斯等其他知名制图师的作品，然后加入了最新的发现，如 1520 年葡萄牙探险家麦哲伦在南美洲最南端发现的火地岛。借助上层人脉，蒙特得以会见 1585 年来到米兰的第一支日本访欧使团。或许正因如此，他描绘的日本部分包含了许多当时西方绘制的地图上没有的地名。

蒙特的地图还有一个特别之处，即投影方法——他将地球平面化展示为二维地图（第 258 页）。蒙特将北极作为中心，沿经线向外辐射。因为 20 世纪航空业的发展拉近了世界各地的距离，这种极地投影方法开始流行起来（联合国徽章就用了这种方法），但在蒙特生活的时代是极为罕见的。

“我认为蒙特尽力想表现出地球的圆形性质。”地图收藏家大卫·拉姆齐说。他买下了这张地图，然后捐赠给了斯坦福大学以他的名字命名的收藏馆。蒙特的投影极度夸大了南极洲的大小，图上南极洲环绕着整个地图的外围，反映出了当时的制图思维。“绝大多数制图师都觉得南极洲一定很大，才能和北边的大块陆地相当，”拉姆齐说。这种错误的想法源自古希腊人，影响深远。

如今，所有人都能自由使用蒙特地图的数位合成版。这些扫描页面接合得近乎完美，这其实正是蒙特的原意。

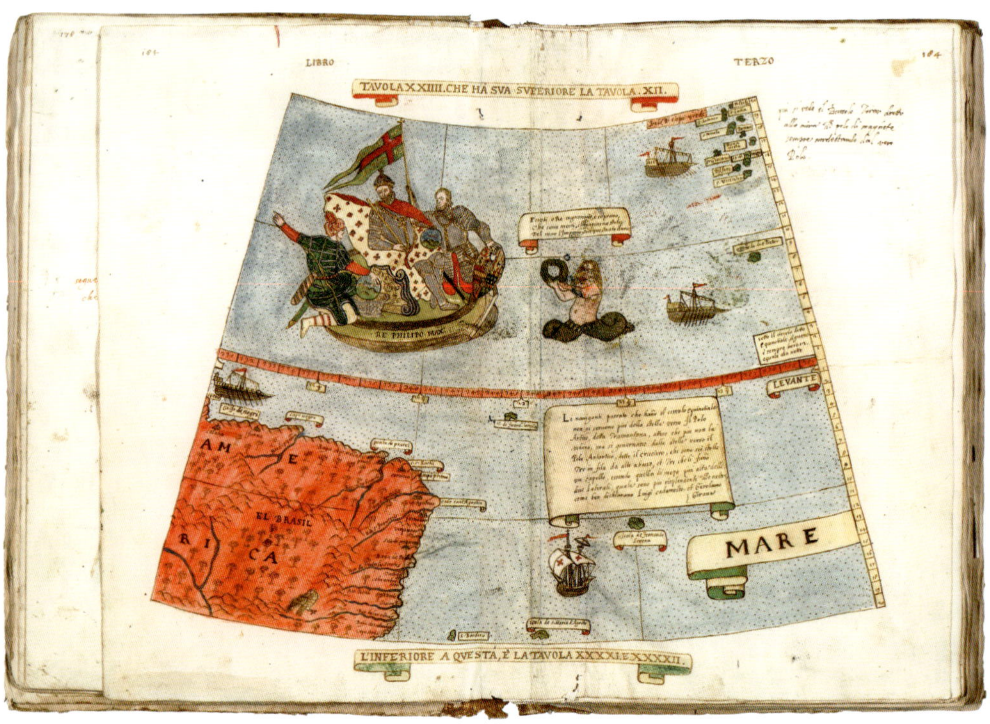

左图　左图是蒙特 1587 年绘制的地图中的一张，一只男性人鱼向坐在王座上漂浮的西班牙国王腓力二世致敬，象征着西班牙对公海的控制。整幅地图由 60 张单张构成，全部拼起来的面积约为 3 米 ×3 米

MARE OCEANO

火星上曾经的运河

曾经有将近一个世纪，人类相信火星上存在智慧生物

绘制于 1867—1965 年
来源于 美国国会图书馆，史密森尼图书馆，洛厄尔天文台

认为火星上存在智慧生物这个想法在19世纪末开始深入人心。自从伽利略首次用望远镜看到火星之后，300年来科学家们观察火星表面的能力大大提升。天文学家对观测结果的解读也让大众很感兴趣，这样的情况到1938年达到高潮，当时奥逊·威尔斯的广播剧《世界大战》引起了民众对火星人入侵的恐慌。

在此之前70年左右，英国天文学家理查德·普罗克特出版了一本通俗读物《地球以外的世界》，种下了人们着迷于火星探索的种子。书中收录了这张火星地图，这是他在1867年根据几张火星图纸拼凑而成的。一位眼力绝佳的牧师绘制了这些图纸，普罗克特把火星上的亮区和暗区解读为大陆和海洋，两极处有冰盖。他首次对这些地理特征进行命名，用卡西尼大陆和第谷海等名称来纪念曾经发表过火星观测成果的著名天文学家。

普罗克特想象中的火星有陆地和海洋，与地球类似，由此引发了人们对火星宜居性的猜想。普罗克特在书中写道："在太空另一边发生的作用看起来毫无用处，完全是自然能量的浪费，除非那些作用就像地球上一样，是为了满足有机体的需求。"

其他研究火星的地理学家，亦称火星摄影师，也延续了这种想法，法国天文学家卡米伊·弗拉马里翁的地图（如右图示），摘自他1884年的著作《天空的世界》，和普罗克特的作品相似，只是更加详细。弗拉马里翁也和普罗克特一样，相信火星上有生命存在。1873年，他在《自然》一书中写道："地球上最小的水滴中也包含着一大群微生物，陆地和海洋居住着无数的动

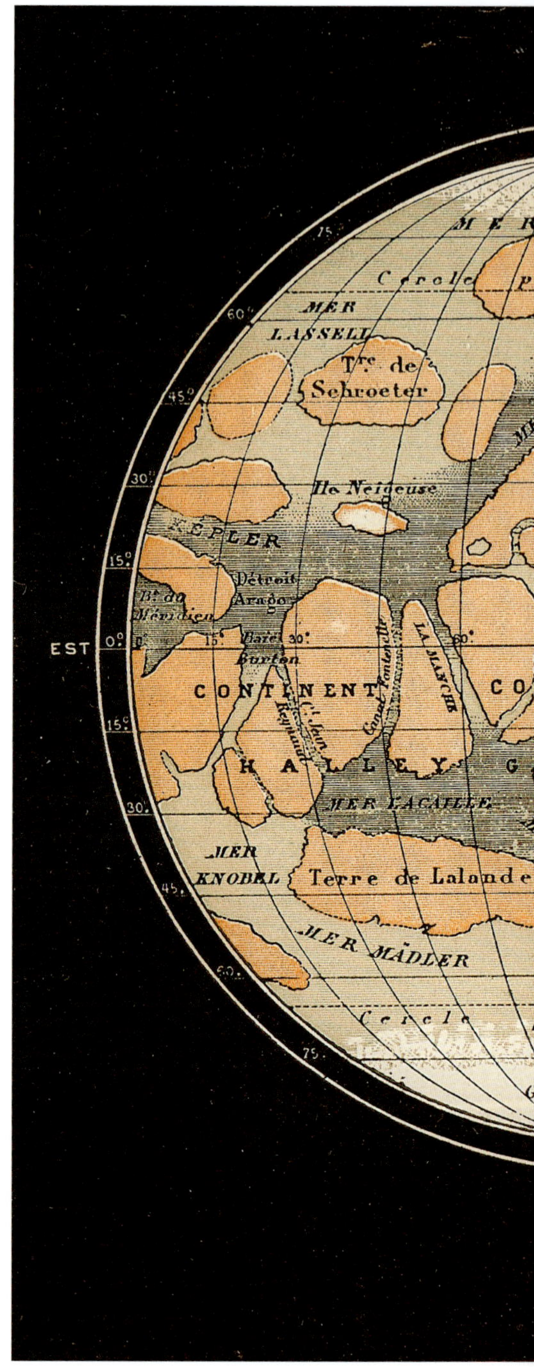

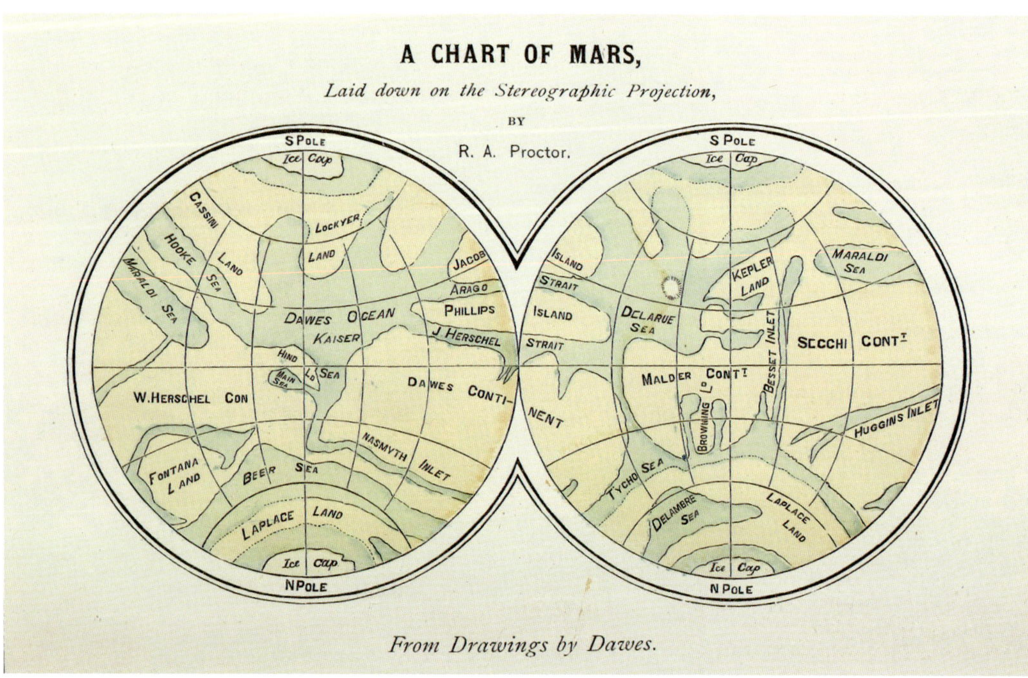

左图 英国天文学家理查德·普罗克特在1867年把威廉·道斯的图纸汇编为这张火星地图，并把火星上的好几处地貌命名为道斯。普罗克特把火星上的亮区和暗区解读为大陆和海洋，使得火星看起来类似地球地貌，因而引人猜想火星上是否也居住着智慧生物

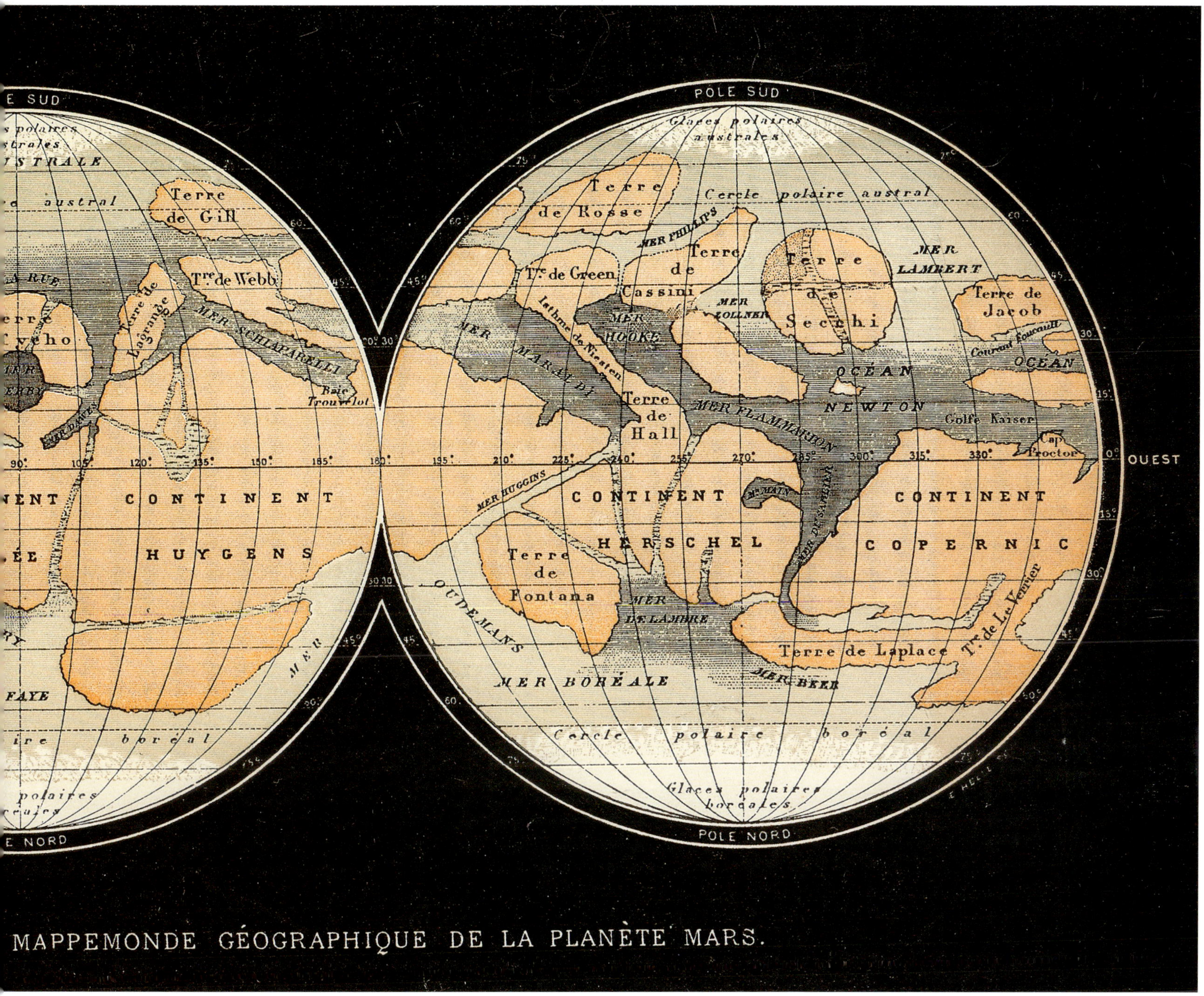

上图　法国天文学家卡米伊·弗拉马里翁1884年绘制了这张火星地图，和普罗克特1867年出版的地图很像，并且对后来的乔瓦尼·斯基亚帕雷利和帕西瓦尔·洛厄尔制作的地图产生了影响（第244页），进而引人猜想火星上有人工运河。弗拉马里翁坚信火星是宜居星球

植物，所以很难相信，在类似的条件下，另一颗行星怎么可能只是一片广阔荒芜的沙漠。”

所有这些关于火星生命的猜想影响着之后人们对火星地图的解读。20世纪70年代末，意大利天文学家乔凡尼·斯基亚帕雷利开始把火星观测成果绘成地图（第244页），看起来和弗拉马里翁的地图很像。然而到了1891年，斯基亚帕雷利地图上假设的陆地分割航道变得笔直（第244页中图），让人不禁把这些线条理解为智慧生物的杰作，因为不像浑然天成之作。

虽然斯基亚帕雷利并未完全排除这些线条的人造可能性，但他对此持怀疑态度。而且似乎无意间引起了外界的揣

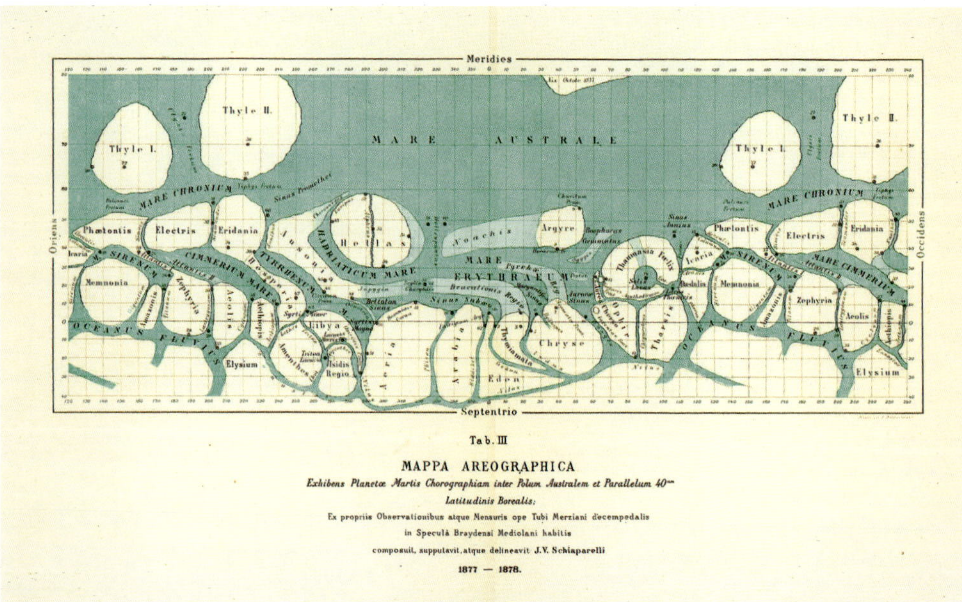

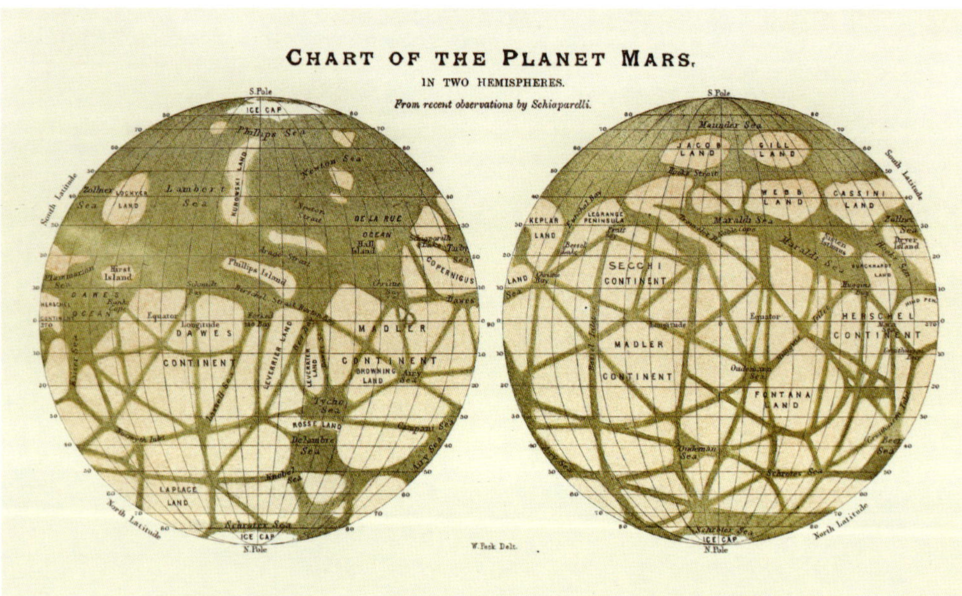

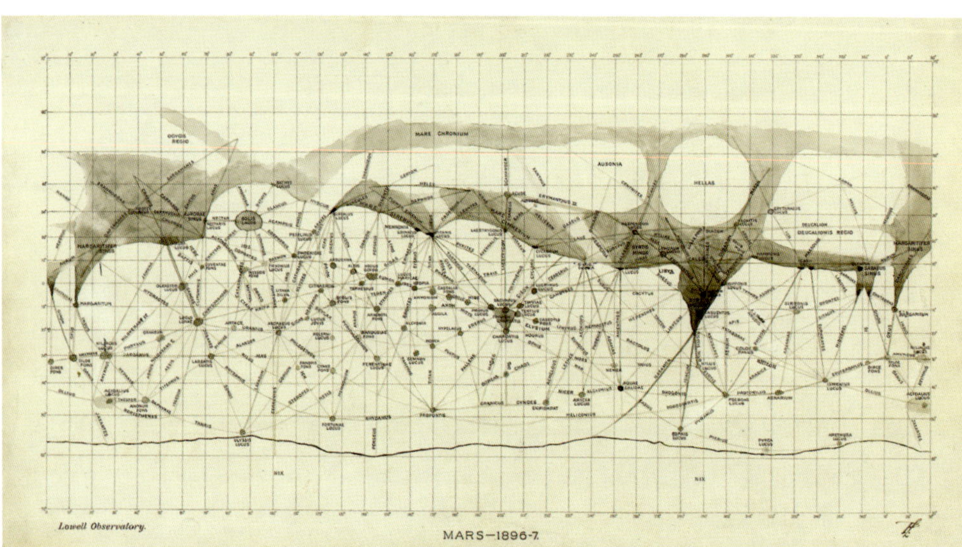

左图　斯基亚帕雷利 1878 年绘制的火星地图上分布着被理解为陆地（白色）和海洋（蓝色）的地貌，很像弗拉马里翁 1884 年的地图（第 243 页）。斯基亚帕雷利当初命名的火星地名有许多沿用至今

中图　这张地图刊载在 1891 年的一本英国天文学手册上，显示出斯基亚帕雷利地图上那些分割陆地的水文地貌明显变直，令人怀疑它们是怎么形成的。斯基亚帕雷利称这些直线为“canali”，这个意大利语单词的意思是人工运河或天然水道，许多人因此猜测这些线形地貌是火星人造成的

下图　洛厄尔坚称这些火星上的线形地貌是具备智慧的火星人建造的人工运河。他在 1897 年绘制的地图原稿很像斯基亚帕雷利后期的地图，但是包含了更多运河。洛厄尔为每一条运河都取了名字，如地狱火河、巨河、泰尔梅顿河等

右页图　厄尔・斯里弗 1962 年为水手号的飞越任务绘制了一张地图，美国空军在 1965 年发表了这张地图，值得注意的是，当时火星运河的存在已经被推翻，而图上不知为何仍然保留着洛厄尔绘制的线形水道。地图上的文字提道：“这些线形地貌表现出‘运河’在许多著名天文学家笔下的样子”

测，因为他用的是意大利文的“canali”一词指称这些线条，意思为“运河”，而运河的定义就是人工航道。在意大利文中，“canali”也常用来指称天然航道，这似乎才是斯基亚帕雷利的原意。“没有必要认定这是智慧生物所为的。”他于 1893 年写道：“而且，虽然这些线条组合近乎几何形状，但我们现在倾向于相信那是行星演化产生的痕迹，就像地球上的英吉利海峡和莫桑比克海峡一样。”

斯基亚帕雷利给各种火星地貌取的名字大多留存至今，但他最显著的成果要数运河。这个说法能流传许久，主要是因为美国天文学家帕西瓦尔・洛厄尔，

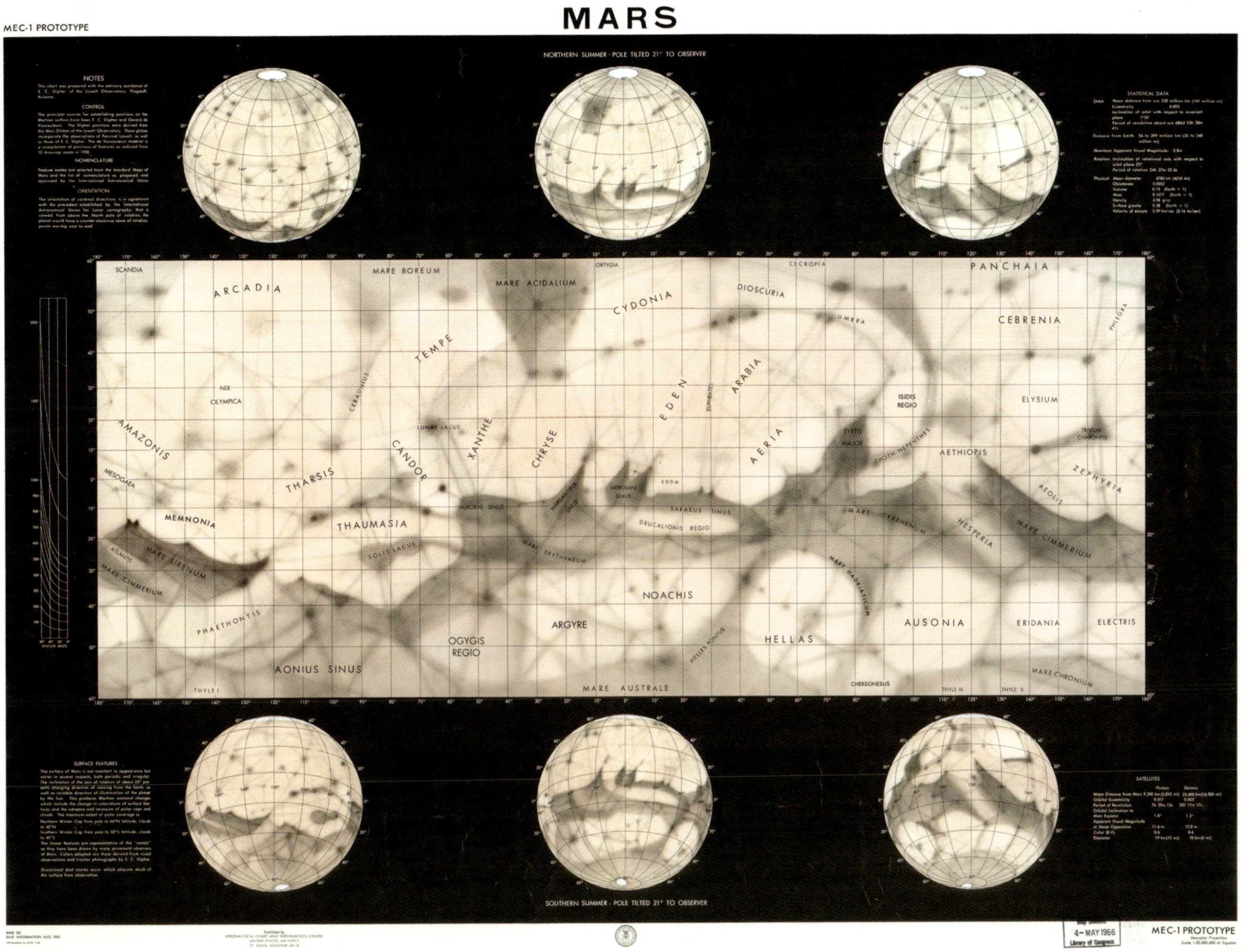

他不但认同斯基亚帕雷利的观点，认为地图上的直线是火星人建造的水道，还大力进行推广。1894 年，洛厄尔在波士顿科学学会的一场演讲中说道：“对这些痕迹最浅显的解释或许就是正确的答案，也就是说，我们看到的这些痕迹是某种智慧生物创造的结果。”

洛厄尔在 1897 年绘制了一张地图（左页下），图上包括了由 200 多条运河相连的数十处绿洲，他还为每一条运河起了名字。洛厄尔也料到其他科学家不会愿意“承认可能有同类生物”居住在其他星球上。但是民众很推崇这个说法，因为他的演讲常常爆满。洛厄尔本人也深深沉迷于这个理论，还在亚利桑那州弗拉格斯塔夫市建了一座天文台，花了数年观测火星，绘制火星表面地图。

然而不久之后，随着科学家们更加了解火星，运河说也受到越来越多的批评。火星表面温度太低，不可能存在液态水，还有人进行了科学演示，证明那些直线可能只是光幻觉的结果。然而，洛厄尔还是继续撰写科普书籍，其中最受人瞩目的是他 1908 年的著作《火星：生命的居所》。他的观点影响着大众的想象，长达数十年，启发了无数科幻作品的出现，比如 1938 年的广播剧《世界大战》，讲的是外星人入侵的故事，有些听众还误以为这是真实发生的事情。

火星地图上仍然保留着运河，甚至包括 1962 年为美国空军制作的地图，这很令人惊讶。这张地图看起来很像洛厄尔和斯基亚帕雷利的表现方式，作者是美国天文学家厄尔·斯里弗，他曾在 1908 年加入洛厄尔天文台。空军最初利用斯莱弗的地图规划了几次水手号的飞行任务。水手 4 号太空船在 1985 年第一次近距离接近火星之后，一切关于运河的疑惑才终于平息下来。

口袋里的宇宙

袖珍地球仪曾是 18 世纪欧洲的时髦配件

绘制于 约 1745 年
来源于 奥舍地图图书馆

对于 18 世纪衣着考究的英国绅士来说，这种袖珍的地球仪是一种时髦的配件。黑色的鱼皮外壳可以打开，露出一颗直径不到 7 厘米的中空木球，在外壳的内测凹面上，精美地画着北边和南边天空的彩色星座图。

荷兰地图历史学家彼得 · 范德克罗格特在《科学仪器学会学报》中写道，袖珍地球仪最早出现于 17 世纪末，在英国和荷兰尤为流行，可能还曾用作海员或地理系学生的教学用具。但是，更流行的用法是把它作为身份地位的象征，拥有这种地球仪的人将显得有世界视野，走在科学发展的前沿。根据范德克罗格特的引述，一家荷兰报纸 1697 年曾刊登过一则广告，形容袖珍地球仪“适合所有天文学和其他艺术的业余爱好者，可以像怀表一样随身携带”。

本页图所示的袖珍地球仪是较晚期的版本，原版是英国测绘员兼制图师理查德 · 库西 1731 年的作品。这个版本是他的妻子伊丽莎白在他去世后（1745 年左右）制作的，反映了当时的地理知识以及欠缺之处。比如，收藏了这颗地球仪的南缅因大学奥舍地图图书馆的前馆长伊恩 · 福勒说，“澳大利亚的东半部完全缺失了”。因为澳大利亚的精确测绘当时还需要几十年才能完成。“澳洲最东端和北部的洋流极难航行，因此测绘时间才如此之久。”他说。

不过，伊丽莎白 · 库西的确对她丈夫的地球仪做了一些更新和改进。加利福尼亚州在 1731 年的地球仪上描绘为北美洲海岸外的岛屿（这是当时的普遍误解），在这个版本上和大陆相连。她还加上了表示信风风向的箭头，以及英国海军上将乔治 · 安森历时四年在 1744 年完成的环球航行路线。

对历史学者而言，这颗地球仪最值得注意的地方是理查德 · 库西对宇宙的重新描绘。过去的天体图制作者一直对视角问题感到颇为苦恼，大多数选择的都是太空俯视视角——或上帝视角——从地球上方着手描绘。而库西的袖珍地球仪则首创把星座描绘成从地球上仰望天空时的样子，虽然看起来没有那么宏伟，但更加实用。

本页及右页图　在理查德 · 库西袖珍地球仪的后期版本上，箭头表示信风风向，一条细虚线代表英国海军上将乔治 · 安森的航线。鱼皮外壳的内侧表面（下）描绘着在地球上可以看见的星座

EUROPE
ASIA
TURKEY
PERSIA
MOGUL
Moscovy
GREAT TARTARY
Ireland
Portugal
MEDITERRANEAN
BARBARY
Biledulgerid
ZAARA or the Desart
NEGRO LAND
Nubia
AFRICA
GUINEA
ETHIOPIA
ARABIA
Indian
Sea
Socotra I
Ceylon
C Comorin
Almirante I
THE EASTERN
OCEAN
Ascension
ETHIOPIAN
SEA
I Trinidada
St Helena
Zaire
Monoe
mugi
Monomotapa
ZANGUEBAR
Comoro I
Madagascar
C d'Ambra
INDIAN
SEA
I Mauritius
C S Sebastian
CAFFERS
Tristan da Cunha
C of Good Hope
St Paule
Dina
London
SOUTHERN
OCEAN

绘制世界末日

一份晦涩的 15 世纪手稿描绘了世界末日的降临

绘制于 约 1486 年
来源于 亨廷顿图书馆

15 世纪时，世界末日的阴影笼罩着每个欧洲人。当时瘟疫肆虐，东罗马帝国曾经辉煌的首都君士坦丁堡也被土耳其人攻占。末日似乎就在眼前。

那个时代有数十部作品，用详细的文字和血腥的图画描绘了即将到来的末日景象，不过有一份手稿被人遗忘已久，但是它用一种与众不同的方式描绘了末日景象——地图。“它用一系列的地图展现了末日的每个阶段。”地图历史学家切特·凡·杜泽说。他和伊利亚·迪内斯合著的《世界末日地图》研究了这份无人问津的手稿。

这份世界末日图册最开始的一张地图展现了 639—1514 年世界的情况。图上地球是一个圆形，亚洲、欧洲和非洲是被水包围的扇形。文字部分描述了伊斯兰教的兴起，作者认为这对基督教的统治产生了威胁——这是当时欧洲人的普遍观点，因为几百年来双方为了圣地和其他领土而争夺不休。

接下来的几张地图描绘了征服了欧洲的“伊斯兰之剑”，以及后来反基督者的兴起，图上以一个横贯南北极的巨大三角形表示。另一张地图显示了地狱之门在审判日开启，作者预测会发生在 1651 年。一个看起来毫不起眼的小球体代表在此之后的世界。这份手稿里的所有地图都是象征性的，但这张末日后地图淋漓尽致地体现了极简主义。“图上什么都没有，却清楚地标着是地图。”凡·杜泽说，“它引起了何为地图的讨论，探索了地图的界限。”

这份手稿在 1486—1488 年间制作于德国的吕贝克，但作者不详。凡·杜泽怀疑可能是一个名叫巴普蒂斯塔的医生绘制的，他游历甚广，曾受教皇庇护二世指派到耶路撒冷锡安山上的方济会修道院照顾朝圣者。手稿是用拉丁文写的，所以不是给普通大众看的。

除了末日的部分之外，手稿还包含一节关于占星医学的内容，以及一篇遥遥领先于时代的地理学论文。作者阐述的本质内容是对地图的现代理解，即认为地图可以用来阐明地理地貌以外的事物。大多数地图历史学家认为这种观念到 17 世纪才开始出现，但凡·杜泽认为这份末日地图把这个时间往前推了整整两个世纪。“在我看来，这是最令人惊奇的部分，15 世纪的人竟然能对地图的用法有如此见解。”他说。

右页图　图上的三角形代表预测中反基督者在 1570 年到 1600 年的兴起，摘自一份 15 世纪的手稿

下图　（从左到右）代表反基督者的四个角指向大地四端；在审判日当天，受诅咒者站在一个通往地狱的无底洞上方；描写了在经过最终审判、复活、大地更新后，地球变成了一颗毫不起眼的球体

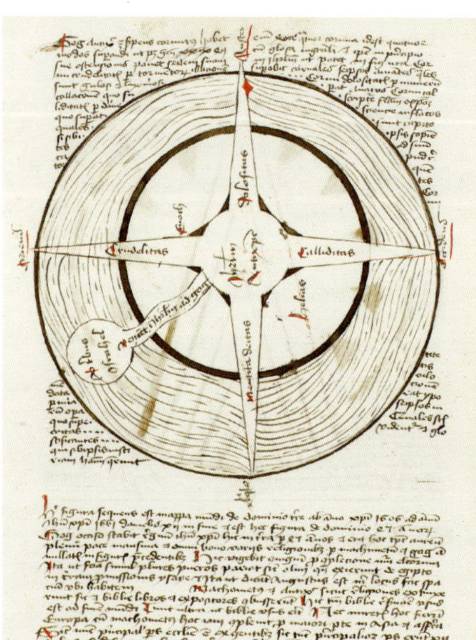

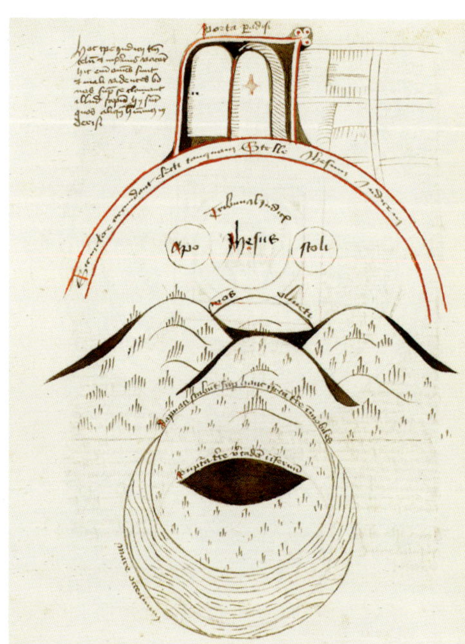

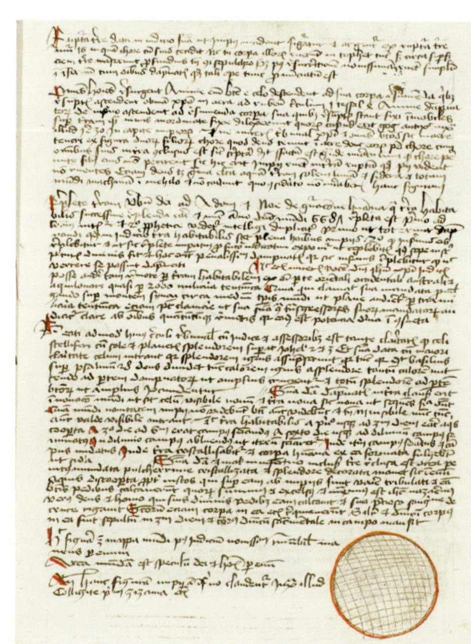

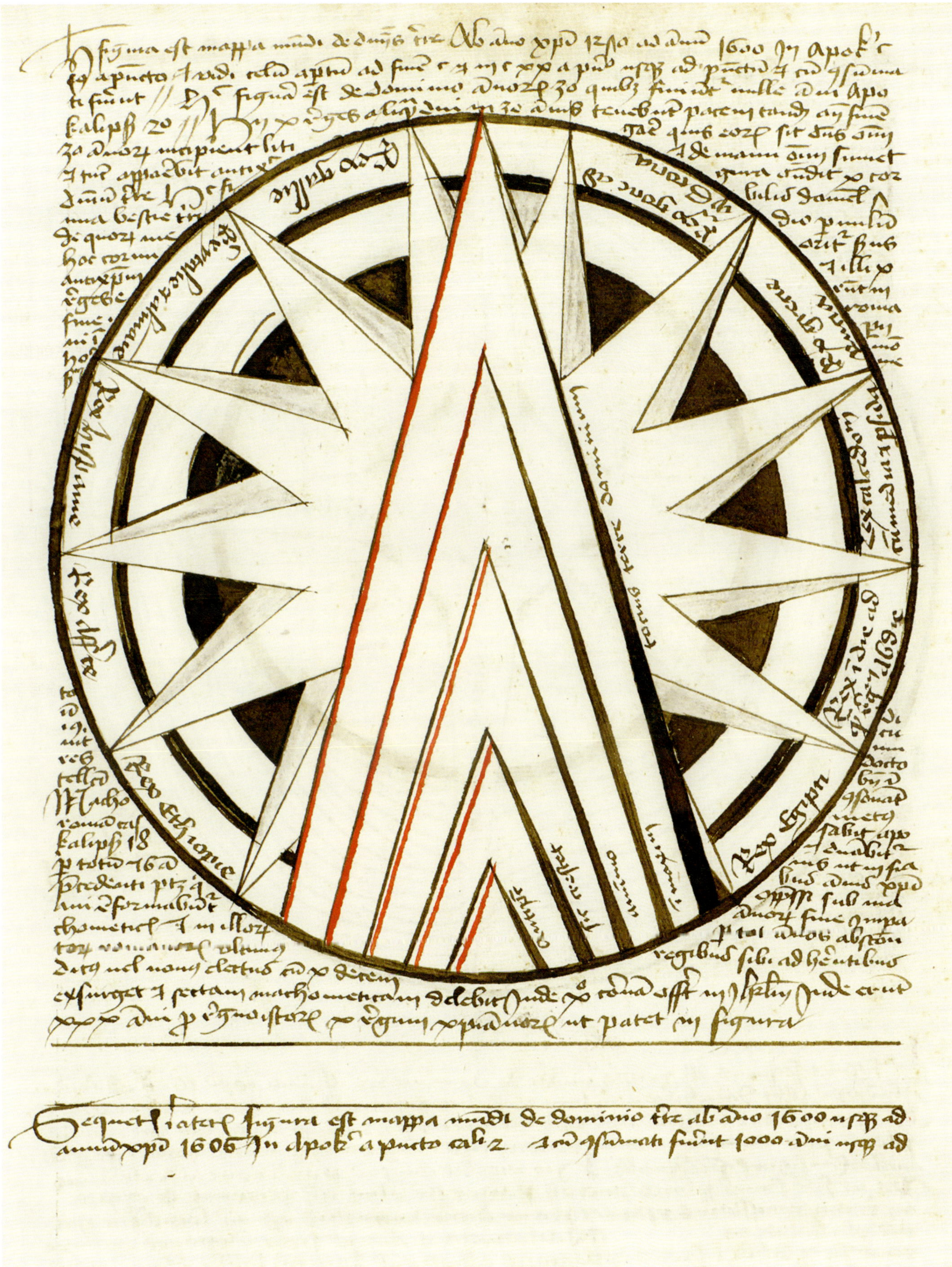

不同世界观的碰撞

一本精彩的 17 世纪地图集反映了世人如何意识到地球并非世界中心

绘制于 1661 年
来源于 奥克他沃公司（Octavo），沃诺克图书馆

安德烈亚斯·塞拉里乌斯的天文地图集《和谐大宇宙》出版于三百多年前，但至今仍广受欢迎。书中的图像也被印在各种商品上，从日历、拼图、浴帘到抱枕，应有尽有。毫无疑问，塞拉里乌斯的设计以及制版师和配色师的精湛技艺制作出了精美的版本，因此这本书才长盛不衰，连地图学者也将其列为史上最美的天体地图集之一。

天文史学家罗伯特·凡·根特在这本地图集的现代复制版的引言中写道，《和谐大宇宙》中的天文学即使在当时来说也不算先进。然而，这本地图集体现了一场变革，从盛行了 1 500 年的宇宙观过渡到明显不以人类为中心的较为新颖科学的世界观。塞拉里乌斯的这本地图集中很大一部分是在描绘人类对宇宙的各种不同观点。

即将旧观点源自公元 2 世纪的希腊数学家兼天文学家托勒密。他认为地球是宇宙的中心，月球、太阳、行星和恒星都是围绕着地球运转。古希腊人完全信服这种观点，因为他们脚踏在地球上，眼看着天体在夜空中移动。这也恰好契合基督教神学的理念：把地球当作上帝创世的中心。

到 1660 年，塞拉里乌斯在制作第一版图集时，托勒密的观点仍然很有影响力。其中的几张地图描绘了托勒密的世界观，以及在这种世界观影响下，人们认为的行星运动。

在第 252 页上方的地图上，蓝色的地球居于中心，依序由水、气和亮橘黄色的火焰构成地球外壳。托勒密把月球轨道（火焰外面的白圈）以下的内圈称为“月下空间”，这是一个不断变化的不完美区域，在这里所有物质都是由四种经典元素——土、水、气、火——拥有各自的特性（比如火焰向上熊熊燃烧，除非有东西阻挡）。

右图　这张地图摘自 17 世纪塞拉里乌斯的地图集，描绘了哥白尼提出的新世界观，图中显示地球（正中央上方，被月球围绕）绕着太阳旋转，而非太阳围绕地球。哥白尼自己坐在右下角，手里拿着一个地球仪。对面角落里看似学者的人物可能就是古希腊学者阿利斯塔克，他在公元前 3 世纪就曾提出日心宇宙说，但在哥白尼之前这一理论一直被忽视

COPERNICANVM
Systema
TIVS CREATI
THESI
CANA IN
EXHIBITVM.

上图　托勒密认为地球是宇宙的中心，古典神话中的人物代表各行星

左图　托勒密必须借助一些数学手法，在图上加一些别的圆圈，也就是“本轮”，来让这个系统符合观测到的行星运动。塞拉里乌斯的地图集里有好几张图说明了这些复杂运动，例如这张图呈现的是月球的各个本轮

上图　在第谷・布拉赫提出的系统中，地球依旧位于宇宙的中心，但其余行星（包括木星和它的四颗卫星，靠近顶部）则是绕着太阳旋转。右下角一位穿着考究、留八字胡的人就是布拉赫，旁边围绕着的是他的学生

月下空间以外是比较完美的地方，这里的天体是由以太这种恒定不变的第五元素构成。行星在一系列同心球体中各占一处，球体的转动带动行星围绕地球周围的圆形轨道。月球之外是水星和金星，然后是太阳。再往外是塞拉里乌斯时代已知的其他行星：火星、木星和土星。

塞拉里乌斯在他的托勒密式宇宙地图上，利用古典神话人物来代表天体。代表火星的战神玛尔斯驾着一辆插满长矛和战旗的战车，由两头看起来像狼的生物拉着。代表金星的爱与生育女神维纳斯裸身倚在天鹅拉的战车上。土星轨道之外的区域属于固定星，以黄道十二宫为代表。然而，这种世界观有一个问题，就是正圆形轨道无法充分解释从地球上看到的天体运动。即使在托勒密时代，天文学家也观察到某些时候夜空中的天体似乎移动得较快或较慢，有些行

HÆMISPHÆRI
GRAPHICUM
COELI
TIET
Andromeda
Pegasus
Delphinus
AQVARIUS
Triangulum
TAURUS
Phoenix
Grus
Indus
Toucan
Pavo
Dorado
Apis Indica
Chamaeleon

星还会改变方向。托勒密必须调整轨道的形状，并借助“本轮”这种更加复杂的圆中之圆来对这种现象进行合理解释（第 252 页）。

第 250 页的地图呈现出一种完全不同的构图。它根据的是波兰天文学家哥白尼的理论。哥白尼在 1543 年临死前提出，地球围绕太阳，而非太阳绕着地球转。塞拉里乌斯在一个多世纪后制作此地图的时候，这个曾经被视作异端的思想才终于得到人们的承认。

在这张地图上，太阳巨大而耀眼，取代了地球的中心位置，地球和其他行星在环绕太阳的圆形轨道上运行。月球绕着地球旋转，四颗卫星绕着木星，这四颗卫星是意大利天文学家兼博学家伽利略在 1610 年发现的，当时望远镜刚被发明不久。

天文学家们感受到了哥白尼系统的简明和数学之美，但很少有人立刻接受（因为公开拥护日心说的多明我会修士布鲁诺被判宣扬异端，在 1600 年被处以火刑，从而让他们心生畏惧）。而且，放弃托勒密就代表否定当时的物理学知识。如果不是密集的以太让行星在各自轨道运行，还会是什么呢？

丹麦天文学家第谷·布拉赫和其他人一样，虽然赞赏哥白尼，但还是对地球（他称之为“那个笨重又懒惰的天体”）能够围绕着太阳旋转表示怀疑。布拉赫提出了一种折中解释，和哥白尼一样认为行星围绕太阳旋转，只是太阳带着其他行星一起围绕地球旋转，第 253 页的地图展现了塞拉里乌斯的构图。

布拉赫可能不愿意否定托勒密的观点，但通过几次观察，这个观点最终还是站不住脚。例如，他在 1577 年发现有一颗彗星近距离靠近了金星——这大大冲击了认为行星全部处于以太外壳包围中的观点。

其他的证据也逐渐增加——尤其是伽利略在 1610 年发现金星呈现出和月球类似的相位变化，这个现象直接推翻了托勒密理论，证实了金星围绕着太阳旋转，而非地球。

大概同一时间，布拉赫的门徒开普勒正在研究行星运动规律，他认为行星的轨道是椭圆形而不是正圆形，这个想法更容易解释哥白尼理论与实际观测结果为何会有差距。最终，到了 17 世纪末，牛顿用一种力进行了解释——重力，让行星保持在轨道上运行，也说明了为什么行星在接近太阳时移动较快。这成了压垮托勒密体系的最后一根稻草。

塞拉里乌斯似乎不太能跟上新理论的发展。比如，他并未提及开普勒对行星运动的研究（尽管他可能打算将其放到第二册里，只是没有实现）。凡·根特写道，这本图册很可能对当时的天文学家用处不大，但那些人并不是目标受众。塞拉里乌斯在前言中写道，他制作的这本地图册针对的是自己和其他天文爱好者。

塞拉里乌斯的地图册还包含 8 张显示南北半球星座的星图，其中 4 张用了一个新颖视角，把地图画成一个半透明球体，把代表星座的神话动物和人物画在球体上（左图）。塞拉里乌斯把这几张画满了插画的图称为“透视图”，这是狂热收藏家梦寐以求的珍品。

但是，塞拉里乌斯呈现各种不同世界观的方式似乎才是最受一般消费者追捧的地方。话虽如此，可能大多数把这些地图挂在墙上的人，大概并未真正思索过它们在当时的意义以及作者的意图，究竟是通过托勒密向过去致敬，还是通过哥白尼展望未来。

左图　在这张图上，塞拉里乌斯描绘了从太空俯瞰地球的南半球星座，在当时是一个新颖的视角。在代表星座的彩色人物下，可以看见南极洲和南美洲的尖端。图中央上方的海怪是塞特斯，模样骇人

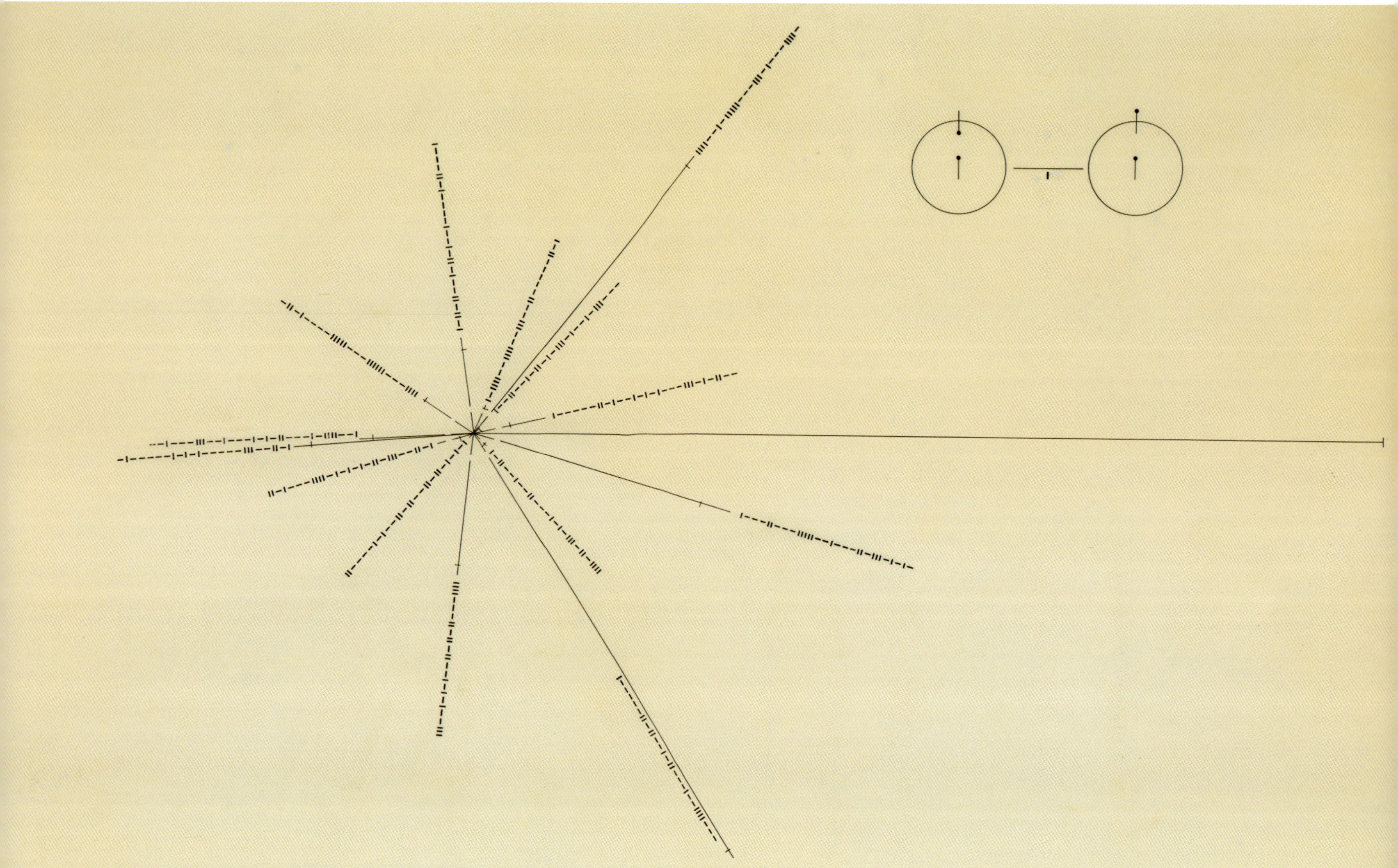

我们在这里

一张发射到星际空间的地图帮助外星人找到地球

绘制于 1972 年
来源于 弗兰克·德雷克

旅行者 1 号探测器目前距离地球超过 210 亿千米，以每小时 61 000 千米的速度飞越星际空间。这是来自地球的东西到达过的最远的地方，所以，这艘探测器携带了人类在外探索的基本工具：地图。

但是，这张地图和过去所有的地图都不同，目的是要让任何有机会拦截到它的地外生命知道地球在宇宙中的位置。

这张地图是弗兰克·德雷克在 1972 年设计的，他和卡尔·萨根共同负责打造一份人类要传给外星生物的讯息，他们决定在其中加入一张地图，表示“我们在这里”。这个想法很直接，但需要先解决一个复杂的问题：如何做出一张能让外星生物理解的地图？

德雷克最著名的成就是与地外智慧生物搜寻协会进行的合作，他提出了一个机智的办法，可以在广袤的空间中准确定位出太阳的位置。还利用超新星爆炸的残余物作为指引，这些残余物叫作脉冲星，因为它们看起来像是在发出脉冲光，但其实脉冲星释放的是稳定的电磁辐射光束。

德雷克之所以利用几年前发现的脉冲星，是因为每颗脉冲星都有独特的脉冲间隔作为特征。而且脉冲星在数十亿年间以可预测的速度变慢，因此地外生物可以通过比较脉冲星当前的转速和地图上所示的转速，来计算探测器行驶了

左页图　天体物理学家德雷克在1972 年制作了这张脉冲星地图，准备在先驱者号和旅行者号任务中送上太空。这张地图定位了太阳系相对于 14 颗脉冲星的位置，从理论上讲，地外智慧生物应该可以看懂

右图　这是固定在两艘旅行者号太空船上的镀金光碟，封套上蚀刻了几个示意图，包括德雷克的脉冲星地图（左下），一个说明碟片播放方法的示意图（左上），和一个最低阶状态下的氢原子示意图（右下）

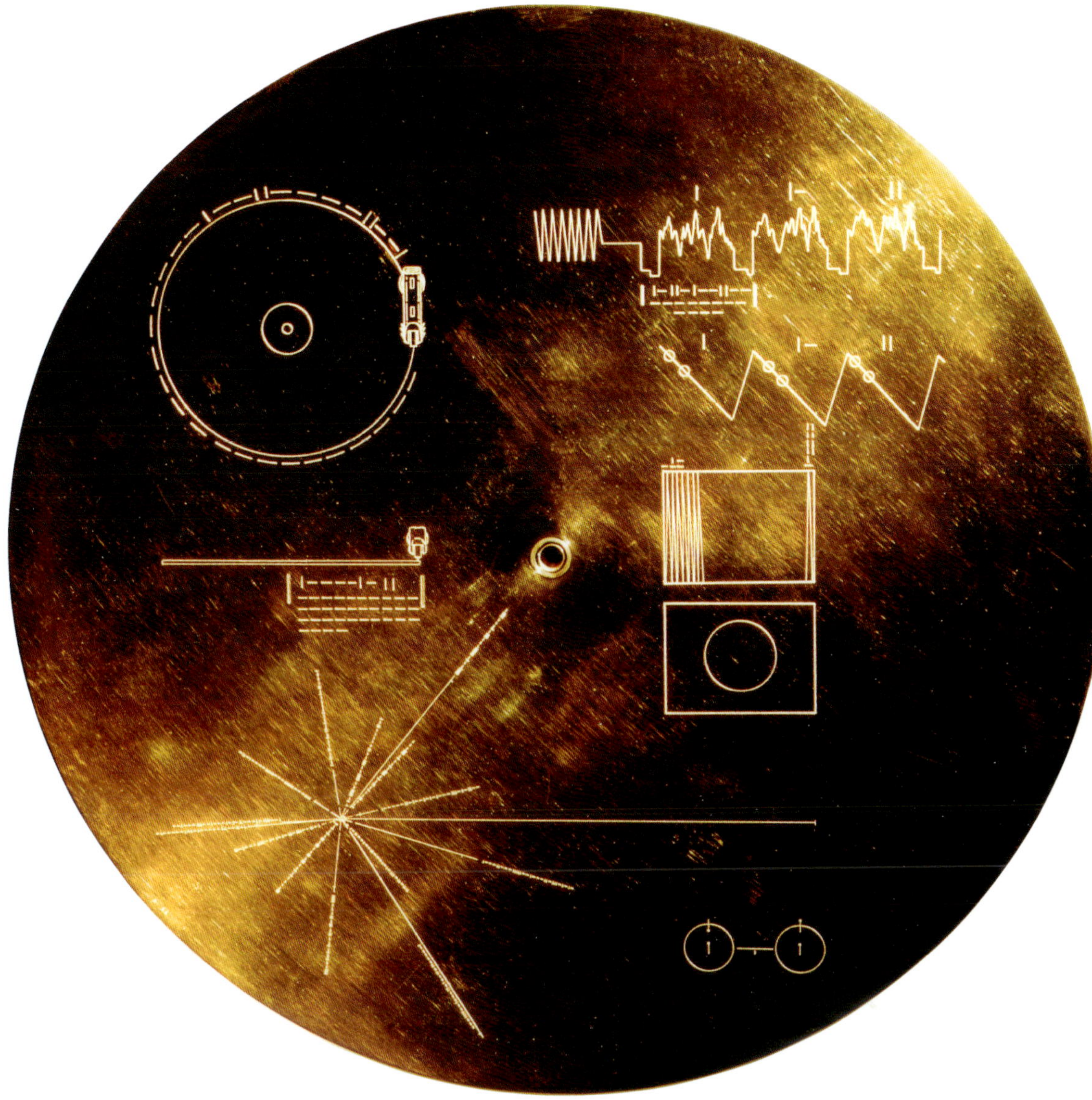

多久。

德雷克画出了太阳和 14 颗脉冲星的草图，算出太阳与这些脉冲星之间的距离，再用二进位码把脉冲星的自旋速率写在对应的距离线旁（上图）。之后这张地图被蚀刻在一块金属板上，旁边画着一个男人和一个女人，然后送上执行了旅行者号任务的两艘探测器，离开太阳系。就在旅行者号准备再向太阳系以外的星际空间发射两艘探测器时——用其中一艘取代先驱者号探测器——萨根设计出了一种规模更大的宇宙派送方式。

他带领一个委员会，用了一年收集地外生物可以了解地球的各种材料。他们挑选了各种声音，包括雷声、鲸叫声、55 种语言的问候语、脚步声、笑声、摩斯电码，以及巴赫、查克 · 贝里等人的各种音乐作品。还有一些照片和示意图，比如太阳系、DNA 结构、人体解剖图、昆虫、动物、风景、建筑，以及正在进行吃饭、跑步等各种活动的人类。所有的内容都刻录在两张镀金的铜光碟上，固定在旅行者号探测器的船舱中，两张光碟分别装在铝制封套内，封套上蚀刻了播放方法和破译编码图像的示意图、氢原子示意图（氢原子的旋转代表时钟，在图中表示时间），当然还有德雷克的地图。

不过不必担心可能引来来意不善的外星人。“因为太空广阔无垠，旅行者号基本不可能飞到另一颗恒星的行星系统。”萨根在 1977 年 8 月发射旅行者 1 号时说，“但是……把这个漂流瓶投入太空的海洋可以传达出地球的欣欣向荣。”

随着旅行者 1 号（旅行者 2 号在它后面 37 亿千米处）离地球越来越远，飞向某个未知的接收者，我们也愈加认识到，这些地图和碟片其实是有助于我们自己更好地理解地球在宇宙中的位置。

ARCTIC OCEAN
GREENLAND
NORTH PACIFIC OCEAN
SOUTH PACIFIC OCEAN
INDIAN OCEAN
NORTH ATLANTIC OCEAN
SOUTH ATLANTIC OCEAN
THE WORLD
Compiled from information to 1961
by the
U.S. Navy Hydrographic Office

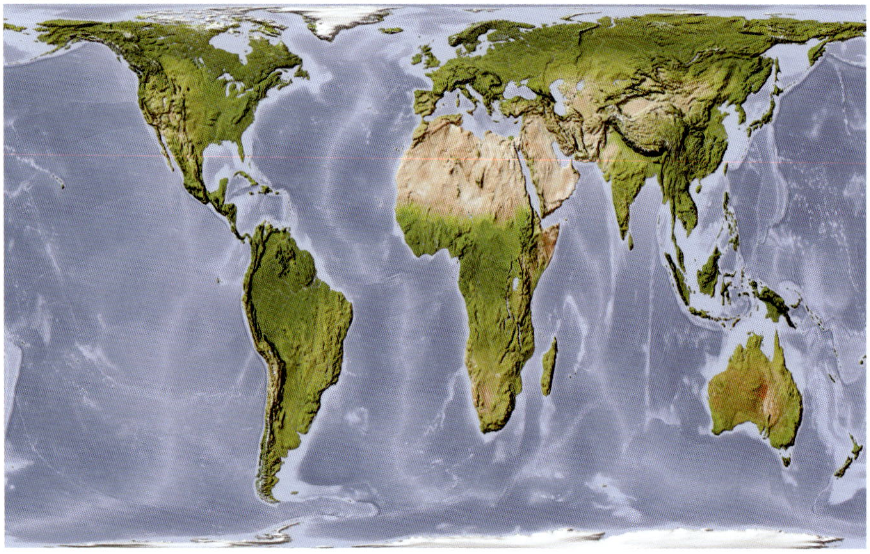

NATIONAL GEOGRAPHIC
THE WORLD
ANTARCTICA

平面化的世界

将地球平面化展示的诸多有趣方法

绘制于 1923—2015 年
来源于 斯坦福大学图书馆大卫・拉姆齐地图收藏中心，《国家地理》杂志等

每个制作世界地图的制图师都会面临同样的问题，即如何把三维的球体表面表现在二维平面上。无论如何，地球表面都会发生拉伸、分裂或变形。除非是在地球仪上，否则平面的地图都会在某些地方存在偏差。

在平面地图上表现地球曲面的各种方法统称为投影法。在这种方法中，制图师必须确定哪些偏差可以接受，哪些偏差必须降到最低。投影法会影响地理的五大因素：面积、形状、距离、角度和方向。减少某一方面的偏差，其他方面的偏差就会增加。

左页图・上　这张世界地图由美国海军水文局在 1961 年发表，使用的是墨卡托投影法。这种投影法扭曲了各大洲的形状和相对面积，会放大靠近两极的部分，但保持了正确的方向，因而适用于航海

左页图・左下　这张晕眩立体世界地图使用的是彼得斯投影法，各大洲和大洋保留了正确的相对面积，但形状失真，各洲在赤道附近往纵向拉伸，在两极附近则向横向挤压

左页图・右下　美国国家地理学会的世界地图使用的是温克尔投影法。这种投影法采取折中方式，使整体变形程度减到最低。美国国家地理学会在官方在线商店里表示，这张 2015 年的世界地图上“格陵兰的大小相当于阿根廷，而不是整个南美洲那么大”

各种方法中最知名的一种是制图师杰拉德・墨卡托在 16 世纪设计的世界地图投影法，目的是展现海上导航框架。使用墨卡托投影法的地图着重角度和方向，如果在两点之间画一直线，用量角器测出这条线的角度，就可以将测出的读数用于现实世界中两地间的移动。墨卡托投影法一直到 20 世纪都很常用，很多教室墙上挂的都是以墨卡托投影法绘制的世界地图，有些人认为这种地图会让学生对世界的认识产生偏差。墨卡托投影法尤其广泛应用于海洋地图（第 186 页）。美国海军水文局就曾采用这种投影法（左页上图），最终美国海岸和大地勘测局也不得不使用此法。

墨卡托投影法在 20 世纪中叶开始没落，主要是因为它有一些特殊之处：为了保持方向正确，经线必须平行，地图区域面积就会向两极方向拉伸，使得各洲各国的相对大小遭到严重扭曲，造成失真。比如，欧洲变得比实际比例更大，刚好方便制图师添加欧洲一些小国及其名称。但是有人认为这种投影法会造成误导，因为相对于赤道附近的国家，北方国家的面积在图上变大，也放大了这些区域在读图者眼中的重要性。

解决墨卡托投影法面积膨胀的一个办法就是采用优先考虑面积的投影法。德国历史学家阿尔诺・彼得斯在 1967 年发明了这种“等面积”投影法，用来代替墨卡托投影法，可以更准确公平地描绘发展中国家。因此，彼得斯投影法（左页左下图）在 20 世纪 80 年代受到发展机构和教育工作者的欢迎，还曾在 2017 年登上新闻，因为当时波士顿的公立学校的教室里用彼得斯投影法地图换下了墨卡托地图。

但是，许多人都看不上彼得斯投影法，因为它严重扭曲了各大洲的形状，在赤道附近向纵向拉伸，在两极附近向横向挤压。彼得斯投影图或许不太美观，不过与墨卡托投影图一比较，就能看出投影法选择的重要性。

美国国家地理学会比较青睐的是温克尔投影法（左页右下图），这是一种折中投影，可以将失真程度降到最低，分摊到各项因素上，使其达到平衡的同时兼顾美观。

还有一种折中投影法是由美籍匈牙利制图师欧文・赖斯在 1943 年发明的，他常常批评墨卡托投影法。赖斯把他的投影法叫作犰狳投影法，因为画出来的图很像犰狳身上皮革般的弯曲鳞甲。这种投影法加入了一种透视要素，让投影图看起来有三维效果，几乎就像把地球打破摊开一样。“虽然边缘的地方失真非常明显，但能呈现出正确的比例大小，因为我们想象中的是一个三维实体，而不是一张平面地图。”赖斯在介绍犰狳投影法的论文中写道。赖斯在他 1944 年出版的地图册里，以犰狳投影法制作了几张主题地图（第 261 页下图），但主要是为了鼓励、尝试投影方法的创新。

另一种避免各洲扭曲的方法就是把地图拆成几块。1909 年，住在旧金山的英国建筑师伯纳德・卡希尔发表了一张投影图，包含了 8 个排成蝴蝶状的曲边三角形，虽然这种分割视图拆开了

各大洋，但也使各大陆的扭曲程度降到最低。卡希尔认为，他的“蝴蝶”地图比墨卡托的“扭曲地图”效果更好，适用于任何有兴趣比较陆地情况的人：地理学者、教师、政治经济学家、政治家、世界政策学者，尤其是科学家。“总之，这种地图用处多多。”他写道。他成立了卡希尔地图公司推广这种投影法，但一直没什么人关注蝴蝶图。

相比之下，其他的分割视图要更受欢迎。保罗·古德的“橘皮”投影法可以分割各大洋，但保持各大洲的完整，也可以反过来做。古德在1923年提出了这种投影法，接下来整个20世纪大部分都用于兰德·麦克纳利公司的《古德世界地图集》。美国国家地理学会的世界人口密度、植被和土地利用地图中，最下方两角的小图用的就是古德投影法。

最著名的分割视图要数美国建筑师兼空想家巴克敏斯特·富勒1943年的作品，《生活》杂志曾刊载了一篇图文故事专文介绍。富勒投影法先将地球表面投影到由三角形构成的二十面体，接着整张地图可以用几种方式展开，但他在1954年选定了右页上图所示的构图方式，称其为狄马西昂地图。这张图调整了其中的几个三角形，来呈现出地球陆地的邻近方位和相连位置，就像“汪洋大海中的一座岛屿”。

要解决地球表面平面展示的问题有多种方法，每一种方式都蕴含了不同的世界观，有的是刻意凸显，有的则是无意为之。在某种意义上，每一张地图都始于谎言，读者最好谨记这一点。

右页图·上　富勒投影法把地球拆分为22片，可以用各种方法展开。富勒更倾向于此图的构图方式，称之为狄马西昂地图，由于强调了世界各大陆的连接情况——他把这种概念叫作“太空船地球”。这张地图在巴克敏斯特·富勒研究所举办的2013年狄马西昂地图设计比赛中获胜

右页图·下　这张世界农业地图摘自赖斯1944年的著作《全球地理地图集》，采用了犰狳投影法，因为形似犰狳鳞甲而得名。这种投影法加入了一些三维透视，同时呈现出了大致的地球原貌。新西兰在转角处消失，所以有些犰狳投影地图会加上一条附有这些岛屿的“猪尾”

下图　这张1923年的宣传地图使用了卡希尔的蝴蝶投影法，把旧金山置于世界中心。这种投影法把地球拆成八片以减少失真，这八片采取各种构图方式来保持大陆或海洋的完整性。地图上附有卡希尔对密友的话：“这是我画的世界平面图，要是你能画出一份在形状、面积、距离和方向上更准确的地图，我就给你100美元”

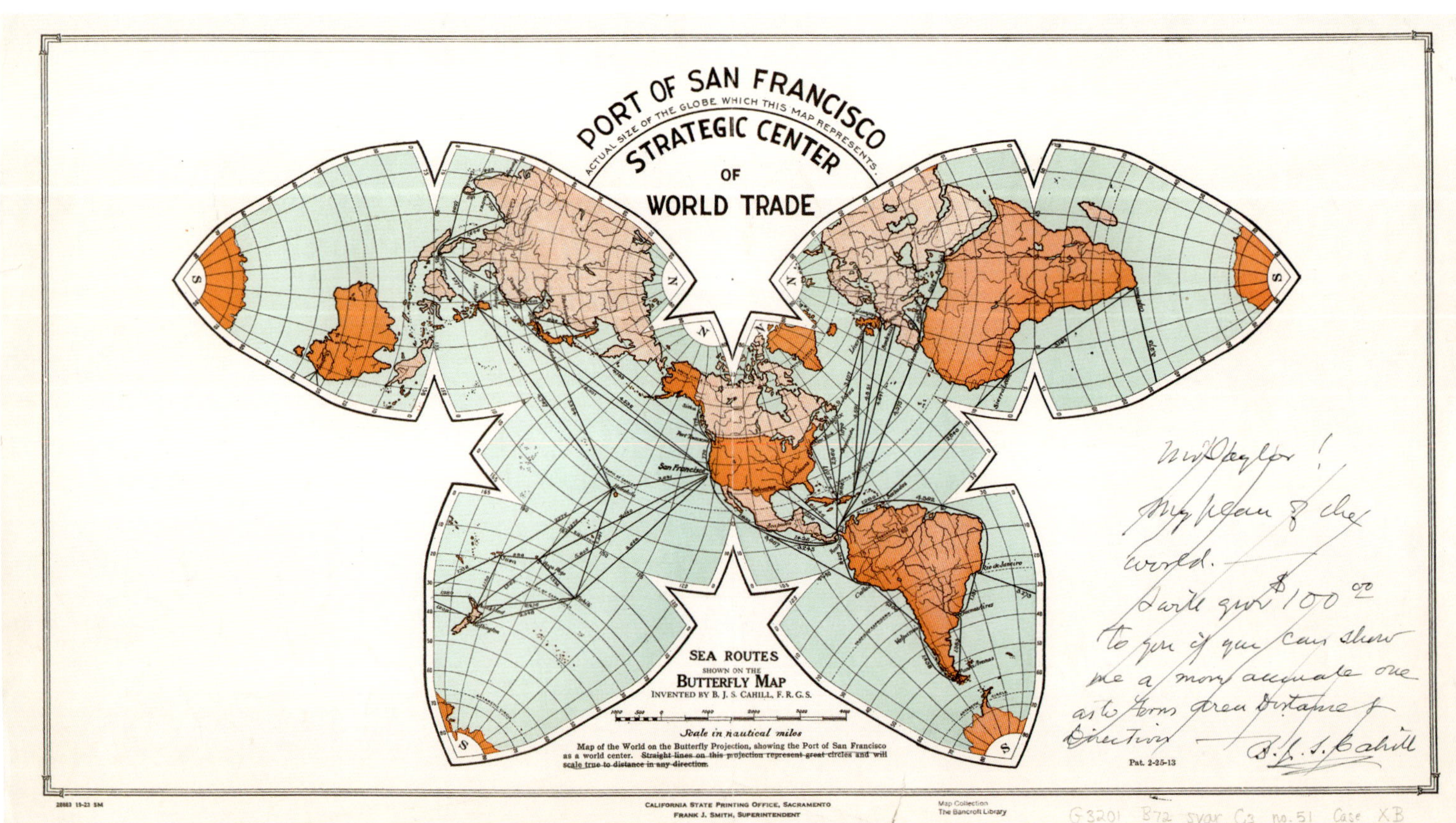

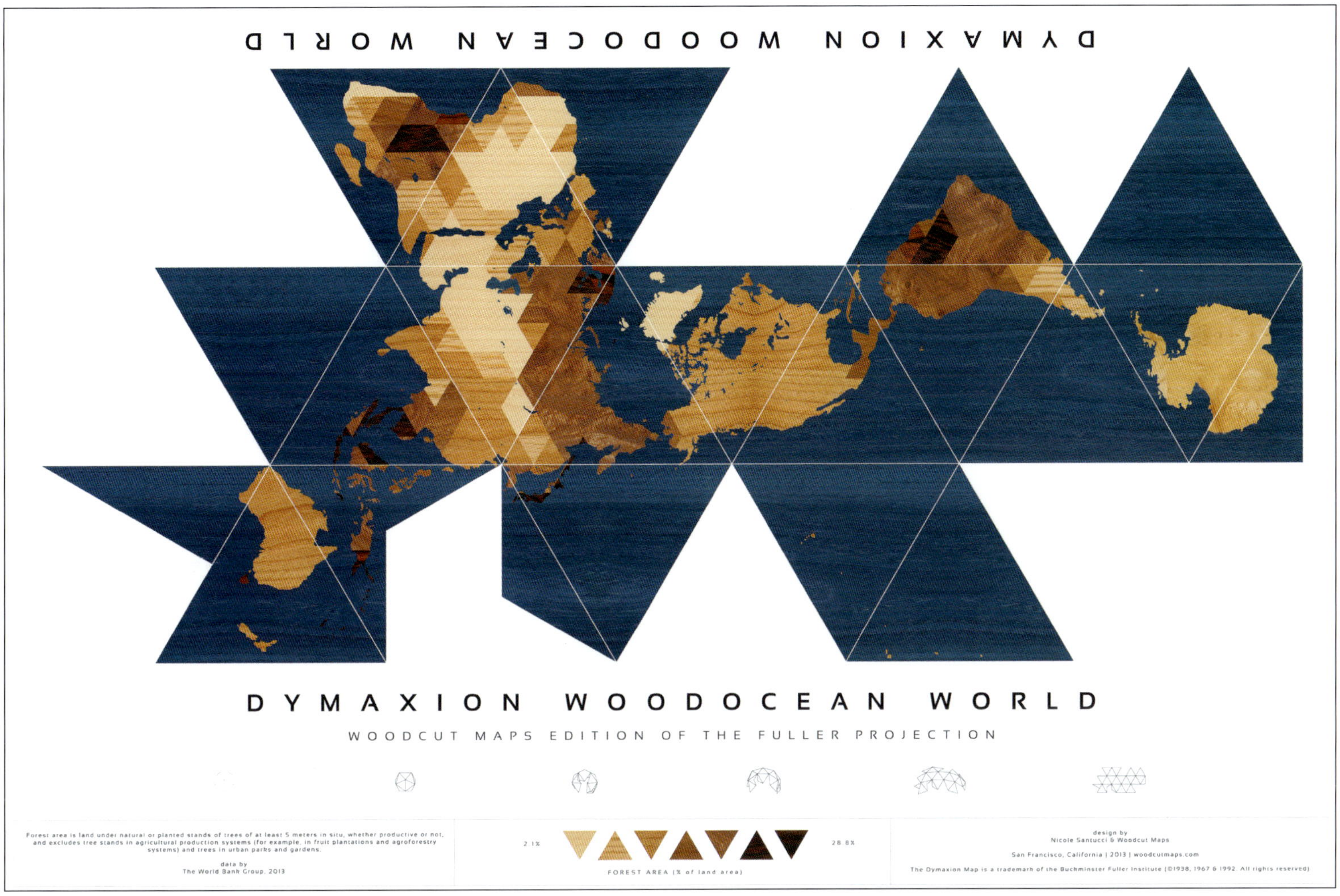

DYMAXION WOODOCEAN WORLD
DYMAXION WOODOCEAN WORLD
WOODCUT MAPS EDITION OF THE FULLER PROJECTION
Forest area is land under natural or planted stands of trees of at least 5 meters in situ, whether productive or not, and excludes tree stands in agricultural production systems (for example, in fruit plantations and agroforestry systems) and trees in urban parks and gardens.
data by
The World Bank Group, 2013
2.1%
28.8%
FOREST AREA (% of land area)
design by
Nicole Santucci & Woodcut Maps
San Francisco, California | 2013 | woodcutmaps.com
The Dymaxion Map is a trademark of the Buckminster Fuller Institute (©1938, 1967 & 1992. All rights reserved)

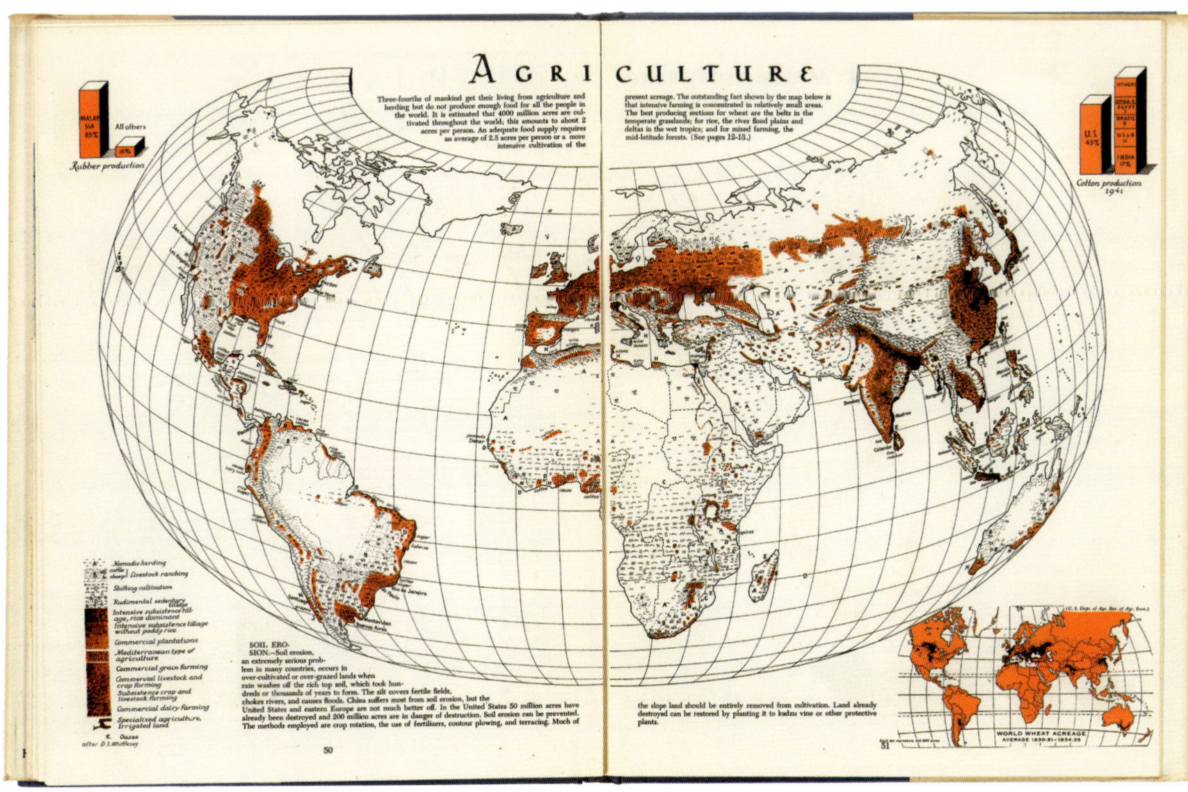

AGRICULTURE
Rubber production
Cotton production 1941
WORLD WHEAT ACREAGE
50
51

Cl. Mellan Gal. ping. et sculp.
Phasis Aquis Sextijs An. 1635. Octob. 7. a claro adhuc crepusculo in occasū vsq3.

标绘月球

人类一边观测月球，一边看到自己的影子

绘制于 1610—1742 年
来源于 波士顿美术馆，托马斯·费舍尔珍本图书馆等

月球是在地球上人眼唯一能看到其表面特征的天体。很久以前就有天文学家在仰望夜空的时候，通过对月球的描述展现自己的世界观。在东亚各国的传说中，月球表面住着一只正在做年糕的兔子。中世纪天主教圣徒艾尔伯图斯·麦格努斯则觉得月球表面可见的斑点是一条龙。

随着 17 世纪初望远镜的发明，这类观点有增无减，毕竟，如今可以看见更多月球表面的细节。天文学家都想获得声望，流芳后世，于是竞相制作更好的月球图像，并通过命名月球上的地貌来宣示主权。这些命名通常反映了命名者的政治、宗教和哲学主张。

早期的很多月球图模糊了天文学和艺术的界限，而且很多是天文学家和艺术家的合作。“制作得很漂亮，对美观性的要求甚至超过了科学准确性，很适合献给国王当礼物。”研究月面学的历史学者尼迪亚·皮内达·德·阿维拉说。

意大利天文学家伽利略从 1609 年开始通过自制望远镜观测月球，画出了一系列不同相位的月球（右图）。虽然伽利略不是最早利用望远镜描摹月球的人，英国人托马斯·哈里奥特比他早几个月，但他利用艺术技巧使得月球表面的地形清晰可见，尤其是在明暗界限一带，令人不禁将其与地球上熟悉的地形比较。

“月球表面并不是光滑的，而是崎岖不平的，而且就像地球表面一样，到处都是巨大的突起，深纵的裂口和各种盘旋曲折的地形。”伽利略写道。他还复兴了古希腊人的观点，即月球上的亮区是陆地，暗区可能是海洋。

伽利略的制图一时无人超越，直到法国画家兼制版师克劳德·梅兰受尼古拉斯－克劳德·法布里·德·佩雷斯克和皮埃尔·伽桑狄两位天文学家之托，在 1635 年创作出左页的精美版画。梅兰的作品在细节和准确性上略胜伽利略，制作这张图是某项计划的一环，为的是利用月球表面特征来确定地球经度，这是当时航海员面临的一大难题。

数以百计原先看不到的月球特征都可以通过望远镜清晰可见，很快，欧洲的学者们就开始争论这些特征的命名问题，16 世纪中叶，短短六年内有三种命名方案发表，一场持续一个半世纪的争论就此拉开序幕。

第一张标绘了各种特征的月球地图在 1645 年由天文学家米迦勒·弗洛伦特·范·朗伦发表。范·朗伦生活在当时西属尼德兰的

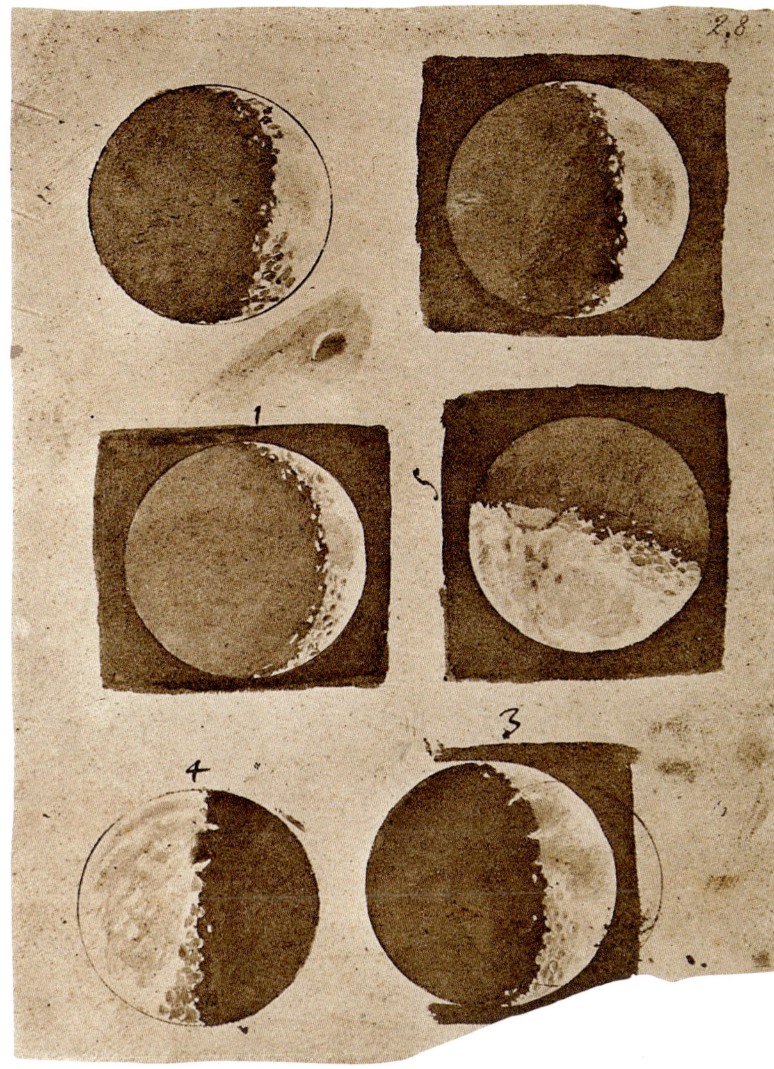

左页图　克劳德·梅兰的月球版画令人印象深刻，因为他使用的望远镜视角狭窄，不管什么时候都只能看见三分之一的月球。于是他制作了三张版画来体现不同相位的月球。这张图画的是上弦月

上图　这是伽利略在 1609 年绘制的水彩画，是最早利用望远镜的观察结果画出的月球图像之一。晨昏线附近的月球地形非常崎岖，于是伽利略把地球表面和月球表面进行了比较

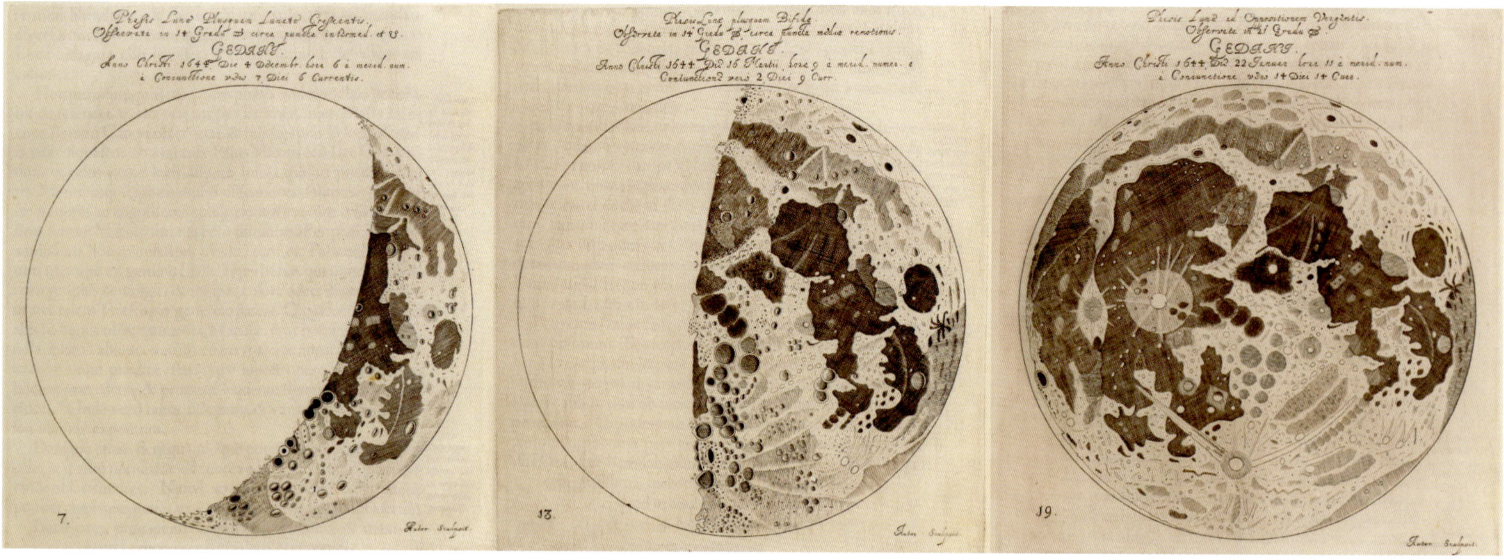

上图　约翰尼斯·赫维留在 1647 年出版的《月面图》收录了 40 张不同相位的月球图画，这里是其中三张，书中还有一张地图介绍了他的月球特征命名法

左图　范·朗伦在 1645 年绘制的地图是公认的第一张真正的月球地图，因为图上系统地命名了月面特征。范·朗伦命名的 325 个月面特征，超过半数沿用至今

右页图　赫维留（左）和里乔利（右）分别提出的月球命名法在之后的一个多世纪受到广泛探讨和争论。这张 18 世纪的地图由一位天文学家兼制图师制作，他把两种命名法放在一起进行比较

布鲁塞尔，效忠西班牙国王腓力四世和天主教会，因此他用贵族、哲学家和圣徒等名人的名字来命名月球特征。他把月球上最大的区域之一留给了国王——将一大片广袤的暗区命名为腓力洋，而用自己的名字命名了一片较小的“海洋”和一个撞击坑。

同时，曾是啤酒酿造师的波兰天文学家约翰尼斯·赫维留也设计了一套命名法。赫维留利用自己发明的望远镜，画了 40 张不同月相的图像，于 1647 年发表在他的代表作《月面图》（*Selenographia*）中，一般公认这是第一本月球地图册。赫维留提出了

自己的月球特征命名体系，但只字未提范·朗伦。他究竟是不知道范·朗伦的成果，还是故意忽略他，这一点并不清楚，不过他写道，他决定不用同时代的名人来命名月球特征，以免因为遗漏了谁而引起嫉妒和愤怒。他试图把地球地理应用于月球，用拉丁名称来命名，比如地中海和马耳他岛。

不久，赫维留又碰上了另一位竞争者——学识渊博的耶稣会神父乔万尼·巴蒂斯塔·里乔利也提出了一套命名法。1651 年，里乔利出版了一部天文学巨著，包含一张月球标绘地图。里乔利不认同赫维留的方法，他指出月球的特征和用以命名的地球地点不太相关。里乔利的命名法和范·朗伦的比较类似，但他优先考虑的不是天主教圣徒和名人政要，而是以古今对天文学做出贡献的人命名月球特征，而不论他们的宗教和政治派别。

在一个多世纪里，赫维留和里乔利的命名法都被天文学家们用于地图和著作中（上图）。然而，最终还是里乔利胜出了。赫维留所用的古拉丁文晦涩难懂，而且他还常用同一名称指称一群撞击坑，以致到了 18 世纪出现了很多问题，因为更加先进的望远镜可以看到更清晰的细节。如今只有四处月面特征沿用了赫维留的命名：两座山脉（阿尔卑斯山脉和亚平宁山脉）和两个海角（阿格鲁姆海角和阿切鲁西亚海角）。

而里乔利命名的近 250 个月球特征中的大多数仍然可以在现在的月球图上找到，这些名称构成了现代月球命名的核心部分。几个世纪以来，又有了将近 2000 个新增特征月面被命名。

幸存的中美洲古地图

呈现阿兹特克人世界观的地图珍本两度幸免于难

绘制于 1521 年前
来源于 利物浦世界博物馆

1940 年，德军开始轰炸伦敦，利物浦世界博物馆的负责人担心着馆内数千件珍贵文物的安危。他们担心利物浦成为攻击目标，于是开始把数百件馆藏转移到不太会遭到空袭的北威尔士和柴郡的乡村。其中三件文物最为珍稀，被装箱运往利物浦市政厅旁的马丁银行，存放在保险箱里，直至战争结束。

这三件珍品分别是一枚精致的盎格鲁·撒克逊胸针，一条拉美西斯三世的腰带，以及一份超过 500 年历史的书稿，其中包含一张阿兹特克人绘制的世界地图（右页）。这份抄本是现存仅有的十几本前哥伦布时期的中美洲书籍之一。如果这本书稿当初没有被转移到银行，现在世界上就少了一本珍品。1941 年 5 月 1 日，德国空军开始连续轰炸利物浦，在七天内摧毁了数千座建筑。虽然世界博物馆没有被直接击中，但在 5 月 3 日投掷的一枚燃烧弹落在了隔壁的中央图书馆，随后的大火吞噬了两栋建筑。留在博物馆内的文物大多被毁，只有这份抄本和其他被转移的文物得以幸存。

这份中美洲抄本是用鹿皮纸做的经折装书籍，共有 22 个双面页。全书开头就是这张地图，展现了阿兹特克人和邻近的米斯特克人的世界观概念。整张地图把地球表面分成四个象限，整体看上去像是一个马耳他十字架，各象限都有一棵“世界树”支撑着天穹。阿兹特克的火神修堤库特里（*Xiuhtecuhtli*）占据着十字的中心，但学者们认为这张地图很可能出自米斯特克人之手。

地图上每棵树旁都有两位神祇。从东方（地图顶部）可以看到太阳从树的底部升起，北方是死亡牺牲的领域，用盆子作为象征，里面装着用来刺穿血肉的削尖的骨头。西方住着因难产而死的妇女的灵魂，还有穿着裙子的神祇。南方叫作“荆棘之地”，这里的树干根部长在地怪张开的大口中。十字的周围是一部用动物、物体和圆点标示的 260 天仪式日历。这种方式结合了时间和空间，是阿兹特克和米斯特克文化的特色。

和世界博物馆馆藏的这份抄本类似的抄本在中美洲祭祀阶级的藏书里可能很常见，但在 1521 年埃尔南·科尔特斯征服并摧毁阿兹特克首都特诺奇蒂特兰之后，幸存下来的就很少了。西班牙人把这些书籍成批烧毁，因为他们不赞同书中的宗教神话和宇宙观。这份抄本能够奇迹般的两次都幸免于难，就显得更加珍贵。

左页图　这两幅图摘自一份古代阿兹特克的抄本，描绘了几位阿兹特克神祇。从左页左上角起顺时针方向依序为：声誉、性及污秽女神特拉佐尔提奥特尔（Tlazolteotl）；风雨智慧女神魁扎尔科亚特尔（Quetzalcoatl），也叫作羽蛇神；花神索奇皮利（Xochipilli）；以及大地女神特拉尔泰库特利（Tlaltecuhtli）。右边这幅图描绘了特斯卡特利波卡，他是祖先记忆与时间之神，也称“冒烟的镜子”

上图　这张 17 厘米高的阿兹特克宇宙观地图收录在一份经折装抄本中。公元 1521 年西班牙人入侵以后，只有极少数中美洲文稿幸存下来。英国古文物家约瑟夫·梅耶在 1867 年将这份抄本捐赠给了利物浦世界博物馆，该抄本是他在匈牙利收藏家加布里耶·费耶瓦利处购得，因此，通常称之为费耶瓦利—梅耶抄本

风的世界

从精美地图一窥操控天气的无形力量

绘制于 2013 年
来源于 卡梅伦 · 贝卡里奥

这些精美的地球图像都是记录着某一瞬间的快照，但也揭露了世界上一直发生的事情：即很大程度上影响着世界天气的盛行风规律。几个世纪以来，人类的环球航行方式就是取决于这种规律。

本节的图像是一段动画网络地图的定格画面，这部分地图是东京的软件工程师卡梅伦 · 贝卡里奥根据美国国家气象局和其他来源的资料设计的，每三小时更新一次。贝卡里奥从美国一部类似的网络动画里得到了灵感，他也想尝试新的事物，于是决定制作一部全新的世界地图。“天气真是令人惊奇。”贝卡里奥说，“如此骇人又美丽非凡。”

贝卡里奥的动画能在距离地表不同的高度显示各种天气资料，包括温度、压力、湿度和降水。在右页的图像上，线条呈现出 2017 年 9 月 18 日地表附近的风场形态。较亮的线条和颜色表示较快风速；随着风速增加，颜色从蓝色和绿色变为黄色和红色。

在大西洋上，可以看到飓风玛利亚逼近波多黎各，这个飓风将在几天后登陆这座岛屿。暴风中心的飓风风级是红色的。同时，飓风荷西也威胁到美国大西洋沿岸地区，之后会向北行进并有所减弱。

整个热带从东向西的盛行风是地图上最清楚的趋势之一。这些东风被称为信风，源于 14 世纪时“trade”一词的用法，表示“路线”或“途径”。到了 19 世纪中叶，马修 · 方丹 · 莫里标绘信风和洋流时（第 202 页），对于运着货物穿过大西洋的欧洲商人来说，热带信风变得非常重要，恰好符合“trade”一词的现代意义。

在信风南边，盛行风换了个方向，变成以西风（从西向东的风）为主。这种风向称为咆哮 40 度，因为通常出现在纬度 40 度和 50 度之间。这对 17 世纪的香料贸易极为重要，当时荷兰东印度公司等欧洲船舶会绕过非洲南端，然后乘着西风加速东行驶向马来群岛。左边图像的中心是 2017 年 10 月 9 日的南极景象，西风呈现出优美的弧度，隐约可见风向在极地再次变换，盛行风又变成了东风。

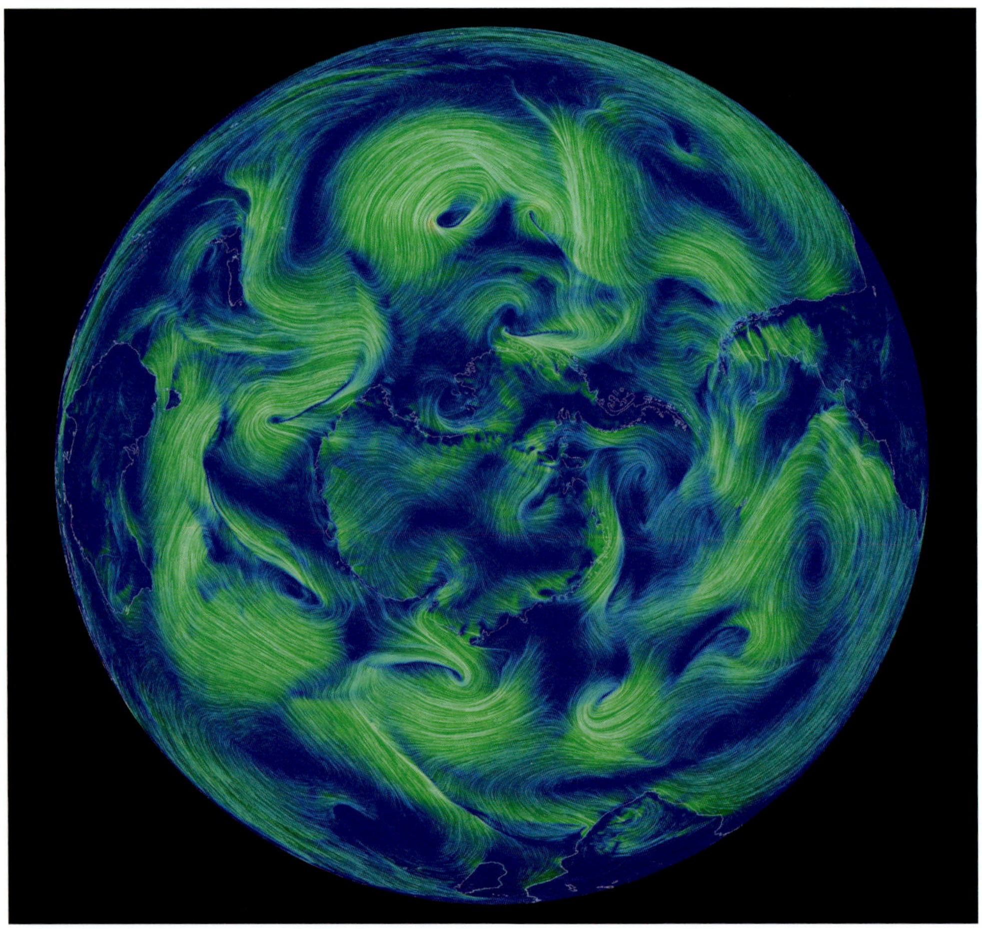

右页图　这张西半球地图呈现了 2017 年 9 月 18 日的地表风向。线条的亮度和颜色代表风速，随着风速增加，蓝色和绿色变为黄色和红色。图中可见飓风玛利亚正向着波多黎各移动，飓风荷西正盘旋在美国东岸

左图　这幅图像显示了 2017 年 10 月 9 日绕着南极洲的西风，因其活动而该纬度叫作咆哮 40 度。该西风移动过程中没有大片陆地阻挡，所以尤为强劲，有利于东行的船只

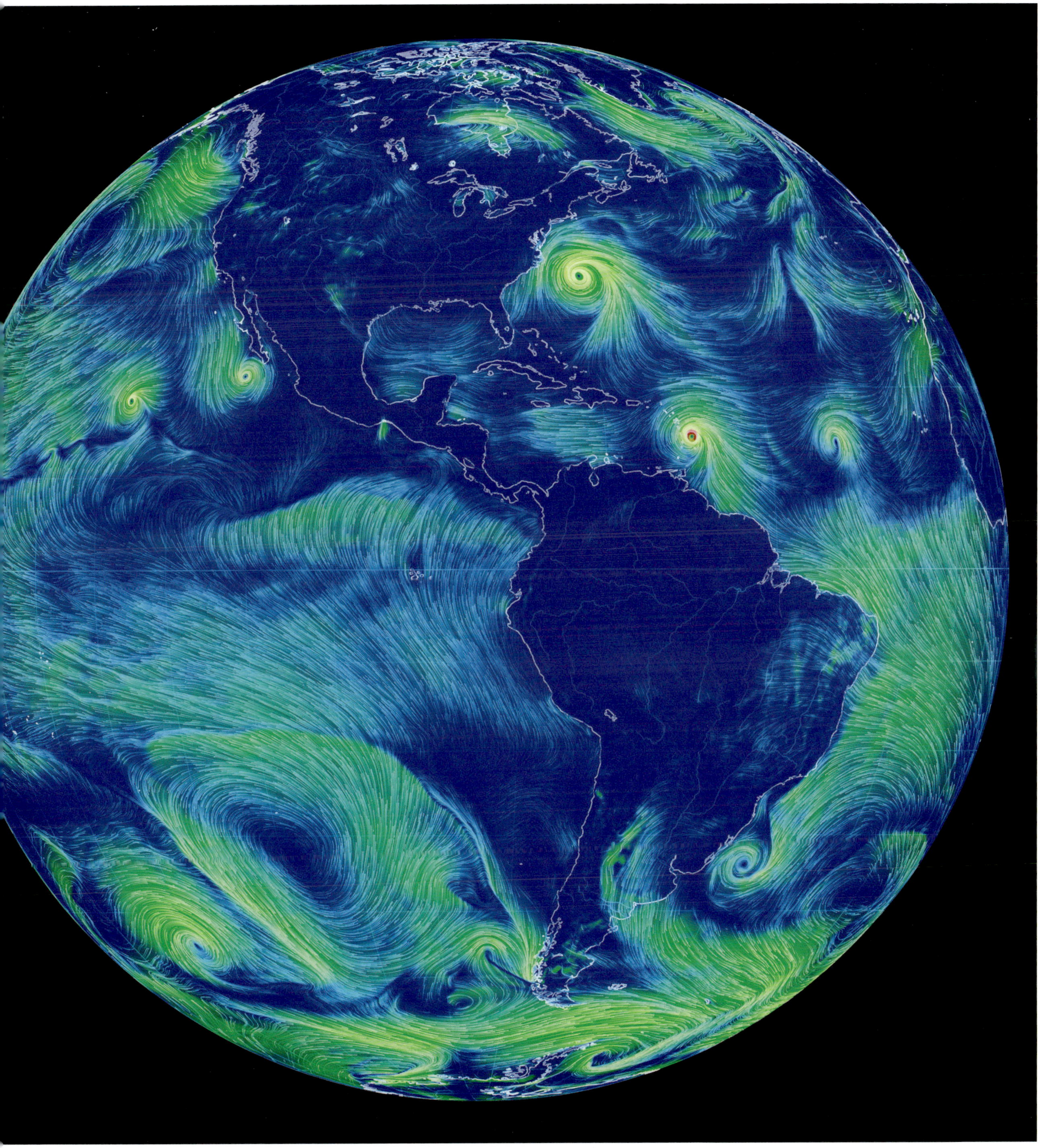

Terebinthus V. M.
Mons Sion
51st DAY
YEDDO
YOKAHAMA
49th DAY
YOKOHAMA
LOSE NEXT THROW
OUT OF COAL

艺术与想象

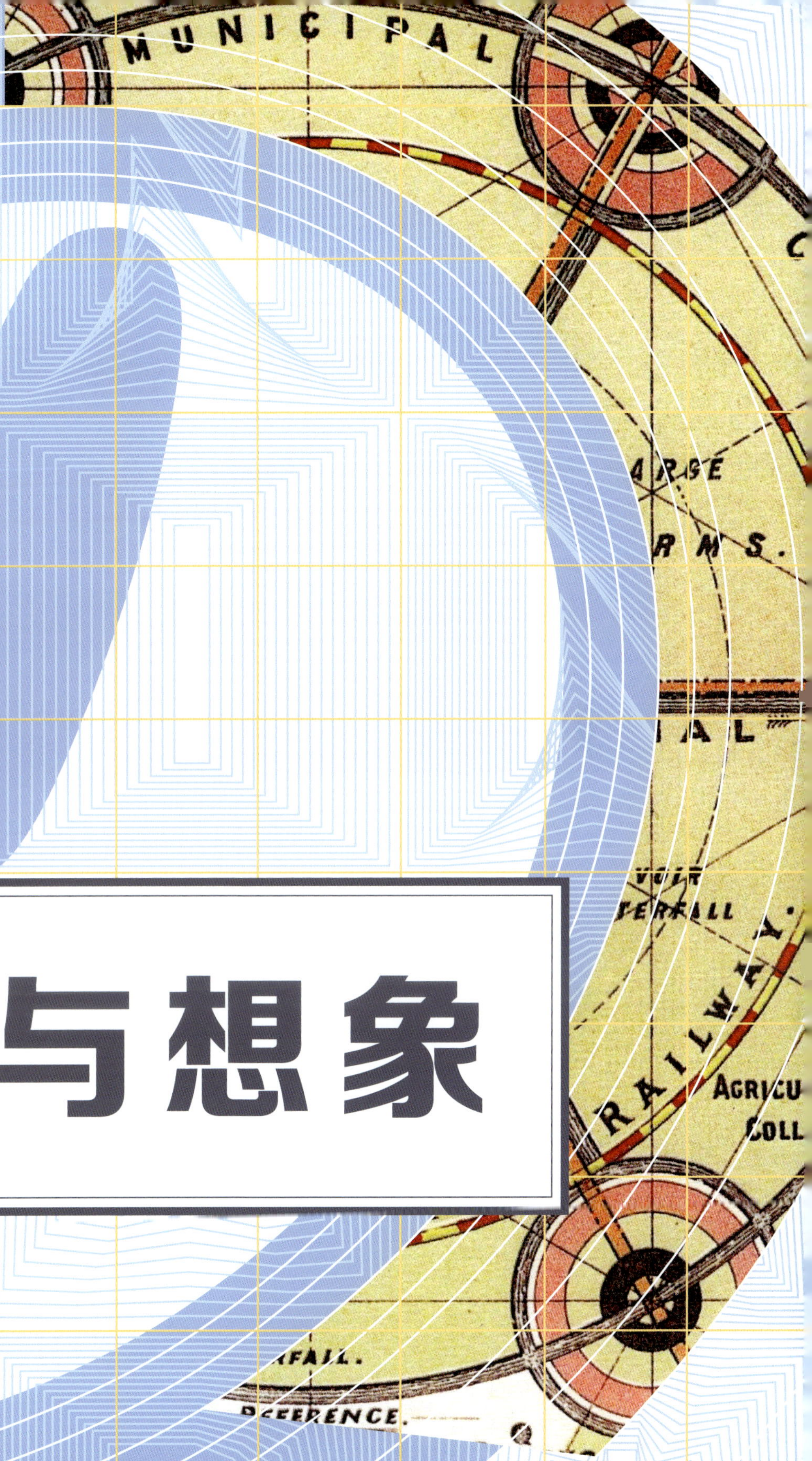

9. 艺术与想象

地图学中的创意

地图的本质就是让人们想象出图中描绘的世界，从而想要一探究竟。地图可以勾勒出整个世界的想象图景，使人们可以从不同视角探索真实的世界，或是启发关于未来的创新想法。艺术家们喜欢创意性制图，从而发现了无数种描绘地点的方法。

本章的地图，有对实际地点的想象描绘，也有纯属虚构的幻想领域。一个凶险的虚构世界出现在电视剧《权力的游戏》中一幅巨大的维斯特洛地图上，虽然整个国度都是虚构的，但这幅地图曾受到中世纪的真实地图的启发。有一张地图是一位 16 世纪的神父描绘的基督时代耶路撒冷地图（第 280 页），他从未亲自到过圣城，而全凭他人的描述加上一点自己的想象画出了这张地图。19 世纪，一位发明家设想了一种自给自足的乌托邦社区，希望有一天设想能变为现实（第 290 页）。还有一位当代艺术家用纺织品制成地图，呈现出旧金山的美好未来（第 288 页）。

这些地图通过一种人们熟悉的方式，让虚构之地变得可见可感，让我们得以从无数个不同视角探索现实世界的种种奇迹和可能。

时间的皱折

（2015 年，安德鲁 · 德格拉夫）

艺术家安德鲁 · 德格拉夫用地图呈现出热门书籍和电影情节展开中的角色路径。这张地图摘自马德琳·英格的畅销科幻小说《时间的皱折》，讲述了女学生梅格 · 莫里和弟弟出发营救被关在卡玛佐兹星的父亲的故事。书中 11 个角色的路径分别用不同颜色表示，而这对姐弟（梅格是红色，查尔斯 · 华莱士 · 莫里是蓝色）在星球之间跳跃的“超时空挪移”则被画成路线中的皱折。

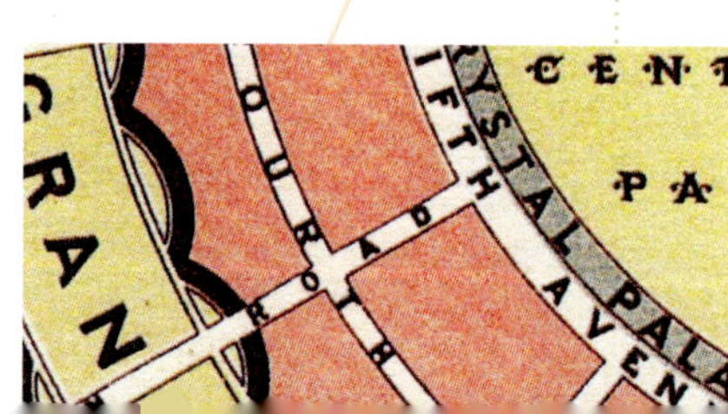

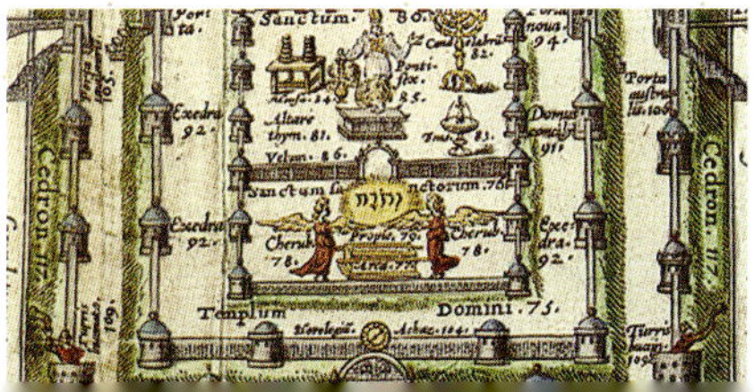

深藏秘密的地图

一张手绘地图展现了伦敦的勃勃生机

绘制于 2015 年
来源于 富勒

这张伦敦地图有很多地方值得一看，作者画出了许多容易被忽视的地方。这是英国艺术家加雷斯·富勒的作品，他曾靠着徒步和骑自行车探索伦敦的每个角落。这张地图表现出了他对这座城市的亲身体验，有他在音乐俱乐部度过的夜晚，也有经历 2005 年地铁恐怖袭击的痛苦。“这完全就是我对伦敦的感觉，还有我对当时伦敦文化的理解。”富勒说，他在 2005 年开始制作这张地图，当时他 25 岁。

这张地图对应现实世界的参考位置，从左到右有蜿蜒的泰晤士河，经过河流的地铁中央线，和从上到下贯穿全图的北线。整张地图处处参考了文化和历史背景，出现了许多熟悉的地标，但几乎都有些许颠覆想象的变形。英国国会大厦被重新想象成马戏班帐篷，大本钟的钟面画成了一个大问号。仔细一看，就会发现对无谓竞争、监控国家和金钱影响的影射。

图中也有一些比较消极的影射。在地图中央附近，一节地铁车厢看起来好像是从隧道跑出来要冲出地图，车窗里的两个人头都是炸弹，用来暗喻地铁袭击。地图上的两个十字架代表富勒认识的两名年轻女性不幸身亡。“图上有一些非常私人的东西。”他说，其中一些他宁愿选择不公之于众。

富勒把这张地图看作一封地图式情书，即使存在一些痛苦的部分。“一封情书可能包含许多美妙的想法，”他说，“但也有可能有许多焦虑和悲伤。”

右图　图上有一只漂浮在泰晤士河南岸的巴特西发电站的电塔之间的猪，这是富勒绘制的伦敦艺术地图中的文化影射之一，用以致敬平克·弗洛伊德的《动物》。封面也有这栋建筑物

FULLER
2005-2015

杰瑞的地图

一个男人用了数十年描绘一个虚构世界，至今仍未完工

绘制于 1963 年至今
来源于 杰瑞・格雷辛格

按照杰瑞·格雷辛格的说法，他偶然间开始绘制这张地图。一切开始于 1963 年，当时他在密歇根州一家轴承厂做暑期工。他觉得看管机台的工作非常无聊，于是开始随手涂鸦。他画建筑、道路、河流还有铁路。画满一页就接着画，一页接着一页。至今他已经画了数十年，“杰瑞的地图”已有 3 500 幅，长达 7 米，而且还在增加。

杰瑞的想象世界不断扩张、变化，混合着写实和抽象的成分，用颜料、画笔和拼贴画制成。他画了几百个国家和城市，如乌克兰、塞布拉塔和沃本，人口已经超过 1 700 万。在市区之外，有鲜绿的农田，蜿蜒的蓝色水体和铁锈色的山区。地图的周边越来越抽象，画着一片片紫色和棕色的麦片盒和啤酒盒的纸板。

这些地图随着杰瑞的生活一起变化。结束轴承厂的工作之后，他去了加利福尼亚大学伯克利分校学习建筑，并且带着地图。然后他加入了美国和平队，又带着地图去了突尼斯。“这就像是一条安全毯。”他说，“它上面有熟悉的地方，尽管是想象出来的。”

到了 1980 年，他绘制的地图数量已经增加到 800 幅纸版。当时杰瑞住在纽约市，贩卖他手工制作的侧肩包，在麦迪逊大道引起了轰动。那段时间他几乎每天都在画图，加上了车站、机场、学校和田野。有一天，他突然想做一些不一样的尝试。于是他从一本杂志上剪下一些图片——主要是一些像沙丘的手臂和腿的图片——然后拼接到图版上。这是整幅地图的第一个抽象部分。“我发现了一个图像的新世界。”他说。

不久之后，杰瑞的生活有了新的转折，他娶了第二任妻子。起初两人只是合伙做服装生意，每个款式只做一套，后来结为夫妻。他们的第一个儿子在 1983 年出生，他能闲下来画地图的时间也越来越少。整幅地图先是被冷落到了办公桌后面，然后很快就被完全遗忘。

这部地图沉睡了 20 年，直到 2003 年的某一天，他的一个儿子在哈得孙河畔的房子阁楼里找到了它。杰瑞说：“他把这个积满灰尘的盒子拿了下来，然后问‘爸，这是什么？’”就这样，他又想起了地图。这时杰瑞已经是半退休状态，拥有大量空闲时间，而且没有衣服再需要他来挥洒设计创意。于是他拂去了地图上的灰尘，重操旧业。

在中断绘图之前，他一直都在寻找某种方法体现出城市的壮大和改变，添加上高速公路、机场和郊区。如今他发现可以不改变原有地图就能做到这一点，他可以把想要更改的版面复印下来，把原件存档。

左页图　几十年来，杰瑞・格雷辛格一直在创作想象世界的地图。地图公开展出之后，他的作品吸引了很多粉丝，也启发了别人创作自己的想象世界。甚至在新闻讨论网站红迪网上有一个线上社群（叫作 r/Jerry Mapping）用来“专门讨论如何绘制杰瑞风格的地图”

左图　这张照片摄于 2012 年，图中杰瑞正在整理地图，准备在马萨诸塞州当代艺术馆展出，当时大约用了 2 600 个版图。在此之后，整部地图增加到 3 500 多个版面，宽度超过 17 米——大到无法放在一起展示

左图　这张照片摄于 1980 年，杰瑞在他位于纽约市的工作室里看着他的地图。当时他已经画了 17 年，估计所有地图有 800 多幅

下图　经过 20 年的中断，杰瑞在 2003 年重新开始画地图，还设计了一套纸牌方法来指引工作。每天他抽出一张牌，遵照上面的指令，例如为某个旧地图版面重新涂色，给某座城市画上机场或画一幅新的版画

这个可能性让杰瑞激动万分，于是迫切地想要弄完整个 20 厘米 ×25 厘米的版图。他希望有办法能加快速度，又不用他挑选哪个部分需要加工，所以设计出一套抽纸牌的方法，让他能在成堆的版图中任意跳跃。“如果抽中其中一张 J，我就往下走 11 个版块。如果是一张 3，就往下走 3 个版块，然后把其他的都移到下面。”杰瑞说。

一段时间之后，他开始在纸牌上添加各种处理版图的指令，可能是增加某座城镇的市政设施，或为某个部分上色、把材料拼贴到地图上、在边缘增加新版面等。他发明了一套规则引导地图工作。“我不用思考下一步应该怎么做。”杰瑞说，“而是在一旁看着地图变化。”

整叠纸牌里有一些更不寻常的指令，其中一个是利用全白空格覆盖一部分版面来添上空白。如果某个已有空白的版面抽到了这张指令牌，就增加空白部分，有时甚至会覆盖整座城市。唯一可以防止空白的办法就是防御墙。如果没有为某座城市及时抽到防御牌，这座城市就会消失。如果空白部分足够大，可以在这里发展出一座新的城市。“我总是很好奇它会变成什么样子。”杰瑞说，“想要看看随着时间变化它向什么方向发展，呈现出什么形式。”

大约十年前，杰瑞的几个朋友说服他相信他的地图会大受欢迎，于是他的作品开始在博物馆、画廊和美术展展出。杰瑞的地图还辗转多地，去过新墨西哥州和纽约，也到过法国巴黎和日本名古屋。但地图只在 2012 年的马萨诸塞州当代艺术博物馆完整展出过一次。当时只有 2 600 幅版面。如今，多数时候只

会展出一部分。大多数公共空间都没有这么大的地方能展出整幅地图，杰瑞自己也没办法看到全貌。

同时，整部地图和制图指令也在继续变化。杰瑞已经开始分割日报，逐渐把碎片拼接到地图上。他还加上了旧信件的碎片，有的是50年前的信。这部地图一直伴随着他的人生，而他的故事也成为这部地图的一部分。

上图 这是整幅地图的部分区域，可以看到杰瑞按照他的方法随机调整的结果。相邻的版块会有一些连续特征，不过有些版面会有重新上色或大范围拼贴，因而跟周围版面有所区别。白色楼梯状区域是一片空白，覆盖了城市的一个部分。地图顶部的防御墙阻止了一块空白扩大到雷耶斯维尔和铁角这两座城镇

左图 这是杰瑞地图的一个版面，大小为20厘米 ×25厘米，杰瑞的邮件和其他文件碎片都放在彭福和卡萨曼尼的乡村区域。版图右下角的“S5/W11”标记标识这个版图在整部地图的西南象限

基督时代的耶路撒冷

一位欧洲神父遥想 1 500 多年前基督教诞生之际的圣城

绘制于 1584 年
来源于 以色列国家图书馆

克里斯蒂安·范·阿德里乔姆在 1584 年制作这张地图之前，几乎可以肯定未曾去过耶路撒冷。他是科隆（现在属于德国）的天主教神父，当时圣地已经由穆斯林占领了好几个世纪，因此基督教朝圣者很难入内，如入内可能还会有危险。尽管如此，阿德里乔姆还是成功制作出了一张地图，并大受欢迎，这张地图不仅让欧洲基督徒得以一窥这个他们无法前往的圣地，还让他们看到了这座城市在基督时代的面貌。

整张地图包含至少 270 处地标和基督传统的指涉，相关的编号和说明整理在随附的小册子中。阿德里乔姆参考了过去的地图作品、《圣经》以及早期学者和朝圣者的描述。

这张地图的视角是从西边俯瞰耶路撒冷，图的上方是东边。整齐的街道网格似乎是依据 1 世纪的历史学家弗拉维乌斯·约瑟夫斯称这座城市太过简单而绘制的（第 283 页）。基督时代的耶路撒冷主要是厚重的石灰建筑，而阿德里乔姆地图上的建筑有点类似 16 世纪的欧洲更为华丽的建筑风格。

耶稣一生的重要事件都画在了地图上。如《新约》所述，耶稣骑着驴子抵达耶路撒冷，身旁信徒围绕，有一个人走在前面把树枝铺在路上（第 282 页，编号 214，靠近地图顶端中央偏右处）。耶稣预言犹大将要在最后的晚餐背叛他的地点在靠近地图右下角的城墙内侧（编号 6），而耶稣被罗马总督彼拉多审判并下令处死的事件发生在图中

右图 阿德里乔姆于 1584 年制作的地图蕴含了多个历史事件——城墙周围可以看见不同时期入侵圣城的军队安营扎寨——不过重点还是基督的故事，从他的抵达（靠近地图顶部中央偏右处）到他在加略山被钉上十字架（左下角）

ORIENS.
uit, cum locis, in quibus Christ passus est: quæ religiose à Christianis obseruata, etiã nũ Venerationi habentur. descripta per Christianum Adrichom Delphum
IERV SALEM.
ADRICHOM
Oliuetarum. 192.
Cedron. 202.
Siloe. 205.
Probatica. 70.
Forum magnum. 46.
Mello Vorago. 16.
CIVITAS INFERIOR. 26.
MONS SION, CIVITAS DAVID, QVÆ ET SVPERIOR. 2.
Arx Sion. 3.
Agri fullonis. 217.
Via in Bethleem.
Mons Gion. 236.
LIS RA PHA IM. 244.
Candido spectatori.
OCCIDENS.
MERIDIES.

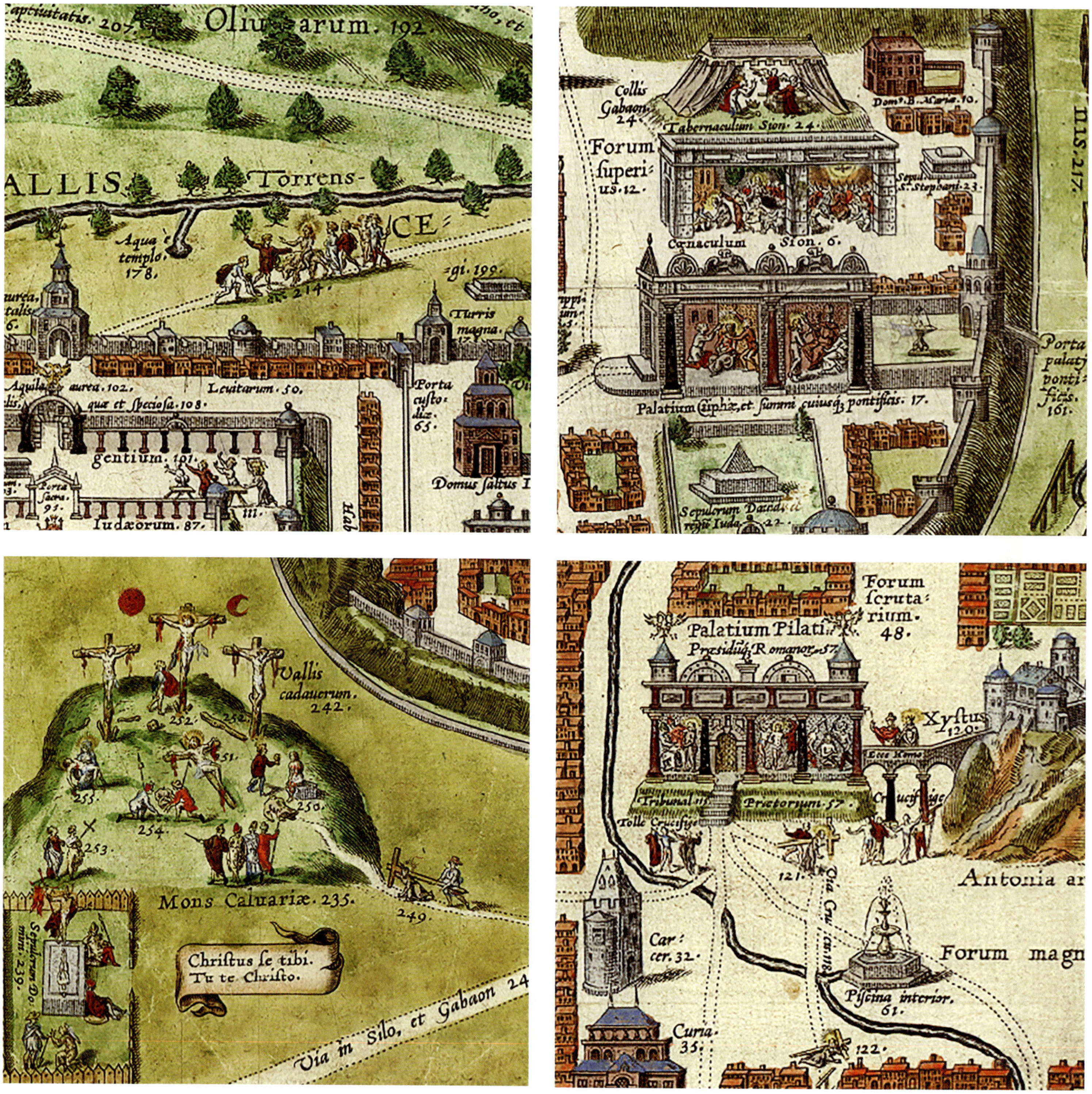

上图　这幅局部图摘自阿德里乔姆的地图，描绘了基督的几个大事件，包括（左上起顺时针方向）棕枝主日这天他领着一众信徒骑驴抵达耶路撒冷，最后的晚餐，基督受彼拉多审判，以及在加略山上被钉上十字架，最后这部分发生在好几个场景之中，结局就是他的母亲玛利亚抱着他的遗体（编号 255）

右页图　方济会修士法兰西斯科・夸里穆斯 1639 年出版了这张较写实的耶路撒冷地图，部分内容是根据他的几次圣城之旅而绘制的。和阿德里乔姆地图一样，这张地图除了呈现出基督一生中的事件，并逐一编号，还涉及不同的历史时期。不过，这张地图的方向和阿德里乔姆的地图正好相反，是西边在上，东边在下

央的左侧区域（编号 115）。阿德里乔姆描绘耶稣从那里背着木制十字架走向加略山（编号 235，左下角城墙外侧），然后在这里被钉上十字架，正如 14 个不同时间的场景中所描绘的那样。这个数字似乎已经固定下来，直至今日，有些基督徒还会在过圣周五的时候重演耶稣的受难历程，在每处都停下来祷告。

阿德里乔姆的地图上耶稣生命最后几天的事件好像是同时发生的，不过他还创造出了更夸张的时间扭曲：历史上征服过耶路撒冷的入侵者在图上一起包围着这座城市。在公元前 8 世纪入侵的亚述人在地图右边搭起帐篷（编号 220），公元前 6 世纪攻城的迦勒底人在左边扎营（编号 268），不远处就是公元 70 年进攻耶路撒冷的罗马军队（编号 259）。

在阿德里乔姆的时代，耶路撒冷是奥斯曼帝国的一座次要城市，但由于它的宗教地位，它在欧洲人心中占有重要地位。自印刷机在一个世纪前发明之后，关于圣地的历史典籍、旅游指南等书籍就越来越受欢迎，而且一般大众都买得到。但是，欧洲人关注的并不是规划一场耶路撒冷之旅的信息。耶路撒冷希伯来大学历史地理学家雷弗·鲁宾在 1993 年刊于圣经考古学杂志《圣经评论》的一篇文章上写道：“当时很少有欧洲人真的前往耶路撒冷。这些人购买相关地图和书籍，只是反映出他们对圣城相关概念和事件的兴趣——实际细节并不重要。”

阿德里乔姆的地图正好满足了这点。这张地图很受欢迎，在接下来的几百年里印了好几版，被翻译为多种语言。将近 300 年间，这张富有想象力的彩色地图很大程度上塑造了欧洲基督徒对耶路撒冷的所有想象。

绘制冰与火之地

中世纪地图启发下的热门电视剧地图

绘制于 2016 年
来源于 吉姆·史丹斯

在 HBO 电视剧《权力的游戏》的情节中，地理是一个重要部分。片头就是用一个飞跃镜头引出一幅动画地图，不仅呈现了剧中幅员辽阔的虚构世界，也突出了与各集剧情相关的疆域。剧中随处可见王朝贵族思考策略时用的地图。

整部电视剧的主要内容是关于维斯特洛七王国统治权的血腥斗争，参与斗争的众多角色全都在密谋如何坐上铁王座。全剧的第七季、也是倒数第二季的首集在 2017 年播出，展现了一幅吸引眼球的巨大的疆域地图，它被画在最强大的竞争者之一瑟曦·兰尼斯特的石造天井地板上。她和孪生弟弟詹姆站在上面，凝望他们脚下的土地，在瑟曦眼中这全该属于他们。

这么大的布景通常很适合用电脑成像来处理，也就是在拍摄后再用数位方式添加到场景中。但是，这幅地图是真实的：一面手绘的 9 米 ×10 米实体地图就放在北爱尔兰贝尔法斯特的《权力的游戏》摄影棚中。这是在英国工作的平面艺术家吉姆·史丹斯为这部剧设计制作的数十张地图之一。剧中的地图衍生自乔治·马丁的《冰与火之歌》中收录的一张地图，《权力的游戏》就是根据这部小说改编的。剧中地图的风格和质感以真正的老地图作为参考。“我们整天都在潜心研究老地图。”史丹斯说。

《权力的游戏》发生的时间没有明确指出，但大约是在中世纪时期，好几幅中世纪的历史地图影响了史丹斯为整部剧制作的作品。早期的科学和地图制作跟宗教、神话和传说相结合，非常迷人。史丹斯说：“我爱这些地图是因为它们的神秘感。画这些地图的人并不是真正地了解全貌，很多地方只是猜测，因此有很多有趣的部分。”

其中一幅激发史丹斯灵感的地图就是高夫地图（第 286 页），高夫是 1809 年把这张地图捐给牛津大学博得利图书馆的收藏家。制图者和制图年代不详，但学者们推测是在 14 世纪和 15 世纪的中世纪晚期。这张地图很可能是属于野心勃勃的不列颠王室成员，因而很适合作为瑟曦那幅地图的原型。根据大英图书馆的中世纪地图专家彼得·巴伯所述：“高夫地图显示了不列颠诸王及下属的称帝野心。”

高夫地图上的土地形状看起来可能会让人觉得很陌生，主要是因为整张图是东边朝上。顺时针旋转 90 度，就可以认出英格兰海岸线。看起来有点像维斯特洛：哈德良城墙隔开了英格兰和边界

右页图　这张维斯特洛地图画的正是电视剧《权力的游戏》中众家相争的疆域，看起来像是中世纪，这大概也是剧情发生的时代。地图的设计者参考了一些真实的历史地图，不过有一个例外：几百年后的地图上才会普遍使用等高线

右图　在设计出来后，两位画师用了三周时间才完成这幅维斯特洛地图，随后装在了北爱尔兰贝尔法斯特的《权力的游戏》的摄影棚。这张照片显示的是 2017 年政府地图在剧中出现的样子。在这一幕里，地图的最后一角正在绘制中

Castle Black
Bay of Ice
Bay of Seals
The Shivering Sea
Queenscrown
Winterfell
Dreadfort
The North
White Harbour
Blazewater Bay
The Sunset Sea
The Neck
The Bite
The Twins
Riverlands
Ironmans Bay
Pyke
The Eyrie
Riverrun
Harrenhal
Casterly Rock
Westerlands
Kings Landing
Dragonstone
Crownlands
Blackwater Bay
The Narrow Sea
The Reach
Shipbreaker Bay
Highgarden
Sea of Dorne
The Citadel
Dorne
Sunspear
Redwyne Straits
The Summer Sea

较不清楚的苏格兰等北方领土，就像高耸的冰墙隔开维斯特洛和严寒的北方荒野一样。两张地图的另一个相似之处是对城镇的描绘。中世纪制图师通常使用重要建筑的剖面图来代表城镇，史丹斯的精美手绘城市地图也应用了这种风格。他画的临冬城看起来就和高夫地图上的伦敦一样宏伟（右页上图）。

“我迷上了那些制图师的幻想世界，那个时期的很多地图都是前所未有的杰作。”史丹斯说。

另一张影响史丹斯的地图是赫里福德地图，这是13世纪晚期的世界地图，也是已知现存最大的中世纪地图。这张1.6米×1.3米的地图是由英格兰赫里福德大教堂的神职人员所制作，至今还留存在那里。和高夫地图一样，这张地图上的地点也是用建筑物的剖面图标示，只是装饰更加豪华。其中最精美的是巴比伦城，最顶上矗立着巴别塔，与史丹斯所绘的七王国首都君临城有得一拼。

史丹斯画的不是建筑物的平面剖面，而是略带角度地将各个城市画在天井地图上。这种鸟瞰视角可以连接起来，形成片头动画地图的飞越镜头。每个城市的细节都参考了动画地图和剧中场景。他画好一个城市，制好底图之后，以数位方式将所有底图组合起来，再印出交由制作人审核。接着两位画师开始加工一块块0.6米见方的瓷砖，一次画半打，然后把这些瓷砖铺在摄影棚里。从最初的构思到最后一笔完成，整个计划共耗费了两个月左右。

史丹斯的工作给他带来一点福利，他可以在第七季首集客串出演一小段。他扮演的是制图师，正在绘制天井地图的最后一角，瑟曦·兰尼斯特就在一旁看着。她弟弟詹姆走进天井看到地图，点头让史丹斯扮演的角色退下，然后问姐姐：“这是什么？”

“这就是我们一生的目标，也是父亲训练我们的目的，不管他是否有意，”她回答道，“现在都属于我们了，完全唾手可得。”

两人在地图上一边踱步一边指点江山，度量与邻近国家的关系，看清面临的危险处境。“到处都是敌人。”瑟曦沉痛地说，“四面八方都是叛徒，包围了我们。”

上图　这张中世纪大不列颠地图名为高夫地图，根据拥有者命名。地图东边朝上，估计完成于14或15世纪，图中的英格兰海岸线相对准确，但苏格兰比较模糊，表示这张图可能是为英格兰王室成员所作

右页图·上　维斯特洛地图上的临冬城图示（右）很像中世纪的高夫地图（左）上的伦敦。中世纪地图经常用辨识度高或重要建筑来代表主要城市

右页图·下　赫里福德地图约制作于1300年，图中的巴比伦城以巴别塔为代表（左），是整张地图画得最精细的部分。而维斯特洛地图（右）上的七王国首都君临城画得格外用心

OF ICE
last hearth
WINTERFELL
TORRHENS SQUARE
HORNWOOD
CERWYN
THE NORTH
BARROWTON
WHITE HARBO

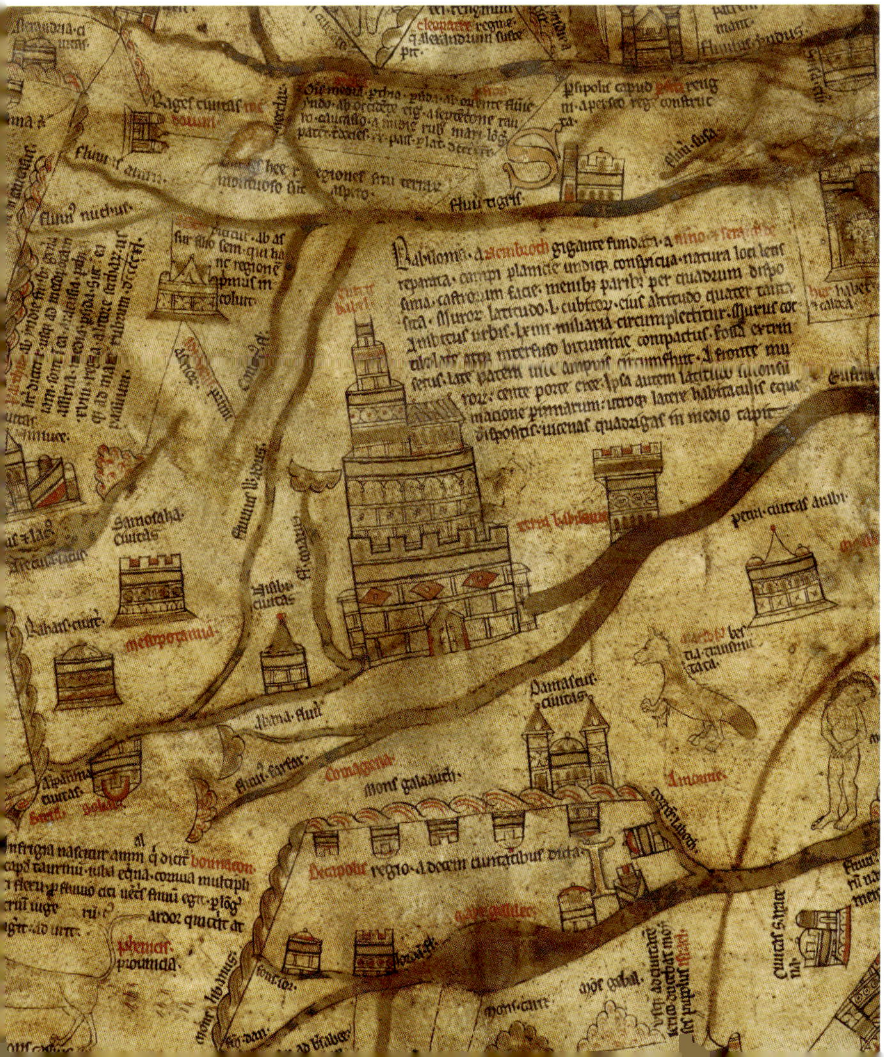

THE EYRIE
REDFORT
HARRENHAL
WICKENDEN
BAY OF CRABS
ROOKS NEST
MAIDENPOOL
KINGS LANDING
DUSKENDALE
ROSBY
BLACKWATER B
TUMBLETON
GRASSY VALE
STORMS END
GRANDVIEW
RAINWOOD

缝在丝绸上的旧金山湾

织品地图让旧金山湾区工业化海岸线重回自然面貌

绘制于 2005—2013 年
来源于 琳达・加斯

旧金山湾原本是一个生气勃勃的河口，处处是湿地。但自从人类来到这里，这里超过 90% 的天然湿地已经消失了。旧金山湾的边缘区域现在修有各种盐池、办公区、机场和步道，只剩下零星的几个小的湿地保护区。加利福尼亚州艺术家琳达·加斯把这里的事态如何演变至此，未来又将有何改变的过程缝在了一条被单上。

“我最初关注旧金山湾，是因为从飞机窗户上看到工业盐池的神秘景象而觉得困惑，”加斯说，“那些迷幻的颜色和形状是什么？”她后来得知，这些池子通过蒸发产生海盐，里面的微生物会呈现出鲜艳的红色、橘色和绿色。

在旧金山河口研究所制作的一套地图上，她看到过去两个世纪旧金山湾区周围的许多天然湿地不是被抽干填平，就是被修成盐池。加斯感到好奇，于是开始研究从前的航拍照片和地图，然后把这些信息运用到艺术创作中。她的目标是帮助人们了解旧金山湾对动物、水质和防洪的重要性，以及人类对环境造成的影响。“我的方法就是用美来鼓舞人们正视我们面临的难题。”她说。

创作她所称的“缝拼图”时，加斯先在白色丝绸上作画，然后缝上细节和纹理。如本页图所示，她着重描绘了红木城附近的拜尔岛区域，将近一个世纪前，一位牧场主佛瑞德·拜尔抽干了这里的水。加斯的第一件作品（右页图）展现了这片区域在 20 世纪 70 年代时的样子：被各种微生物染成鲜艳颜色的池子、从前的牧场和一些仅存的小块湿地。这幅图名叫沼泽开瓶器，正好穿过拜尔岛的中心，十分形象。

1982 年，红木城的居民投票阻止拜尔岛的一项现代开发计划。2007 年，这片土地被纳入保护区，重建行动也开始进行。在加斯的第二幅图中（右上图），加斯想象的未来景象就是盐池被恢复为湿地，周围的泥沼也逐渐转好。

“虽然这是我想象中的景象，但并不完全是捏造的。”加斯说，“我研究过这片土地的历史照片，以了解修建盐池前这些湿地的样子。”因为以前的航拍照片都是黑白的，为了了解旧金山湿地的天然颜色，她造访了当地仅剩的几个原生沼泽。

第三件作品（上图）是完全虚构的复原后的荒野景象。“这片景观展现的是大自然等不及人类复原湿地，自己就开始恢复了。”加斯说。

左页及本页图 艺术家琳达·加斯制作的一系列“缝拼图”，呈现出作者想象中的旧金山湾演变的过程。第一件（上图）依据的是1970年的照片，生活在盐池中的微生物将其染成了各种鲜艳颜色。第二件（左页上图）描绘了这片区域在未来开始回归自然的可能景象。最后一件（左页下图）显示了在更远的未来完全恢复自然湿地的景观

田园城市的乌托邦

一位伦敦速记员设想出一种结合城乡优点的社区生活

绘制于 1898 年
来源于 埃比尼泽·霍华德

埃比尼泽·霍华德在 1898 年出版了本节介绍的社区规划地图，当时他住在伦敦，是一位速记员和兼职发明家。这些地图收录在霍华德的著作《明日：一条通向真正改革的和平道路》中，书中描述了他想象中的乌托邦社区，结合了都市和乡村生活的优点，霍华德称之为田园城市。从此，这类城市成了都市规划者的灵感来源。

霍华德认为，乡村有阳光、新鲜的空气和自然美景，却缺少高薪工作、社交机会和娱乐场所。城镇大大弥补了乡村在娱乐和社会方面的不足，但也伴随着高昂的租金和污浊的空气（霍华德住在伦敦时正值工业革命高潮时期）。他还把"贫民窟和豪华酒店"也算作了缺点。

霍华德想象出了第三种社区，不但结合了这两种环境的优点，还能在很大程度上自给自足。他提出在 24 平方千米的土地上建立一座设想中的城市，居民购买入住。中心有一片约为 4 平方千米的区域为花园城本身，可容纳大约 3 万人。霍华德把城市设计为圆形，不过每一张示意图都默认实际形状视具体情况而定。

右边的地图是花园的楔形区。中央是一座大花园，周围是公共和文化机构，例如市政区、图书馆和博物馆。一座大型的中央公园围绕着这些建筑，

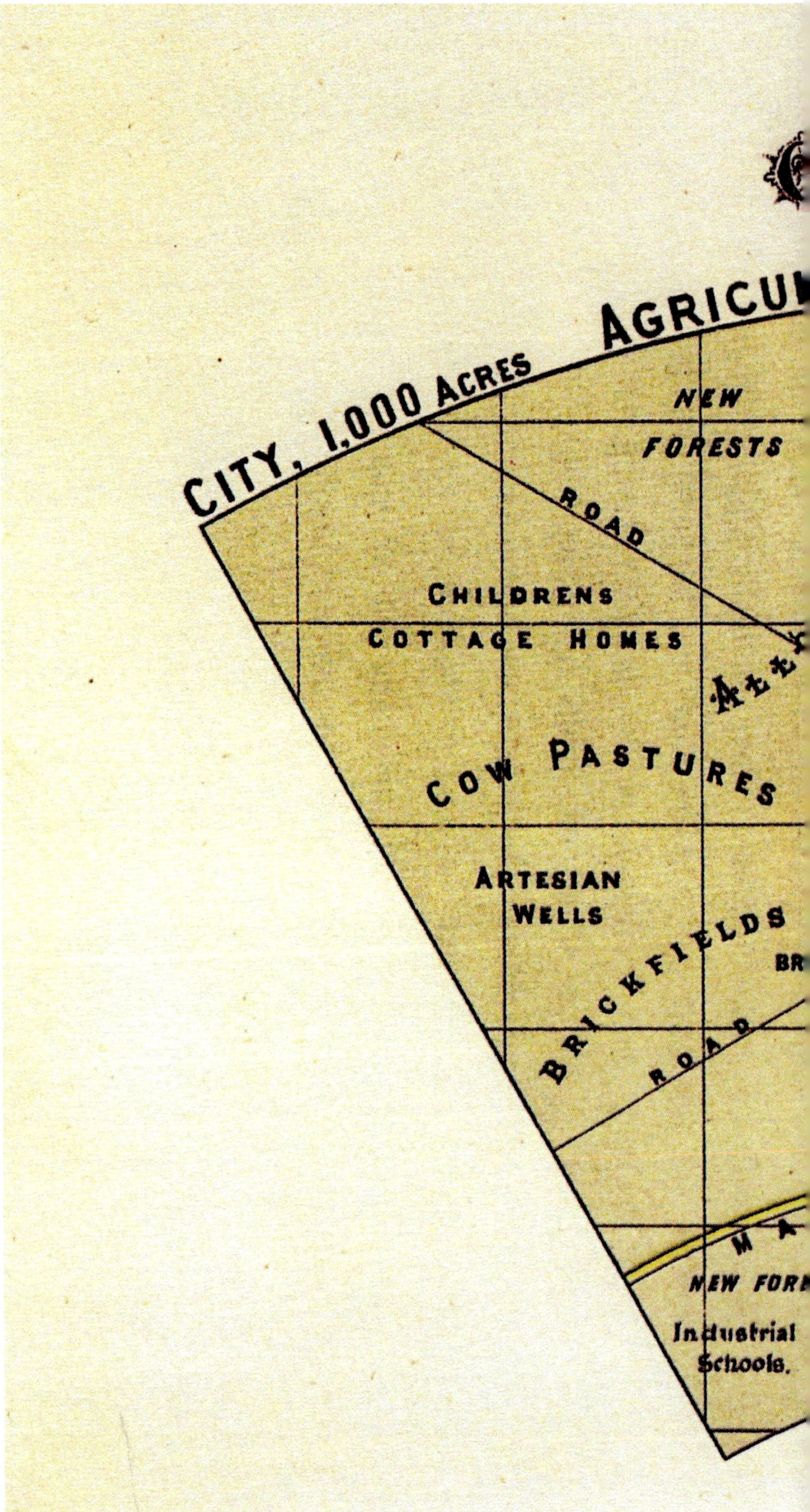

右图 埃比尼泽·霍华德想象中的花园城是一个呈同心圆形的住宅区（粉色圆环）围绕着一个大型的中央公共空间。整座城市周围将有 20 平方千米农田（可另外容纳 2 000 人），通过公路和铁路连接到其他城市

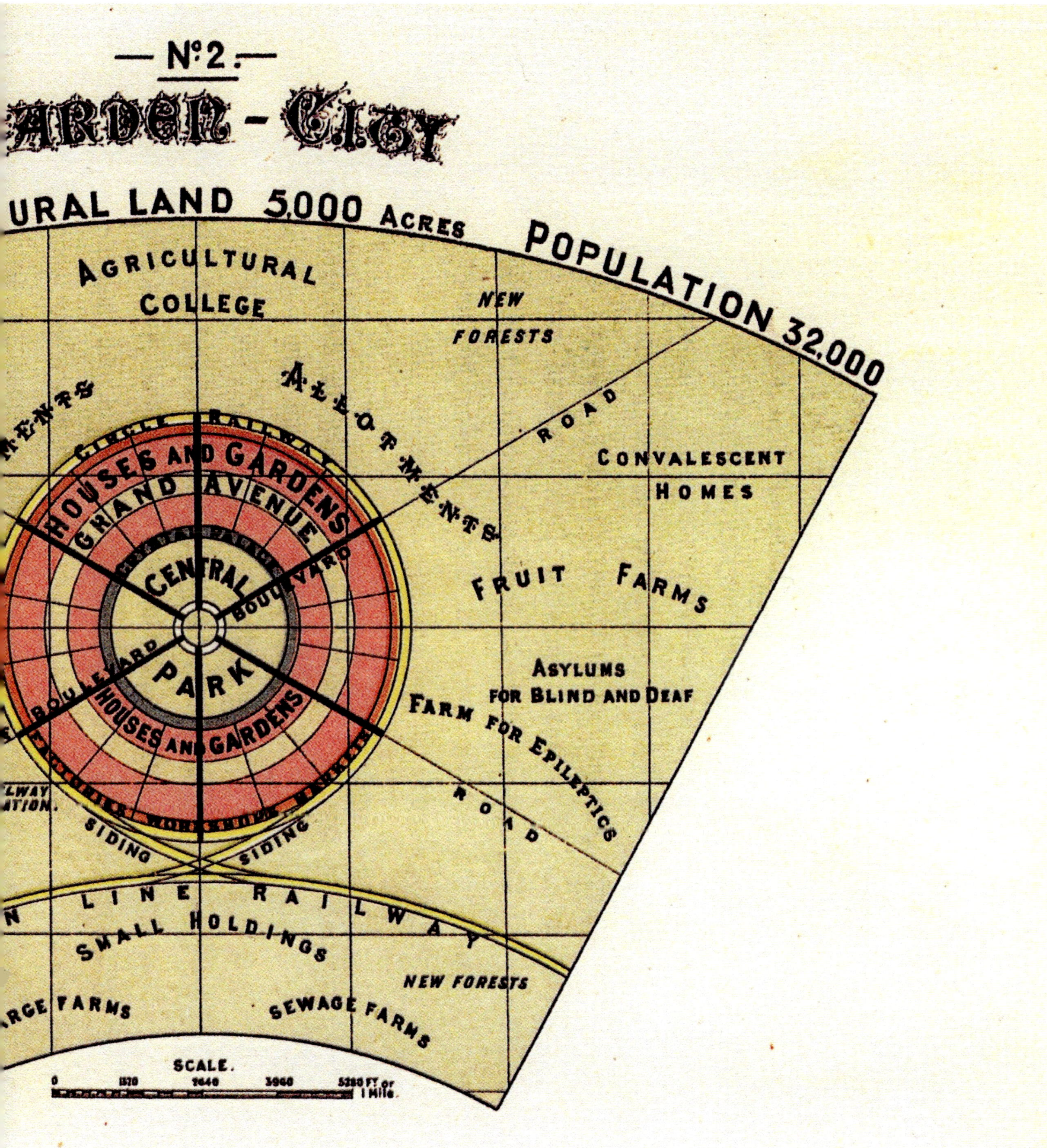
No. 2.
ARDEN - CITY
URAL LAND 5,000 ACRES
POPULATION 32,000
AGRICULTURAL COLLEGE
NEW FORESTS
ALLOTMENTS
ROAD
CONVALESCENT HOMES
CIRCLE RAILWAY
HOUSES AND GARDENS
GRAND AVENUE
CENTRAL
BOULEVARD
FRUIT FARMS
PARK
ASYLUMS FOR BLIND AND DEAF
FARM FOR EPILEPTICS
HOUSES AND GARDENS
ROAD
SIDING
SIDING
LINE RAILWAY
SMALL HOLDINGS
NEW FORESTS
SEWAGE FARMS
SCALE.
0 1320 2640 3960 5280 FT or 1 Mile

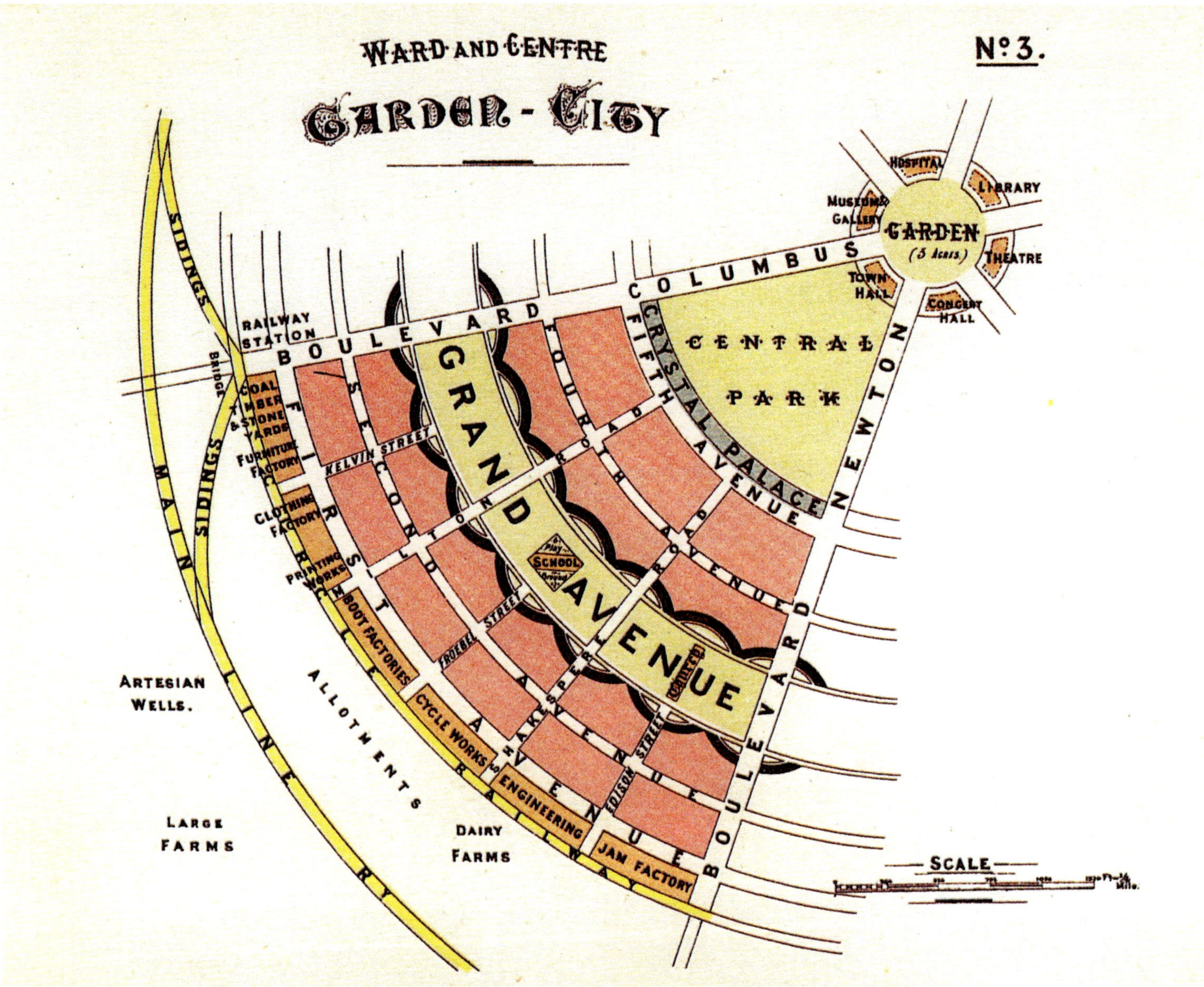

中央公园本身又被一座水晶宫环绕着，水晶宫是一座玻璃拱廊，“即使在最恶劣的天气里”也能让人感到享受。同心环状的住宅街道围绕着公共空间。一条宽阔大道形成一条 130 米宽的绿化带，可以为教堂、学校和更多花园提供空间。这条大道的环形设计让所有居民到这里的距离都不超过 220 米。

整座花园城的最外围留给了工厂和其他工作场所。其中有些充满复古风格，似乎来自维多利亚时期，比如自行车工厂和果酱工厂，不过很适合一些艺术品重新风靡的现代街区。位于外环边上的铁路车站连接着花园城和其他城市（第 293 页左图）。城市之间的空间仍是乡村，可以用来建立果园和农场，也可以修建一些机构和收容所照顾不幸的人（包括“流浪儿”“酒鬼”和“精神病人”）。

这本书出版之后毁誉参半。有人认为霍华德的想法只是天真的理想，对伦敦这个已经建设完备的城市来说完全行不通。“他的计划如果在罗马人征服不列颠时提出可能会有效。”一位评论家在费边社的通讯中写道。

霍华德毫不理会这些批评的声音。他在英格兰各地巡回发表演说，宣传他的理念。据说他相貌平平无奇，但声音却铿锵有力，口才极佳。霍华德成功募集到了资金，1903 年，在伦敦北边约 64 千米处的莱奇沃思建起了第一座花园城市，1920 年又在韦林建了第二座花园城市。这两座花园城市都实现了霍华德的重要理念，只是没有建成他地图上

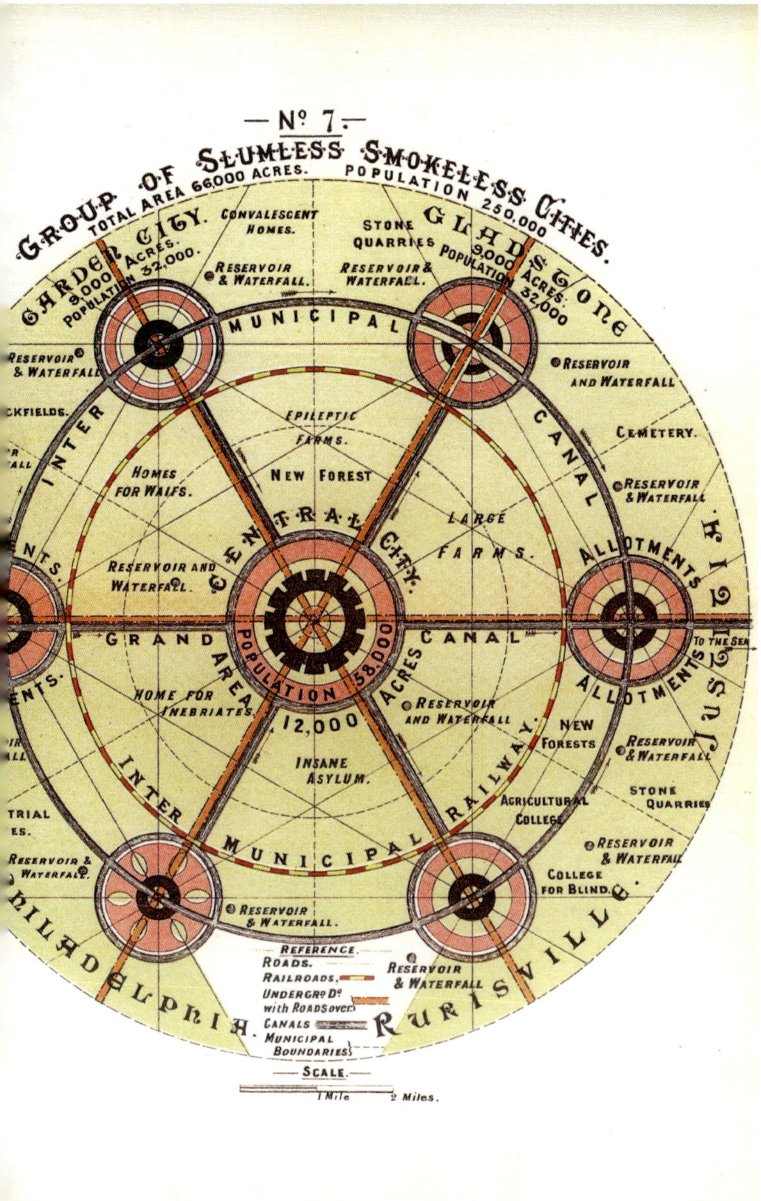

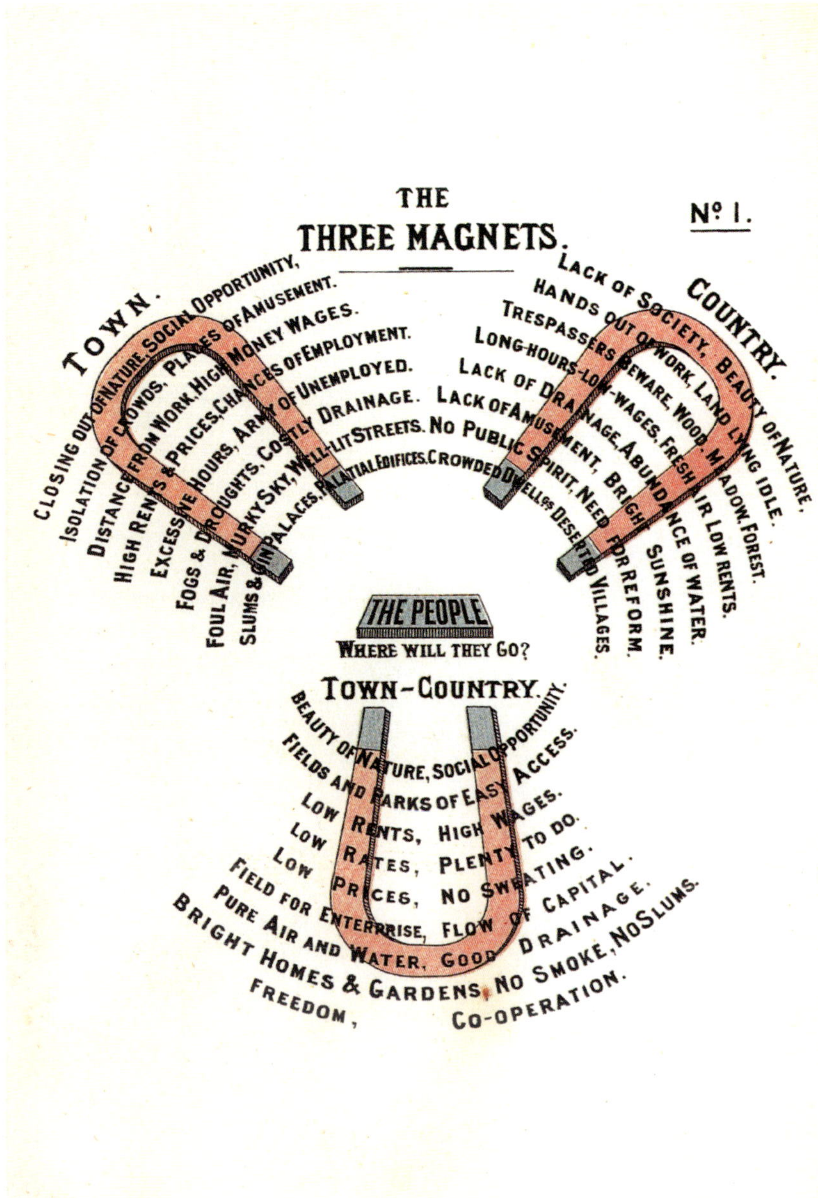

理想的几何形状，这两座花园城市至今依然存在。

霍华德在 1928 年去世后，又有数十座花园城市在英国和其他地方建立。此外，他的理念影响了整个 20 世纪的已有城市的计划和再建工作。例如，美国俄勒冈州的立法机构在20世纪70年代设立了都市增长边界，来保护特定规模城市周边的乡村绿地。霍华德希望城乡生活能够完美平衡的愿景或许依旧是个难以实现的理想，不过这个理想直到今天仍然很有吸引力，丝毫不减当年。

左页图　这张地图显示了花园城市的同心圆环。图中可见中央花园里的市政厅、医院、图书馆和其他公共建筑，也可以看见外环周围的商铺和火车站

左上图　这张地图展现了花园城市网的可能景象，由铁路、公路和“市内运河”连接。这些“城市群没有贫民窟也不准吸烟”，可以容纳 25 万人，但仍有大量的开阔空间

上图　霍华德把“城镇”和“乡村”比作两块磁铁，拥有各自的吸力和斥力。他的花园城市旨在创造第三种“城乡磁铁”，结合了两个地方的优点，比如“费率低、工作多、物价低、不流汗”

少见的死星设计图

超级武器方案在星战系列中地位重要，但很少被看到

绘制于 2015 年
来源于 卢卡斯影业

最初的《星球大战》电影一开始用的是黄色的爬升字幕呈现接下来的行动。我们看到有一场内战正在进行，义军刚刚战胜邪恶的银河帝国，“在战役中，义军间谍成功窃取了帝国终极武器死星的机密设计图。”整段字幕逐渐翻滚隐没。

40 多年后，这些计划在情节中的重要作用已经不是秘密。死星确实是一种致命武器，配备了让整个行星汽化的强力激光。但是它有一个致命缺陷：偷出的设计图上有一个狭窄的冷却井，只要有一枚瞄准的质子鱼雷就能引发连锁反应，把整个死星炸掉。在这部电影中的惊险结局中，出击的叛军飞行员穿过一条狭窄沟渠，飞向冷却井的井口，帝国的双离子引擎战斗机在后面狂追。

在这张剖面图中，冷却井显示为一条细线，从死星顶部几乎垂直向下延伸，通往主反应堆，这里正是毁灭行星的激光能量来源。

电影里没有展现出这么详细的示意图。卢卡斯影业用这幅死星内部想象图来制作《侠盗一号》的宣传海报，这部 2016 年的电影讲述了义军是如何从帝国档案馆窃取到死星设计图并转移到安全地方（一些较早版本的示意图曾用于其他宣传和商品，包括一本 2013 年的死星统治者手册）。

《侠盗一号》的剧情是受 1977 年星战电影《星球大战 4：新希望》的爬升字幕所启发，内容脱离所有续集和前传独立出来。约翰·诺尔在《侠盗一号》担任共同编剧、执行制作人和视觉特效总监，他小时候看过《新希望》，其中提到义军窃取设计图的内容激发了他的灵感。“我当时就觉得这个内容可以拍成一部相当精彩的电影。”他说。

然而，虽然死星计划如此重要，但在电影里只有几次能够瞥见一点它的影子。《新希望》里最长的连续镜头出现在接近片尾的地方，一名义军指挥官在飞行员出动前做出简要指示。他身后的屏幕上有一个线框图形，上面显示着一条狭窄沟渠，飞行员必须穿过它才能抵达目的地。

《侠盗一号》中拍到设计图的那几个短镜头，就是在向 1977 年星战电影的早期电脑图像致敬。诺尔说这是故意为之，因为《侠盗一号》的剧情直接来源于《新希望》。“我们努力保留《新希望》的平面设计风格。”诺尔说，“大家都希望不要出现和原电影里不搭调的场景。”

这当然不是毫无意义的，不过影迷们要是想知道确切的地图样子，这大概就是最为接近的版本了。

右图 死星的行星汽化激光看起来像一个平面上的凹洞，剖面图上还显示了让它维持运转的巨大圆柱形装置。这个超级武器和行星一样大，位于中心的圆形舱室是提供激光能量的“超物质”反应堆

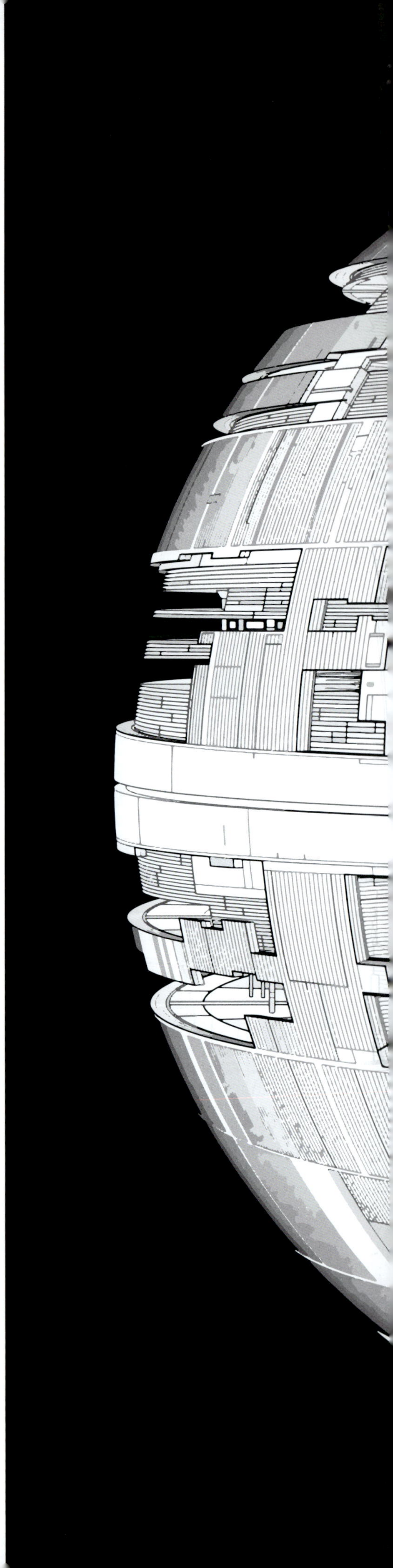

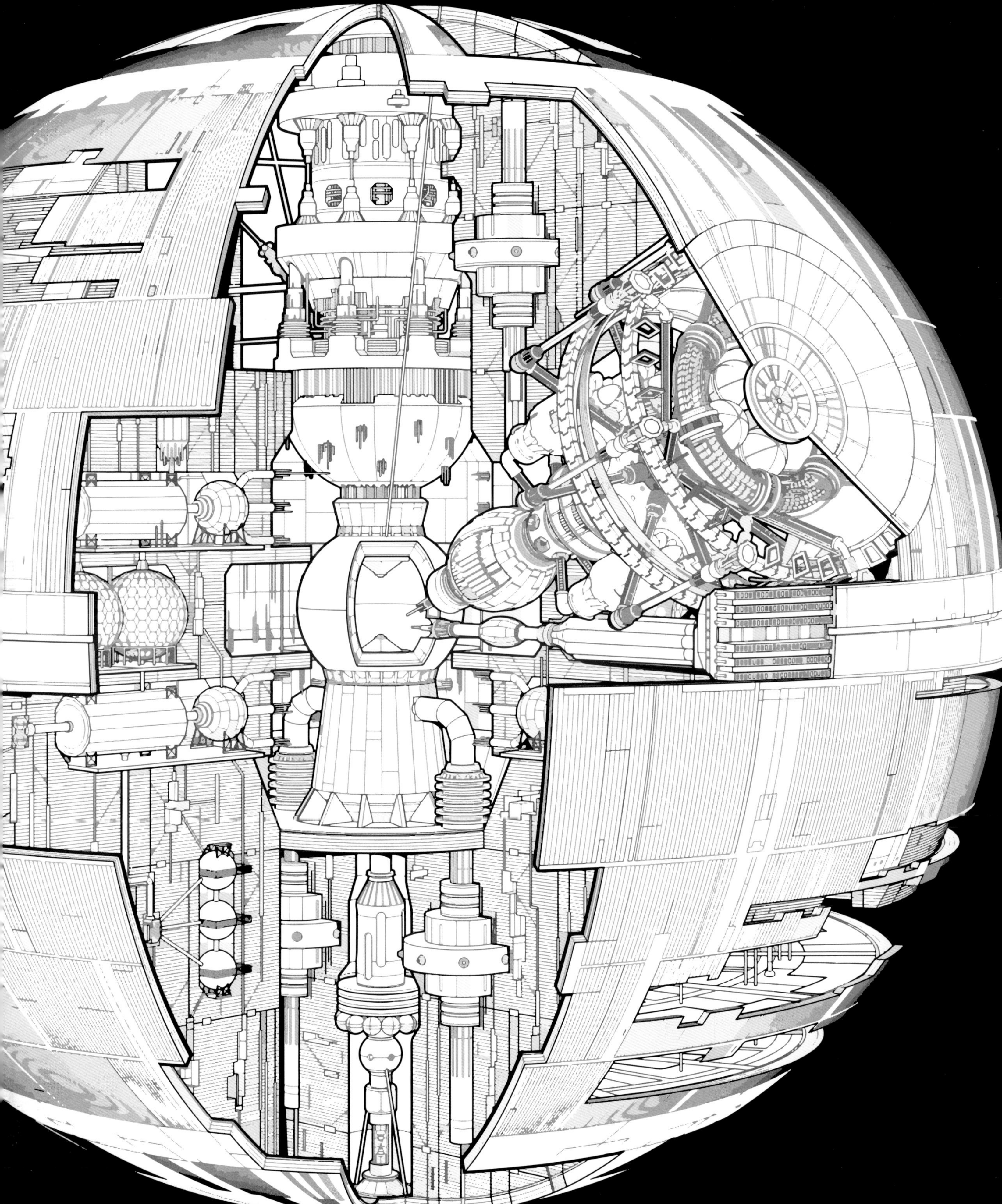

一场史诗般的制图之旅

一位艺术家为绘制出非凡地图，沉浸于北美风景和文化

绘制于 2018 年
来源于 安东 · 托马斯

安东 · 托马斯用了四年时间完成了一幅 1.5 米高的手绘北美地图。绘制期间，他在图上填满了森林、山脉、湖泊、动物和城市，全都是用彩色铅笔和油笔精心描绘的。

他从北美西岸开始画，绘画水平也在不断提高——以至于画到东岸的时候，他决定重画大陆的西半部分。“我的进度又回到了一年前。”托马斯说。他用一把锋利的刀子把所有的东西都刮除了，但他说这是值得的。这张地图开启了他作为制图师的新生涯，他还打算出售印刷本。

托马斯从七岁起就迷上了各种地图，后来他发现自己能够将艺术和制图相结合，更是欣喜不已。“我热爱制图研究和绘图的点点滴滴。”他说。

托马斯在 2011 年到美国旅行了 6 个月，由此有了画这张地图的念头。当时他 21 岁，这是他第一次离开家乡新西兰，来到这里后他爱上了美国，画北美地图的事也一直萦绕心中。所以，一位室友请他艺术地装饰一下他们的旧冰箱时，他在上面徒手画了一幅北美地图。“结果我光是在冰箱上画张地图就花了一个月的时间。”他说，“大家看到冰箱后都赞不绝口：‘画得太棒了，你能帮我的冰箱也画一幅吗？’”

这件事在托马斯心中埋下了一颗种子，2014 年，托马斯开始绘制真正的地图。第一步是把整个大陆的轮廓投影在墙上的一大张纸上，然后描出海岸线、河流和行政边界。其他部分都是徒手画的。

托马斯画了 600 座城镇的建筑物轮廓线，并确保包含所有具有代表性的重要建筑，比如旧金山的金门大桥和西雅图的太空针塔。对于其他部分，他在网络上广泛调查，尽可能地不身在当地而让自己沉浸其中。他听当地音乐、看以这些地点为背景的电影、寻找当地的特色美食。“我设法广泛涉猎，了解我能接触到的信息，画出一个地方的代表之物，”他说，“那种当地人会觉得熟悉的内容。”

例如，托马斯画出了在蒙大纳米苏拉上方 183 米的大“M”形状，还有圣第诺山斜坡上通向这里的之字形路。太平洋沿岸西北地区的喀斯喀特山脉的每座山峰——包括瑞尼尔峰、胡德峰和圣海伦斯峰——在地图上都可以辨认出来（第 299 页）。“我觉得它们各有特点，也尽力想展现出来。”他说。

在研究古巴的时候，他重温了电影《乐士浮生录》，还听了几个小时的音乐。他找到了古巴食物，甚至买了一支昂贵的古巴雪茄。他认为这好比是制图的“演技派演员”。在绘制哈瓦那的时候，托马斯不

右图　这张局部图摘自托马斯北美地图上的美国东北部地区，构图极为细腻。他勾勒出数百座城市的建筑轮廓线，还画出了无数树木、山岳、沙漠、平原和草原。他把这项计划称为“一封写给北美大陆的情书”

Trois-Rivières
MAINE
Bangor
Sherbrooke
Augusta
MONTREAL
OTTAWA
Sudbury
Sault Ste. Marie
North Bay
Pembroke
Lake Nipissing
Gulf of Maine
Burlington
Montpelier
VERMONT
NEW HAMPSHIRE
Portland
Concord
Manchester
Georgian Bay
Lake Huron
Barrie
Peterborough
Kingston
St. Lawrence
TORONTO
Lake Ontario
Albany
Utica
Syracuse
ROCHESTER
NEW YORK
BOSTON
MASSACHUSETTS
Springfield
PROVIDENCE
HARTFORD
RHODE ISLAND
CONNECTICUT
Kitchener
Hamilton
BUFFALO
Ithaca
Binghamton
Saginaw
Flint
London
Sarnia
Lake Erie
RAPIDS
Lansing
DETROIT
Ann Arbor
Windsor
Erie
Scranton
NEW YORK
Toledo
CLEVELAND
Youngstown
Akron
PENNSYLVANIA
Trenton
PHILADELPHIA
NEW JERSEY
Bend
Fort Wayne
Mansfield
OHIO
PITTSBURGH
Altoona
Harrisburg
Atlantic City
Dover
MARYLAND
BALTIMORE
Annapolis
DELAWARE
COLUMBUS
Morgantown
Dayton
WEST VIRGINIA
WASHINGTON
D.C.
NAPOLIS
CINCINNATI
Charleston
Huntington
Charlottesville
VIRGINIA
RICHMOND
LOUISVILLE
Frankfort
Lexington
Lynchburg
Roanoke
NORFOLK
NTUCKY
Bowling Green
Johnson City
Winston-Salem
Greensboro
RALEIGH
NORTH CAROLINA
NASHVILLE
Knoxville
ESSEE
Asheville
CHARLOTTE
Fayetteville
Chattanooga
Spartanburg
Greenville
Wilmington
SOUTH CAROLINA
Columbia
Myrtle Beach
Huntsville
ATLANTA
Athens
Augusta
Charleston

上图　托马斯地图上的墨西哥景观包括前哥伦布时期的遗址，比如瓦哈卡境外的阿尔班山。奥里萨巴火山是北美第三高峰，位于哈拉帕西南。墨西哥城的历史中心清晰可见，背后依稀是现代建筑轮廓线。乡村地区有各种当地动物，比如蜜熊、美洲山猫、北美小食蚁兽和山咬鹃

左图　对托马斯来说，绘制整张地图中一个最困难的地方在于复杂的北极圈海岸线。加拿大最北部的这片北极地带人烟稀少，但有很多有趣的动物，如北极熊、麝牛、短尾黄鼠狼和斑海豹。虽然这里主要是小城镇和边远村落，托马斯仍然将它们精细地描绘了出来

右页图　托马斯从美国西海岸开始画整个北美洲地图。画到东海岸的时候，他的绘画水平有所提高，风格也有所变化，于是重画了整个西半部分。现在加利福尼亚州、华盛顿州、俄勒冈州和内华达州的建筑轮廓线更加清晰，地图上的动物比例更小，位置也更加精确

是简单地画了几个音符，而是画出了代表古巴特色音乐伦巴节奏的符号。

这张地图还画了 400 多只动物，包括 25 只熊、12 只驯鹿、8 只驼鹿、4 只美洲虎和许多其他物种。各州州鸟和各国国鸟都被描绘了出来，甚至包括哥斯达黎加的褐背鸫，似乎有点浪费了这个国家在地图上的有限空间。“我觉得很奇怪，这个国家拥有地球 5% 的物种，为什么平平无奇的鸫会是国鸟？”托马斯说。而地图上邻近国家的鸟类色彩更鲜艳也更迷人，比如洪都拉斯的五彩金刚鹦鹉，巴拿马的美洲角雕和伯利兹的鵎鵼。后来他发现鸫的确是国鸟的最佳选择：它歌声动听、性情温和，在城镇里很常见。“它融入人们的真实生活中。”他说。

但是，并非每个地图上的象征都令人愉快。得克萨斯州州和伊利诺伊州画满了排放污染的烟囱。1989 年泄漏数十万桶原油的埃克森·瓦尔迪兹号正在沉入阿拉斯加的威廉王子湾。

核弹试验的云烟从内华达沙漠升起。

托马斯不知怎么描绘战争和天灾留下的痕迹。在海地首都太子港，他描绘了 2010 年地震中遭到破坏而倒塌的建筑轮廓。在整张地图上，他试图在美观效果和地理情况之间达到平衡。“这件事情充满了有趣的难题和谜题。”他说，“有时候还颇有哲学性。”

用了几年精心绘制出数千处北美大陆的细节之后，他准备开始画下一个地区。他说，做完这个大项目，一些较小的计划能让人喘息一下，或许下一个目标是新西兰。

至于下一张大型地图，托马斯有意考虑南美洲，他估计只要 12 到 18 个月就能完成。

内莉·布莱的世界环游竞赛

一套桌游标绘出一位先锋记者的旋风之旅

绘制于 1890 年
来源于 斯坦福大学图书馆大卫·拉姆齐地图收藏中心

1889 年，内莉·布莱是一位具有开拓精神的记者，打算在创纪录的时间内环游世界，这个大胆的念头源于凡尔纳的流行小说《环游世界八十天》。苏伊士运河和横贯北美大陆铁路之类的铁路修建完成，使得在这么短时间内环游世界成为可能。但是，要是一个女性率先独自环游世界将引起一阵轰动。

布莱的主编来自《纽约世界报》，最初对这个想法犹疑不决，暗示女性可能都会因为带了太多行李而赶不上转运，但他的态度最终有所缓和。有个细节非常有名，布莱只带了一个装着必需品的小箱子，一只手就可以提着，穿的是她出发前自己做的连衣裙。“我总是放宽心，没有什么是不可能的，只要朝着正确的方向付出一定努力就可以了。”她后来写道。

布莱在 11 月 14 日乘坐一艘开往伦敦的轮船离开纽约市。在接下来的几个月里，大众都很关注她的旅程，她从国外发来的电讯也激发了人们的想象力。《纽约世界报》尽可能地点燃人们的热情，不仅印出点券让读者们可以下注布莱返回纽约的确切时间（有超过 90 万人参与，希望因此获得一次免费的欧洲之旅），还印出一种基于她的行程的桌游，可以从报纸上剪下来。这里呈现的版本是贴在纸板上的，色彩较为丰富，在布莱回来之后才生产。

这个游戏把布莱的旅行计划画成螺旋状。整个行程如下：渡海前往伦敦，搭火车前往意大利南部的布林迪西，乘船通过苏伊士运河，穿越亚洲并北上去往日本横滨，横跨太平洋到达旧金山，最终乘火车返回纽约。图上的每一格都代表行程中的一天，其中有几格指示玩家往前跳几格或倒退回去，这主要是因为天气变化。虽然这个游戏最早是在布莱旅行期间印制的，但她真的做到了在短短 72 天内返回纽约——如图所示。

在布莱那个年代，为数不多的女记者主要被派去写八卦专栏、食谱和家居小贴士。布莱则开辟了一条新的道路，这不仅仅是因为她的旅行，还因为一篇揭发了某家精神病院的可怕情况的卧底报道，以及她在一战期间的前线报道。环游世界之旅让布莱在当时声名鹊起，不过她更长远的贡献可能是树立了一个好榜样，让后代女性敢突破社会保守观念的阻碍。

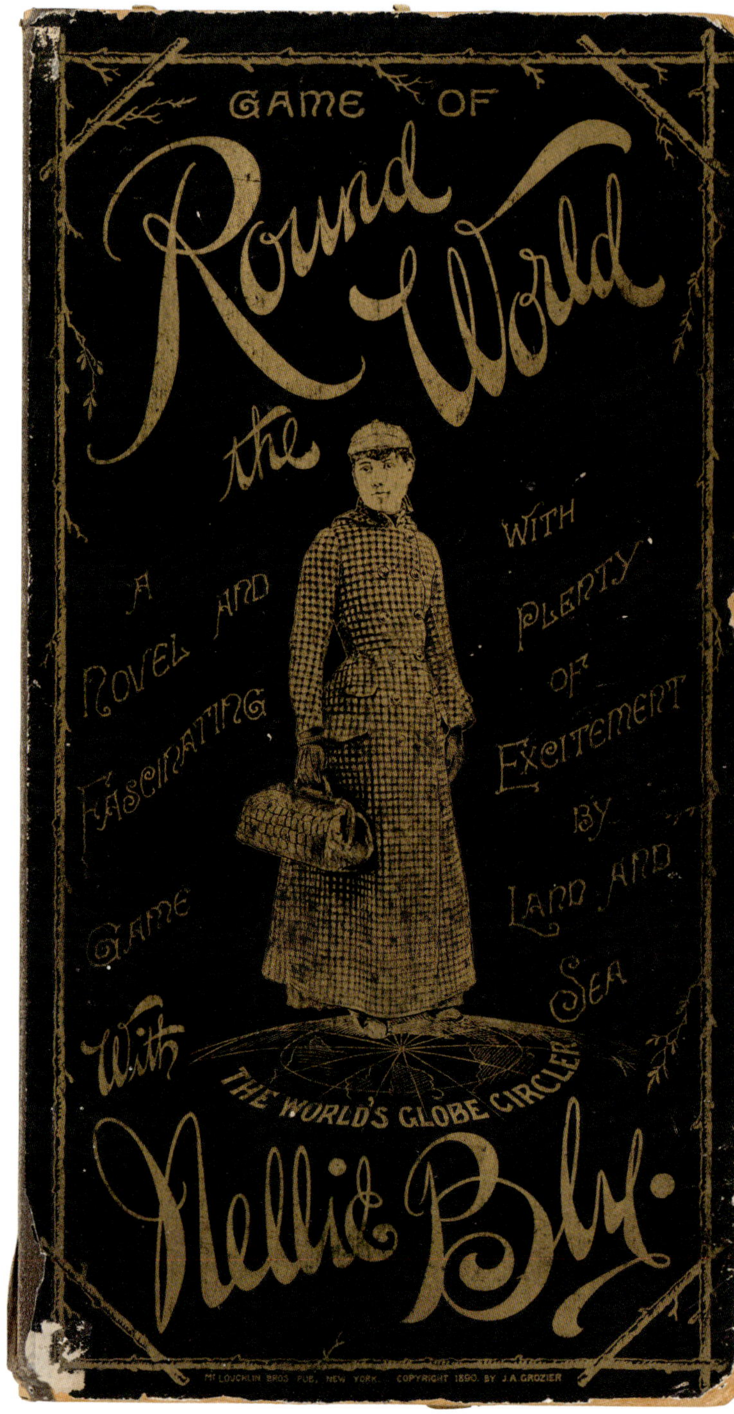

上图及右页图 桌游的封面（上图）和桌游版面左上角的起点上都有提着手提包的内莉·布莱，她出发时正好 35 岁。右页图右上角的男性是《环游世界八十天》的作者凡尔纳，他启发了布莱的旅程。布莱出发后不久就到法国亚眠拜访了他

BLY
1ST DAY
THE START
2ND DAY
CLEAR
GO AHEAD 3 DAYS
3RD DAY
RAIN
GO BACK 1 DAY
4TH DAY
STORM
GO BACK 2 DAYS
5TH DAY
ICEBERGS
GO BACK TO PORT
6TH DAY
CLEARING
GO TO SOUTHAMPTON
GOOD BY PHILEAS!
Jules Verne
GLOBE CIRCLER
ALL RECORDS BROKEN
P.R.R. DEPOT
NELLIE BLY
FIRST PART OF 73RD DAY
ING ACROSS THE ATLANTIC.
OVER A MILE A MINUTE.

金星上的女神们

用来自各种文化的强大女性标绘金星地貌

绘制于 2017 年
来源于 埃莉诺・卢茨

金星上有一群厉害的女性。扎拉宏斯（*Dzalarhons*）是太平洋西北岸地区原住民海达族的火山女神，就住在塔吉克斯坦人的冰霜及寒风女神欧朱兹（*Ojuz*）的家的下方。附近还有西非国家贝宁丰族人的预言女神葛巴朵（*Gbadu*），以及埃及的裁判及处决女神玛芙代特（*Mafdet*）。右页火星地图右上角的地貌全都是用她们的名字命名的，这幅图的作者是埃莉诺・卢茨。

卢茨于 2017 年绘制了这张地图，当时她是华盛顿大学的生物学博士。一年前，她曾制作了她的第一张行星地图，那是一张火星地图，灵感来源于维多利亚时代那些向人们介绍远不可及之处的地图。这张金星地图则是完全不同的风格。“我想采用一种参考了冷战宣传海报的美学元素，致敬金星探索的政治历史。”她说。大多数金星探测器都是苏联在 20 世纪六七十年代太空竞赛期间发射的。它们的着陆点都用圆盾图形标在地图上。有好几个登陆器坠毁了，即使没坠毁也很快就毁于高温（可能超过 430 摄氏度）和强气压（大约是地球上的 90 倍）。

这些登录器的数量远远少于被用来命名金星地貌的女神、神话英雄和其他女性们。根据国际天文学联合会（设立天体命名规则的科学组织）的规定，几乎所有金星上的地貌都是以真实或虚构的女性来命名的。

卢茨说，她很好奇这些用于命名的女神对其所属文化的重要性，比如来自如今俄国西南部的阿迪格人的养蜂女神。“有趣的是，有些似乎在全球都有很影响力——整张地图上有很多生育女神和水之女神。”

其中也有一些人类女性。宽度超过 20 千米的撞击坑都以著名女性命名，在地图上显示为黄色，包括蒙娜丽莎、维吉尼亚・吴尔夫和比莉・霍利迪。较小的撞击坑显示为红色，名称是各种文化中常见的女子名，比如法蒂玛、玛格达莱娜，甚至琳达。

上图及右页图　金星的命名规则非常明确。像瓷砖一样的镶嵌地面以各种文化的幸运或命运女神命名，在图上用深色方块里的白色圆圈表示。椭圆形的冕状地面以生育或大地女神命名，在图上用四个深色圆圈来表示

Roman Empress
Tibetan Goddess of Compassion
Mother Goddess of Ibans (the sea Dayaks of Borneo)
MERISA FLUCTUS Adyghe Beekeeping Goddess
BEREGHINYA PLANITIA
SLAVIC WATER SPIRIT
AYASHE Hausa
CORINNA Greek Poet
MAMITU TESSERA Akkadian Destiny Goddess
VENERA 4 • Венера-4
SUCCESSFUL
Survived for 93 MIN
USSR • 1967
SHEILA Celt
BRADSTREET Anne
FAUFAU Polynesian
ESTHER Persian
GUOR LINEA Northern European Valkyrie
IRNINI MONS Assyro-Babylonian Goddess of Cedar-Tree Mountains
METELITSA DORSA East Slavic Snowstorm Deity
NINMAH CORONA Sumer-Akkadian Mother Goddess
NEHALENNIA CORONA Teutonic Fertility Goddess
DEVORGUILLA Irish Heroine
HIRIATA Polynesian
HUAREI Polynesian
SAPPHO PATERA Lyric Poet
MARGARITA Greek
AGOE Eve
PAVLOVA CORONA Anna Pavlova (formerly Pavlova Crater)
LIBERA CORONA Roman Fertility Goddess
CARMENTA FARRA Roman Goddess of Springs
EISTLA REGIO
NORSE GIANTESS
ANALA MONS Hindu Fertility Goddess (formerly Anala Corona)
DE AYALA Josefa
ISONG CORONA Ibibio Fertility Goddess
VIRTUS LINEA Roman War Goddess
FESTA Italian Painter
CHANGKO CORONA Kachin Mother of all Humans
BADB LINEA Irish War Goddess
AKUBA Eve
GWYNN Nell
MAFDET TESSERA Egyptian Goddess of Judicial Authority & Executions
BELET-ILI CORONA Mesopotamian Nature & Fertility Goddess
MANTON Sidnie
KELEA Maui Chieftess
KALI MONS Hindu Goddess, Mother of Death
SUNRTA CORONA Hindu Fertility Goddess
CALAKOMANA CORONA Pueblo Corn Goddess
RABZHIMA CORONA Tibetan Great Mother Goddess
AMINATA Mandinka
OJUZ DORSA Tajik Deity of Frost & Cold Wind
AFIRUWA Hausa
FARIDA Azeri
OSHUN FARRA Yoruba Water Goddess
GAIA CORONA Greek Earth & Fertility Goddess
DZALARHONS MONS Haida Volcano Goddess
NAMJYALMA FOSSAE Tibetan Victorious Mother
CALLAS Maria
GBADU TESSERA Fon (Benin) Goddess of Guessing
PTESANWI MONS Lakota White Buffalo Woman
NEPRA VALLIS East Slavic Goddess of Dnieper River
PIAF Edith
5E 10E 25E 30E 35E 40E 45E 50E
VENERA 5 • Венера-5
SUCCESSFUL
Survived for 53 MIN
USSR • 1969
VENERA 6 • Венера-6
SUCCESSFUL
Survived for 51 MIN
USSR • 1969
NEKHEBET FLUCTUS Egyptian Vulture Goddess
SALUS TESSERA Roman Health & Prosperity Goddess
KUAN-YIN CORONA Chinese Fertility Goddess
LARA Latin
EVIKA Tatar
VANESSA Greek
GRAHAM PATERA Martha
VALERIE French
VASHTI Persian
BANUMBIRR VALLIS Arnhemland word for Venus
THOURIS CORONA Egyptian Fertility Goddess
THERMUTHIS CORONA Egyptian Fertility & Harvest Goddess
ATARGATIS CORONA Hittite Fertility Goddess
NABUZANA CORONA Ugandan Crop Goddess
XANTIPPE Wife of Socrates
LESLIE English
REBECCA Hebrew
MUKYLCHIN CORONA Udmurt Fertility Goddess
MAGDALENA Spanish
LINDA Latin
KAREN Greek
DUDUMITSA DORSA Bulgarian Rain Deity
FRANK Anne
GILLIAN Latin
TINATIN PLANITIA
GEORGIAN EPIC HEROINE
FATUA CORONA Roman Fertility Goddess
ADAMSON Joy
MUNTER Gabriele
LAURENCIN Marie
BATHSHEBA Hebrew Queen
ANDAMI Iranian Doctor
FATIMA Arabic
MEDHAVI Ramabai
JUKSAKKA CORONA Sami Goddess of Birth
MINU-ANNI TESSERA Assyrian Fate Goddess
MICHELLE French
ALPHA REGIO
FIRST LETTER OF THE GREEK ALPHABET
BRYNHILD FOSSAE Norse Warrior Maiden
SCARPELLINI Caterina
KIMITONGA Polynesian
VIRGA Lithuanian
MAMA-ALLPA CORONA Peruvian Harvest Goddess
ANICIA Greek Physician
NADIA Russian
UMAY-ENE CORONA Kazakh Childcare Goddess
SOPHIA Greek
SEORITSU FARRA Japanese Stream Goddess
ZENOBIA Queen of Palmyra
KALOMBO Bantu
STUART Mary, Queen of Scots
PUREV Mongolian
EVE CORONA Hebrew First Name (formerly Eve Crater)
PASOM-MANA TESSERA Hopi Goddess of
ZEMLIKA
0M 1000M 2000M